WILLIAM J. DOBSON

W0231545

DIKTATUR 2.0

Ob Russland oder Ägypten, China oder Syrien: Diktaturen sind kein Auslaufmodell. Doch nichts fürchten sie mehr als das eigene Volk. *Ein Frontbericht*

Aus dem Englischen
von Enrico Heinemann und Karin Schuler

Karl Blessing Verlag

Titel der Originalausgabe: *The Dictator's Learning Curve*
Originalverlag: Doubleday, New York

MIX
Papier aus verantwortungsvollen Quellen
FSC® C014496
FSC www.fsc.org

Verlagsgruppe Random House FSC-DEU-0100
Das für dieses Buch verwendete
FSC®-zertifizierte Papier *EOS*
liefert Salzer Papier, St. Pölten, Austria.

1. Auflage
Copyright © der Originalausgabe 2012 by William J. Dobson
This translation published by arrangement with Doubleday,
a division of Random House Inc.
Copyright © der deutschsprachigen Ausgabe 2012
by Karl Blessing Verlag, München,
in der Verlagsgruppe Random House GmbH
Umschlaggestaltung: Hauptmann und Kompanie
Werbeagentur, Zürich
Satz: Leingärtner, Nabburg
Druck und Einband: GGP Media GmbH, Pößneck
Printed in Germany
ISBN: 978-3-89667-471-5

www.blessing-verlag.de

WILLIAM J. DOBSON · **DIKTATUR 2.0**

Für Kelly, Kate und Liam

»Demokratie, Freiheit, Menschenrechte haben eine konkrete Bedeutung für die Menschen der Welt erlangt, und wir dürfen nicht zulassen, dass irgendeine Nation diese Bedeutung so ändert, dass sie zum Synonym für Unterdrückung und Diktatur werden.«

– Eleanor Roosevelt in einer Rede an der Sorbonne
am 28. September 1948

INHALT

PROLOG 11

1 DER ZAR 29

2 STAATSFEINDE 85

3 EL COMANDANTE 133

4 DIE OPPOSITION 191

5 DIE JUGEND 237

6 DER PHARAO 295

7 DIE PROFIS 353

8 DIE TECHNOKRATEN 397

EPILOG 453

DANKSAGUNG 465

ANMERKUNGEN 473

PROLOG

Peter Ackerman sitzt in seinem geräumigen Eckbüro am Ende der Pennsylvania Avenue. Von hier sieht er buchstäblich auf die Weltbank herab. Der vierundsechzigjährige Ackerman ist Geschäftsführer von Rockport Capital Incorporated, einer diskreten kleinen Investmentfirma, und an einem kristallklaren Nachmittag im August führt er mich durch eine PowerPoint-Präsentation über Risiken und Renditen.[1] Die Folien haben allerdings nichts mit Investments, Dividenden oder überhaupt mit dem Finanzwesen zu tun – es geht vielmehr darum, wie man am besten vorgeht, wenn man einen Diktator stürzen will.

Vor fünfundzwanzig Jahren wäre Ackerman nicht gerade der Mann gewesen, an den man sich wendet, wenn man sich den übelsten Regimes der Welt entgegenstellen will. Er war viel zu sehr damit beschäftigt, als rechte Hand des Königs der Ramschanleihen, Michael Milken, richtig gutes Geld an der Wall Street zu machen. Im Jahr 1988 verdiente Ackerman 165 Millionen Dollar mit der Organisation des mit 25 Milliarden Dollar fremdfinanzierten Verkaufs von RJR Nabisco.[2] Als ein skandalöser Insiderhandel ans Licht kam und Milken ins Gefängnis musste, zahlte Ackerman 80 Millionen Dollar Strafe und verließ die Firma – mit etwa 500 Millionen Dollar in der Tasche.[3]

Ein beträchtlicher Teil dieses Vermögens fließt jetzt in Initiativen, die dabei helfen sollen, tyrannische Systeme überall auf der Welt zu stürzen. Im Jahr 2002 gründete Ackerman das International Center on Nonviolent Conflict, das Seminare, Workshops und Trainingseinheiten für erfolgreiche gewaltlose Strategien und Taktiken, mit denen man repressive Regime ins Wanken bringen kann, anbietet. Aktivisten aus Ägypten, Iran, Russland, Venezuela, Zimbabwe und Dutzenden anderer Länder kennen Ackerman gut. Manche haben diese Büros im obersten Stock in Foggy Bottom schon besucht. Manche haben an seinen Workshops in einem halben Dutzend ausländischer Hauptstädte teilgenommen. Andere haben seine Filme gesehen – vor allem *Bringing Down a Dictator,* der erzählt, wie junge Serben im Oktober 2000 Slobodan Milošević absetzten. Der Film gewann einen Peabody Award und ist ins Arabische, Farsi, Mandarin, Vietnamesische und in wenigstens sieben weitere Sprachen übersetzt worden. Nach Meinung vieler Georgier hat auch dieser Film zu ihrer Rosenrevolution im Jahr 2003 beigetragen, einem friedlichen demokratischen Aufstand, der den früheren kommunistischen Führer Eduard Schewardnadse aus dem Amt trieb. Im Jahr 2006 stieg Ackerman auch ins Geschäft mit Videospielen ein und bezahlte die Entwicklung von *A Force More Powerful,* einem Spiel, in dem Aktivisten ihre Strategien zur Vertreibung von Tyrannen in einer virtuellen Welt ausprobieren können. Er ließ Tausende Kopien in einige der repressivsten Länder der Welt schmuggeln. Vier Jahre später gab er eine neue Version des Spiels unter dem Titel *People Power* heraus. (»Dieses Spiel ist das Subversivste, was ich je gemacht habe«, sagt er. »Ich habe Millionen ausgegeben, um es zu verbessern.«[4]) Auf die Frage, warum er sich die Vernichtung von

Tyrannen zur Lebensaufgabe gemacht hat, schaut er mich an und sagt: »Ich bin nur im Vertrieb. Ich reagiere nur auf eine Nachfrage, das ist alles.« Und, könnte man hinzufügen, die Geschäfte laufen gut.

Es ist heute nicht leicht, Diktator zu sein. Vor noch nicht allzu langer Zeit konnte ein Autokrat, sei er nationalistischer Machthaber, Revolutionsheld oder kommunistischer Apparatschik, sein Volk noch mit stumpfen Waffen unterdrücken. Josef Stalin schickte Millionen Landsleute in die Gulags. Mao Zedong startete revolutionäre Massenkampagnen gegen Intellektuelle, Kapitalisten und alle Gruppierungen in China, die seiner Meinung nach nicht »rot« genug waren. Sein »Großer Sprung nach vorn« kostete 35 Millionen Menschen innerhalb weniger Jahre das Leben. Das Regime des ugandischen Diktators Idi Amin ermordete nicht weniger als 500 000 Menschen. In drei Jahren starben fast zwei Millionen Kambodschaner auf Pol Pots »Killing Fields«. Im Februar 1982 zerschlug Hafiz al-Assad einen Aufstand in der syrischen Stadt Hama. Nachdem er die Stadt mit Kampfhubschraubern und schwerer Artillerie zerbombt hatte, zogen seine Soldaten von Haus zu Haus. Über 25 000 Syrer starben innerhalb eines Monats.

Noch immer sind Diktatoren zu schweren Verbrechen fähig. Doch heute sehen sich die Despoten der Welt größerem Widerstand gegenüber als je zuvor. Mit dem Ende des Kalten Krieges verloren viele ihren wichtigsten Geldgeber und ökonomischen Notanker – die Sowjetunion. Das Geschäft mit der Demokratieförderung wurde praktisch über Nacht zu einem Heimgewerbe: Heute steht ein Heer westlicher Experten, Aktivisten und Wahlbeobachter bereit, um Menschenrechtsverletzungen, plumpe Korruption und Wahlbetrug ans

Licht zu zerren. Vor zwanzig Jahren mussten sich die Führer in Peking nur über das grelle Licht der Fernsehkameras Gedanken machen, als die Panzer auf den Tiananmen-Platz rollten. Die chinesische Kommunistische Partei verhängte das Kriegsrecht und zog CNN buchstäblich den Stecker.[5] So etwas läuft nicht mehr. Im Jahr 2006 filmte eine Expedition europäischer Bergsteiger auf einem fünftausendsiebenhundert Meter hohen Bergpass oben im Himalaya, wie chinesische Soldaten auf tibetanische Mönche, Frauen und Kinder schossen.[6] Das Blutbad war sofort auf YouTube zu sehen und führte dazu, dass internationale Menschenrechtsgruppen Chinas Gewalt gegen Flüchtlinge verurteilten. Im Jahr 2011 verbot Syrien allen ausländischen Journalisten, über den Aufstand gegen Baschar al-Assads Regime zu berichten. Doch das war egal; jeden Tag stellten syrische Aktivisten schockierende Bilder der brutalen Repressionsmaßnahmen der Regierung ins Netz – friedliche Demonstranten und Trauerzüge wurden zum Ziel von Scharfschützen des Regimes. Heute sollte ein Diktator keine Hoffnung hegen, dass seine Übeltaten geheim bleiben: Wenn man ein gewaltsames Vorgehen anordnet – und sei es auf einem Pass im Himalaya –, muss man damit rechnen, dass es mit einem iPhone aufgenommen und in die ganze Welt gesendet wird. Die Kosten der Tyrannei sind nie so hoch gewesen.

Das Blatt begann sich schon lange vor Smartphone und Twitter gegen die Diktatoren zu wenden, ja sogar schon vor dem Zusammenbruch der Sowjetunion. Ihre Schwierigkeiten begannen 1974 in Portugal. Genauer gesagt, begannen sie um 12.25 Uhr am 25. April, als ein Radiosender in Lissabon das Lied »Grândola, Vila Morena« spielte, das Putschsignal für portugiesische Militäreinheiten.[7] Am nächsten Tag war

Portugals Diktator Marcelo Caetano schon im Exil. Nach Meinung des Politikwissenschaftlers Samuel Huntington markierten die an diesem Tag freigesetzten politischen Kräfte den Beginn einer globalen demokratischen Bewegung, die dazu führte, dass autoritäre Regimes in den nächsten Jahrzehnten der Demokratie wichen.[8]

Nach Portugal brach eine Reihe von rechten Diktaturen in Südeuropa zusammen.[9] Die Militärjuntas in Lateinamerika und autoritäre Staaten in Ostasien folgten. All diese Stürze waren erschütternd – der Zusammenbruch der kommunistischen Regierungen in Osteuropa 1989 jedoch glich einem Erdbeben. Im Jahr 1974 existierten auf dem ganzen Globus nur einundvierzig Demokratien. Als 1991 auch die Sowjetunion fiel, war die Zahl demokratischer Regierungen auf sechsundsiebzig gestiegen.

Und das war nur der erste Akt der Boomjahre der Demokratie. In Afrika existierten bald über ein Dutzend neue Demokratien. In wichtigen Staaten wie Indonesien und Mexiko kam es zu entscheidenden demokratischen Entwicklungen. Bis 1998 hatten die Vereinigten Staaten Programme zur Förderung der Demokratie in mehr als hundert Ländern eingerichtet. Die Revolution in Serbien setzte im Jahr 2000 ein weiteres Land auf die Liste der Demokratien. Die »Farbrevolutionen« 2003 in Georgien, 2004 in der Ukraine und 2005 in Kirgisistan standen für die letzte Hochwassermarke beim Vordringen der Freiheit gegen den Autoritarismus. Von dem Moment an, als Portugals junge Offiziere jenes Lied zum ersten Mal im Radio hörten, bis 2005 hatte sich die Zahl der Demokratien in der Welt verdreifacht.

Dann aber veränderte sich etwas. Die demokratische Welle hatte ihren Scheitelpunkt erreicht, und die unappetitlichsten Regimes der Welt – eine Mischung aus Diktatoren, Machthabern und autoritären Regierungen – feierten ein Comeback. Die politische Freiheit schrumpfte laut dem Jahresbericht von Freedom House in den nächsten fünf Jahren weltweit.[10] Dieser Rückgang über fünf Jahre hinweg war der längste durchgehende Niedergang politischer Rechte und bürgerlicher Freiheiten, seitdem die Organisation vierzig Jahre zuvor mit der Erhebung dieser Trends begonnen hatte. Militärputsche stürzten demokratische Regierungen in Asien, und in Südamerika gewann eine populistische Form autoritärer Regimes an Boden. Selbst die jungen Erfolgsgeschichten in Georgien, der Ukraine und Kirgisistan schienen zunichte gemacht. Im Jahr 2010 war die Zahl der Demokratien auf den niedrigsten Stand seit 1995 gefallen. Weiter gefasst war der Prozentsatz der Länder, die als »frei« bezeichnet wurden, seit über einem Jahrzehnt gleich geblieben, eingefroren bei etwa 46 Prozent. Huntingtons Welle schien sich totgelaufen zu haben.

Das Problem lag nicht bei der Demokratie an sich. Wie der Arabische Frühling 2011 jedem wieder einmal vor Augen führte, haben die Ideale der politischen und wirtschaftlichen Freiheit selbst in Zeiten einer globalen Rezession nichts von ihrer Bedeutung verloren. Noch immer sehnen sich die Menschen überall nach Freiheit. Verändert hat sich vielmehr das *Wesen* der Diktatur. Die heutigen Diktatoren und autoritäre Herrscher sind weitaus raffinierter, gerissener und wendiger als früher. Angesichts des wachsenden Drucks verfestigten die klügsten unter ihnen ihre Regimes nicht zu Polizeistaaten oder schirmten sich von der Welt ab; sie lernten vielmehr dazu und passten sich an. Dutzende autoritärer Regimes begegneten dem Vormarsch der Demokratie mit Experimenten,

Kreativität und Gerissenheit. Moderne autoritäre Staaten haben neue Techniken, Methoden und Formeln für den Machterhalt verfeinert und die Diktatur der modernen Zeit entsprechend umgestaltet.

Heutige Diktatoren wissen, dass in einer globalisierten Welt die brutaleren Formen der Einschüchterung – Massenfestnahmen, Exekutionskommandos und gewaltsames Vorgehen – durch subtilere Formen des Zwangs ersetzt werden sollten. Statt Mitglieder einer Menschenrechtsorganisation festzunehmen, setzen die effektivsten Despoten heutzutage Steuerprüfer oder Inspektoren des Gesundheitsamtes ein, um Dissidentengruppen aufzulösen. Gesetze werden weit gefasst und dann wie ein Skalpell benutzt, um die Gruppen anzugreifen, die die Regierung als Bedrohung empfindet. (In Venezuela witzelte ein Aktivist, dass Präsident Hugo Chávez nach dem Motto »Für meine Freunde alles, für meine Feinde das Gesetz« herrsche.[11]) Statt alle Medien zu unterdrücken, machen moderne Despoten Ausnahmen für kleine Ventile – meist Zeitungen –, die eine begrenzte öffentliche Diskussion zulassen. Heutige Diktatoren würzen ihre Reden mit Hinweisen auf Freiheit, Gerechtigkeit und die Herrschaft der Gesetze. Die Spitzen der chinesischen Kommunistischen Partei berufen sich regelmäßig auf die Demokratie und behaupten, die gewählten Führer des Landes zu sein.[12] Und moderne autoritäre Regimes wissen um die Bedeutung des äußeren Scheins. Im 20. Jahrhundert hielten totalitäre Führer oft Wahlen ab und nahmen einen absurden Prozentsatz der Stimmen für sich in Anspruch. Sowjetische Herrscher verkündeten nach manipulierten Wahlen regelmäßig, sie hätten unwahrscheinliche 99 Prozent der Stimmen bekommen. Heute hören die Handlanger des Kremls normalerweise auf, die Wahlurnen vollzustopfen, wenn sie 70 Prozent erreicht haben. Moderne Diktatoren wissen, dass es besser ist, eine umkämpfte Wahl zu gewinnen, statt sie offen zu manipulieren.

Wir glauben gern, dass autoritäre Regimes Dinosaurier sind – schwerfällige, dumme Kolosse, die an die Sowjetunion in ihren letzten Zügen oder an irgendeine unsichere südamerikanische Bananenrepublik erinnern. Und natürlich hat es auch eine kleine Handvoll rückwärtsgewandter Diktaturen der alten Schule irgendwie ins 21. Jahrhundert geschafft. Das sind die Nordkoreas, Turkmenistans und Äquatorialguineas unserer Welt. Aber sie stehen für die Vergangenheit der Diktatur. Sie geben sich wenig bis überhaupt keine Mühe, etwas anderes darzustellen, als sie sind. Sie sind zu fernen Außenposten abgestiegen, während andere Regimes gelernt haben, sich zu entwickeln, zu verändern und in manchen Fällen auch zu florieren. Niemand will das nächste Nordkorea sein.

Der Totalitarismus hat sich eindeutig als Phänomen des 20. Jahrhunderts erwiesen. Er war das ehrgeizigste undemokratische Wagnis überhaupt, und er funktionierte schlecht. Heute ist wohl nur noch Nordkorea ein Anhänger der totalitären Methode, vor allem weil es ein Kernwaffenprogramm entwickelt hat und weil der verstorbene Kim Jong Il bereit war, sein eigenes Volk verhungern zu lassen. Moderne Diktatoren dagegen arbeiten in dem eher verschwommenen Spektrum zwischen Demokratie und Autoritarismus. Die meisten versuchen die Unterstützung ihres Volkes zu gewinnen, indem sie es zufriedenstellen, doch wenn das scheitert, sind sie auch durchaus bereit, ihre Kritiker durch Angst und ausgewählte Formen der Einschüchterung mundtot zu machen. »Mein Vater sagte immer, dass er lieber in einer Diktatur wie Kuba leben würde«, erzählte mir Alvaro Partidas, ein venezolanischer Aktivist. »Dort wusstest du wenigstens, dass sie dich ins Gefängnis stecken, wenn du die Regierung kritisierst. Hier herrschen sie durch Verunsicherung.«[13]

Von Weitem wirken viele autoritäre Regierungen fast demokratisch. Ihre Verfassungen geben oft eine Gewaltenteilung zwischen Exekutive, Legislative und Jurisdiktion vor. Es gibt vielleicht wichtige Unterschiede zwischen ihnen: Sie haben eine Parlamentskammer statt zwei, einige Ämter werden durch Ernennung statt durch Wahl besetzt, verschiedene Körperschaften haben unterschiedliche Aufsichtskompetenzen. Doch viele institutionelle Merkmale autoritärer Staaten haben – wenigstens auf dem Papier – starke Ähnlichkeit mit einigen Eigenarten der langweiligsten, biedersten europäischen Demokratien überhaupt.

Nehmen wir zum Beispiel Russland. Selbst als Wladimir Putin immer autoritärer wurde, verletzte er die russische Verfassung nie;[14] er arbeitete innerhalb des politischen Systems Russlands und zentralisierte die Macht über Kanäle, die wenigstens den Anschein von Demokratie erwecken konnten. So mochten sich Kritiker darüber beschweren, dass die vom Kreml aufgestellte 7-Prozent-Klausel ein zynischer Trick sei, um Kandidaten der Opposition zu blockieren. Das stimmte auch. Aber Putin konnte auf ähnliche Klauseln in den Wahlsystemen demokratischer Hochburgen wie Polen, Deutschland und der Tschechischen Republik verweisen. Genauso hat Hugo Chávez in Venezuela vorgeschlagen, Gouverneure nicht mehr direkt zu wählen, sondern durch den Präsidenten ernennen zu lassen – wieder ein durchsichtiger Versuch, die politische Macht zu zentralisieren und Gegner auszuschalten, aber auch ein Merkmal einiger überaus friedlicher Demokratien, etwa der baltischen Staaten Estland und Litauen. Der

Punkt ist, dass diese Änderungen für sich genommen kein Machtmissbrauch sind. Viele Kennzeichen eines modernen autoritären Regimes stehen an sich nicht im Widerspruch zu einer gesunden Demokratie. Ein einzelner Bestandteil einer Regierungsmechanik kann sehr mehrdeutig sein. Schließlich sind auch Aspekte der amerikanischen Demokratie – etwa das Wahlmännerkollegium und die Notenbank – undemokratisch. Man muss sich vielmehr ansehen, wie ein modernes autoritäres politisches System in der Praxis arbeitet. Und dazu muss man nahe herankommen.

Nur wenige wissen besser als Ludmilla Alexejewa, wie die Diktaturen sich neu erfunden haben. Die vierundachtzigjährige Menschenrechtlerin ist eine der letzten russischen Dissidenten, die ihren Widerstand gegen das offizielle Moskau noch auf die späten 1960er-Jahre zurückführen können, auf die Frühzeit des sowjetischen Generalsekretärs Leonid Breschnew. Noch heute steht sie, wenn sie auch kaum noch gehen kann, an der Spitze einer Bewegung, die das Recht der Russen auf Versammlungsfreiheit einfordert. An dem Morgen, an dem ich mit ihr in ihrer Wohnung in Moskau saß, klingelte das Telefon ununterbrochen. (»Menschenrechtsaktivisten sind heute gefragt«, sagte sie lachend. »Wir sind in unserer Heimat sehr beliebt.«[15]) Als sie ihren Kampf begann, war das sehr riskant. Ein sowjetischer Dissident musste »bereit sein, sich selbst zu opfern oder sich eines Tages im Gefängnis oder einer psychiatrischen Anstalt wiederzufinden. Heute muss so ein Mensch wissen, dass er Gefahr läuft, verletzt oder ermordet zu werden.« Früher kam ein Dissident ins Gefängnis, und man hörte nie wieder von ihm. Heute hat er einen Unfall oder fällt einem scheinbar zufälligen Überfall zum Opfer.

Die Sowjetbürger hatten wenig rechtlichen Schutz. Das ist bei den Russen heute anders. »Die russische Verfassung garantiert dieselben Freiheiten und Rechte wie jede westliche Verfassung«, sagt Alexejewa. »Aber eigentlich wird nur ein Recht wirklich gewährt – das Recht, ins Ausland zu reisen, wegzugehen.« Deshalb sind viele Menschen, die sich sonst vielleicht gegen das Regime gestellt hätten, einfach ausgereist. Während die Sowjetdiktatur geschlossene Grenzen brauchte, will das autoritäre Russland Putins sich gerade durch offene Grenzen und Reisepässe den Erhalt sichern.[16] Die Welt mag sich geändert haben, doch die cleversten Diktatoren haben nicht geschlafen. So schnell ihre Welt auf den Kopf gestellt wurde, so schnell die alten Regeln womöglich nicht mehr galten – so schnell lernten auch die fähigsten Regimes, sich anzupassen.

Das oberste Prinzip einer jeden Diktatur ist die Zentralisierung der Macht. Und gerade dieses Prinzip – die Kontrolle der vielen durch die wenigen – macht die autoritären Regimes heute immer deutlicher zu Anachronismen. In allen Bereichen des modernen Lebens fallen die Hierarchien, Institutionen werden flacher, und das Individuum bekommt mehr Entscheidungsfreiheit. Die zentralen Glaubenssätze der Diktatur geraten jeden Tag mehr aus der Mode. Deshalb sind autoritäre Regimes in einer Welt uneingeschränkter Informationsmöglichkeiten und offener Grenzen gut durchdachte, künstliche Projekte, die sorgfältig aufgebaut, gepflegt und verstärkt werden müssen. Die Aufgabe ist für Paria-Staaten weniger schwierig, die beschlossen haben, sich wegzuducken und die Welt von sich fernzuhalten. Sie können Jahre oder Jahrzehnte durchhalten, aber es ist schwer vorstellbar, dass sie nicht in den Mauern gefangen sind, die sie aufgebaut haben, um sich selbst zu schützen. Komplexer sind die modernen Diktaturen, die beschlossen haben, zu interagieren und sich gerade dem Druck zu stellen, der andere gefährdet. Sie versuchen Repression und Regulierung zu mischen, um das Beste aus dem globalen politischen System herauszuholen, ohne ihre Macht aufs Spiel zu setzen. Das moderne autoritäre Regime verfügt über eine durchdachte Architektur und erfordert ständige Reparaturen und Runderneuerungen – nicht nur wegen irgendwelcher abstrakter Kräfte der Moderne, sondern auch, weil nicht nur Diktatoren wendiger geworden sind, sondern auch diejenigen, die sie stürzen wollen.

Dieses Buch ist die Geschichte eines globalen Wettbewerbs, eines Kampfes mit Schlachten und Scharmützeln, die oft nicht in unserem Blickfeld sind, aber dennoch jeden Tag stattfinden. Doch so viel auch über Demokratieförderung vonseiten der USA oder UN-Interventionen geschrieben wird – der Kampf zwischen Demokratie und Diktatur ist selten, eigentlich fast nie, ein Konflikt zwischen oder unter Nationen; es ist ein Ringen zwischen Menschen. In Wahrheit sind souveräne Staaten gewöhnlich zu langsam, um zu handeln, selbst wenn sie sehen, dass ein Regime sich am Rande einer Revolution bewegt. Die Vereinigten Staaten gaben ihre autokratischen Verbündeten in Tunesien und Ägypten 2011 erst im letzten möglichen Moment auf und zögerten bei ihrem Vorgehen gegen ein verhasstes Regime wie Syrien. Selbst als 1989 die Mauer fiel, sorgten sich amerikanische Diplomaten darum, wie die neue politische Landschaft wohl aussehen werde, und gingen so weit, frühere Sowjetstaaten vor einer Erklärung ihrer Unabhängigkeit zu warnen. Die Vereinigten Staaten spielen eine wichtige Rolle, manchmal sogar die entscheidende. Aber ob man es hören will oder nicht: Das Interesse der USA an einem demokratischen Wandel – sogar an einem Wandel, der einen üblen Machthaber stürzen könnte – wird fast immer aufgewogen durch rivalisierende Interessen oder die Angst vor dem Unbekannten. Selten fallen die Variablen so deutlich zusammen wie in den letzten Monaten Muammar al-Gaddafis in Libyen, als die internationale Gemeinschaft übereinkam, gegen eine geschwächte Diktatur mit wenigen Freunden am Rande einer schlimmen humanitären Tragödie vorzugehen.

Autoritäre Regimes haben keine besondere Angst vor den Vereinigten Staaten. Die Interessen sind viel zu stark miteinander verquickt. Die Vereinigten Staaten zählen zu den größten Handelspartnern Chinas, sie sind der größte Abnehmer venezolanischen Öls, unterstützen das ägyptische Militär mit Milliarden und werben um die diplomatische Unterstützung Russlands bei einer ganzen Reihe von wichtigen strategischen Themen. Autoritäre Regierungen regen sich selten über Sanktionen der Vereinten Nationen auf oder über Einmischungen einer ausländischen Menschenrechtsgruppe, die man leicht aus dem Land werfen kann. Im Gegenteil kann schon allein die Drohung mit einer ausländischen Intervention, sei es vonseiten der Vereinigten Staaten, der Vereinten Nationen oder einer Institution wie dem Internationalen Strafgerichtshof, ein nützliches Mittel sein, um nationalistische Gefühle zu schüren und die Menschen dazu zu bringen, sich schützend vor das Regime zu stellen.

Was Diktatoren und autoritäre Herrscher am meisten fürchten, ist das eigene Volk; sie wissen, dass die gefährlichsten Bedrohungen ihrer Herrschaft hausgemacht sind. Auch Peter Ackerman weiß das. Er glaubt nicht, dass eine Diktatur jemals »reif« für einen Sturz ist. Seiner Ansicht nach gibt es keine günstigen oder weniger günstigen Bedingungen für eine gewaltlose Revolution. Regimes, die einst am Abgrund zu stehen schienen, halten sich an der Macht. Diktaturen, von denen es niemand erwartet hätte, lösen sich innerhalb weniger Tage auf. Es gibt keine klaren Korrelationen zwischen der Brutalität, den wirtschaftlichen Härten, der ethnischen Zusammensetzung oder der Kulturgeschichte eines Regimes und der Wahrscheinlichkeit einer Revolution heute, morgen oder in zehn Jahren. Entscheidend ist, wie man sein Blatt spielt. Es ist eine Frage des Könnens – das Können eines Regimes steht gegen das Können seiner Gegner. Wer sich besser vorbereitet, die größere Einigkeit und Disziplin zeigt, trägt wahrscheinlich den Sieg davon. Das erklärt besser als alles andere, warum die Menschen, in die Ackerman investiert, die Menschen sind, die die Diktatoren am meisten fürchten.

Wenn Beobachter nur eine Seite der Medaille betrachten – die Diktatoren –, sehen sie allmächtig erscheinende Regimes. Sie konzentrieren sich auf den massiven Sicherheitsapparat einer Diktatur, ihre Bereitschaftspolizei, Soldaten, Geheimdienstoffiziere, Informanten und bezahlten Mörder. Sie richten den Blick auf den festen Zugriff des Regimes auf die Medien, die wichtigen Industrien, die Gerichte und die politischen Parteien. Vielleicht sehen sie eine Kultur der Angst, große Armut in der Bevölkerung und Staatskassen, die durch Korruption und die Kontrolle über Ölfelder und andere natürliche Ressourcen gefüllt werden. Und dann ist da natürlich noch die Brutalität: Ein Regime, das keine Bedenken hat, seine Kritiker einzusperren, zu foltern und zu ermorden, wird nicht so leicht zu überwältigen sein, denkt man. Wenn Außenstehende all diese Bedingungen abwägen, haben sie wenig Grund, an einen baldigen Wandel zu glauben. Und wenn dann die Revolution doch kommt – sei es auf den Philippinen, in Polen, Südkorea, Indonesien, Serbien, Tunesien oder zahllosen anderen Ländern –, schreiben die meisten Experten, Akademiker und Politikstrategen sie als einen Zufall ab, einen seltenen oder einzigartigen Fall, der sich kaum wiederholen wird. »Kein Experte hat je eine [dieser Revolutionen] vorhergesagt«, erklärt Ackerman hinter seinem Schreibtisch. »Sie negierten sie vielmehr bis zu dem Moment, in dem sie passierten. Und nachdem der Diktator dann gestürzt und weg ist, sagen sie: ›Naja, der Typ war sowieso ein Schlappschwanz.‹«[17]

Kaum einmal würdigen sie die Fähigkeiten jener Menschen, die einen Diktator zu Fall bringen wollen. Sie sind nicht dabei, wenn Aktivisten lernen, wie man eine Bewegung mobilisiert, die Legitimität eines Regimes untergräbt oder die Mittel der Propaganda möglichst effektiv einsetzt. Sie achten nicht darauf, wie demokratische Bewegungen voneinander lernen und neue, innovative Taktiken einbringen.

Vor zwei Jahren wollte ich diesen Kampf aus nächster Nähe sehen. Die Fronten liegen dabei weit verstreut. Ich bereiste ein ganzes Spektrum autoritär regierter Länder – auf der Liste standen unter anderem China, Ägypten, Malaysia, Russland und Venezuela –, um mir genauer anzusehen, welche Innovationen, Techniken oder Methoden diese Regimes einsetzten, um ihre Herrschaft aufrechtzuerhalten. Dazu traf ich mich mit den Menschen, die dem Regime dienten, den politischen Beratern, Ideologen, Kumpanen, Technokraten und Amtsträgern, die halfen, das System zu erhalten.

Und ich lernte ein buntes und überraschend großes Heer von Menschen kennen, die fest entschlossen waren, einige der raffiniertesten Diktaturen der Welt zu stürzen. Meine Reportage führte mich zu venezolanischen Studenten, russischen

Umweltschützern, chinesischen Anwälten, ägyptischen Bloggern, malaiischen Oppositionsführern und serbischen Revolutionären. Noch überraschender war vielleicht die Entdeckung, dass Aktivisten und demokratische Bewegungen heute miteinander im Gespräch sind, die Arbeit der anderen analysieren und Ideen austauschen. Ein venezolanischer Studentenführer kann nach Mexico City fliegen, um von serbischen Aktivisten – die ihren eigenen Diktator zehn Jahre zuvor vertrieben haben – zu lernen, wie man Hugo Chávez' Schwächen effektiv ausnutzt.

Rund um den Erdball ging ich die unbekannten Schlachtfelder jenes Kampfes ab, in dem das Mächtegleichgewicht zwischen Diktaturen und Demokratien neu austariert wird: die Cafés, in denen sich Aktivisten treffen, die Wälder, in denen Kampagnen ausgeheckt werden, die Slums, in denen die Wut langsam brennt, die Straßen, in denen die Jugend zu kämpfen beginnt, die Gefängnisse, in denen die Feinde eines Diktators schmoren. Dieser Konflikt ist in tausend Richtungen zersplittert, mit sich schnell modernisierenden Regimes, die sich auf den Angriff jener merkwürdigen Ansammlung von Einzelpersonen und Organisationen mit einer ebenfalls steil ansteigenden Lernkurve vorbereiten. In über zweihundert Interviews hörte ich beiden Seiten zu, wenn sie ihre Überlebens- und Erfolgsstrategien darlegten.

Noch während ich unterwegs war, wurde im Nahen Osten das neueste Kapitel in der Geschichte dieses Kampfes geschrieben. Bis 2011 war diese Gegend der Ausnahmefall ohne eine einzige Demokratie gewesen, wenn man von Israel absieht. Der durchschnittliche arabische Machthaber regierte über sechzehn Jahre lang. Der Nahe Osten hinkte in beinahe jedem Aspekt dessen, was ein Volk frei macht, hinter dem

Rest der Welt her. Doch wie 1974 in Portugal begannen die Revolutionen der Region auch diesmal dort, wo man es am wenigsten erwartet hätte, in Tunesien, einem Land, das lange als eines der stabilsten Regimes in der Region galt. Am 17. Dezember 2010 schikanierte die örtliche Polizei Mohamed Bouazizi, einen Obstverkäufer in der tunesischen Stadt Sidi Bouzid. Zutiefst beschämt und wütend über die für ihn ruinöse und unerträgliche Behandlung nahm sich Bouazizi in einem öffentlichen Akt der Selbstopferung das Leben. Die Welt war Zeuge, als sich der Volksaufstand, entzündet durch den Tod eines einzelnen Mannes, von einem Land zum nächsten ausbreitete. Nachdem Tunesien gefallen war, sprang der Funke der Revolution nach Ägypten, in das politische und kulturelle Epizentrum des Nahen Ostens, über. Massive Proteste erhoben sich plötzlich in Bahrain und im Jemen, während Libyen in Blutvergießen und dann in einem echten Bürgerkrieg versank. Bald erreichten die Schockwellen Algerien, Jordanien, Oman, Saudi-Arabien und den Sudan – es kam zu Protestbewegungen und Demonstrationen. Selbst nach dem gewaltsamen Ende der brutalen zweiundvierzigjährigen Gaddafi-Herrschaft brennen die Feuer in Syrien weiter, wo Assad eine immer größere Protestkampagne gegen das Regime, das sein Vater aufgebaut hatte, niederzuschlagen versucht. Ein Obstverkäufer nimmt sich das Leben, und der Nahe Osten versinkt im Chaos. Ist das der Anfang einer neuen demokratischen Welle?

Noch scheint es zu früh, das zu beantworten. Samuel Huntington brauchte fast fünfzehn Jahre, bis er seine demokratische Welle sicher erkannt hatte, und eine Demokratie zu errichten ist schwerer als eine Diktatur abzuschaffen, wie Ägypten nur zu schnell feststellen musste. Das Tempo des

Fortschritts wird unterschiedlich sein. Autokraten, die sich halten konnten, werden vielleicht bald feststellen, dass ihnen die Kontrolle wieder entgleitet. Doch unabhängig davon, wie schnell ein einschneidender Wandel erfolgt – das erste Opfer dieser Revolutionen ist die Vorstellung, dass einige Ecken der Welt irgendwie immun gegen demokratische Forderungen sind. Der Arabische Frühling hat gezeigt, was junge Leute, hartgesottene Aktivisten und ausgesprochene Kritiker dieser Regimes schon lange wussten: In repressiv regierten Ländern überall auf der Welt tobt eine Schlacht zwischen den Herrschern und den Beherrschten, ein Kampf, bei dem die Zukunft von Demokratie und Diktatur auf dem Spiel steht.

1

DER ZAR

Als KGB-Offizier wurde Oberstleutnant Wladimir Putin auch auf einen Posten im Ausland versetzt. Im Alter von zweiunddreißig Jahren war Putin 1985 in Dresden stationiert.[1] Er zog mit seiner Frau und seiner einjährigen Tochter Mascha dorthin; kurz nach der Ankunft wurde seine zweite Tochter Katja geboren. Die Putins lebten in einem tristen Apartmentblock. Die meisten Nachbarn arbeiteten für die Stasi. Die Lage allerdings entschädigte für vieles – Putin hatte nur fünf Minuten zu Fuß zur KGB-Zentrale in der Angelikastraße 4. Als Sachbearbeiter rekrutierte der junge Oberstleutnant Informanten, führte Agenten, sammelte den neuesten Klatsch und Tratsch über die ostdeutschen Staatslenker und telegrafierte seine Analysen zurück nach Moskau. Für einen sowjetischen Spion waren das ziemlich unauffällige Tätigkeiten. Spannender waren die Jahre, die er dort verbrachte. Putin blieb von 1985 bis zum Januar 1990 in Dresden, am äußersten Rand des Sowjetreichs. Er erlebte, mit anderen Worten, den Zusammenbruch einer Diktatur und kurz darauf auch den des Sowjetsystems aus nächster Nähe mit.

Die Deutsche Demokratische Republik war die Bilderbuchausgabe eines totalitären Staats des 20. Jahrhunderts. Die Stasi hatte alle Lebensbereiche infiltriert. Sie führte geheime Akten über mehr als sechs Millionen Ostdeutsche;[2]

allein in Dresden wäre der Stapel aller Geheimpolizeiakten etwa elf Kilometer hoch gewesen.[3] Eigenen Unterlagen zufolge beschäftigte das ostdeutsche Regime 97 000 Menschen und hatte zusätzlich 173 000 Informanten.[4] Fast jeder sechzigste Bürger war irgendwie mit dem Apparat der Staatssicherheit verbunden. Selbst als KGB-Offizier war Putin entsetzt darüber, wie intensiv die Regierung ihre eigenen Bürger überwachte. Er beschrieb seine Zeit in der DDR später als »eine Entdeckung«.[5] »Mir war, als ob ich in ein osteuropäisches Land im Zentrum Europas reiste«, erzählte er einem russischen Interviewer. Aber so war es ganz und gar nicht. »Es war ein streng totalitäres Land nach unserem Muster und Vorbild, aber mit dreißigjähriger Verspätung.«

Als sowjetischem Geheimdienstoffizier in einem Klientelstaat fielen Putin die Anzeichen der Korrosion wohl eher ins Auge als anderen. Er las wahrscheinlich die Stasi-Berichte – die oft ungefiltert nach Moskau geschickt wurden und ein immer düstereres Bild der Lage zeichneten. Sie dokumentierten die immer drängenderen Forderungen der Menschen und beschrieben die ökonomischen Daten des Regimes als gefälscht.[6] Putin sah die Zeichen einer moribunden Wirtschaft, in der die Regierungssubventionen schon längst die Staatseinkünfte überholt hatten. Im Jahr 1989, kurz vor dem Ende, sah er die Zeichen des Zusammenbruchs direkt vor seiner Haustür. Die Banken in Dresden wurden gestürmt.[7] Am Bahnhof versuchte die Menschenmenge mit Gewalt, Züge in den Westen zu entern.[8] Am 4. Oktober versammelten sich 10 000 Ostdeutsche, und die Polizei setzte Schlagstöcke und Tränengas ein, um eine Erstürmung des Bahnhofs und der Lokomotiven zu verhindern. In den nächsten Tagen verdreifachte sich die Menge noch.

Der Verwirrung, als er miterlebte, wie ein Vorposten der Sowjetunion um ihn herum zusammenbrach, folgte schnell die Angst. Die Verbindungen zwischen Stasi und KGB waren bekannt. Die ostdeutschen Offiziere bezeichneten ihre sowjetischen Gegenstücke als »die Freunde«. Das KGB-Hauptquartier, in dem Putin arbeitete, lag gegenüber den Stasi-Büros. Nach dem Fall der Mauer machten sich Putin und seine Kollegen daran, hinter sich aufzuräumen. »Alle unsere Kontakte und alle Agenturnetze existierten nicht mehr. Ich selbst habe eine riesige Masse von Dokumenten verbrannt«, erinnerte sich Putin später. »Wir haben so viel verbrannt, dass der Ofen fast explodiert wäre.« Als ganze Heerscharen von Ostdeutschen am 6. Dezember das Stasi-Gebäude stürmten, fürchtete Putin, dass sich ihr Zorn auch auf die andere Straßenseite, gegen ihn und seine Kollegen richten würde – nicht ganz zu Unrecht. Als sich die ersten wütenden Ostdeutschen vor dem Haus versammelten, ging Putin hinaus und sprach zu der Menschenmenge. Er behauptete, er sei nur ein Dolmetscher, und erklärte ihnen, dass dies eine sowjetische Militärorganisation sei und sie abziehen sollten. Besorgt über die aggressive Stimmung der Menschen rief Putin die in Deutschland stationierte Militärtruppe zu Hilfe. Und er weiß noch, dass man ihm sagte: »Ohne Erlaubnis aus Moskau können wir nicht eingreifen. Und Moskau schweigt.« Seine Angst schlug in Entfremdung um. »Dieses ›Moskau schweigt‹. – Ich hatte damals ein Gefühl, als ob das Land nicht mehr existierte.«

Man kann sich kaum vorstellen, dass jene Jahre keine Spuren in der Psyche des jungen Geheimdienstoffiziers hinterlassen haben. Putin bekam den hohen Aufwand und die Ineffizienz des ostdeutschen Polizeistaats aus nächster Nähe mit.

Er beobachtete, wie die Planwirtschaft des Landes immer weiter zurückfiel und ostdeutsche Funktionäre wie wild daran arbeiteten, dieses Scheitern mit staatlichen Subventionen zu überdecken, die sie nie zurückverdienen würden. Und diese Erfahrung führte ihm auch die Schwächen des Sowjetsystems, dem er diente, vor Augen. »Im Grunde genommen wusste ich, dass es unvermeidlich war«, sagte Putin später in Bezug auf den Fall der Mauer. »Ehrlich gesagt tat es mir nur Leid um die verlorene Position der Sowjetunion in Europa, obwohl mir mein Verstand sagte, dass eine Position, die nur auf Mauern basiert, nicht ewig bestehen kann. Es wäre zu wünschen gewesen, dass auf diese Ereignisse ein Wechsel folgte. Aber es war nichts Neues vorgesehen. Und das ist das Ärgerliche. Sie haben einfach alles hingeschmissen und sind gegangen.«

Putin erlebte Moskaus Unfähigkeit, die eigenen Schwächen zu erkennen und darauf zu reagieren, als Katastrophe. Als kleiner Offizier, der praktisch alleingelassen wurde und die Interessen seines Landes gegen einen wütenden Mob verteidigen sollte, sehnte er sich nach dem starken, souveränen russischen Staat von einst. Er war enttäuscht darüber, dass das Zentrum nie auf die Peripherie gehört hatte. »Haben wir denn nicht davor gewarnt, was passieren kann? Haben wir denn nicht empfohlen, was passieren kann?«, erinnerte sich Putin.[9]

Fast auf den Tag genau zehn Jahre später sollte der junge KGB-Agent Russlands zweiter Präsident werden und ganz unerwartet Boris Jelzin ersetzen, der seine Gesundheit und seine Beliebtheit eingebüßt hatte. Die Erfahrungen, die Putin in jenen frühen Jahren gemacht hatte, erklären vielleicht, was er meinte, als er später als Präsident einmal sagte: »Wer den

Zerfall der Sowjetunion nicht bedauert, hat kein Herz; wer sie in ihrer früheren Form wiederbeleben will, hat keinen Verstand.«[10]

»Eine Art Traumbild der sowjetischen Vergangenheit«

Am 1. Januar 2000 gab Putin dem russischen Volk ein Versprechen. Kaum jemand unter seinen Zuhörern war damals zufrieden mit dem, was aus Russland geworden war. Wirtschaftliche Not, Krisen und Unsicherheit hatten das Jahrzehnt nach dem Zusammenbruch der Sowjetunion geprägt. Das frühe Liebäugeln des Landes mit der Demokratie hatte auf den ersten Blick nur sich befehdende Politiker und zänkische Parteien gebracht, die, wie alle (wahrscheinlich zu Recht) annahmen, überall die Hand aufhielten. Der Zynismus wuchs, als die Russen zu der Überzeugung gelangten, dass sie die Sünden des Kommunismus gegen die falschen Versprechungen eines korrupten demokratischen Systems eingetauscht hatten. Schlimmer noch, sie hatten das Gefühl, an der Nase herumgeführt worden zu sein: Sie waren dem demokratischen Vorbild des Westens gefolgt und hatten dafür leiden müssen – einige wenige hatten auf Kosten aller anderen Profite gemacht. Und zu allem Unglück kam noch die Schmach, dass ihr Land keine Supermacht mehr war, sondern nur noch Mittelmaß.

Die Zeit war daher reif für das, was Putin am ersten Tag des neuen Jahrhunderts versprach. Jenseits aller Verheißungen von Wachstum und Erneuerung bot Putin das, was den normalen Russen am meisten fehlte: »Stabilität, Sicherheit, und die Möglichkeit, für die Zukunft zu planen – für die eigene und die ihrer Kinder –, nicht einen Monat im Voraus, sondern für Jahre und Jahrzehnte.«[11] Das hörten die Menschen gerne, die sich nach einem Jahrzehnt, in dem sie sich schutzlos gefühlt hatten und sich allein durchschlagen mussten, nach Sicherheit sehnten. Putins Vision war ein starkes, robustes Russland, das seinen angestammten Platz als Großmacht wieder einnehmen würde. Moskau würde nicht länger schweigen.

Putin erklärte nicht, wie er diese Stabilität erreichen wollte, aber sein Plan offenbarte sich schrittweise. Wenn Putins Modell eines autoritären Regierungssystems ein prägendes Merkmal hat, dann ist dies die Zentralisierung der Macht. Wo die russische Politik zu laut, kontrovers und chaotisch geworden war, machte sich Putin daran, sie zu zähmen. Russland wurde stabiler und berechenbarer, weil es im Grunde von einem Mann und einem kleinen Kreis seiner Vertrauten geführt wurde. Es bekam, wie Putin und andere es manchmal beschrieben, eine »Machtvertikale«. Der Kreml gab sich nicht damit zufrieden, unter den politischen und wirtschaftlichen Institutionen Russlands Erster unter Gleichen zu sein; alles sollte sich ihm unterordnen.

Putin begann mit den Oligarchen.[12] Diese russischen Tycoons, von denen sich viele durch Amigo-Geschäfte zentrale Rohstoffbranchen wie Gas, Mineralien und Stahl unter den Nagel gerissen hatten, waren in den Jahren des Raubtierkapitalismus nach dem Zusammenbruch der Sowjetunion sagenhaft reich geworden. Nur zwei Jahre nach Putins Amtseinführung warnte der Kreml diese Milliardäre, dass sie bei mangelnder Loyalität schnell raus dem Geschäft wären. Wer diesen Hinweis nicht ernst nahm, fand sich bald im Exil oder im Gefängnis wieder. Keiner lernte diese Lektion auf brutalere Weise als der Ölmagnat Michail Chodorkowski, der 2003 bei einer Erstürmung seines Firmenjets von einem Sondereinsatzkommando festgenommen wurde. Seine Strafverfolgung war eindeutig politisch motiviert, und der Prozess wurde wegen schwerer Unregelmäßigkeiten weithin kritisiert. Dennoch sitzt Chodorkowski noch heute im Gefängnis, als anschauliches Beispiel für jeden, der Putins Warnungen womöglich nicht gehört hat.

Dann folgten die Gouverneure der einzelnen Regionen. In einem Land von der Größe Russlands hatten diese Gouverneure ihren Winkel der Welt als persönliches Lehen führen können. Unter Jelzin waren Edikte des Kremls als Vorschläge verstanden worden, die man leichter ignorierte als durchsetzte. Auch damit war es abrupt vorbei. Im Jahr 2005 schaffte Putin die direkte Wahl der russischen Gouverneure ab und ließ sich stattdessen die Macht übertragen, sie selbst zu ernennen. Außerdem wurden ihre Finanzen jetzt von kremltreuen Inspektoren überwacht, die Putin aus den Reihen seiner Freunde beim KGB auswählte.

Am bemerkenswertesten war vielleicht, wie Putin die Medien an die Kandare nahm.[13] Zu Beginn seiner Präsidentschaft war nur einer der drei wichtigsten Fernsehsender im Staatsbesitz. Drei Jahre später kontrollierte der Kreml alle drei. (Die Oligarchen, die die beiden anderen – ORT und NTV – besessen hatten, standen vor der Wahl, ihre Anteile zu verkaufen oder ins Gefängnis zu wandern. Beide verkauften und verließen das Land.) Zudem begannen Vertraute des Kreml, die auflagenstärksten Zeitungen und Zeitschriften aufzukaufen. Heute kontrolliert die russische Regierung etwa 93 Prozent aller Pressekanäle.[14] Einige Zeitungen und Radiosender können noch einigermaßen unabhängig arbeiten; der Radiosender Echo Moskwy etwa ist eine der kritischsten verbliebenen Stimmen. Noch unglaublicher als die Übernahme vieler russischer Medienunternehmen ist die Gewohnheit des Kreml, die Nachrichten stark zu manipulieren – vor allem die Fernsehnachrichten.

Bis vor Kurzem traf sich jeden Freitag ein hochrangiger Kremlfunktionär mit den Chefs der drei großen TV-Sender, um die Nachrichtenplanung der nächsten Woche zu machen.[15] Die Fernsehmanager wurden offenbar die ganze Woche über mit Telefonanrufen bombardiert, in denen genau festgelegt wurde, wie diese Berichterstattung präsentiert werden sollte, ja sogar manchmal, wie eine bestimmte Nachricht redigiert werden sollte. Der Kreml scheut sich nicht, TV-Managern Anweisungen zu geben. So bekamen die Fernsehsender zum Beispiel 2008 nach der Wahl Dmitri Medwedews zum Präsidenten den Befehl, dass die Nachrichtensendungen jeden Tag mit einem Bericht über ihn beginnen sollten, gefolgt von einer fast ebenso langen Berichterstattung über Ministerpräsident Putin – unabhängig davon, ob einer von ihnen gerade etwas Nachrichtenwürdiges getan hatte oder nicht. Als ich in Moskau war, schaute ich die Abendnachrichten nur an, um zu sehen, wie bizarr die Berichterstattung über die beiden Männer ausbalanciert wurde – jeder bekam etwa gleich viel Sendezeit. Eine Führungskraft in einem der Sender nannte diese Regel das »Prinzip der informationellen Parität«. Ein Journalist der *Russian Newsweek* berichtete, er habe bei einem Besuch in einem staatlich kontrollierten Radiosender Notizen vor den Sprechern liegen sehen, die sie daran erinnern sollten, »nur Gutes über Kasachstan zu sagen« und »nicht zu erwähnen, dass Dmitri und Swetlana Medwedew getrennt zum Gipfel anreisten«.

Milliardäre, Gouverneure und Medien zu zähmen, war dem Kreml aber nicht genug; er versuchte auch, die Politik zu inszenieren. Seit seiner Erklärung zum neuen Jahrtausend hatte Putin stets die Notwendigkeit politischer und sozialer Einheit betont. Er arbeitete natürlich daran, diesen Zusammenhalt auch auf die politischen Parteien auszudehnen, die zu den unberechenbarsten und aufsässigsten Akteuren im postkommunistischen Russland gehört hatten. Doch Putin und sein Team legten es nicht darauf an, die ganze Opposition mit einer einzigen dominanten herrschenden Partei mundtot zu machen. Vielmehr schufen sie Raum für eine kleine Handvoll Oppositionsparteien und erfanden diese Parteien in manchen Fällen einfach gleich selbst.[16] Diese Parteien – meist als »systemische Opposition« bezeichnet – spielen nach außen hin die Rolle von Regimekritikern, gehen mit ihrer Kritik aber nie über die vom Kreml gesetzten Grenzen hinaus. In ihrer ideologischen Orientierung sollen diese oppositionellen Stimmen gesellschaftliche Interessen repräsentieren – vor allem Nationalisten, Arme und ältere Wähler –, die sich von der herrschenden Partei Einiges Russland womöglich vernachlässigt fühlen oder unzufrieden mit ihr sind. Doch diese »Opposition« demonstriert regelmäßig ihre Regierungstreue – wie zum Beispiel im Dezember 2007, als die Vorsitzenden aller sogenannten Oppositionsparteien Putin öffentlich darüber in Kenntnis setzten, dass sie sich an der Spitze Russlands wirklich niemand Besseren vorstellen könnten als seine langjährige rechte Hand Dmitri Medwedew. Putin konnte daraufhin dem Fernsehpublikum erklären, dass Medwedew von verschiedenen Parteien nominiert worden sei, die »die unterschiedlichsten Schichten der russischen Gesellschaft«[17] repräsentierten, und damit ganz offenbar die Wahl des Volkes sei.

Wie sehr Putin die Macht im Zentrum bündelte, kann gar nicht überschätzt werden. Laut der russischen Zeitschrift *Ekspert*, die von einem Vertrauten hochrangiger Kreml-Berater herausgegeben wird, sank die Zahl der Amtsträger, die echten Einfluss auf die nationale Strategie und Politik hatten, zwischen 2002 und 2007 von zweihundert auf fünfzig.[18] Diese staatstreue Zeitschrift räumte ein, dass die Liste der fünfzig Funktionäre sich »fast wie ein Telefonbuch der [Präsidential-]Regierung« las. Doch die Zentralisierung der Macht sollte nicht als Versuch verstanden werden, alle Aspekte des russischen Lebens vollständig zu kontrollieren. Putin geht vielmehr mit chirurgischer Genauigkeit vor.

Bei Gesprächen mit Angehörigen von Solidarnost, einer liberalen politischen Bewegung, die nicht zur systemischen Opposition gehört, wurde mir klar, wie präzise dieses Vorgehen gesteuert wird. Boris Nemzow, ein Anführer der Bewegung und früherer stellvertretender Ministerpräsident und Abgeordneter, ist sicher einer der offensten Kritiker Putins und seines Regimes. Nemzow gibt sich entspannt und wirkt jünger, als er mit seinen etwas über fünfzig Jahren ist. Er trägt alte Jeans, einen grauen Sweater mit Reißverschluss und spitze schwarze Stiefel – man könnte ihn eher für einen alternden Rockstar als für einen Oppositionsführer halten. Nemzow, Doktor der Physik und Mathematik, hat einen scharfen Verstand, und er kommt direkt zum Punkt. »Wo liegt der Unterschied zwischen Kommunismus und Putinismus?«, fragt er. »Das ist sehr wichtig. Der Putinismus wirkt cooler, denn er schränkt deine politischen Rechte ein, tastet aber die persönliche Freiheit nicht an. Man kann reisen, auswandern, wenn man will, man kann das Internet nutzen. Streng reglementiert ist der Einsatz des Fernsehens. Das

Fernsehen steht unter Kontrolle, weil es die mächtigste Ressource für die Ideologie und den Propagandaapparat ist. Die Kommunisten blockierten die persönliche Freiheit ebenso wie die politische. Deshalb wirkt der Kommunismus viel dümmer als der Putinismus.«[19]

Nemzows Analyse kann man kaum etwas entgegensetzen. Niemand würde behaupten, dass das Leben in Russland heute nicht freier sei als damals in der Sowjetunion. Das steht völlig außer Frage. Und es ist sicher angenehmer, da der Ölboom, der Putins Präsidentschaft begleitete, den Lebensstandard der Russen in nie gesehene Höhen trug. Als seine Präsidentschaft begann, galten die Ölpreise als hoch – mit 21,50 Dollar pro Barrel. Am Ende seiner zweiten Amtszeit war der Ölpreis auf 147 Dollar pro Barrel gestiegen. Ein warmer Regen für den Staatssäckel. Doch wie Putin als junger Mann in Ostdeutschland beobachtet hatte, war es nicht nötig, diesen Reichtum in den Wiederaufbau eines totalitären Staates zu leiten, der versuchte, in den persönlichen Überzeugungen jedes Bürgers herumzuschnüffeln. Die Kosten einer solchen Kontrolle waren zu hoch und letztlich unnötig. Putins Form des autoritären Systems repräsentierte eine Weiterentwicklung des Modells, weitaus zurückhaltender und dabei deutlich effektiver. Ilja Jaschin, ein junger Mann in der Spitze der Solidarnost-Bewegung, der sagt, er sei aus einer anderen Partei ausgeschlossen worden, weil er sich weigerte, »wie ein Mitglied der systemischen Opposition zu handeln«, drückt es so aus: »Putin hat eine Art Traumbild der sowjetischen Vergangenheit geschaffen. Es ist wie die Sowjetunion ohne Warteschlangen, Lieferengpässe und mit offenen Grenzen.«[20]

Das von Putin entwickelte System ist also offenbar eine Verbesserung der Diktaturansätze des 20. Jahrhunderts, hat aber durchaus auch seinen Preis. Die Macht in so wenigen Händen zu konzentrieren, fördert Korruption, Selbstzufriedenheit und Machtmissbrauch – Sünden, die sich in Putins Regierung nach Nemzows Meinung finden lassen. Diese Mängel stellen eine Gefahr für das Regime dar, aber nicht unbedingt deshalb, weil sie zu schlechtem Regierungshandeln führen. Vielmehr müssen Putin und seine Clique ständig Angst haben, dass die Kosten der von ihnen gewählten Strategie ihr wichtigstes Ziel unterminieren: den Aufbau eines stabilen politischen Systems. Teures Öl mag dazu beitragen, das Regime vor vielen gesellschaftlichen Risiken zu schützen – es ist immer einfacher, Unterstützung zu kaufen, als sie erzwingen zu müssen –, aber wer versucht, so viele Facetten eines demokratischen Systems zu simulieren, hat kaum Spielraum für Fehler. Nachdem das Regime viele andere Machtzentren – die Geschäftsleute, Gouverneure, Medien, Oppositionsparteien – eliminiert hat, muss es den richtigen Kurs steuern, wenn es die Kontrolle behalten will. Ein schwieriger Balanceakt. »Sie wollen die Kontrolle über die Veränderungen nicht verlieren wie Gorbatschow. Und das heißt, dass sie versuchen, diese Kontrolle jederzeit durchzusetzen«, sagt Alexander Werchowski, ein führender Menschenrechtler. »Wenn sie etwa planen, uns drei Prozent Freiheit zu geben, dann geben sie uns vielleicht vier Prozent, aber keine fünf. Ich glaube wirklich, dass sie das so steuern. Sie wollen die Situation nicht so angespannt werden lassen wie damals, als sie keine Verbindung zur Gesellschaft hatten, keine Beziehung zu den Objekten ihrer Manipulation. Ich weiß nicht, ob es drei Prozent sein werden oder zehn, aber ich bin sicher, dass sie keine echte Demokratisierung zulassen wollen, wie es sie Ende der Achtzigerjahre gab.«[21]

Popows Zeichnung

Wenn Sie die Rolle eines kommunistischen Apparatschiks besetzen wollten, könnten Sie kaum eine bessere Wahl treffen als Sergei Popow. Er ist ein Berg von Mann, und sein Gesicht verrät so gut wie keine Emotionen, außer vielleicht einen Ausdruck zwischen milder Herablassung und Zorn, wenn jemand die Weisheit des von ihm repräsentierten politischen Systems infrage stellt. Er kann die Rolle ausfüllen, weil er genau das vor etwas mehr als zwanzig Jahren gewesen ist. Als die Sowjetunion unterging, war er erster stellvertretender Vorsitzender der Kommunistischen Partei in Moskau, ein Posten, den er von 1983 bis zum bitteren Ende innehatte. Als ich ihn in seinem Eckbüro in der russischen Duma, dem Staatsparlament, aufsuchte, war er noch immer ein in der Wolle gefärbter Mann der Partei. Den einzigen Unterschied verriet das Abzeichen, das er am Revers seines dunkelblauen Anzugs trug. Man sah sofort, dass man jetzt ein Mitglied von Putins Partei Einiges Russland vor sich hatte.

Wenn die Duma auch nur ein Abnick-Parlament ist – wie die meisten Menschen mit Recht sagen –, so braucht sie doch einige loyale Parteisoldaten, die sicherstellen, dass an den richtigen Stellen genickt wird. Wir haben kaum Platz genommen, als Popow schon erklärt, dass »neunzig Prozent aller zivilrechtlichen Bestimmungen hier an diesem Tisch entstehen«.[22] (Soll heißen: hier zum Abnicken vorbereitet werden.) Als Vorsitzender des Komitees für öffentliche Verbände und religiöse Organisationen hat er ein Auge auf alle Gesetze, die die politischen Parteien, Nichtregierungsorganisationen (NGOs), Medienunternehmen, Wirtschaftsorganisationen und religiösen Gruppen betreffen. Er ist, mit anderen

Worten, das ranghöchste Mitglied der russischen Duma mit Verantwortung für die am wenigsten berechenbare Variable: die Zivilgesellschaft. Jedes autoritäre Regime muss diese unbekannte Größe zähmen, um die Kontrolle zu wahren.

Putin nahm auch die russischen NGOs in den Würgegriff – ein später, aber unverzichtbarer Teil seines Bemühens, die Macht zu zentralisieren. Nachdem andere Säulen des Staates beseitigt waren, kam 2006 mittels eines drückenden Gesetzes im Gefolge der Orangenen Revolution in der Ukraine die Zivilgesellschaft dran.[23] Dieses Gesetz räumte dem Kreml weitreichende Befugnisse über alle NGOs ein. Jede Non-Profit-Organisation kann jederzeit durchleuchtet werden, Gruppen müssen strengen Berichtspflichten genügen, und es liegt im freien Ermessen des Justizministeriums, alle möglichen Unterlagen anzufordern und zu entscheiden, ob sie russischen »Interessen« entsprechen. Simple Fehler, etwa Tippfehler oder eine regelwidrige Formatierung von Dokumenten, können zu harschen Sanktionen führen. Die Behörden brauchen nur den winzigsten Anlass, um eine Organisation aufzulösen. Und je sensibler das Thema ist, mit dem sich eine Gruppe beschäftigt – etwa Menschenrechte oder Meinungsfreiheit –, desto wahrscheinlicher sucht man bei ihr nach Steuervergehen, nicht eingehaltenen Bauvorschriften oder illegal kopierter Software. Und das Gesetz steht nicht nur auf dem Papier; es wurde gegen ausgewählte Ziele, vor allem Kreml-Kritiker und Menschenrechtler, energisch durchgesetzt. Im ersten Jahr führte das Justizministerium 13 381 Inspektionen bei NGOs durch.[24] Eine ganze Reihe ausländischer Menschenrechtsorganisationen wie Amnesty International, Ärzte ohne Grenzen und Human Rights Watch waren gezwungen, ihre Dependancen zeitweise zu schließen.[25] Tausende NGOs haben sich aufgelöst, die genaue Zahl ist nicht bekannt. Die verfügbaren Ressourcen der noch bestehenden wurden weiter eingeschränkt, als Putin diesem Gesetz 2008 ein Dekret folgen ließ, das die Zahl der internationalen Organisationen, die steuerfreie Fördergelder an russische Gruppen vergeben durften, von 101 auf zwölf reduzierte.[26] Zu den Gruppen, die diese steuerfreien Zuschüsse noch geben durften, zählte der World Wildlife Fund, das Internationale Rote Kreuz und der Globale Fonds zur Bekämpfung von Aids, Tuberkulose und Malaria – sie alle stellen in den Augen der russischen Regierung kaum eine Bedrohung der nationalen Sicherheit dar. Es dauert fünf Tage, ein Unternehmen in Russland anzumelden; bei einer NGO dauert es etwa zwei Monate.[27] Und es ist teurer. Die Gebühren, die bei der Gründung einer NGO in Russland anfallen, liegen 40 Prozent über denen für die Gründung einer Privatfirma.

Natürlich versteht Popow die Beziehung der Regierung zur russischen Zivilgesellschaft nicht als repressiv. Bei unserem Treffen rühmte er wie fast alle regimetreuen Politiker zunächst einmal die Stabilität, die das Einige Russland (eigentlich: Putin) in die russische Politik gebracht habe. Ich deutete an, dass diese Stabilität ein Regime teuer zu stehen kommen könne; so fallen zum Beispiel starke Regierungen mit einer schwachen Zivilgesellschaft oft einem Mangel an wichtigen Informationen, an Rückmeldungen von Bürgern über die Bedürfnisse und Forderungen der Gesellschaft, anheim. Ja, das könne theoretisch ein Problem sein, doch die russische Regierung habe Lösungen gefunden. Als ich um ein Beispiel bitte, verweist er auf die Schaffung von Bürgerbüros überall im Land. Ihre Aufgabe besteht im Wesentlichen darin, eine direkte Kommunikationsmöglichkeit bereitzustellen, über die

Bürger ihre Probleme und Beschwerden an die Zentralregierung loswerden können. »In der Praxis«, erklärt Popow, »sieht das so aus: Sie kommen in das Büro und bekommen ein besonderes Formular ausgehändigt, in das Sie Ihre persönlichen Daten und eine kurze Beschreibung Ihres Problems eintragen. Diese Informationen wandern direkt in den Computer, und sofort spuckt die Maschine aus, wer dafür verantwortlich ist und wer sich darum kümmert, dass das Problem gelöst wird, wann Sie eine Antwort erwarten können und wie diese Antwort Sie erreichen wird. Gleichzeitig wird diese Bitte oder Forderung ans Zentrum geschickt ... Wir können sofort beurteilen, welche Probleme den Leuten besonders unter den Nägeln brennen; wir können auch sehen, wie viele Männer vorgesprochen haben und wie viele Frauen, Rentner, junge Leute, all diese Kategorien.«

Irgendwann wollen die Behörden zweitausend solcher Büros über alle dreiundachtzig Regionen verteilt betreiben, nicht nur in größeren Städten, sondern bis hinab auf die Ebene einzelner Wahlbezirke.[28] Im Jahr 2009 kamen über eine Million Menschen in die Büros, um Beschwerden einzureichen, erklärt er mir. Er macht kurz Pause, schaut mich dann über den Tisch hinweg an, wie um den Punkt besonders zu unterstreichen, und sagt: »Damit soll Stagnation vermieden werden.«

Das ist eine Maßnahme, wie sie eine Regierung trifft, nachdem sie die meisten demokratischen Mechanismen, über die die Menschen ihre Enttäuschung ausdrücken könnten, beseitigt hat. Da die Gouverneure (und immer häufiger auch die Bürgermeister) ernannt werden, die große Mehrheit der Repräsentanten einer Partei angehört und die Medien durch den Staat oder dessen Nutznießer kontrolliert werden, fehlt dem Kreml vor allem eines – genaue Informationen über die Stimmung im Lande. Und diese Informationen braucht er immer dringender, da unabhängige demokratische Institutionen zu Bittstellern herabgedrückt werden. Dieser blinde Fleck hat schon oft zum Sturz autoritärer Regime geführt. Eine Zentralisierung der Macht heißt vielleicht, dass ein starker Mann alles kontrolliert, aber es heißt auch, dass viele Filter ausgeschaltet werden, die gute von schlechten Ideen trennen. Der Kreml ist intelligent genug, um zu erkennen, dass es sich lohnt, die öffentliche Meinung zu beobachten, und sei es nur, um eine womöglich aufkeimende Unzufriedenheit besser abschätzen zu können. In den meisten Demokratien geben Wahlen, Gesetzgeber und Zivilgesellschaft solche Rückmeldungen; in Russland verwendet man dazu einen Computer.

Neben dieser von Popow so gepriesenen digitalen Verbindung hat das Regime sich noch andere Innovationen einfallen lassen – die Gesellschaftliche Kammer Russlands zum Beispiel. Innen hat sie mit ihren weißen Marmorböden, großen Kristalllüstern und roten Samtsofas auf beiden Seiten einer weitläufigen Lobby fast die Majestät einer Nationalversammlung oder eines Parlaments *en miniature*. Aber das ist sie nicht; diese Institution ist ein beratendes Forum aus Repräsentanten verschiedener Bereiche der russischen Zivilgesellschaft, die der Kreml selbst ausgewählt hat.[29] Ihr gehören Fachleute aus Medien, Rechtswissenschaft, Gesundheitswesen oder Menschenrechtsorganisationen an; manche sind sogar Mitglieder richtiger NGOs. Diese handverlesenen Vertreter agieren wie eine Art Beratergremium und sagen den russischen Behörden ihre Meinung zur Gesetzgebung und anstehenden strategischen Entscheidungen. Die meisten Angehörigen der Gesellschaftlichen Kammer gelten als treue

Unterstützer des Regimes, doch es gibt auch Kritiker unter ihnen, und sie haben Erklärungen und Berichte abgegeben, die die Regierung und deren Politik kritisieren. Im Grunde ist gerade das ihre Aufgabe: Eben jene Ratschläge und Kritik zu äußern, die eine zahnlose Duma nicht äußern kann. Nachdem er eine Säule der Regierung ausgehöhlt hatte, schuf Putin die Gesellschaftliche Kammer, um einen Anflug jener unabhängigen Ideen, Expertisen und Beziehungen zur breiteren Gesellschaft zu bieten, die eine Legislative typischerweise einbringt – nur ohne die Macht, mehr zu tun als die eigene Meinung zu sagen. »Die Gesellschaftliche Kammer *darf* kritisch sein«, sagt Tanja Lokschina, die stellvertretende Leiterin des Moskauer Büros von Human Rights Watch und eine Veteranin in den Kämpfen, die NGOs in Russland auszufechten haben, »doch was [die Behörden] nicht dulden wollen, ist, dass die echten Regierungskritiker mit den Menschen ins Gespräch kommen, dass sie Unterstützung in der Gesellschaft finden, dass ihre Botschaften gehört werden – so etwas können sie einfach nicht zulassen. Deshalb steht das Fernsehen unter einer so rigiden staatlichen Kontrolle. Sie wollen unabhängige Informationen, aber sie wollen sie zu eigenen Zwecken nutzen.«[30]

Tatsächlich ist der Bedarf an verlässlichen, unabhängigen Informationen groß. Die Partei kann sich nicht einmal darauf verlassen, dass die eigenen Mitglieder ihr die ungeschminkte Wahrheit sagen. Im Juli 2010 hat Einiges Russland die Gründung eines neuen Analysezentrums verkündet, das die »neuen Unzufriedenen« im Land identifizieren und sich mit ihnen beschäftigen soll.[31] Ruslan Gattarow, der dreiunddreißigjährige Leiter dieses Zentrums und Repräsentant von Einiges Russland, erklärte einer russischen Nachrichtenagentur, Ziel dieser Organisation solle es sein, »Informationen zu sammeln, die die Gouverneure und Bürgermeister unter den Teppich kehren«. Die Partei sah sich gezwungen, ihren eigenen Wachhund zu schaffen, der dem Kreml über die Enttäuschungen, den Unmut und die Unzufriedenheit der Öffentlichkeit berichtet – alles Dinge, die, wie man dort fürchtet, nicht die Kommandokette hinaufwandern oder sogar vertuscht werden. »Grob gesagt tun die regionalen und kommunalen Amtsinhaber oft alles, um Probleme zu verschweigen, damit nichts durchsickert«, erklärte Gattarow dem Reporter. »Und wem geben [die Leute] dann die Schuld [an den Problemen]? ... Unserem Ministerpräsidenten Putin und unserem Präsidenten Medwedew.« Wenn die Macht in den Händen weniger Menschen liegt, kann das Regime eben nicht davon ausgehen, dass seine politischen Gegner, eine freie Presse oder lokale NGOs die Aufmerksamkeit auf die Probleme lenken, die gelöst werden müssen – weil diese Kritiker schon ausgegrenzt worden sind. Diese Bürde lastet direkt auf dem Kreml und dessen Findigkeit, an die Informationen heranzukommen, die er braucht.

Ich zähle ein paar Belege für die unglaubliche Machtkonzentration im Land auf und stelle Popow dann eine eigentlich naheliegende Frage: Hat der Kreml nicht zu viel Kontrolle, und könnte das nicht gefährlich für die Stabilität des Landes sein?

Die Andeutung eines Lächelns huscht über Popows Gesicht. Er greift nach Papier und Bleistift. »Jeder Prozess hat, wie Sie wissen, zwei Entwicklungsvektoren. Fragen und Probleme tauchen immer wieder auf. Aber schauen wir mal, welche Kräfte vorherrschen.« Während er das sagt, beginnt Popow einen Graphen zu zeichnen. Er zieht eine vertikale Linie und dann eine gepunktete horizontale Linie, die sie schneidet. Den Schnittpunkt beider Linien markiert er als Nullpunkt. Während er weiterredet – oder eher doziert –, wird klar, dass dieses hochrangige Duma-Mitglied mir jetzt tatsächlich die russische Demokratie aufzeichnet.

»Ich will nur sagen, dass viele Demokratien Gefahr laufen, wieder auf den Totalitarismus oder autoritäre Regime zurückzufallen«, fährt Popow ohne jede Ironie fort. »Im Fall Russlands ist das nicht möglich. Nicht einmal theoretisch. Sehr langsam, sehr allmählich wächst der Einfluss der Zivilgesellschaft, und ich kann Ihnen versichern, dass die öffentliche Meinung heute einen anderen Stellenwert hat als vor zehn Jahren. Jede Macht meidet instinktiv Kritiker und Einfluss oder Druck. So etwas mag niemand.«

Er zeichnet zwei Pfeile, die beide vom Nullpunkt ausgehen. Einer erhebt sich über der gepunkteten horizontalen Linie, der andere fällt im gleichen Winkel unter die Linie. Den aufsteigenden Pfeil bezeichnet er mit »Zivilgesellschaft«. Der Pfeil unter der gepunkteten Linie ist die »Regierung«. »Wie ich also schon gesagt habe, gibt es zwei Vektoren, die einander beeinflussen. Wenn wir dies schaffen, wird das Ergebnis aus meiner Sicht hier liegen.« Popow zeigt auf die gepunktete horizontale Linie. »Das ist der Vektor der Demokratieentwicklung.«

In Popows Zeichnung ergibt sich die politische Richtung des Landes aus dem Wirken der rivalisierenden Kräfte Zivilgesellschaft und Regierung. Jede übt Druck auf die andere aus, und das Ergebnis ist letztendlich eine relativ gesunde Fortschrittslinie genau in der Mitte.

Das klingt eigentlich ganz vernünftig – wenn wir uns nur auf die Winkel einigen könnten, mit denen die Pfeile nach oben oder unten gehen. Auf seiner Zeichnung hat Popow die politische Vormachtstellung der Regierung mit schwachen 10 bis 20 Grad eingezeichnet. Ich gebe zu bedenken, dass viele Menschen da Einwände erheben würden, dass sogar viele Russen sagen würden, dass die Regierung autoritärer ist, als er hier einräumt. Ich zeige auf einen Punkt, der etwa 60 Grad entsprechen würde. Popow richtet sich auf seinem Stuhl auf und bellt: »Na und?«

Einen Moment lang bin ich nicht sicher, was ich antworten soll.

Ein paar Sekunden lang starrt er mich an. Dann wiederholt er: »Die Opposition ist schwach, die Stimme der Regierung ist stark – na und? ... Wir reden hier nicht über autoritäre oder totalitäre Regime. Wir sagen nur, dass sich das System in der Entwicklung befindet.«

Er kehrt zu dem Schaubild zurück und zeichnet noch ein paar Linien, dabei umkringelt er die Zahl 30. »Die Regierung weiß«, fährt er fort, wobei er seine Stimme herunterpegelt, »dass man nicht über dreißig Grad hinausgehen darf. Wenn Sie zum Beispiel bis auf fünfundvierzig Grad runtergehen, kann die Opposition einfach abrutschen wie ein Uhrenpendel. Deshalb muss die Regierung sich kontrollieren.«

»Was garantiert, dass die Regierung sich kontrolliert?«, frage ich. »Die Geschichte zeigt, dass Regierungen sich sehr schwer tun, wenn es darum geht, sich selbst zu kontrollieren, vor allem wenn es immer weniger Menschen sind, die sich dafür verantwortlich fühlen müssen.«

»Also, sicher kann man sich sowieso nie sein!«, sagt er ungnädig. Er schiebt seinen Stuhl vom Tisch weg und signalisiert damit, dass unsere Zeit um ist. »Wir haben hier ein Sprichwort: ›Selbst eine Versicherungspolice ist keine

100-prozentige Sicherheit, denn Versicherungen suchen immer nach Möglichkeiten, sich vor der Zahlung zu drücken.«

Dann nimmt er das Blatt Papier, das jetzt mit Linien, Kreisen und Notizen kreuz und quer vollgemalt ist, und unterschreibt es mit Schwung. »Hier, handsigniert. Ein richtiges Original.«

Trotz seines Versuches, die Lage mit fast schon wissenschaftlicher Genauigkeit zu erklären, ist die Vorstellung absurd, dass die Kräfte von Regierung und Zivilgesellschaft in eine Konkurrenz getreten sind, die auch nur annäherungsweise einem fairen Kampf ähnelt. In Russland sind dies keine gleichberechtigten gegensätzlichen Kräfte, die sich nach einem Zusammenstoß irgendwo in der Mitte treffen. Die russische Regierung hat ihre Zivilgesellschaft handverlesen und den ihrer Ansicht nach lästigsten oder unbequemsten Gruppen den Zugang verwehrt. Das Regime hat enorme Kreativität darin bewiesen, Organisationen vor Engagement, das es als Bedrohung empfindet, zu warnen, sie dafür zu tadeln oder sie davon abzuhalten. »Es gibt viele Kontrollinstrumente, sogar die Feuerwehr gehört dazu«, erzählte mir ein Moskauer Aktivist. »Brandschutzinspektionen sind ein sehr beliebtes Mittel.«[32]

Die Europäische Universität Sankt Petersburg musste diese Lektion im Januar 2008 lernen.[33] Damals kamen die Behörden zu einer angeblich routinemäßigen Brandschutzinspektion in die Universität. Früher hatten schon ähnliche Begehungen ohne Beanstandungen stattgefunden, bei diesem Besuch jedoch wurden zweiundfünfzig Mängel festgestellt. Die Universität ist wie viele in Sankt Petersburg teilweise in historischen, jahrhundertealten Gebäuden untergebracht; es ist schlichtweg unmöglich, in diesen alten Häusern alle Sicherheitsvorschriften einzuhalten. Doch die Behörden rückten nicht von ihrer Bewertung ab; am 7. Februar befahl das Bezirksgericht die sofortige Schließung der Universität – mitten im Semester. Alle Lehrveranstaltungen mussten sofort beendet werden. Die Universität versuchte vergebens, zwanzig Mängel praktisch über Nacht zu beheben und eine Aufhebung des Gerichtsbeschlusses zu erreichen. Im Grunde aber war es nie um Feuerleitern oder deutlich markierte Notausgänge gegangen. Den Fehler hatte die Universität schon Monate zuvor begangen, als sie 900 000 Dollar von der Europäischen Union annahm, um Forschungen zur Wahlbeobachtung zu finanzieren. Der Zuschuss hatte den Zorn von Menschen wie Gadschimet Safaralijew geweckt, einem Duma-Abgeordneten von Einiges Russland, der der Lokalpresse erklärte, die Fördergelder seien eine »Einmischung einer ausländischen Quasi-Regierung in Russlands Wahlkämpfe 2007/2008«.[34] Und das war nicht irgendein Wahlkampf: Man erwartete, dass Putin den Präsidentenstab am 2. März an Dmitri Medwedew weitergab. Am 21. März, fast drei Wochen nach der Präsidentenwahl, durfte die Universität ihre Pforten wieder öffnen. Die Forschungen zur Wahlbeobachtung wurden ausgesetzt – die Warnung des Regimes war angekommen.

Weitaus subtiler kann das Regime sich eine eigene Zivilgesellschaft auswählen oder bilden. Unter den autoritären Regierungen war Russland Vorreiter einer ganz besonderen Innovation – der GONGO. GONGO ist die Abkürzung für *government-operated NGO*, also für eine von der Regierung betriebene Nichtregierungsorganisation. Solche Organisationen geben sich typischerweise als unabhängige Institutionen aus und verstecken sich oft hinter unschuldig klingenden Namen, die auf ein Anliegen im Bereich der Menschenrechte, Gesetzesreformen oder dem Minderheitenschutz verweisen.

In Wahrheit geht es ihnen darum, die Politik der Regierung zu legitimieren, ausländische Gelder von echten Nichtregierungsorganisationen abzuziehen und in der Öffentlichkeit Verwirrung darüber zu stiften, wer denn nun im Recht ist, die Regierung oder ihre Kritiker.

Nehmen wir zum Beispiel das Moskauer Büro für Menschenrechte. Es wird von einem Mitglied der Gesellschaftlichen Kammer namens Alexander Brod geführt. Den meisten Darstellungen zufolge war Brods Organisation, die sich angeblich dem Kampf gegen Fremdenfeindlichkeit und Rassismus widmet, anfangs keine GONGO. Viele sagen, dass die Organisation auch heute noch in manchen Fällen gute Arbeit leistet, indem sie Material zu den Gefahren neonazistischer und faschistischer Gruppen herausgibt. Doch irgendwann änderten sich die Aussagen der Organisation allmählich, bis die Interessen des Regimes im Vordergrund standen. Ein Beamter des amerikanischen Außenministeriums sagte mir: »Der Ausdruck ›Gongolisierung‹ ist für Brod erfunden worden.«[35]

Tanja Lokschina, der stellvertretenden Leiterin von Human Rights Watch in Moskau, wurde dies klar, als ihre Organisation einen Bericht über Inguschetien herausgeben wollte, einen unter vielen Gewalttaten leidenden Teil der nördlichen Kaukasusregion. Lokschinas Bericht ging ausführlich auf Entführungen, Hinrichtungen, Folterungen und das Verschwinden von Menschen in dieser Ecke Russlands ein. Vor der Veröffentlichung reiste Brod selbst nach Inguschetien und kam dort mit örtlichen Amtsträgern zusammen. Als Human Rights Watch eine Pressekonferenz für den Bericht abhielt, hatte Brod schon sein eigenes Treffen mit der Presse angekündigt – zusammen mit dem Ombudsmann der Regierung für Inguschetien. »Die einzige Botschaft dieser Pressekonferenz lautete schlicht und einfach: Human Rights Watch lügt auf ganzer Linie«, erinnert sich Lokschina. »Wie soll man wissen, wem man trauen kann? Er ist da gewesen, er weiß Bescheid. Das ist ein ganz besonderer raffinierter Trick dieses autoritären Regimes.«[36]

Nach Aussage verschiedener Aktivisten, mit denen ich sprach, wiederholte Brod dieses Spielchen ein paar Monate später noch einmal, als zwischen Russland und Georgien ein Krieg um Südossetien ausbrach. Wieder war Brod dort, trat in der Öffentlichkeit auf und wiederholte die überaus zweifelhaften Behauptungen der Regierung zu einer angeblich von den Georgiern durchgeführten ethnischen Säuberung. Ich besuchte Brod in seinem großen, aber spartanisch eingerichteten Büro an der Gesellschaftlichen Kammer, und er präsentierte sich natürlich nicht als Leiter einer GONGO. Er sprach langsam und gemessen, ließ aber oft wichtige Details aus, um die russische Politik ins beste Licht zu rücken. (So erklärte Brod mir ohne mit der Wimper zu zucken, dass alle Parteien garantiert gleichen Zugang zu Fernsehsendezeiten hätten. Als ich nachhakte, relativierte er seine Aussage und meinte, dies gelte für Parteien, die zur Präsidentschaftswahl zugelassen seien. Was überzeugend klingen mag, wenn man nicht weiß, wie effektiv der Kreml liberale und andere unerwünschte Parteien daran gehindert hat, eigene Kandidaten anzumelden oder aufzustellen.) Schließlich erklärte Brod seine Vorgehensweise mit einer immer wieder gern herangezogenen Begründung: »Die Arbeit einer NGO ist eigentlich nicht möglich ohne einen guten Kontakt zu den Leuten in der Regierung, ohne Treffen, Beratungen, ihr Fachwissen, Diskussionen – ohne das alles eben.«[37]

Die Linien und Winkel auf Popows Schaubild werden vor allem durch die vielen Journalisten und Menschenrechtsaktivisten ad absurdum geführt, die wegen ihrer Versuche, die Wahrheit ans Licht zu bringen, ermordet worden sind. Trotz der ständigen Versprechen des Kreml, Aktivisten und Journalisten vor dieser Gefahr zu schützen, sind in den letzten zehn Jahren nur sehr wenige Täter für diese Morde zur Rechenschaft gezogen worden. Nach Aussage des Committee to Protect Journalists war 2010 das erste Jahr seit 1999 ohne eine gezielte Ermordung eines russischen Journalisten.[38] Seit 2000 sind neunzehn Journalisten getötet worden, und auch 2010 wurden Journalisten geschlagen und bedroht, weil sie sich mit Themen beschäftigten, die als politisch heikel galten. Auch bei der Verfolgung von Übergriffen auf Angehörige von Menschenrechtsorganisationen kann die Regierung kaum Erfolge vorweisen. »Angriffe und Prügel sind fast schon zur Routine geworden«, sagt Lokschina. »Die Menschen sind beunruhigt. Sie schauen sich ständig über die Schulter. Bei mir jedenfalls ist es so.«

Für die Menschenrechtlerin Lokschina sind das keine abstrakten Risiken. »2009 war ein absolutes Katastrophenjahr – das tragischste Jahr für alle, die in Russland für mehr Menschenrechte kämpfen«, sagt sie. »Es wurden so viele Menschen getötet – Menschen wie Natascha Estemirowa, die sehr bekannt war, Stanislaw Markelow und die junge Anastasija Baburowa. Das war ganz am Anfang des Jahres.« Lokschina hatte Freunde unter den Ermordeten. Natascha Estemirowa, eine führende Rechercheurin für die Menschenrechtsgruppe Memorial, war ihre beste Freundin. Estemirowas Ruf reichte weit über Russland hinaus. Sie hatte mehrere internationale Preise für ihre Arbeit erhalten, darunter einen, der nach der russischen Journalistin Anna Politkowskaja benannt ist, einer weiteren getöteten Freundin, die 2006 vor ihrem Moskauer Wohnblock ermordet worden war. Estemirowa galt als sorgfältige und leidenschaftliche investigative Journalistin für Menschenrechte und als Aktivistin, die es immer an die gefährlichsten Orte zog. Also vor allem in das vom Krieg zerrissene Tschetschenien. Am 15. Juli 2009 wurde sie vor ihrer Wohnung in Grosny entführt. Augenzeugen berichteten Ermittlern später, sie hätten eine Frau gesehen, die in eine Limousine geschubst worden sei und noch »Ich werde entführt!« geschrien habe. Ein paar Stunden später wurde sie am Straßenrand in einer Nachbarrepublik erschossen aufgefunden. Kurz nach Estemirowas Ermordung schrieb Lokschina in der *Washington Post* darüber, wie sie und Natascha an dem Begräbnis des Menschenrechtsanwalts Stanislaw Markelow zu Beginn des Jahres teilgenommen hatten. »Wir saßen an meinem Küchentisch, redeten bis in spät in die Nacht über Markelow und Politkowskaja und spekulierten darüber, wer wohl der nächste sein würde.«[39] Dass es ihre Freundin sein könnte, die ihr am Tisch gegenübersaß – damit rechnete sie damals wohl kaum.

Lokschina und ihr Ehemann Alexander Werchowski haben schon einige Todesdrohungen erhalten. Wie ihre Freundin Natascha hat sie viele Jahre lang über Tschetschenien geforscht. Ihr Mann ist Direktor des SOWA-Zentrums für Information und Analyse, einer russischen NGO, die sich mit Volksverhetzung, Rassismus und Fremdenfeindlichkeit beschäftigt. Nur ein paar Tage vor meiner Ankunft in Moskau fiel ein hochrangiger Richter einem Attentat zum Opfer, das wie ein Auftragsmord wirkte: Er starb im Treppenhaus seines Wohnblocks mitten in der Stadt; zuvor hatte er harte Urteile gegen ultranationalistische und neonazistische Gruppen gefällt. Die Regierung ist besorgt über die wachsende Gewaltbereitschaft solcher extremistischen Gruppen, doch Kritiker führen an, dass ihre frühere Strategie, den Nationalismus anzuheizen, während sie die russische Zivilgesellschaft unterdrückte, das Problem noch verstärkt habe. Wegen dieser Drohungen mussten Lokschina und Werchowski in eine sicherere Wohnung umziehen, die nicht im Telefonbuch angegeben ist. Lokschina meint, dass das nicht nur an ihrer heiklen Arbeit bei Human Rights Watch liegt. »Es geht auch um seine Arbeit. Wir hatten schon den einen oder anderen Besuch von Skinheads, die total auf ihn stehen«, sagt sie mit einem Lächeln. »Wir sind eine echte Gefahr.«

Der Mord an Natascha Estemirowa ist noch immer nicht aufgeklärt. Obwohl es Zeugen für ihre Entführung gibt und ihre Mörder mindestens zwei Kontrollpunkte der Regierung passierten, hat die Polizei keine Spuren. Das Einzige, was sich seit jenem Tag im Juli 2009 geändert hat, ist die Zahl der Toten. Aber für die ist in Popows Schaubild kein Platz.

Spin Doctors

Sergei Markow wird oft als ein Sprachrohr des Kreml bezeichnet. Das ist nicht abfällig gemeint – es ist einfach eine Tatsache. Der zweiundfünfzig Jahre alte Duma-Abgeordnete ist ein guter Redner, und er wird oft mit der Aufgabe betraut, die Botschaften des Kreml zu verkünden – vor allem gegenüber ausländischen Medien. Markow wird auch manchmal als ehemaliger Liberaler beschrieben, der der Macht zu nahe kam und seine intellektuelle Unabhängigkeit im Dienste dieser Macht verlor. Und doch besitzt er noch Talente – eine Gabe, Meinungen zu formen und Euphemismen zu prägen –, die ihn nützlich machen. Ganz allgemein gilt in der Politik, ob im Weißen Haus, im Kreml oder wo auch immer, dass der Bote Teil der Botschaft ist. Indem der Kreml Markow als Sprachrohr benutzt, sendet er ein eindeutiges Signal aus: Coolness.

Markow wirkt auf den ersten Blick nicht wie ein politisches Schwergewicht, sondern eher wie ein Sparringspartner. Mit kurz geschnittenem Haar, breiter Nase und eingefallenem Bluthundgesicht lächelt er selten, selbst wenn er einen Witz macht, der andere zum Lachen bringen soll. Er sitzt noch nicht ganz, da verströmt er irgendwie schon Großspurigkeit. Seine drei Mobiltelefone legt er auf den Tisch, wie um mir klarzumachen: »Wir werden unterbrochen werden, und natürlich werde ich den Anruf annehmen.« Als jemand, der das Denken des Kreml wiedergeben soll, ist er noch nie davor zurückgeschreckt, rhetorische Bomben platzen zu lassen. Im Jahr 2009 erzählte er einer Handvoll Washingtoner Politikstrategen ganz unvermittelt, dass sein Büro hinter den Cyber-Angriffen auf Estland im Jahr 2007 steckte.[40] Die Angriffe in jenem Sommer hatten das Rückgrat der Internetstruktur des baltischen Staates lahmgelegt. Erstes Ziel waren die Ministerien, das Parlament und die Finanzinstitutionen gewesen. Nach diesem Vorfall hatte sich die NATO verpflichtet, Mitgliedstaaten bei der Abwehr solcher Bedrohungen zu helfen. Russland hatte Vermutungen, es habe hinter den Angriffen gesteckt, immer zurückgewiesen, Markow jedoch bestätigte die Vorwürfe jetzt nonchalant: »Was die Cyber-Attacke auf Estland angeht ... Machen Sie sich keine Sorgen, der Angriff ging von meinem Assistenten aus. Ich nenne seinen Namen nicht, denn sonst bekommt er vielleicht keine Visa mehr.« Später sagt er noch: »Übrigens werden solche Dinge immer häufiger passieren.« Ob sein Eingeständnis stimmt oder nicht, ist fast unerheblich. Die eigentliche Frage ist doch, ob der Kreml Markow trotz dieser Bemerkungen gern für sich sprechen lässt – oder gerade ihretwegen.

Ich treffe Markow in einem chinesischen Restaurant ein paar Blocks vom Kreml entfernt. Nachdem wir uns gesetzt haben und er seine Nudelsuppe bestellt hat, frage ich ihn, wo in Russland heute die Gräben des politischen Wettbewerbs verlaufen. Zwischen seiner Partei Einiges Russland und einigen der quasi-oppositionellen Parteien, die der Kreml geschaffen hat? Hat die legitime, aber marginalisierte Opposition überhaupt eine Stimme? Gibt es einen echten Wettbewerb nur innerhalb von Einiges Russland? Markow sagt, dass nichts von alledem zutreffe. Parteien kämen in der Gleichung einfach gar nicht vor. »Wir haben keinen Wettbewerb innerhalb der Partei. Wir haben Wettbewerb außerhalb der Partei«, erklärt er. »[Aber] das ist wirklich ein Kampf um die Macht.«[41]

Es ist mit anderen Worten ein echter Grabenkrieg. Der politische Wettbewerb, soweit er überhaupt existiert, ist eher ein Konflikt finanzieller Interessen als ein Wettstreit der Ideen. Das ist eine sehr offene Aussage für ein Parlamentsmitglied. Weil ich den Eindruck habe, dass jemand, der diese Meinung vertritt, hier logischerweise auch wenigstens *einen* Grund für die unglaubliche Korruption im Lande sehen könnte, frage ich, ob er Angst hat, dass dieser Mangel an politischem Wettbewerb um sich greifen und Russlands Wirtschaftsleistung bedrohen könnte. Aber Markow sieht das anders. »Natürlich ist Korruption keine gute Sache, aber es gibt keine engen Verbindungen zwischen der Korruption und einem Mangel an Entwicklung«, sagt er. »Natürlich sollte man sie bekämpfen, aber Sie wissen, dass es keine engen Verbindungen zwischen dem Mangel an Entwicklung und der Korruption gibt und keine engen Verbindungen zwischen politischem Wettbewerb und dem Fehlen von Korruption. Warum also politischen Wettbewerb fördern, wenn beide Zusammenhänge so unsicher sind?«

Markow versucht sich nicht einfach nur herauszuwinden; er vertritt vielmehr ein zentrales Dogma moderner autoritärer Regime. Eine fundamentale Frage lautet, ob Gesellschaften, die rund um einen offeneren und freieren politischen Wettbewerb organisiert sind, schneller wachsen und ihren Bürgern ein besseres Leben bieten als stabilere geschlossene Gesellschaften. Die Antwort, die nach dem Ende des Kalten Krieges ein klares Ja zu sein schien, hat sich durch Chinas jähen Aufstieg wieder relativiert. China und der autoritäre Stadtstaat Singapur sind die am häufigsten angeführten Gegenbeispiele, und Markow erwähnt sie – wie aufs Stichwort – beide. »Also, schauen Sie sich China an – kein politischer Wettbewerb, aber es läuft großartig«, sagt er, und fügt schnell hinzu: »Schauen Sie sich Singapur an – kein politischer Wettbewerb, aber auch da großartige Ergebnisse.«

Er will darauf hinaus, dass starke, stabile technokratische Regierungen womöglich nicht nur in der Lage sind, Fundamente für eine schnelle, effiziente Entwicklung zu legen, sondern gegenüber Demokratien sogar noch einen Vorteil haben. Das Problem dabei ist nur, dass autoritäre Regime sich nun wirklich nicht als todsichere wirtschaftliche Erfolgsgeschichten erwiesen haben. In den letzten vierzig Jahren verlief die Entwicklung von Autokratien und Demokratien im Durchschnitt etwa gleich schnell.[42] Für jeden erfolgreichen ostasiatischen Tigerstaat gibt es auch mehrere hoffnungslose autoritäre Fälle. Und wenn man Ostasien außen vor lässt, hatten Autokratien im Mittel ein um 50 Prozent niedrigeres Pro-Kopf-Wachstum als arme Demokratien.

Asiatische Autokratien sind in vielerlei Hinsicht die Ausnahmen, die die Regel bestätigen. Eine unglaublich große Kluft liegt zwischen dem verblüffenden Erfolg der asiatischen Tigerstaaten und Russlands Situation. Als sich zum Beispiel das autoritär geführte Südkorea in den 1960er-Jahren entwickelte, bestanden seine Exporte zu 65 Prozent aus Industriegütern. In den 1970er-Jahren war diese Zahl auf mehr als 80 Prozent gestiegen.[43] Die Wirtschaft des Landes stützte sich also mit anderen Worten zunehmend auf die Produktion greifbarer, echter Waren, die der Rest der Welt haben wollte. Die russischen Exporte dagegen hängen unglaublich stark von einem einzigen Rohstoff ab – Energie. Im Jahr 2008 bestanden die russischen Exporte zu 70 Prozent aus Öl- und Gaslieferungen.[44] Waren und Dienstleistungen bildeten nur 1,7 Prozent, davon wiederum High-Tech-Exporte nur magere 0,3 Prozent der Ausfuhren. Taiwan mag bis Ende der 1980er-Jahre von einer einzigen Partei regiert worden sein, aber als sein Aufstieg in den 1970er-Jahren begann, hielt es die Zahl der Staatsbediensteten bei relativ schlanken 12,5 Prozent.[45] In Russland ist der staatliche Sektor immer noch aufgebläht; die Regierung und ihre Unternehmen im Staatsbesitz beschäftigen fast 40 Prozent aller Arbeitnehmer.[46] Oder nehmen wir die Bildung. In seiner Frühzeit investierte Singapur enorme Summen in die schulische Bildung, die Zahl der Gymnasiasten verdreifachte sich zwischen 1959 und 1972. Russland bewegt sich in die umgekehrte Richtung. Unter Putin liegen Russlands jährliche Ausgaben pro Gymnasiast unter denen von Brasilien, Mexiko und der Türkei.[47] In Russland findet sich also praktisch keine einzige Zutat des asiatischen Wirtschaftswunders.

Wenn sie nicht gerade die asiatischen Autokratien anführen, berufen sich die russischen Eliten auf ein anderes asiatisches Kraftpaket: Japan. Markow und andere Regierungsvertreter, mit denen ich sprach, sind große Fans von Japans Liberaldemokratischer Partei (LDP). Die Gründe liegen auf der Hand: Die LDP regierte Japan ununterbrochen vierundfünfzig Jahre lang. In dieser Zeit stieg Japan aus der Asche des Zweiten Weltkriegs zur zweitgrößten Wirtschaftsmacht der Welt auf. In dieser Zeit war der politische Wettbewerb kaum mehr als ein Gerangel von unterschiedlichen Grüppchen innerhalb des LDP-Lagers, und Korruption zwischen politischer und Wirtschaftselite war der Normalzustand. Die russischen Eliten bewundern dieses japanische Beispiel als vorbildlich. In ihren Augen beginnt das Geheimnis des asiatischen Wirtschaftswunders damit, dass sich die politische Führung in Ländern wie Japan (oder auch China) an der Macht hält. Sobald dies nicht mehr der Fall ist, sobald es irgendeiner anderen politischen Kraft gelingt, der LDP oder den chinesischen Kommunisten die Kontrolle zu entwinden, fährt diese den Karren todsicher in den Dreck. Nicht wahrhaben wollen die Russen, dass sie es vielleicht genau verkehrt herum sehen, dass die Fähigkeit ihrer asiatischen Gegenstücke, sich so lange an der Macht zu halten, auf etwas zurückzuführen sein könnte, das die russischen politischen Eliten noch nicht schaffen konnten: nachhaltigen wirtschaftlichen Fortschritt.

Markow ist allerdings zu klug, um seine Argumentation allein auf moderne Beispiele des asiatischen Wirtschaftswunders aufzubauen, seien sie nun demokratisch oder autoritär geprägt. Er greift auch auf das Beispiel Italiens nach dem Zweiten Weltkrieg zurück, ein Land, das lange von einer einzigen Partei regiert wurde, ein hohes Korruptionsniveau hatte und trotzdem Erfolge verbuchen konnte. »Ein extrem hohes Korruptionsniveau. Vielleicht war [Italien] das korrupteste Land überhaupt; fast alle Ministerpräsidenten wurden von der Mafia gesteuert«, sagt Markow und gewinnt an Sicherheit. »[Und dennoch erlebte] Italien großen Wohlstand, Entwicklung und Modernisierung. Italien gehörte zu den führenden Nationen im Nachkriegseuropa.«

Es stimmt, dass Politikwissenschaftler keine feste Beziehung zwischen dem Korruptionsgrad eines Landes und seiner Entwicklung festgestellt haben. Doch wenn der Teufel im Detail steckt, sprechen die Details nicht für Russland. Die Korruption ist im Fall Russland so groß, dass sie das Wachstum des Landes auffrisst. Bestechung vernichtet jährlich etwa ein Drittel des Bruttoinlandsprodukts.[48] Die Weltbank schätzt, dass fast die Hälfte der russischen Wirtschaft irgendwie mit einer Form von Korruption verbunden ist. Russland landete 2011 auf Platz 143 unter den 182 Ländern des Korruptionswahrnehmungsindex von Transparency International, noch hinter Bangladesch, Pakistan und Syrien.

Ich erzähle Markow, dass die Zahl der Milliardäre in Russland sich laut der Zeitschrift *Forbes*, wie ich gerade am Morgen gelesen hatte, fast verdoppelt habe – von zweiunddreißig auf zweiundsechzig im letzten Jahr.[49] In denselben zwölf Monaten fielen fast alle Wirtschaftsdaten des Landes ab. Die Wirtschaftskraft sank um beinahe acht Prozent, das ist der größte Rückgang seit dem Ende der Sowjetunion.[50] Laut Weltbank ging die industrielle Produktion um mehr als zehn Prozent zurück, der verarbeitende Sektor fiel um 16 Prozent und die festen Kapitalinvestitionen sanken um 17 Prozent. Ist das denn nicht bezeichnend für das Problem, zumal wir ja wissen, wie einige dieser Milliardäre zu ihrem Reichtum gekommen sind?

Markow fegt meine Frage einfach vom Tisch. »Das liegt an unserer Form des Kapitalismus. Russland ist ein Land der Extreme«, sagt er. »Alle Gesellschaften sollten nach ihren Gepflogenheiten, ihren Gegebenheiten und nach klarer Logik [beurteilt werden]. Nur weil die *New York Times* einen Artikel darüber schreibt …« Er verstummt für einen Moment. »Das liegt nicht an den Leuten im Kreml. All diese Zeitungen, die so viele Artikel über die direkte Verbindung zwischen dem Monopol von Einiges Russland und der enormen Korruption veröffentlichen, haben auch Hunderte Artikel über Saddam Husseins Massenvernichtungswaffen geschrieben.«

Sein Versuch, den Zusammenhang zwischen dem politischen System seines Landes und der dort grassierenden Korruption zu verschleiern, ist Augenwischerei des Kreml. Doch der Funktionär beschönigt nicht alles. Er räumt ein, dass die politische Körperschaft, der er angehört, die Duma, eigentlich ein Abnickgremium und nicht an der Führung des Landes beteiligt ist. Einmal witzelt er sogar, das russische Parlament sollte in »Gesetzgebungsministerium« umbenannt werden – es ist im Grunde nur ein weiteres Anhängsel von Putins Herrschaft.

Gleb Pawlowski ist derselben Meinung. »Man kann praktisch sagen, dass wir eine Demokratie der Nicht-Lesungen haben«, erklärt er mir in seinem Eckbüro mit Blick auf die Moskwa. »Wenn das Gesetz für Anhörungen und Lesungen in die Duma eingebracht wird, ändert sich fast nie mehr etwas am Text.«[51] Zum Zeitpunkt unseres Gesprächs war

Pawlowski einer der wichtigsten Kreml-Berater und leitete eine Institution namens Fonds für Effektive Politik. Er hatte länger als politischer Berater gearbeitet als irgendjemand sonst in Russland und sagte, noch bevor ich es tun konnte, dass alle möglichen Gerüchte über seine Arbeit herumschwirrten. »Man hört viele Mythen über meine Tätigkeit und meine Beteiligung an diesem oder jenem«, erklärte er mir und fügte noch hinzu, dass die russische Presse ihn deshalb gern als »graue Eminenz« bezeichne.

Der kleine, stämmige Pawlowski trug sein Haar kurz geschoren und war ganz in Schwarz gekleidet. In einer Ecke lief ein Fernseher mit einer Rede, die Putin ein paar Stunden zuvor gehalten hatte. Der damalige Ministerpräsident war wirklich sehr präsent in Pawlowskis Büro. Obwohl er sagte, dass er für Medwedew arbeite – seinen dritten russischen Präsidenten nach Jelzin und Putin –, hing ein großes Porträt von Putin an der Wand und keine Fotos von irgendjemand anderem. Anfang der 1990er-Jahre hatte Pawlowski für Organisationen gearbeitet, die Initiativen zur Förderung der Demokratie unterstützten, darunter auch George Soros' Open Society Institute und die amerikanische Stiftung National Endowment for Democracy. Er spricht von dieser Zeit als seiner »wichtigsten politischen Erfahrung«. »Im Grunde«, so erklärt er mir, »baut meine Karriere auf der Erfahrung auf, die ich bei der Arbeit in diesen unabhängigen demokratischen Organisationen gesammelt habe.«[52] Seine Kritiker würden ihm da zustimmen. Sie sagen allerdings, dass er nur deshalb so viel über die Bemühungen zur Demokratieförderung lernte, um dann genauer zu wissen, wie er sie untergraben und später Putins Machtmonopol aufrechterhalten konnte. Im Jahre 2006 verbot ihm der ukrainische Geheimdienst die Einreise wegen des Vorwurfs, er habe an russischen Interessen orientierte NGOs gegründet, die sich in die Präsidentschaftswahlen des Landes einmischten. Als ich ihn fragte, wie er seine Arbeit beschreiben würde, blieb er vage in Bezug auf das, was er tat, aber nicht in Bezug darauf, für wen er es tat. »Ich entwickle Ideen für die Lösung interner Probleme. In den letzten zehn Jahren ist das Präsidialamt praktisch mein einziger Klient gewesen.«

Ich frage Pawlowski, ob die Stabilität, die Russland genießt, nicht vielleicht eine trügerische sein könnte, und ob das System nicht so angelegt sei, dass es sich selbst von Feedback, neuen Talenten und Wettbewerb abschneide. »Die Überlegungen, die Sie gerade geäußert haben, ähneln sehr stark Putins Überlegungen zur Stabilität«, antwortet er. »Darüber denkt er gerade nach.« Das Problem ist nur, dass sich, wenn es um politischen Wettbewerb geht, wirklich niemand mit Medwedew und Putin messen kann. Pawlowski glaubt, dass Medwedew und Putin sich dieses Problems bewusst sind und dass der nächste Schritt ein »Wettbewerb der Ideen« sein muss. Dieser Wettbewerb, so sagt er, »findet fast ständig im Kreml statt, in den Denkfabriken, in verschiedenen Strategiezentren«. Aber nicht in der Duma? »Ich fürchte, es gibt in der Duma niemanden, mit dem man sich wirklich auseinandersetzen könnte. In der nichtsystemischen Opposition gibt es nicht viele Köpfe, mit denen man wirklich diskutieren kann«, sagt Pawlowski. »Sie haben keine Ideen außer der einen: Als wir Minister waren, war alles ganz toll.«

Diese Kritik ist nicht ganz fair. Die Oppositionsparteien müssen um Sponsoren kämpfen, denn es kann negative Folgen haben, wenn man sie unterstützt. Sie müssen mit Regeln zurechtkommen, die es immer schwerer machen, Sitze zu erringen. Ihre Versuche, Kundgebungen oder öffentliche Veranstaltungen abzuhalten, werden immer wieder von Behörden blockiert, und an das nationale Fernsehen kommen sie überhaupt nicht heran. Pawlowski selbst wird die Idee der Gesellschaftlichen Kammer zugeschrieben, die helfen soll, die Funktion eines Parlaments zumindest teilweise zu ersetzen. Er galt als wichtiger Strippenzieher im herrschenden politischen System. Wenn er der Opposition vorwarf, keine Ideen zu haben, war das ein bisschen so, als beklage sich ein Arzt über einen Mangel an Patienten – nachdem er schon alle vergiftet hat. Ich sagte, dass ich seine Kritik unfair fände, da die Opposition den Großteil ihrer Kraft schon auf die Sicherung ihrer Existenz verwenden müsse. »Sie haben recht. Wir müssen [intensiven politischen Wettbewerb] riskieren«, sagte er. »Wir müssen uns nur entscheiden, wie viel wir riskieren wollen und wann.«

Es gibt aber kaum Anzeichen dafür, dass irgendjemand an den Schalthebeln der Macht viel riskieren will. Das wird nur zu klar, wenn die Russen zu den Wahlurnen gerufen werden, denn fast immer geht das mit Hinweisen auf Wahlmanipulation einher. Mitglieder der Opposition wie auch von Einiges Russland erklärten mir, das Problem bestehe nicht einfach darin, dass ein hoher Funktionär befehle, die Wahlurnen mit gefälschten Stimmzetteln vollzustopfen; in gewisser Weise sind Betrug und Manipulation, die bei Wahlen zutage treten, tief in Russlands autoritärem System verwurzelt. Sergei Markow räumt die Wahlmanipulationen bereitwillig ein. Aber sie rühren nicht daher, dass Putin befiehlt, wer wie viele Prozent bekommen soll. »Sie müssen den Mechanismus verstehen, und wie er funktioniert. Putin sagt nie: ›Verschaff mir so und so viel Prozent.‹ Er sagt sogar, er braucht das nicht. Was interessiert es Putin, ob [jemand] nicht fünfzig, sondern siebzig Prozent hat? Fünfzig Prozent sind auch die Mehrheit, oder? Es ist ihm egal«, erklärt Markow. »Gouverneure und Bürgermeister dagegen machen sich natürlich Gedanken darüber, weil sich in den Ergebnissen widerspiegelt, wie beliebt sie sind. Und deshalb tricksen sie.«[53]

Rangniedere Amtsträger greifen mit anderen Worten auf Wahlbetrug zurück, weil sie nicht schlecht dastehen wollen. Ob sie Angst haben, nicht genügend Stimmen für einen Vorgesetzten zu liefern, oder ob sie sich Sorgen machen, weil sie womöglich verglichen mit anderen Amtsträgern im Land nicht besonders beliebt wirken – das Gegenmittel ist jedenfalls immer dasselbe: Wahlbetrug. Unserer Vorstellung nach sind Wahlen in autoritären Staaten Scharaden ohne jeden Wettbewerb. Aber das stimmt nicht ganz. Es gibt Wettbewerb – nur nicht zwischen den Herrschenden und den Herausforderern, sondern zwischen Amtsträgern, die um die Gunst der Mächtigen buhlen.

Eine der wohl verdächtigeren Wahlen in letzter Zeit war die besonders im Fokus der Öffentlichkeit stehende Wahl von Präsident Dmitri Medwedew im Jahr 2008. Putin hatte bei seiner zweiten Wahl zum Präsidenten 71 Prozent der Stimmen bekommen. Als jetzt Medwedew, Putins handverlesener Nachfolger, zur Abstimmung stand, erhielt er genau 70,2 Prozent. In den Augen vieler sah das wie ein Paradebeispiel russischer Wahlbeeinflussung aus. Es war wünschenswert, dass Medwedew mit einem klaren Mandat ins Amt kam, aber niemand wollte, dass das Ergebnis des Protégés besser war als das seines Mentors. Markow stimmt im Grunde zu. »Na ja, sie war nicht völlig kontrolliert«, sagt er, »aber niemand [wollte] Medwedew [mehr] Prozente geben. Ich nenne das vorauseilende hyperbürokratische Loyalität. Ein echtes Problem für Einiges Russland und übermächtige Parteien [in anderen Ländern].«

Igor Mintusow weiß, was man braucht, um eine russische Wahl zu gewinnen. Er ist der zweiundfünfzigjährige Vorsitzende der Gruppe Niccolo M, einer der bekanntesten Politikberatungen in Moskau. (Der Name bezieht sich natürlich auf Niccolò Machiavelli; Mintusows Visitenkarte ziert ein Porträt von Machiavelli, der hinter einem Globus hervorlugt.) Das im Jahre 1992 gegründete Unternehmen hat Kampagnen überall in Russland durchgeführt. Aber Mintusow hat nicht nur in seiner Heimat gearbeitet: Er ist weitgereist und hat an politischen Kampagnen in Bolivien, Bulgarien, Chile, Estland, Nicaragua, Südkorea, Venezuela und sogar in den Vereinigten Staaten mitgewirkt. Und seine Dienste sind nicht billig. Ein Mittagessen mit Mintusow kann einen Kunden angeblich mehrere tausend Dollar kosten.[54]

Bei unserem Treffen fragte ich ihn, an welchen Kampagnen in den Vereinigten Staaten er beteiligt gewesen sei. Eine war eine demokratische Kampagne um den Gouverneursposten in Florida; der Bewerber scheiterte an Jeb Bush. Die andere, so erzählte er mir, war die Kampagne zur Wiederwahl des Senators Chris Dodd 1998 in Connecticut. Mintusow sollte bei der Medienarbeit helfen, und so traf er sich nach seiner Ankunft mit Dodds Wahlkampfmanager. Mintusow fragte ganz direkt nach dem Medienbudget, und der Wahlkampfleiter zeigte ihm, womit er auskommen musste. »Er zeigte auf das Budget für Meinungsforschung, das Personalbudget, das Budget zur Mobilisierung der eigenen Anhänger, all diese Dinge«, erinnert sich Mintusow. »Ich sah das Gehalt des Pressesekretärs, die Ausgaben für Ausstattung, Büroräume, Portokosten, Internet, und ich schaue mir das an und sage: ›Alles schön und gut. Aber wo ist das Geld für die Arbeit mit den Medien?‹«

Der Wahlkampfleiter fing wieder von vorn an, ging die Liste der Gehälter, Ausgaben usw. durch. Also fragte Mintusow noch einmal. »Ich sagte, dass ich das verstanden hätte, aber wo ist denn jetzt das Budget für die Medienarbeit?« Und der Wahlkampfleiter ging dieselben Posten noch einmal durch. Da dämmerte es Mintusow. »Plötzlich wurde mir klar, dass er meine Frage gar nicht verstanden hatte«, sagt Mintusow lachend. »Da merkte ich, wie verdorben ich von Russland her bin!«[55] Mintusow ging einfach davon aus, dass man die Medien, wie alles andere auch, kaufen konnte.

Es ist unmöglich, so lange wie Mintusow in der russischen Wahlpolitik zu arbeiten, als erfolgreich zu gelten und sich die Hände nicht schmutzig zu machen. Er beschrieb mir die russischen Wahlkämpfe als »Kriege ohne Regeln«, und in diesem gesetzlosen Umfeld hat Niccolo M hübsche Gewinne eingestrichen. Und doch behauptete er, dass selbst er seine Grenzen habe. »Der Betrug hat in den letzten paar Jahren so extrem zugenommen, dass er die Wahlen als solche diskreditiert«, erklärte er mir. Deshalb veröffentlichte Mintusow Ende 2008 ein Buch mit ausführlichen Beschreibungen der Manipulationen bei den Duma-Wahlen 2007 und der Präsidentenwahl 2008. In einer Hommage an den berühmtesten Schriftsteller des Landes wählte er dafür den Titel *Verbrechen ohne Strafe.*

In der undurchsichtigen Welt der russischen Politik kann man die Motivation einer Handlung nur schwer bewerten. Es könnte sein, dass es ein Vertrauensbruch oder mangelnde Professionalität war, die Mintusow dazu brachte, aus der Reihe zu tanzen. Könnte aber auch sein, dass der Funktionär einen Zusammenstoß mit den Königsmachern der Partei hatte und dann keinen Schaden mehr darin sah, sein Buch zu veröffentlichen. Jedenfalls erzählte Mintusow mir, Einiges Russland habe seinen Mitgliedern per Brief mitgeteilt, dass sie die Dienste von Niccolo M nicht länger in Anspruch nehmen könnten. Damit waren seiner Firma praktisch 80 Prozent des politischen Raums in Russland verschlossen. Andererseits aber hat sich der Betrug, wenn Mintusows Beschreibung stimmt, so weit verbreitet, dass es fast sinnlos wird, als politischer Berater zu arbeiten. »Denn was hat es für einen Sinn, eine Botschaft zu entwickeln und sie den Menschen gut zu vermitteln, wenn das Ergebnis am Abend nach der Wahl ausgekungelt wird?«

Beim Abschied fragte ich ihn noch, ob er etwas über die letzte Wahl wisse, bei der es auch um Sergei Mitrochin ging. Er lachte und sagte: »Ja, das ist ein hervorragendes Beispiel.«

Sergei Mitrochin ist der Chef von Yabloko, einer liberalen, pro-westlichen Oppositionspartei. Im Herbst 2009 stellte er sich zur Wiederwahl in die Moskauer Stadtduma. Am 11. Oktober, dem Wahltag, ging der sechsundvierzigjährige Politiker in seinem Heimat-Distrikt 192, wählen. Auch seine Familie ging in das Wahllokal in Distrikt 192 und wählte Yabloko. Er hatte Freunde, die dasselbe taten. Mitrochin gewann die Wahl nicht. Das war nicht unbedingt überraschend. Überraschend war Höhe der Niederlage. »In dem Wahlbezirk, in dem ich meine Stimme abgegeben hatte, wurden null Stimmen für Yabloko gezählt«, berichtete mir Mitrochin.[56] Nach Ausweis der Wahllisten hatte kein einziger Mensch für Mitrochins Partei gestimmt – nicht einmal Mitrochin selbst.

Ich traf den Oppositionsführer in seiner Parteizentrale in der Moskauer Innenstadt. Mitrochin ist ein Bulldozer von einem Mann, massig, gedrungen, mit tief liegenden Augen unter den dichten Brauen. Er war drei Jahre zuvor an die Spitze von Yabloko gewählt worden, und wenn man sich Bilder der letzten Jahre ansieht, hat ihn diese Erfahrung stark altern lassen. Wir redeten darüber, wie schwierig es ist, in einem politischen System zu agieren, das so stark zum Nachteil der Opposition organisiert ist. Er stimmte Markows Erklärung zu, dass Wahlbetrug wahrscheinlich das Ergebnis »bürokratischen Wettbewerbs« sei. Und dieser Wettbewerb, so erklärte er, treibe noch seltsamere Blüten. Mitrochins Meinung nach sind die Wahlen in Putins eigenem Bezirk wahrscheinlich die saubersten in Russland. Das Risiko, dort auf frischer Tat ertappt zu werden, ist einfach zu hoch. »Dort Wahlen zu fälschen, ist sehr gefährlich für sie«, sagte er. »Es besteht immer die Gefahr, dass jemand einen solchen Betrug aufdeckt.« Wie schrecklich peinlich, wenn es in Putins eigenem Bezirk zu Manipulationen käme, und letztendlich ist er doch so beliebt, dass niemand – auch Mitrochin nicht – glaubt, Putin müsse manipulieren, um zu gewinnen. Im Bezirk des Ministerpräsidenten errang Yabloko fast 20 Prozent der Stimmen – wenn man bedenkt, was für ein schlechtes Pflaster dieses Gebiet für Oppositionsparteien ist, kein schlechtes Ergebnis. »So ist das nun einmal in autoritären Regimen«, sagt er. »Wenn wir eine Demokratie hätten, wären wir im Parlament. So müssen wir ums Überleben kämpfen.«

Die absurde Situation, dass plötzlich alle Stimmen für die Opposition verschwinden, ist ein weiteres Beispiel für Markows vorauseilende hyperbürokratische Loyalität. Lustigerweise sieht Markow ungeachtet seiner Verteidigung des bestehenden Systems zumindest *einen* Nachteil in dem Mangel an offenem, ungehindertem politischem Wettbewerb in Russland: Er bremst seine Karriere. »Ich persönlich bin überaus interessiert am politischen Wettbewerb, weil ich im Fernsehen reden kann«, sagt Markow ganz unbescheiden. »Mein persönlicher Status ist niedriger, als er sein könnte.« Auch wenn er mögliche Vorteile des politischen Wettbewerbs für die russische Gesellschaft als ganze nie einräumen würde, sieht der Kreml-Insider keinen Widerspruch darin, sein ganz persönliches Interesse daran zuzugeben.

Medwedews Gehirn

Nur wenige Menschen wagten, viel von Dmitri Medwedew zu erwarten. Er war der pflichtbewusste Helfer, der aus dem Dunkel hervorgezerrt und zum Präsidenten gemacht wurde. Wie Putin hatte er nie ein Wahlamt inne, bevor er Präsident wurde. Sein Name war selten gefallen, wenn es darum ging, wer wohl Putin nachfolgen würde. Viele vermuteten, dass der Nachfolger wenig mehr als ein Platzhalter sein würde. Die russische Verfassung verbot Putin drei aufeinanderfolgende Amtszeiten als Präsident, also suchte sich Putin einfach einen verlässlichen Ersatz, statt die Verfassung zu ändern. Wenn er ins Präsidentenamt zurückkehren wollte, konnte er das jederzeit tun. Damit war der nächste Präsident, wer immer es auch sein mochte, nur ein weiteres Dekorationselement an Putins demokratischer Fassade. Es dauerte nicht einmal vierundzwanzig Stunden, bis sich diese Einschätzung durchsetzte. Am 11. Dezember 2007, dem Tag, nachdem die Russen erfahren hatten, dass er Putins Präsidentschaftskandidat war, trat Medwedew vor die Fernsehkameras und bat Putin, das Amt des Ministerpräsidenten zu übernehmen.[57] »Was ist Putins größter Traum? Bis zum Schluss an der Macht zu sein – das will jeder«, sagt der Oppositionsführer Boris Nemzow. »Laut unserer Verfassung hat er nur zwei Amtszeiten. Deshalb hat er Medwedew als seinen Nachfolger vorgeschlagen. Das war eine Auswahl, keine Wahl.«[58]

Noch nicht einmal drei Monate später, am 2. März 2008, gewann Medwedew mit einem scheinbaren Erdrutschsieg. An jenem Abend feierte er in Lederjacke und Jeans seinen Sieg an Putins Seite auf einem Freiluft-Rockkonzert auf dem Roten Platz. Mit seinen erst zweiundvierzig Jahren war er ein junger, gut aussehender, wenn auch etwas langweiliger Protégé. Der frühere Rechtsanwalt aus Sankt Petersburg hatte sehr wenig getan, um sich bei den russischen Wählern zu profilieren. Er machte vage Aussagen zu seinem Wunsch, die Korruption zu bekämpfen und die Rechtsstaatlichkeit zu fördern. Wie einer seiner gegenwärtigen Berater mir erzählte, war die Zeit zwischen seinem ersten öffentlichen Auftritt und der Wahl so kurz, dass er keine Vision oder ein Programm für die Regierung Russlands parat hatte.[59] Aus Putins Perspektive jedoch war das vielleicht sogar eine seiner wichtigsten Qualitäten als zeitweiliger Nachfolger. Wie Medwedew den Menschen auf dem Roten Platz an jenem Abend erklärte, bedeutete sein Sieg, dass »wir weiterhin den Kurs werden verfolgen können, den Präsident Putin eingeschlagen hat«.[60]

Allein schon die Tatsache, dass das Land zumindest formell von einem neuen Gesicht gelenkt wurde, gab jedoch einigen Menschen Anlass zur Hoffnung. Medwedew hatte keine KGB-Vergangenheit wie Putin, und er war in der Reformzeit der 1980er-Jahre groß geworden. Einige merkten an, dass Medwedew wahrscheinlich an einigen frühen Reformen Putins mitgewirkt hatte, bevor dieser autokratischer geworden war.

Zumindest ließ seine juristische Ausbildung hoffen, dass er die Rolle der Institutionen und der Bürgerrechte schätzen würde, nicht einfach nur die Macht. Arseni Roginski, ein früherer Sowjet-Dissident und Mitbegründer von Memorial, einer der angesehensten NGOs Russlands, erzählte mir das, als wir uns in Moskau trafen. »Im Allgemeinen liegen die Skeptiker in Russland immer richtig«, sagte er, »und glauben Sie mir, ich bin kein Fan von Medwedew. Aber wir brauchen Hoffnung, und wir brauchen etwas, auf das wir unsere Hoffnung richten können.«[61]

Medwedews eigene Worte schürten diese Hoffnungen. Im ersten Jahr seiner Präsidentschaft waren seine Reden und Bemerkungen oft mit Kritik an dem politischen System gewürzt, an dessen Spitze er stand.[62] Er beschrieb die Demokratie des Landes als »schwach«. Er sagte, die Wirtschaft sei »primitiv«. Er nannte die Sozialsysteme bestenfalls »semi-sowjetisch«. In einer Rede vor der Duma erklärte Medwedew: »Unser Staat ist der größte Arbeitgeber, der aktivste Verleger, der beste Produzent, sein eigener Richter, seine eigene Partei und letztendlich seine eigene Öffentlichkeit. Ein solches System ist absolut ineffizient und bringt nur eines hervor – Korruption.«[63] Medwedew klang zumindest wie ein Präsident, der das System und dessen Fehler verstand.

Und genau dort lag das Problem. Mehr kam nämlich nicht: Medwedew redete viel und tat nichts. Von Anfang an hatte er über die Gefahren der Korruption geredet, aber sie wurde nicht eingedämmt. Er hatte versprochen, dass die Drahtzieher hinter den Journalistenmorden vor Gericht gestellt würden, doch Fälle blieben ungelöst. Er schlug Reformen des Polizeiapparats und des Innenministeriums vor. Die Russen nahmen kaum Notiz davon, und nach Aussage des Meinungsforschungsinstituts Lewada glaubten 66 Prozent nicht, dass seine Reformen irgendetwas ausrichten würden.[64] Da half es auch nicht gerade, dass Medwedew Anfang 2010 öffentlich klagte, 38 Prozent seiner Anordnungen als Präsident würden von Gouverneuren und Ministern schlicht ignoriert.[65]

Medwedew war wohl so glücklos, wie er manchmal wirkte. Er war zwar Präsident der Russischen Föderation, aber er hatte nicht gerade viele Unterstützer in seiner Regierung.[66] Treue Anhänger Putins – die Ministerien, die Duma, Einiges Russland, die Geheimdienste – flankierten ihn praktisch auf allen Seiten. Wenn man bedenkt, wie sehr diese Politiker und Bürokraten persönlich von Putins System profitiert hatten – welches Interesse hatten sie an einer Reform? Vielmehr sahen manche Medwedews Rolle als Präsident und gleichzeitig oberster Kritiker als eigenständige Innovation. Das Führungstandem Medwedew und Putin wirkte wie eine ganz besondere Version des Wechselspiels von *good cop* und *bad cop.* »Man kann die ganze Taktik Medwedew-Putin als einen sehr interessanten Kommunikationsansatz sehen, bei dem Medwedew die Minderheiten anspricht und Putin die Mehrheiten«, sagt Grigori Schwedow, Redakteur des russischen Online-Journals *Caucasian Knot.* »Medwedew redet vor allem über die Probleme. Das ist eine sehr kluge Aufteilung. Sie sprechen verschiedene Seiten der Gesellschaft an – die Reichen und die Armen, die Unterstützer der politischen Herrschaft und diejenigen, die dagegen protestieren.«[67]

Doch die Hinweise darauf, dass Medwedew tatsächlich Ideen hegte, die Putins »Machtvertikale« zuwiderliefen, mehrten sich mit der Zeit. Und wenn es eine Werkstatt gab, in der diese Ideen gepflegt wurden, so war es das Institut für Zeitgemäße Entwicklung (INSOR), eine liberale Denkfabrik, die

Medwedew beraten haben soll. Medwedew fungierte als Vorsitzender dieser Denkfabrik und soll Gerüchten zufolge die Gründung der Organisation als unabhängige Analysequelle für seine Administration unterstützt haben. (Igor Jurgens, der Leiter von INSOR, erklärte *Newsweek* 2009, Medwedew habe gesagt, der Kreml brauche keine »Arschkriecher«.)[68] Einen Monat vor meiner Ankunft in Moskau veröffentlichte das Institut einen Bericht, der das russische politische Establishment aufschreckte.[69] Im Grunde forderten die Autoren die Rücknahme praktisch aller Besonderheiten von Putins autoritärer Staatsmacht. Zu den Vorschlägen gehörte unter anderem, die Gouverneure wieder direkt wählen zu lassen, eine echte Mehr-Parteien-Demokratie zu erlauben, den FSB (den Nachfolger des KGB) abzuschaffen und die staatliche Kontrolle der Medien zu beenden.

Falls Medwedew eine unabhängige Ader hatte, waren die Forscher dieser Denkfabrik wohl diejenigen, die sie versorgten. Ich besuchte Jewgeni Gontmacher, den stellvertretenden Leiter des Instituts und Ko-Autor des Berichts, und fragte ihn, welche Ziele die Autoren verfolgten. »Unser Hauptziel ist die Provokation«, antwortete er. »[Es geht um] Demokratie – nicht um Demokratie-Imitation. Die Reaktion von Medwedew war sehr positiv. Inoffiziell, aber sehr positiv.«[70] Die Provokation, so erklärte Gontmacher, richte sich vor allem an jene, die typischerweise weniger pluralistische Ideen verbreiten – Leute wie Gleb Pawlowski.

Zufällig hatte ich bei einem Treffen mit Pawlowski ein paar Tage zuvor gerade über diesen Bericht gesprochen. Ich erzählte Gontmacher, was Pawlowski mir erklärt hatte: »Das ist eine politische Fiktion.« Gontmacher lachte darüber. »Ein Propagandist. Er ist sehr klug, und er hat recht. Es ist eine

Fiktion, ja es ist sogar Science-Fiction.« Doch das, so erklärte er, spielte beim Ringen um Einfluss auf Medwedews Denken keine Rolle. Der Bericht hatte einen Sieg eingefahren – er hatte Medwedew beeinflusst, und er widersprach der Richtung, die Pawlowski vertrat, also konnte der natürlich kein gutes Haar daran lassen. »Pawlowski ist ein sehr gefährlicher Mann. [In seiner Vorstellung] dreht sich alles um Manipulation. Darum, wie man das Fernsehen kontrolliert, wie man unsere Zivilgesellschaft kontrolliert. Aber diese Machtvertikale ist keine Science-Fiction.«

Das Institut hatte in seinem Bericht einige Reformideen vorgestellt. Ich fragte also Gontmacher, welche einzelne Reform besonders positiv wirken würde. Er antwortete ohne zu zögern: »Der erste Schritt ist freies Fernsehen. Das wird eine völlig neue Atmosphäre hier schaffen. Neue Gesichter. Offene Diskussionen. Das wird ein Neubeginn in unserer politischen Geschichte. Deshalb hat Putin das Fernsehen am Anfang gleich vereinnahmt. Und er hatte aus seiner Sicht recht. Doch das Fernsehen zu ändern dauert nur einen Tag. Es braucht nur zwei Menschen, die sich dazu entschließen.«

Freies Fernsehen. Keine Änderung der Wahlgesetze, kein größerer Respekt vor den Menschenrechten, nicht authentischere NGOs, nicht einmal ein sinkender Ölpreis. Das war ein vielsagender Vorschlag dieses Wirtschaftswissenschaftlers und politischen Beraters. Er würde mit Redefreiheit über den Äther beginnen. Die Russen haben schon ungehinderten Zugang zum Internet, und dort finden sich immer mehr politische Satiren wie auch Berichte über Verbrechen und Fehlverhalten von Amtsträgern. Aber obwohl die Zahl der Russen, die online sind, schnell wächst, beziehen 80 Prozent des Landes noch immer ihre Nachrichten und Informationen aus dem Fernsehen. In Gontmachers Augen wäre es ein guter Anfang, dem Kreml keine Möglichkeit mehr zu geben, den freien Fluss an Informationen, Ideen und Gesprächen über dieses Medium zu unterdrücken.

Ein paar Monate zuvor hatte Medwedew mit einem Manifest, in dem er das bestehende Regime heftig kritisierte, kurzfristig Wellen geschlagen. Ich hörte, dass das ISOR auch hinter dieser Initiative gesteckt hatte. In vielerlei Hinsicht hatte der Artikel unter der Schlagzeile »Vorwärts Russland« viele Ideen des Berichts vorweggenommen, deretwegen ich mit Jewgeni Gontmacher sprechen wollte. Auffallend war aber, wie die reformistischen Ideen des Präsidenten aufgenommen wurden. Die russischen Politikfunktionäre wendeten jedes Wort des Präsidenten hin und her, doch das russische Staatsfernsehen zeigte sich nicht interessiert. An jenem Abend ging es in den Nachrichten vor allem um einen Besuch Putins bei Fabrikarbeitern südlich von Moskau. Medwedews Manifest – ein Vorschlag des Präsidenten eines Landes, das politische System eben dieses Landes grundlegend zu überarbeiten – wurde am Ende der Nachrichten versteckt. Gontmacher mag recht haben, dass die Freiheit des Fernsehens in einem autoritären System wie dem russischen sofort eine starke Wirkung entfalten würde. Aber ich war mir nicht sicher, ob das die Entscheidung zweier Menschen wäre – oder nicht vielmehr die eines einzigen.

»Wie ein zweiter Mubarak«

Seit dem Moment, in dem Dmitri Medwedew Präsident wurde, hing eine Frage über ganz Russland: Würde Putin zurückkehren? Vier Jahre lang analysierten Journalisten und moderne Kremlologen die Reden, Erklärungen und seltenen öffentlichen Meinungsverschiedenheiten der beiden Männer nach Zeichen für Medwedews wachsende Unabhängigkeit oder Putins Sehnsucht nach dem Chefsessel. Putin zierte sich. Er erklärte Larry King, er und Medwedew würden sich beraten und »zu einer Entscheidung finden«. Als Putin im September 2010 vom Waldai-Klub, einer Zusammenkunft ausländischer Wissenschaftler und Russlandkenner, nach seinen Plänen gefragt wurde, erinnerte er die versammelten Fachleute daran, dass Franklin Roosevelt vier Amtszeiten als Präsident der Vereinigten Staaten absolviert hatte.[71] Die Spekulationen darüber, wer als Kandidat für Einiges Russland antreten würde, wurden dadurch angeheizt, dass sich beide Männer oft so verhielten, als wollten sie den Job. Putins Zweitausend-Kilometer-Fahrt quer durch Sibirien in einem russischen Lada (der angeblich mindestens zweimal den Geist aufgab) wirkte wie der Eröffnungszug eines Wahlkampfes.[72] Medwedew seinerseits sagte wiederholt, er stehe der Idee einer zweiten Amtszeit aufgeschlossen gegenüber. Noch im Sommer 2011 erklärte er gegenüber der *Financial Times*: »Jeder politische Führer, der einen Posten wie den des Präsidenten bekleidet, ist einfach in der Pflicht, noch ein zweites Mal antreten zu wollen.«[73] Oft wirkte es so, als warte Medwedew nur darauf, dass Putin ihm sagte, ob er antreten konnte.

Anderthalb Jahre vor dieser Entscheidung fragte ich den Oppositionsführer Nemzow, wer seiner Meinung nach wohl

2012 Präsident werde. »Ich glaube, die Chancen für Medwedew liegen bei zehn Prozent und für Putin bei neunzig Prozent«, antwortete er.[74] Als Medwedew 2008 Präsident wurde, bestand eine seiner ersten Amtshandlungen darin, die Amtszeit (praktisch ohne jede öffentliche Diskussion) von vier auf sechs Jahre zu verlängern. Das heißt, dass Putin noch einmal zwölf Jahre Präsident sein kann. Und das schien Nemzow am meisten zu beunruhigen. »Das schlimmste Szenario für Russland ist, dass Putin zurückkommt«, sagte er. »Das ist schrecklich. Damit wird er das Land [insgesamt] fünfundzwanzig Jahre regieren. Wie ein zweiter Mubarak.«

Am 24. September 2011 wurde den Spekulationen auf dem Parteikongress von Einiges Russland ein Ende gemacht. Medwedew rang sich sogar ein schwaches Lächeln ab, als er in einer brechend vollen Halle vor elftausend Parteimitgliedern erklärte: »Ich finde, es wäre richtig, wenn der Kongress die Kandidatur des Parteivorsitzenden Wladimir Putin für das Amt des Präsidenten des Landes unterstützte.«[75] Sofort füllte sich die Halle mit Applaus, die Menschenmenge sprang auf. In diesem neuen Arrangement würden die beiden einfach nur die Rollen tauschen – Putin würde wieder die Präsidentschaft übernehmen und Medwedew würde ins Büro des Ministerpräsidenten übersiedeln. Als Putin zum Podium ging, um zu den Menschen zu sprechen, klopfte er kurz ans Mikrofon. Es schien nicht richtig zu funktionieren. Dann spielte er die Panne herunter, indem er den versammelten treuen Parteimitgliedern erklärte, dass er eigentlich gar kein Mikro brauche: »Nichts kann uns aufhalten. Ich habe meine Feldherrenstimme nicht verloren.«[76] Es waren noch sechs Monate bis zur Wahl, aber die Angelegenheit schien geregelt: Putin kam zurück – wenn er überhaupt je weg gewesen war.

Im Rückblick scheinen Medwedews Jahre zur historischen Fußnote bestimmt, als Brücke, die die beiden Kapitel von Putins Herrschaft miteinander verbindet. Doch was kann Putin zur Rechtfertigung seiner Rückkehr anführen? Als er das Amt im Jahr 2000 übernahm, hatte er den Russen Stabilität und Sicherheit versprochen. Er hatte russischen Familien versichert, dass sie für die Zukunft ihrer Kinder würden planen können, »nicht einen Monat im Voraus, sondern Jahre und Jahrzehnte«. Elf Jahre später klingen diese Versprechungen hohl. Tatsächlich zeigte eine unabhängige russische Meinungsumfrage einen Tag bevor Putin seine Rückkehr verkündete, dass 75 Prozent der Russen noch immer nicht länger als zwei Jahre im Voraus planten und 22 Prozent auswandern wollten – eine Steigerung um das Dreifache im Vergleich zu den Ergebnissen vier Jahre zuvor und der höchste Prozentsatz seit dem Zusammenbruch der Sowjetunion.[77]

Putin blieb zwar beliebter als jeder andere Politiker, doch seine Umfragewerte waren seit Monaten rückläufig. Die Russen begannen nicht gerade schmeichelhafte Vergleiche zwischen Putin und der achtzehnjährigen Herrschaft des Sowjetführers Leonid Breschnew zu ziehen. (Zwei weitere Amtszeiten als Präsident würden Putin zum dienstältesten russischen Herrscher seit Stalin machen.) Diese Stimmung fand ihren Ausdruck auch in einem mit Photoshop bearbeiteten Bild, das sich in Windeseile im Internet verbreitete: Ein gealterter Putin in einer von Breschnews alten Sowjet-Uniformen, die Brust bedeckt mit militärischen Abzeichen. Putin mochte Stabilität versprochen haben, aber diese Stabilität fühlte sich immer mehr wie Stagnation an.

Im Dezember 2011 jedoch wurde der Stillstand, der das russische politische Leben lange beherrscht hatte, unerwartet erschüttert. Am 4. Dezember wählten die Russen ihre Duma. Wie die letzten Abstimmungen war auch diese Wahl manipuliert. In den Stunden nach Schließung der Wahllokale wurden Videos auf YouTube gepostet und verbreitet, auf denen Wahlfälschungen, mehrfaches Wählen und andere Verstöße zu sehen waren. Doch anders als bei früheren Wahlen schaute das russische Volk bei diesem Betrug nicht mehr einfach zu. Zehntausende Bürger strömten noch vor Monatsende auf Moskaus Straßen zu zwei massiven Kundgebungen gegen die Regierung – es waren die größten Proteste in Russland seit dem Zusammenbruch der Sowjetunion. Wie bei fast allen Volksaufständen gegen autoritäre Regime im Jahr 2011 fehlte der Bewegung eine klare Führung. Es war in gewisser Weise eine »Machthorizontale« – vielleicht das beste Gegenmittel gegen Putins sorgfältig gepflegte »Machtvertikale«.

Meine Gesprächspartner unter den Beratern des Kreml und Mitgliedern von Einiges Russland hatten die Fähigkeit des Regimes betont, Stabilität herzustellen und den Finger am Puls der öffentlichen Meinung zu haben. Und doch waren Putin und sein Team offenbar mit Taubheit geschlagen. Die plumpe Manipulation der Duma-Wahlen direkt nach Putins dreister Ankündigung, ins Präsidentenamt zurückkehren zu wollen, hatte eine gebildete Mittelschicht auf den Plan gerufen, die lange als apathisch gegolten hatte. Das ist ein vertrautes Muster in autoritären Systemen: Wo Wahlen manipuliert und Ergebnisse im Voraus festgelegt werden, packt die Verantwortlichen eines Regimes der Übermut oder sie treten in manchmal extrem peinliche Fettnäpfchen in dem Versuch, ihre Zeit an der Macht zu verlängern. Die Gefahr für das Regime liegt darin, dass diese Fehler, wenn sie aufgedeckt werden, als Funken für größere Oppositionsbewegungen oder

Proteste gegen die Legitimität der Regierung dienen. Es war genau diese Kausalkette – Unsicherheit des Regimes, eine gefälschte Wahl und öffentliche Empörung –, die die Grüne Bewegung 2009 im Iran auf die Straßen brachte und jene Opposition wachsen ließ, die 2011 letztendlich Hosni Mubarak in Ägypten stürzte.

Wahlfälschungen haben das Ende vieler Diktaturen eingeläutet. Aktivisten verweisen auf eine ganz einfache Ursache. Die Öffentlichkeit fühlt sich oft vom Kampf zwischen einer Opposition und einem Regime ausgeschlossen und ist geneigt, beiden Seiten mit Misstrauen zu begegnen. Die Auseinandersetzung wirkt ideologisch, weit weg von den täglichen Sorgen der Menschen. Doch wenn der Staat die eigene Stimme gestohlen hat, wird die Auseinandersetzung plötzlich sehr persönlich. Dann gehen Menschen, von denen man es nie erwartet hätte, auf die Straße und demonstrieren oder marschieren, weil sie sich eines persönlichen Eigentums beraubt fühlen. Das sind die Momente, in denen aus einer kleinen Opposition von Aufrührern eine nationale Bewegung für den Wandel werden kann.

Putin wollte die Macht nicht so einfach loslassen. Bald demonstrierte der Kreml jene Fähigkeiten, die einen echten politischen Wandel lange verhindert hatten und jetzt zu Zerwürfnissen innerhalb der Opposition führen sollten. Verhasste Repräsentanten des Regimes wurden fallen gelassen. Der russische Oligarch Michail Prochorow gab bekannt, dass er Putin bei den bevorstehenden Präsidentenwahlen herausfordern werde, ein Schachzug, den viele für einen Trick des Kreml hielten, um Demonstranten davon zu überzeugen, dass sie schon einen Teilsieg errungen hätten. In seiner ersten Reaktion im Fernsehen nach den Protesten zeigte sich Putin sogar »erfreut, junge, aktive Menschen (zu sehen), die ihre Meinungen deutlich machen«. Er versuchte seine Regierung mit der neuen Stimmung in der Öffentlichkeit in Verbindung zu bringen und sagte: »Wenn dies das Ergebnis des Putin-Regimes ist, dann war es erfolgreich.«[78]

Natürlich waren die Menschen wegen des »Putin-Regimes« auf der Straße – aber nicht, weil es eine stabile Zivilgesellschaft gefördert hätte. Umgekehrt wird ein Schuh draus. Putin war an die Macht gekommen, weil er den Russen eine Rückkehr zur Stabilität versprochen hatte. Zwölf Jahre später war es gerade seine Gleichgültigkeit den Sorgen der Menschen gegenüber, die den Aufruhr im Land befeuerte.

2

STAATSFEINDE

Es war riskant für Pu Zhiqiang, nach Hause zu gehen. Oder, genauer gesagt, er konnte schon nach Hause, aber dann kam er vielleicht nicht wieder weg.

In den letzten acht Stunden hatten die chinesischen Behörden mehr als ein Dutzend Rechtsanwälte und Aktivisten festgesetzt. Über achtzig Dissidenten standen schon unter Hausarrest. Zwei Rechtsanwälte waren ganz einfach verschwunden. Pu, der sich besonders für das Recht auf Redefreiheit einsetzt, gehörte zu den sogenannten Bürgerrechtsanwälten, die bei einer Razzia des Regimes leicht ins Gefängnis wandern konnten. (Er war ein paar Monate zuvor schon einmal verhaftet worden, kurz bevor der chinesische Wissenschaftler und Dissident Liu Xiaobo den Friedensnobelpreis erhielt.) Pu war sich nicht sicher, warum man ihn diesmal noch nicht festgenommen hatte, aber vielleicht lag es daran, dass er eine Woche auf Geschäftsreise gewesen war. Er war einfach nicht greifbar gewesen. Ich erreichte ihn in Shanghai, aber er wollte ein paar Tage später nach Peking zurückkehren. Er nannte mir ein Teehaus in der Nähe seiner Wohnung, in dem wir uns am nächsten Samstagabend treffen konnten. Nur um sicher zu gehen, würde er nach der Landung auf dem Internationalen Flughafen von Peking direkt in das Teehaus kommen. Sonst würde unser Treffen vielleicht nie stattfinden.

Pu erklärte mir: »Einer von denen da oben wird der Geheimpolizei sagen: ›Nein, Herr Pu kann morgen niemanden treffen.‹«[1]

Ich war zehn Tage nach dem Sturz Hosni Mubaraks nach China gekommen. In Kairo durchstreiften noch immer Journalisten und Kamerateams die Straßen, die zum Tahrir-Platz führten, und sammelten Augenzeugenberichte dazu, wie das ägyptische Volk sich erhoben und der Herrschaft eines Diktators ein Ende gemacht hatte. Die Revolution, die in Tunesien begonnen und nach Ägypten übergegriffen hatte, breitete sich nun unkontrolliert im Nahen Osten und in Nordafrika aus. Täglich erreichten uns neue Berichte von Volksaufständen im Jemen, in Bahrain, Libyen, Jordanien, Iran und anderen Ländern.

In China hatte es kaum mehr als ein Flüstern gegeben. Vor ein paar Tagen hatte ein anonymer Aufruf zu einer chinesischen Jasmin-Revolution – ein Bezug auf die Volksrebellion, die in Tunesien begonnen hatte – auf den Webseiten sozialer Medien und dem chinesischen Äquivalent zu Twitter die Runde gemacht. Weiter war er nicht gekommen. Die Revolutionen der arabischen Welt hatten keine Märsche, Versammlungen oder Proteste gegen die Kommunistische Partei Chinas provoziert. Doch obwohl das Epizentrum jener Proteste weit entfernt war, lagen in Peking die Nerven blank. Allein schon die Tatsache, dass eine wachsende Welle von Menschen mehrere Tausend Kilometer entfernt sich gegen autoritäre Regime erhob, machte die chinesische Führung nervös. Auf einer Sondersitzung am Tag nach Mubaraks Sturz diskutierte sie die Notwendigkeit schärferer Kontrolle über alle Medien und die Online-Foren zu den Ereignissen im Nahen Osten.[2] Jede Erwähnung von »Jasmin« wurde von Webseiten, Chatrooms und Diskussionsforen gelöscht. Eine Woche später rief Hu Jintao die Parteispitze zu einer besonderen »Studiensitzung« zusammen, in der er daran erinnerte, dass die Stabilität des Landes angesichts immer lauter klingender Forderungen aus der Gesellschaft unbedingt aufrecht erhalten werden müsse.

Die Angst des Regimes spürte ich gleich beim Bezug meines Hotelzimmers in Peking. Ich stellte CNN International an, während ich meinen Koffer auspackte, und hörte, wie die Moderatorin einen Experten zu den Rebellionen interviewte, die in Libyen und anderswo gerade ausbrachen. Sobald die Moderatorin fragte, wie wohl Chinas Führung die Ereignisse deute, wurde mein Bildschirm schwarz. Etwa eine Minute später kam das Bild zurück, gerade noch rechtzeitig, um mitzubekommen, wie die Moderatorin ihrem Gast für seine Analyse dankte. CNN durfte in China von den Ereignissen in der arabischen Welt zwar berichten, doch niemand durfte darüber spekulieren, wie sich diese Ereignisse wohl auf China auswirken könnten.

Es lag auf der Hand, was dieses scharfe Vorgehen für Pu bedeutete. Ganze Scharen von Rechtsanwälten und Aktivisten – Menschen, die er als Kollegen betrachtete, Menschen, die er bewunderte – waren schon festgenommen worden, und er ging davon aus, dass er der Nächste sein konnte. Die schiere Zahl der Festnahmen hatte die Menschen in China und außerhalb überrascht und ließ vermuten, dass das Regime die Grenzen des Erlaubten enger stecken wollte. In den folgenden Wochen kamen noch mehr Menschen ins Gefängnis, darunter prominente Dissidenten wie der Künstler und Filmemacher Ai Weiwei. Doch ungeachtet der Risiken wollte Pu, dass wir uns trafen. Um neun Uhr abends kam er in das Teehaus im Stadtbezirk Fengtai, etwa dreißig Minuten von der Innenstadt Pekings entfernt an der 4. Ringstraße. Er durchschritt den Raum und begrüßte mich mit einem festen Händedruck.

Pu hat eine intensive Ausstrahlung. Der Menschenrechtsanwalt mit Bürstenhaarschnitt und kräftigem Kinn wirkt groß und breit. Seine Schultern und Gliedmaßen scheinen den ganzen Raum auf seiner Seite der Sitznische einzunehmen. Mit einer Zigarette in der Hand und einem ironischen Grinsen in den Mundwinkeln spricht er in kurzen plakativen Stößen, eher mit einem Knurren als mit einer Stimme. Natürlich wisse die Geheimpolizei von unserem Treffen, erklärt er mir sofort. Seine Telefone sind angezapft, sie hört jedes Wort. Und sie ist nie weit weg. In Shanghai wohnten Pus Aufpasser im selben Hotel wie er, und sie kamen im selben Flugzeug nach Peking. Weil er wusste, dass sie den Telefonanruf mitgehört hatten, informierte sie Pu am Tag vorher von unserem Treffen und versuchte ihre Befürchtungen zu zerstreuen. »Ich habe ihnen gesagt, dass wir diese Verabredung schon lange getroffen haben, dass sie nichts mit dem zu tun hat, worüber sie sich Sorgen machen, mit diesen Jasmin-Dingen«, sagt Pu. Er zitiert sich selbst: »Wenn Sie versuchen, mich von einem Treffen mit jemandem abzuhalten, ist das illegal. Sie können Ihre Arbeit machen, aber Sie können mich nicht davon abhalten, das zu tun, was ich tue. Wenn Sie anderer Meinung sind, nehmen Sie mich fest, schließen Sie mich weg.«

Ich kannte Pu noch nicht, deshalb überraschte mich, wie dreist er die Sicherheitsleute ansprach, die ihm überallhin folgten. »Was haben sie gesagt?«, wollte ich wissen. »Sie haben gar nichts gesagt«, antwortete Pu und nahm einen langen Zug von seiner Zigarette. »Ich habe es ihnen gesagt und sie nicht gefragt. Ich brauche ihre Erlaubnis, um meine Freunde zu treffen? Unfug.«

Der Parkplatz vor dem Teehaus lag in tiefem Dunkel. Wir konnten nicht erkennen, ob sie uns von draußen beobachteten. Jedenfalls wollte hier einer von Chinas engagiertesten Anwälten im Kampf um die Redefreiheit reden, und davon ließ er sich nicht abhalten.

Die Werkzeuge des Tyrannen

Die modernen autoritären Herrscher des 21. Jahrhunderts sehnen sich nach der Legitimität, die nur das Gesetz verleihen kann. Für Regime, die ihre wahre Natur hinter einer demokratischen Fassade verbergen wollen, ist das Gesetz eine der stärksten Waffen überhaupt. Es liefert der Regierung den Vorwand, unter dem sie ihre Ziele erreichen kann, ohne aus dem Schatten zu treten. Wenn man also versucht, eine NGO aufzulösen, steckt man nicht die Mitglieder ins Gefängnis. Man schickt stattdessen Inspektoren des Gesundheitsamts, die ihr Hauptquartier vorübergehend schließen und die Beseitigung einer Reihe angeblicher Verletzungen der Hygienevorschriften fordern. Wenn man sich über die Wortbeiträge eines Radiosenders aufregt, lässt man den Sender nicht durch das Ministerium für Telekommunikation verbieten, sondern schickt Steuerprüfer, die die Bücher des Senders durchschauen und finanzielle Unregelmäßigkeiten entdecken, die eine zeitweise Schließung des Senders erfordern. Eigentlich ist selbst dieser Schritt gar nicht unbedingt nötig. Schon allein die Androhung rechtlicher Sanktionen oder administrativer Prüfungen kann das Management des Radiosenders zur Selbstzensur bringen und so die Ziele des Regimes durchsetzen – ganz ohne jede Strafe. Gesetze, Verordnungen und Arbeitsvorschriften können die wirksamsten Werkzeuge eines Diktators sein, um einem Widersacher die Luft zum Atmen zu nehmen, gerade weil diese Waffen auf den ersten Blick harmlos, apolitisch und objektiv wirken.

Noch schwerer durchschaubar wird das Bild, weil die Regime das Recht brauchen, um Stabilität und Entwicklung zu gewährleisten. Die meisten Regierungen – ob sie nun autoritär sind oder nicht – schätzen den Wert eines unabhängigen Rechtssystems. Zuverlässige und professionell organisierte Gerichte bieten den Bürgern eine Möglichkeit, Konflikte zu lösen, und schwächen den Drang zu Protesten oder Demonstrationen. Sie fördern Unternehmenstätigkeit und Investitionen aus dem Ausland und halten gleichzeitig Korruption und Bestechung im Zaum. Allerdings wird ein zuverlässiges Rechtssystem problematisch, sobald es das politische Monopol des Regimes bedroht. Autoritäre Regime, die das Recht einsetzen, um ihre Herrschaft zu stärken, geben sich hier eine kleine, aber spürbare Blöße: Wenn das Regime sich auf das Gesetz berufen kann, können das auch seine Gegner.

Zhang Jingjing wird manchmal als die »Erin Brockovich Chinas« bezeichnet. Die Umweltanwältin hat einige der größten Sammelklagen gegen chinesische Unternehmen gewonnen und lag oft mit Funktionären der Kommunistischen Partei im Clinch. »Die Kommunistische Partei redet immer vom Gesetz; sie wollen das Land nach Recht und Gesetz regieren«, erklärte Zhang mir in ihrem Büro in Peking. »Ich bin für die Rechtsstaatlichkeit, aber das ist etwas anderes. Mein Recht unterscheidet sich vom Recht der Partei.«[3]

Überall in autoritären Staaten können Anwälte, Aktivisten und politische Organisationen die vom Regime gemachten Regeln gegen das Regime selbst wenden. In China haben

Menschenrechtsanwälte wie Pu Zhiqiang sich der Schutzlosesten in der Gesellschaft angenommen und das Regime gezwungen, sich öffentlich zu verteidigen. Chinesische Funktionäre verletzen vielleicht immer noch das Recht, doch die Tatsache, dass sie es so aussehen lassen müssen, als arbeiteten sie innerhalb gesetzlicher Grenzen, bietet den Gegnern Angriffsflächen. Die russische Regierung mag ihr eigenes Gesetzbuch regelmäßig missachten, doch ihr Wunsch, enge Beziehungen zu den europäischen Ländern aufrechtzuerhalten, hat den Schiedssprüchen internationaler Gerichtshöfe wie etwa des Europäischen Gerichtshofes für Menschenrechte in Russland Geltung verschafft. Politaktivisten und Menschenrechtsanwälte wissen, dass autoritäre Regime sich oft auf rechtliche Fiktionen stützen. Doch indem sie selbst so tun, als sei diese fiktive Rechtsstaatlichkeit echt, können sie die Bemühungen eines Regimes, sich über die Rechte der eigenen Bürger hinwegzusetzen, ins Leere laufen lassen. Selbst wenn das Regime scheinbar allmächtig ist, können seine eigenen Gesetze – und die Heuchelei, mit der sie sie missachtet – seine Handlungsfähigkeit einschränken und dadurch andere ermutigen, das Regime herauszufordern. Keiner dieser Anwälte oder Aktivisten hegt Illusionen, was die Bestechlichkeit der Gerichte oder die Integrität des politischen Systems angeht, das sie zu verändern versuchen. Dennoch arbeiten sie geduldig Stück für Stück daran, rechtliche Inkonsistenzen und Betrügereien offenzulegen und kleine Siege zu erringen, die das ganze System durcheinanderbringen. Jewgenija Tschirikowa, eine besonders forsche und erfolgreiche russische Umweltaktivistin, erklärte mir, wie's gemacht wird. Aus ihrer Sicht kann sie fast jedes Ergebnis, ob sie nun gewinnt oder verliert, in einem autoritären System zu ihrem Vorteil wenden.

»Manchmal bewirken die Niederlagen in der Gesellschaft sogar mehr. Ich akzeptiere fast jedes Ergebnis, denn egal, was herauskommt, es ist gut für mich«, sagte sie mir. »Wir können demonstrieren, dass unsere Regierung lügt.«[4]

Autoritäre Machthaber, die eine Legitimität suchen, die nur das Recht verleihen kann, wirken durch ebendieses Recht – selbst durch ihre eigene verdrehte Version des Rechts – plötzlich hilflos und völlig illegitim. Und nur darum geht es doch letztendlich.

Störrisches Blut

Pu Zhiqiang verweist auf zwei Väter, die ihn zu dem gemacht haben, was er heute ist – »der Vater, der mir das Leben geschenkt hat, und der Vater, der mich aufgezogen hat«. Als Pu in einem Dorf auf dem Lande in der Provinz Hebei aufwuchs, lebte seine Familie sehr bescheiden, aber verglichen mit den meisten ihrer Nachbarn in relativem Wohlstand. Er beschreibt seinen leiblichen Vater als aufrichtig und von »störrischem Blut«. »Ich bin auch störrisch, und ich habe diesen bockigen Charakter – selbst wenn ich denke, dass mir Dinge im Weg stehen, ändere ich meine Haltung nicht«, erzählte mir Pu, als wir auf unseren Tee warteten. Er wurde von seinem Onkel aufgezogen, der vor der Gründung der Volksrepublik im Jahr 1949 Unternehmer und Geschäftsmann war. Obwohl er die Revolution unterstützte, wurde Pus Onkel von den Kommunisten verfolgt, nachdem sie die Macht übernommen hatten. Eine bittere Lektion, die er an seinen Neffen weitergab. »Er sagte mir immer: ›Die Kommunistische Partei hält ihre Versprechen nicht. Sie hat keine Moral.‹«

Pu und seine Geschwister waren kluge Köpfe. Von den sechs jungen Leuten aus dem Dorf, die es auf die höhere Schule schafften, kamen drei aus der Familie Pu. Pu Zhiqiang war besonders intelligent. Bei den Eingangsprüfungen hatte er die höchste Punktzahl des Bezirks und gehörte zu den besten hundert Prüflingen der ganzen Provinz. (Fast zwei Millionen Bewerber legten landesweit in jenem Jahr die Prüfung ab.) Aufgrund dieser guten Noten konnte Pu die Universität Nankai, eine der angesehensten Hochschulen in China, besuchen, wo er Geschichte und klassisches Chinesisch studierte. Dort erregte er auch das Interesse des Kommunistischen Jugendverbandes, der gern vielversprechende junge Studenten rekrutierte. Einer seiner Professoren sprach Pu an und fragte ihn, ob er in die Kommunistische Partei eintreten wolle. Wenn er das täte, könne der Professor ihm helfen. »Ich bat ihn: ›Geben Sie mir eine Woche, um darüber nachzudenken.‹« Sieben Tage später erklärte Pu seinem Professor: »Ich werde mich nie dieser Partei anschließen.« Er war damals neunzehn Jahre alt. Er wusste, was eine solche Entscheidung kostete und welche Vorteile ihm dadurch entgingen. Eine Mitgliedschaft in der Partei brachte möglicherweise Privilegien mit sich und war sicher gut für seine Karriere. Aber er hatte die Lektion seines Onkels nicht vergessen: Man konnte der Partei nicht trauen. Schon als junger Geschichtsstudent war Pu der Meinung, dass die größte Begabung der Kommunistischen Partei darin bestehe, die Geschichte zu fälschen. »Sie lassen Menschen und Dinge verschwinden, wie sie es gerade brauchen«, erklärte er mir. Er war sich so sicher, dass er diese Entscheidung treffen konnte. Und sobald er das einmal getan hatte, sorgte sein »bockiger Charakter« dafür, dass er nie zurückschaute. Er selbst drückte es so aus: »Ich schloss meine Tür, als ich neunzehn war.«

Damals hatte er vielleicht die Tür geschlossen, den vollen Preis dafür bezahlte er aber erst mehrere Jahre später, im Jahr 1989. Als Doktorand an der Chinesischen Universität für Politikwissenschaft und Recht trommelte Pu seine Kommilitonen zusammen und führte die erste Studentengruppe von seiner Universität zum Tiananmen-Platz. Er nahm am Hungerstreik auf dem Platz teil und blieb bis zum 4. Juni dort, als Soldaten das Feuer auf die Demonstranten eröffneten und die Studenten um ihr Leben rannten. Nach dem Massaker weigerte sich Pu, mit den Behörden zusammenzuarbeiten oder seine kritische Einstellung aufzugeben. Vielmehr ehrte er die Studenten, die in jener Nacht gestorben waren, indem er zum Jahrestag auf den Platz zurückkehrte. In dem Getümmel, als alle versuchten, den Kugeln der Soldaten auszuweichen, hatte Pu sich geschworen: »Wenn ich diese Nacht überlebe, werde ich jedes Jahr zurückkommen.« In den letzten drei Jahren wurde er dreimal von der Polizei festgenommen, die den Platz hermetisch abriegelt, sobald sich der Jahrestag nähert.

Die Weigerung, seine Position zu widerrufen und damit der Partei zu helfen, diesen Makel ihrer Geschichte zu tilgen, hat ihm den größten Ärger eingebracht. Pu hatte Professor werden wollen, doch als er seine Prüfungen abgelegt hatte, wollte niemand den Starschüler anstellen. »Wenn man sich weigert, Dinge zu akzeptieren, kann man kein Lehrer werden«, erklärte er. »Ich habe den Preis im Laufe der Jahre bezahlt.«

Pu hatte Probleme, nach dem Abschluss überhaupt eine Arbeit zu finden. Er wanderte von einem Job ohne Aufstiegschancen zum nächsten. Mit einer alten Mutter und einer jungen Familie, für die er sorgen musste, spürte er den Druck besonders, aber er wollte keinen Beruf, der seine Überzeugungen beschneiden würde. »Ich wollte meine Meinung zu dem, was die Kommunistische Partei 1989 getan hatte, nicht ändern«, sagt Pu. Einer seiner früheren Lehrer empfahl ihm, doch Anwalt zu werden. Pu studierte in seiner freien Zeit Jura und legte sein letztes Examen 1995 ab.

Jura war eine Art geschützter Lebensraum für ihn. Pu konnte gut bezahlte Mandate übernehmen, die ihm halfen, für seine Familie zu sorgen, aber er fand im Recht schließlich auch einen höheren Zweck. Mit den richtigen Fällen, so glaubte er, konnte er die Partei, deren Methoden er verabscheute, herausfordern. Pu berichtete mir, dass ihn zwei Texte stark beeinflusst hätten: der Essay des chinesischen Dissidenten Hu Ping über die freie Rede und das Urteil des U.S. Supreme Court im Fall *New York Times v. Sullivan*, ein bahnbrechendes Urteil zur Pressefreiheit. Der Mann mit dem »störrischen Blut«, der die Einladung der Partei ausgeschlagen und sich dann geweigert hatte, ihre Verbrechen zu vertuschen, half jetzt anderen, ihre Überzeugungen zu vertreten und ihre Meinungen zu äußern. »Am 4. Juni 1989 hofften wir, das System zu verändern«, erklärte Pu mir. »Ich war fest davon überzeugt, dass ich Himmel und Erde aus den Angeln heben könnte. [Jetzt] denke ich, dass ich in meinem Leben vielleicht ein oder zwei bedeutsame Dinge tun kann.«

Unter den ersten Presserechtsfällen, die Pu annahm, war die Verteidigung der Zeitschrift *China Reform*. In einem Artikel mit der Überschrift »Who Is Splitting the Fat?« hatte ein Journalist namens Liu Ping über das Geschäftsgebaren einer staatlichen Immobilienentwicklungsfirma berichtet, das zu massiven Verlusten und damit zur Entlassung von Arbeitern geführt hatte. Liu stützte seinen Bericht auf offizielle Dokumente sowie die Unternehmensakten. Anderswo wäre das eine ziemlich normale Geschichte gewesen. Doch mittels einer altbewährten Taktik strengte die Firma eine Verleumdungsklage gegen die Zeitschrift an und verlangte über 700 000 Dollar Schadenersatz, eine Summe, die das Blatt in den Ruin getrieben hätte. Nach Pus Verteidigungsrede für Liu und seinen Bericht entschied das Gericht von Guangzhou, dass Journalisten nicht für Nachrichten zur Verantwortung gezogen werden könnten, die auf glaubwürdigen Quellen beruhten. So geriet einer der ersten Verleumdungsfälle des jungen Anwalts zum Meilenstein im Kampf um das Recht der freien Rede in China.

Pu nahm immer mehr solcher Fälle an. Er verteidigte Zeitungen, Zeitschriften und Autoren, deren Werke mächtige Parteibosse beleidigten. Allmählich machte er sich einen Namen als einer der wichtigen Anwälte der Redefreiheit in China. Er war nicht immer erfolgreich, nicht einmal besonders oft. Manchmal war es schon ein Erfolg, zu verhindern, dass es überhaupt zu einem Urteil kam. Da war zum Beispiel der Fall von Chen Guidi und Wu Chuntao.[5] Das Ehepaar hatte einen Bestseller geschrieben, in dem es unter anderem ausführlich über die Tyrannei und den Machtmissbrauch eines Parteifunktionärs in Fuyang, einer Stadt in der armen östlichen Provinz Anhui, berichtete. Zhang Xide, der in Chens und Wus Buch bloßgestellte Funktionär, verklagte die Autoren wegen übler Nachrede, und normalerweise hatten Angeklagte wie Chen und Wu in so einer Situation keine Chance. Wenn ein Parteifunktionär Anklage erhebt, ist es eigentlich üblich, dass die Richter, die selbst der Partei angehören, zu seinen Gunsten entscheiden. Aber Pu schaffte das fast Unmögliche. In seinen Kreuzverhören ging er die Zeugen der Anklage aggressiv an und beleuchtete die korrupten Praktiken unter Zhang. Noch wirkungsvoller war, dass Pu selbst eine Reihe von Zeugen aufrief, vor allem arme Bauern, die in einer Geschichte nach der anderen von Zhangs Korruption, Machtmissbrauch und drakonischer Umsetzung der Ein-Kind-Politik berichteten. Jede Zeugenaussage lieferte weitere Belege für die Anschuldigungen in Chens und Wus Buch. Wie Philip Pan, ein Reporter der *Washington Post*, der den Prozess verfolgte, schrieb, stand das Gericht nun vor einer schwierigen Entscheidung: »Es konnte die Beweise für Zhangs Verfehlungen ignorieren, die [Pu] dem Gericht in aller Öffentlichkeit vorgelegt hatte, und gegen die Schriftsteller entscheiden und damit eine Reaktion riskieren, die die Legitimität der Partei weiter untergraben würde. Oder es konnte Zhangs Anklage zurückweisen und der Öffentlichkeit hinsichtlich des Gesetzes als Waffe gegen die Partei eine deutliche Botschaft übermitteln.«[6]

Angesichts dieses Dilemmas wählte das Gericht einen anderen Weg: Es entschied überhaupt nicht. Als ich mich mit Pu traf, waren sechs Jahre seit dem Ende des Verfahrens vergangen, und noch immer war kein Urteil gefallen. Für einen Menschenrechtsanwalt in China zählt das schon als Sieg.

Pu erzählte bis spät in den Abend davon, wie er immer wieder versuchte, das autoritäre System seines Landes vorzuführen, aber was mich besonders verblüffte, war sein Umgang mit den Menschen, die er besonders gut kannte: mit den Geheimpolizisten, die abgeordnet waren, um jeden seiner Schritte zu überwachen. Seine Taktik bestand offenbar vor allem darin, sie als Menschen zu sehen. Sie vertraten fundamental andere Ansichten in der Frage, ob die Herrschaft der Kommunistischen Partei Chinas legitim sei oder nicht, doch das änderte nichts daran, dass er ihnen als Menschen begegnete. Als ich mit ihm darüber sprach, straffte sich sein kräftiger Körper auf dem Stuhl. »Ich respektiere sie, ich respektiere sie. Ich sage ihnen ständig, wie die korrekte Vorgehensweise aussieht«, antwortete Pu und drückte seine vierte Zigarette energisch aus, um den Punkt zu betonen. »Wenn man in mein Büro kommt und mich festnehmen will, okay, aber dafür gibt es eine korrekte Vorgehensweise. Man braucht einen Beschluss, um das zu tun. Sie können den nicht vorlegen, und so endet das Ganze damit, dass wir zusammen essen, trinken und miteinander reden. Wir müssen der Geheimpolizei die Stirn bieten. Warum sollten wir nicht versuchen, sie zu verändern, wenn wir die Chance dazu haben?«

Hat er damit Erfolg? Das ist sehr schwer zu sagen. Wenn seine Aufpasser unter Druck stehen und Pu sie mit der Kraft seiner Argumente in die Enge treibt, geben sie zu, dass sie mit einigen Dingen, die er sagt, übereinstimmen, doch dann kommen wieder die altbekannten Entschuldigungen: Wir haben keine Wahl. Wenn wir nicht für den Apparat der Staatssicherheit arbeiten würden, was sollten wir sonst tun? Pu sagt ihnen, dass sie sich unter Wert verkaufen, dass sie Optionen jenseits derer haben, die der Staat ihnen bietet. Und dann gibt er ihnen etwas zum Nachdenken. »Ich sage ihnen: ›China verändert sich. Wir sind etwa im gleichen Alter. Was werden Sie in zwanzig Jahren Ihren Kindern über das erzählen, was Sie in diesen Jahren des Umbruchs getan haben?‹«, sagt Pu.

Wie die meisten Dinge ist dies eine Diskussion, die Pu seiner Ansicht nach gewinnen kann, und sei es nur deshalb, weil die andere Seite keine überzeugenden Argumente hat. »Die Leute, die ich kennenlerne, sind nicht stolz auf das, was sie tun«, erklärt er mir. »Die Ideologie und die Legitimität der Partei haben sich schon aufgelöst. Es geht nur noch um nackte Interessen. Die Slogans funktionieren nicht mehr. Sie müssen Menschen kaufen; sie müssen sie bezahlen, damit sie überhaupt etwas tun.« Vielleicht werden sie bedroht oder gezwungen oder bestochen – jedenfalls steigen die Kosten, um das Regime am Laufen zu halten.

Als unser stundenlanges Gespräch sich allmählich dem Ende nähert, frage ich Pu, wie die Revolutionen in Nordafrika und dem Nahen Osten seiner Meinung nach Chinas Führung beeinflussen werden. »Sie haben größere Angst und weniger Alternativen. Sie müssen die Stabilität aufrechterhalten, und das Regime, Hu und Wen, scheint jetzt weniger zuversichtlich als damals, als sie die Macht übernahmen.« Die deutlichsten Belege für diese Unsicherheit sind die Winkelzüge, die Pu und ich machen mussten, um uns einfach nur an diesem Abend zu treffen. Wieder zieht Pu seine Schlüsse aus den Gesichtern des Regimes, die er am besten kennt. »Sie sind sehr auf der Hut; sie sind nervös, sehr nervös«, erklärt er mir mit Blick auf das Geheimdienstkommando in seinem Schlepptau. »Viele von ihnen haben mich gerade wegen dieser [Revolutionen im Nahen Osten] zum Essen begleitet.« Er sagt ihnen immer wieder, dass sie ihre Zeit verschwenden. Pu organisiert keine Proteste, er ruft die Leute nicht dazu auf, auf die Straße zu gehen. Wenn das Regime Feinde hat, dann, weil es sich selbst Feinde schafft, meint er. »Ihr macht euch so viele Feinde, und ihr habt nicht den Schneid, euch euren Feinden zu stellen«, hat er ihnen gesagt. »Ihr solltet Wege finden, zu beweisen, dass ihr anders seid als Gaddafi.« Ich frage ihn, wie seine Freunde von der Geheimpolizei darüber denken. »Sie waren meiner Meinung«, sagt er.

Mitternacht war schon lange vorüber. Wir traten aus dem Teehaus und gingen die Straße hinunter in Richtung Yihai Garden, die Wohnanlage, in der Pu lebt. Es war schon Sonntag, und der zweite anonyme Aufruf zu einer chinesischen »Jasmin-Revolution« war rausgegangen. Er forderte die Menschen dazu auf, sich später an fast zwei Dutzend Orten überall in China zu versammeln. Keiner von uns erwartete viel davon, aber es war bedeutsam, dass es überhaupt einen solchen Aufruf im Internet gab. Für Pu lautete die wichtigere Frage, ob die Regierung ihn durch eine Form von Hausarrest einschränken würde. »Anderen Leuten ist alles Mögliche passiert, und ich hoffe, ich bekomme keinen Ärger, aber Angst habe ich nicht davor«, erzählte er mir. Pu sagte, über den nächsten Tag könne man nur eines mit Sicherheit sagen: »Er wird kommen«, und zeigte auf einen Beamten der Geheimpolizei. Als ich in ein Taxi stieg und losfuhr, sah ich Pu noch durch die Tore der Wohnanlage gehen. Er nickte dem diensthabenden Wachmann zu, als er hineinging.

Plötzlich Aktivistin

Jewgenija Tschirikowa ist wegen des Waldes nach Chimki gezogen. Vor zehn Jahren hatten sie und ihr Ehemann beschlossen, dass es Zeit sei, Moskau den Rücken zu kehren und sich eine Wohnung auf dem Land zu suchen. Wegen ihrer Jobs mussten sie in der Nähe der Stadt bleiben, aber sie suchten einen ruhigeren Ort, um Kinder großzuziehen. Sie wählten Chimki, etwa eine Stunde nordwestlich von Moskau. Auf den ersten Blick wirkt diese Stadt mit ihren fast 200 000 Einwohnern nicht besonders anheimelnd. Die meisten Menschen in Chimki wohnen in tristen Wohnblöcken aus der Sowjetzeit, gebaut in einem Straßenraster mit schmalen Bürgersteigen und Rasenstreifen dazwischen. In der Hochzeit des Kalten

Krieges war Chimki eine abgeriegelte Stadt, verboten für alle Ausländer und die meisten Russen, wegen der strategisch wichtigen Arbeit, die die Bewohner der Stadt leisteten. Sie arbeiteten in verschiedenen Fabriken, die Boden-Luft-Raketen und hoch entwickelte Triebwerke für die sowjetischen Interkontinentalraketen lieferten. Doch Jewgenija und ihr Mann zogen wegen eines anderen Überbleibsels in die Vorortenklave: wegen des Waldes von Chimki.

Dieses Waldgebiet, das sich über etwa tausend Hektar erstreckt, ist eine Seltenheit in Russland – eine geschützte grüne Lunge. Das Land soll früher ein bevorzugtes Jagdgebiet der Zaren gewesen sein. Noch immer durchstreifen Wildschweine – ebenso wie Elche, Füchse, Kaninchen und viele Vogelarten – die dichten Eichenhaine, doch die Fläche des Urwaldes ist nach Jahrzehnten der Stadtentwicklung geschrumpft. Die Reste gelten jetzt als Naturschutzgebiet. Der Wald von Chimki hatte sogar die höchste Schutzstufe von der Regierung zugesprochen bekommen, was sicherstellen sollte, dass er frei von wirtschaftlicher Nutzung bleibt. (Das Gesetz war so streng, dass theoretisch jeder, der einen Baum in einem besonders ausgewiesenen »Waldpark« fällte, mit Haft bestraft werden konnte.) Auf der Suche nach einem Rückzugsort kauften Jewgenija und ihr Mann also ein Haus am Rand des Waldes. »Als wir in Moskau lebten, war es so schmutzig, und hier draußen war es sehr grün und friedlich und schön«, sagt Jewgenija. »Wir beschlossen, dass wir hier leben wollten.«[7]

Vor drei Jahren war Jewgenija nach der Geburt ihres zweiten Mädchens in Mutterschaft zu Hause. Mit ihrem Baby und der fünfjährigen Tochter machte sie einen Spaziergang im Wald. Als sie so zwischen den Eichen herumlief, fiel ihr etwas auf, das sie zuvor noch nicht gesehen hatte: Viele Bäume waren mit roter Farbe gekennzeichnet, andere hatten kleine Kerben im Stamm. Zu Hause setzte sie sich gleich an den Computer und begann zu recherchieren. Dort fand sie zusammen mit ihrem Mann ein Dokument aus dem Büro von Boris Gromow, dem Gouverneur der Region, das erklärte, warum die Bäume hinter ihrem Haus rot markiert waren: Der Wald von Chimki sollte abgeholzt werden. Er sollte verschwinden und den Weg für eine neue Autobahn zwischen Moskau und Sankt Petersburg freimachen. Die Anordnung des Gouverneurs verwirrte Jewgenija. Sie wusste, dass das Land per Gesetz geschützt war. Sie glaubte, es müsse sich um einen Irrtum handeln. Wenn sie jetzt einfach einen Brief schrieb und die richtigen Stellen informierte, würde der sicher korrigiert werden. Wenn sie an jenen Tag zurückdenkt, sagt sie: »Ich war unglaublich naiv.«

Die Planungen waren kein Irrtum. Nach zehn Briefen an die Behörden erhielt Jewgenija eine Pro-Forma-Antwort von der Regierung, dass es sich um ein normales Projekt handele, das vorangetrieben werde. Tatsächlich aber war an dem Bau, den die örtlichen Behörden planten, nichts normal. Niemand in der Stadt Chimki war über das Projekt oder die Zerstörung des Waldes informiert worden. Die einzige öffentliche Ankündigung des Projekts erschien in einer kleinen Lokalzeitung, zwischen Werbeanzeigen von Wahrsagerinnen, und erwähnte den Wald von Chimki oder die neue Autobahn nicht einmal. Besonders seltsam war allerdings der geplante Verlauf der Straße. Anfangs folgte er der Strecke der Bahnlinie, die Moskau seit vielen Jahren mit Sankt Petersburg verbindet. Das ist auch der direkte Weg zwischen den beiden Städten. Die geplante Autobahn dagegen macht dann einen seltsamen Umweg. Nachdem sie die Moskauer Ringstraße gekreuzt hat, biegt sie scharf nach Nordosten ab, direkt durch Chimkis Waldgebiet, um nach den sieben Kilometern durch den Wald wieder auf die direktere Linie der Bahn nach Sankt Petersburg einzuschwenken. Jewgenija zieht eine Karte des Gebiets hervor und fährt den Verlauf der geplanten Autobahn für mich mit dem Finger nach. Die projektierte zehnspurige Straße macht tatsächlich einen richtigen Schlenker durch diese unberührte Landschaft. »Diese Straße [würde] durch alle geschützten Gebiete führen, die wir in diesem Bereich haben«, erklärt Jewgenija. Doch als sie im Wald spazierenging und die zur Fällung vorgesehenen Bäume entdeckte, hatten Gouverneur Gromow und Chimkis Bürgermeister Wladimir Streltschenko das Projekt schon genehmigt.

Man kann nicht mit Sicherheit sagen, warum die Behörden diesen Weg durch das Herz des Waldes von Chimki gewählt hatten. Eine so undurchsichtige Regierung wie die russische ist nicht gewohnt, ihren Bürgern Erklärungen zu geben, und die Überlegungen zwischen Gouverneur Gromow, Bürgermeister Streltschenko und dem Verkehrsminister Igor Lewitin sind nie öffentlich geworden. Jewgenija und ihre Nachbarn können nur spekulieren.

Die nächstliegende Erklärung ist Geld. Indem man eine Strecke durch das Naturschutzgebiet plante, wo kein Privatland liegt, vermied man Auseinandersetzungen, die zu Entschädigungszahlungen an Landbesitzer hätten führen können. Man brauchte keine Ingenieure, um Tunnel, Überführungen und Rampen durch bestehende Siedlungen zu bauen. Doch die möglichen Gewinne sind wahrscheinlich das noch wichtigere Motiv. Der Schlenker der Autobahn durch den Wald von Chimki führte die Straße sehr nah an den internationalen Flughafen Scheremetjewo, den zweitgrößten des Landes, heran.

Jede Straße zwischen Moskau und Sankt Petersburg profitiert von der engen Nachbarschaft zu einem internationalen Flughafen, und große Parzellen mit Jahrhunderte alten Eichen entlang der Strecke wären der Traum eines jeden Bauunternehmers. Korruption und Bestechung rund um Russlands Baubranche sind legendär. Laut einer russischen Gruppe, die sich mit der Bekämpfung der Korruption beschäftigt, kosten neue Straßen in Russland etwa 237 Millionen Dollar pro Kilometer, in den Vereinigten Staaten nur etwa 6 Millionen Dollar.[8] Man kann also sicher sagen, dass russische Straßen zu den teuersten der Welt gehören. (Übrigens bekommt die Regierung sehr wenig für ihr Geld; die Straßeninfrastruktur liegt an 111. Stelle und zählt damit zu den schlechtesten weltweit.)[9] Die Regierungsfunktionäre, die das Autobahnprojekt genehmigten, sollten also wohl persönlich davon profitieren.

Für den Verkehrsminister Igor Lewitin besteht hier ein klarer Interessenkonflikt. »Er ist der Direktor des Flughafens Scheremetjewo«, erklärt Jewgenija. »Er ist also gleichzeitig Minister und Privatunternehmer.« Tatsächlich ist Lewitin der Chef verschiedener mit dem Flughafen verbundener Firmen; unter anderem war er Verwaltungsratsvorsitzender der Fluggesellschaft Aeroflot, deren Heimatflughafen Scheremetjewo ist.[10] »Ich fragte die Bürokraten: ›Wie kann das sein?‹ Sie antworteten: ›Ganz einfach. Wenn er im Ministerium ist, ist er der Minister. Wenn er zum Flughafen kommt, ist er auch der Minister, aber er vertritt gleichzeitig die Interessen der Privatunternehmen.‹« Jewgenija schaute mich fassungslos an.

Mit ihren beiden kleinen Mädchen im Schlepptau kehrte Jewgenija in den Wald zurück. Diesmal kam sie mit Flugblättern, die sie an einige eben jener Bäume klebte, die die Regierung fällen lassen wollte. Die Zettel informierten die Nachbarn über den geplanten Autobahnbau und luden sie zu einer Zusammenkunft in ihrem Haus ein. Über hundert Menschen kamen zum ersten Treffen. Das große Echo überraschte sie. Wie sie wollten viele ihrer Nachbarn dazu beitragen, den Wald der Stadt zu retten. Bald gründete sie mit Nachbarn die Gruppe »Verteidiger der Wälder von Chimki«. Sie entwarf eine Webseite für ihre Bewegung, www.ecmo.ru; sie begann Demonstrationen, Proteste und Massenkundgebungen zu organisieren; sie startete eine Unterschriftensammlung und arbeitete mit Lokaljournalisten zusammen, um ihre Bemühungen öffentlich zu machen. Jewgenija merkte es nicht sofort, aber ihre Verwandlung in eine Umweltaktivistin hatte begonnen. »Eine Organisation wie Greenpeace versucht einen Wald irgendwo weit weg, in Sibirien oder Sotschi, zu retten oder zu bewahren, aber an kleineren, lokalen Problemen ist sie nicht interessiert«, sagt sie. »Wir mussten selbst aktiv werden.«

Man kann mit Sicherheit davon ausgehen, dass der Kreml Jewgenija Tschirikowa, wenn man sie dort überhaupt gekannt hätte, niemals als Bedrohung wahrgenommen hätte. Die zierliche dreiunddreißigjährige zweifache Mutter mit blauen Augen in einem runden, lächelnden Gesicht sieht nicht gerade wie eine Unruhestifterin aus. Sie hat einen guten Abschluss als Elektroingenieurin am Moskauer Staatlichen Luftfahrtinstitut. Später absolvierte sie ein Betriebswirtschaftsstudium und arbeitete mehrere Jahre als Managementberaterin, bevor sie in das Ingenieurbüro ihres Mannes einstieg, das dieser noch vor ihrer Ehe gegründet hatte. Sie kommt nicht aus einer politischen Familie und hatte als Teenager kein Interesse an sozialen Themen. Wie die meisten Russen betrachtete sie Politik als eine abseitige Betätigung, etwas, das man sich aus der Entfernung anschaute und am besten den Eliten oder anderen mächtigen Interessengruppen überließ. »Ich wusste nichts über Wahlen. Ich hatte mich nie irgendwo engagiert. Ich war ein durch und durch apolitischer Mensch«, erklärt sie mir. »Meine Familie hatte kein bürgerschaftliches Bewusstsein in mir wachsen lassen, das Gefühl, dass man Bürger und damit für sein Land und das, was um einen herum vorgeht, verantwortlich ist.« Ein paar Augenblicke später sagt sie lächelnd: »In meiner Kindheit gibt es keine Anzeichen dafür, dass aus mir mal eine Kämpferin werden würde.«

Zum ersten Mal traf ich Jewgenija in einem beliebten italienischen Restaurant in der Nähe des Puschkin-Platzes in Moskau. Sie begrüßte mich mit einem Lächeln und einem festen Händedruck. In den nächsten drei Stunden beeindruckte mich nicht nur ihre Freundlichkeit, sondern vor allem ihre Gabe, strategisch zu denken. Jede Herausforderung, jedes Szenario, das sie beschrieb, wurde aufgedröselt und diagnostiziert. Jede Handlung der Regierung wurde analysiert, aufgeschlüsselt und mit einer logischen, gut durchdachten Reaktion von ihr und ihrer kleinen Gruppe gekontert. Sie selbst schrieb ihren Ansatz vor allem ihrer Ausbildung als Betriebswirtin zu, aber mir schien er eher angeboren zu sein. »Mir ist klar, dass niemand ständigem Druck standhalten kann«, sagte sie und nippte an ihrem Cappuccino. »Selbst starke Menschen wie unser Bürgermeister und unser Gouverneur können systematischem Druck nicht standhalten. Wenn ich noch ein bisschen mehr Zeit habe, vielleicht zwei Jahre, bin ich sicher, dass wir auch Putin abwenden können … wenn wir systematisch arbeiten und dranbleiben.« Sie hätte fast schon beängstigend rational gewirkt, wenn da nicht ihre warme Persönlichkeit gewesen wäre. Hier stand Napoleon vor mir, aber ohne dessen Komplexe.

Die Kämpferin musste nicht lange auf die erste Runde warten. Menschen, die sich Jewgenijas Kampagne angeschlossen hatten, wurden bald zu Zielscheiben von Mobbing und Schikanen. Die Zusammenkünfte der Gruppe wurden von Funktionären gestört oder verboten. Polizeibeamte belegten Aktivisten, die Flugblätter verteilten, mit Bußgeldern; manche Unterstützer wurden willkürlich festgehalten. Die Behörden veranstalteten fingierte öffentliche Anhörungen, die sie abrupt abbrachen, sobald Bürger ihre Beschwerden zu äußern begannen. Unterstützer erhielten Drohanrufe. »Eine meiner Kolleginnen bekam zu hören, dass man ihr die Augen ausstechen werde«, erinnert sich Jewgenija. »Am nächsten Tag beendete sie ihre Mitarbeit in unserer Gruppe.«

Die Drohungen hatten einen ernsten Hintergrund. Ihr enger Freund und Unterstützer im Kampf um die Erhaltung der Wälder von Chimki war der Lokaljournalist Michail Beketow. Der frühere Fallschirmjäger, ein Bär von einem Mann, hatte 2006 eine kleine Zeitung mit einer Auflage von etwa zehntausend Exemplaren namens *Chimkinskaja Prawda* oder *Chimkier Wahrheit* gegründet. Als die Regierungspläne, den Wald in Brennholz zu verwandeln, bekannt wurden, war Beketow, wie Jewgenija sagt, der erste Journalist, der darüber schrieb. Jede Woche kritisierte er Regierungsfunktionäre wegen ihrer Hinterzimmergeschäfte und der Korruption, die ihren Plänen seiner Meinung nach zugrunde lag. Bald erhielt er die ersten Drohanrufe. Er fand seinen Hund tot vor seiner Tür. Nachdem er den Rücktritt des Bürgermeisters von Chimki gefordert hatte, ging sein Auto mitten in der Nacht in Flammen auf. Doch Beketow ließ nicht locker. Im November 2008 schließlich wurde er, als er vom Einkaufen zurückkam, vor seinem Haus am Waldrand zusammengeschlagen und liegen gelassen. Man glaubte wohl, er sei tot. Ein Nachbar fand ihn am nächsten Tag bewusstlos im Schnee. Die Prügel waren so schwer gewesen, dass er dauerhafte Hirnschädigungen davontrug. Er verlor ein Bein und drei Finger. Als er aus dem Koma erwachte, erinnerte er sich nicht daran, wie viele Menschen ihn angegriffen hatten. Und selbst in seinem Bett im Krankenhaus von Chimki wurde er noch bedroht; jemand kam herein und sagte, er werde wiederkommen und ihn erledigen.[11] »Das ist eine sehr traurige Sache«, sagt Jewgenija schließlich. »Nach dem Angriff auf Beketow glaubte der Bürgermeister, wir würden Ruhe geben, die Proteste würden enden, es würde nichts mehr in den Zeitungen stehen. Aber das war ein Irrtum. Beketow ist im Moment gelähmt, aber über sein Schicksal weiß die ganze Welt Bescheid.« Sie zieht eine Karte der Region um Moskau heraus und breitet sie auf dem Tisch zwischen uns aus. »Schauen Sie sich die Karte an, die Wälder von Chimki sind nicht einmal eingezeichnet. Es ist ein so kleines Stück Natur, aber es ist wichtig geworden.«

Natürlich gibt es keine Beweise dafür, dass die Behörden den Übergriff auf Beketow anordneten. Nach Auskunft des Committee to Protect Journalists war Russland bis vor Kurzem das drittgefährlichste Land für Journalisten.[12] Noch risikoreicher war die Arbeit nur im Irak und auf den Philippinen. Ebenso beunruhigend ist, dass fast alle Angriffe auf oder Morde an Journalisten in Russland ungeklärt bleiben. (Zwischen 2000 und 2010 wurden 18 Journalisten ermordet, ohne dass sich ein Täter vor Gericht verantworten musste.)[13] Und der Kampf in Chimki ist keine Ausnahme. Jewgenija verweist darauf, dass der Politiker, dem Putin die Region Moskau anvertraut hat, keinen typischen politischen Lebenslauf hat. Gouverneur Gromow führte die 40. Armee bei der Invasion der Sowjetunion in Afghanistan und war der letzte Befehlshaber der Sowjets, der das vom Krieg geschundene Land verließ.[14] Auch Chimkis Bürgermeister ist ein Veteran des Afghanistan-Feldzugs. In Jewgenijas Augen kennen sie nur Gewalt als Mittel der Politik, und sie unterschätzten die öffentliche Empörung, die sich nach dem versuchten Mord an Beketow entlud. »Kluge Politiker töten keine Journalisten«, sagt sie.

Jewgenija zeigte sich ganz und gar nicht eingeschüchtert, sondern intensivierte ihre Kampagne. Ihre Unterstützer gaben Presseerklärungen heraus und erzählten jedem Journalisten, der zuhören wollte, die Geschichte von Michail Beketow. In vielen Zeitungen Russlands und Europas erschienen Berichte. »Wir analysierten unsere Situation und erkannten, dass die Gefahr größer ist, je weniger die Menschen oder Aktivisten mit den Medien arbeiten, je weniger bekannt sie sind. Das ist natürlich keine Garantie«, sagt Jewgenija, »aber Offenheit ist unsere schärfste Waffe.«

Offenheit – und das russische Wahlrecht. Nichts könnte öffentlicher sein, als den Bürgermeister direkt herauszufordern. Also beschloss Jewgenija im Herbst 2009, gegen Streltschenko als Kandidatin für das Bürgermeisteramt in Chimki anzutreten. Ein kühner Schachzug. Sie hatte keine Illusionen, was ihre Chancen anging, den Bürgermeisterkandidaten von Einiges Russland zu schlagen. Sie war relativ unbekannt, hatte kein Geld, um einen Wahlkampf zu finanzieren, und würde in den Medien totgeschwiegen werden. Vielmehr war, wie sie erklärte, »die Wahlkampagne ein Bestandteil meiner Waldkampagne«. Sie verfolgte drei strategische Ziele. Zunächst einmal würde sie einfach dadurch, dass sie Chimkis Bürgermeister herausforderte, Aufmerksamkeit für ihre Sache wecken. Sie beschloss als Kandidatin einer Interessengruppe anzutreten, also sprach sie, wo immer sie auftrat, nur über ein Thema: die Bewahrung der Umwelt in Chimki. Zweitens verfolgte sie ein taktisches Ziel: An dem Tag, an dem sie ihre Kandidatur verkündete, gab sie nicht nur die nötigen Unterlagen für die Anmeldung zur Wahl ab, sondern beantragte auch, ein örtliches Referendum zur Beendigung des Autobahnprojekts abzuhalten. Sie setzte darauf, dass der Bürgermeister, wenn er mit Druck auf das Projekt vonseiten ihrer Wahlkampagne und vonseiten des Referendums rechnen musste, seine Unterstützung für den Plan vielleicht zurückziehen würde. Und sie hatte recht: »Innerhalb von drei Tagen nahm der Bürgermeister seine Anordnung zurück«, sagt Jewgenija. »Er sah sich dazu gezwungen. Wenn er bei seiner Zustimmung zu dieser Streckenführung geblieben wäre, hätte er viele Wähler verloren.« Ein paar Wochen später zog auch Gouverneur Gromow seine Anordnung zurück, die Autobahn durch den Wald zu bauen.

Aber Jewgenija verfolgte noch ein drittes Ziel: Sie wollte ihre Kandidatur nutzen, um die Belastbarkeit ihres Anliegens zu testen. Sie wollte einfach wissen, wie wichtig Umweltfragen den Wählern in Russland und insbesondere in Chimki waren. Letztendlich durfte sie nur sieben Tage lang Wahlkampf machen. Obwohl sie die nötigen Gebühren entrichtet hatte, behaupteten die Behörden zweimal, sie habe eben dies nicht getan, und verhinderten einen Wahlkampf. In jenen sieben Tagen jedoch sicherte sich die zweifache Mutter, die zur Aktivistin geworden war, genug Rückhalt, um 15 Prozent der Stimmen zu gewinnen. Der Erfolg war größer, als sie je erwartet hatte.

Die Tatsache, dass der Gouverneur wie auch der Bürgermeister ihre Anordnungen zum Bau der Straße zurückgezogen hatten, war nur ein Sieg auf Zeit. Am 5. November 2009 mischte sich Ministerpräsident Putin in den Kampf um den Wald von Chimki ein: Er unterzeichnete ein Dekret, dem zufolge der unter Naturschutz stehende Wald als Land für ein kommerzielles Autobahn- oder Bauprojekt umgewidmet werden durfte. Putin steht allerdings vor dem Problem, dass sein Dekret nach russischem Bundesrecht illegal ist. Das Gesetz des Landes verbietet die Umwidmung von geschütztem Waldland, wenn alternative Baumöglichkeiten bestehen. Natürlich wäre es für das Verkehrsministerium ein Leichtes zu behaupten, dass es keine gangbaren Alternativen gebe, doch leider hatte ein Jahr zuvor der stellvertretende Verkehrsminister offiziell eingeräumt, dass es andere mögliche Streckenführungen gebe. Jewgenijas Gruppe meldete sofort vor russischen Gerichten Zweifel an der Rechtmäßigkeit von Putins Anordnung an und brachte eine Klage beim Europäischen Gerichtshof für Menschenrechte in Straßburg ein. Auch hier macht sich Jewgenija keine Illusionen, was die Position Putins vor seinen eigenen Gerichten angeht. Mit einem Lächeln sagt sie: »Im Leben hast du nur eine Wahl, und die hat Putin vorgegeben.«

Doch gegen Putin und seine politischen Verbündeten hat Jewgenija ihr höchstes Ass noch im Ärmel. Für den Bau dieser überaus umstrittenen Autobahn zwischen Moskau und Sankt Petersburg setzte die russische Regierung auf ausländische Finanzierung durch die Europäische Bank für Wiederaufbau und Entwicklung und die Europäische Investitionsbank. Insgesamt sollten etwa zwei Drittel des Geldes für den Autobahnbau von europäischen Banken kommen. Jewgenija sah hier die Achillesferse der russischen Regierung. Sie wusste, dass die europäische Öffentlichkeit Schwierigkeiten mit der Vorstellung hat, dass die eigenen Banken ein umweltschädliches Bauprojekt fördern. Also konzentrierte sie sich in ihrer Kampagne auch darauf, diese Öffentlichkeit im Ausland zu erreichen. Die französische Baufirma Vinci hatte zum Beispiel vertraglich ihre Beteiligung an dem Bauprojekt zugesichert. Also organisierten Jewgenija und ihre Mitstreiter eine Protestaktion, bei der sie »Feuerholz aus Chimki« vor dem Büro des Unternehmens in Moskau aufhäuften. Jewgenija kontaktierte auch die Umweltparteien Europas. Die Grünen im Europäischen Parlament verabschiedeten eine Resolution, in der sie die Investoren des Kontinents vor der Teilnahme am Chimki-Projekt warnten. Über vierzig Umweltschutzorganisationen aus Russland und dem Ausland unterzeichneten einen offenen Brief, in dem sie europäische Banken und Unternehmen aufforderten, sich nicht am Bauprojekt in Chimki zu beteiligen. Schließlich überzeugten die Resolution, das Echo in den Medien und Jewgenijas Lobbyarbeit die Europäische Bank für Wiederaufbau und Entwicklung und die Europäische Investitionsbank – sie setzten ihre Finanzierung aus. Damit gingen der russischen Regierung über 750 Millionen Dollar ausländische Investitionen verloren. Ein großer Sieg für Jewgenija und ihre Bewegung. »Wir haben es geschafft, ihre Finanzierung zu torpedieren«, erzählt sie mir stolz. »Geld in Russland aufzutreiben, wird lange dauern, und die Zeit arbeitet in dieser Situation für uns.«

Es wäre übertrieben zu behaupten, dass Jewgenija Tschirikowa die russischen Behörden mattgesetzt hätte. Wenn Wladimir Putin anordnen würde, den Wald von Chimki zu fällen, würde das über Nacht geschehen. Aber immerhin ist drei Jahre, nachdem Jewgenija ihre erste Anfrage geschrieben hat, noch nichts passiert – die Autobahn hätte, wenn es nach dem Willen des Kreml gegangen wäre, eigentlich schon fast fertig sein sollen. Die politische Führung des Landes glaubte wahrscheinlich, dass es nicht lange dauern würde, bis die Teermaschinen anrückten. Und doch existiert die Straße zwischen Moskau und Sankt Petersburg bis heute nur auf dem Papier.

Warum? Wie Pu in China nutzte auch Jewgenija raffiniert die kleinen Schwachstellen moderner autoritärer Regime. Die russische Regierung betrachtet das Recht als eine Waffe, die sie selektiv gegen ihre Widersacher einsetzen kann, und Jewgenija nutzt eben dieses Rechtssystem, um die Ungereimtheiten und Widersprüche innerhalb der Staatsregierung aufzudecken. Das Regime versucht von Beziehungen zur Welt draußen zu profitieren, und Jewgenija zeigt sich geschickt darin, die internationale Meinung für ihre Zwecke zu nutzen, und konnte eben diese Beziehungen als Hebel gegen das Regime nutzen. Es gelang ihr, die Kosten für das Regime dort zu erhöhen, wo es am meisten wehtat. Sie erwies sich als überraschend würdiger Gegner einer Regierung, die bisher nur selten auf glaubwürdige politische Widersacher gestoßen war. Wichtiger noch ist, dass Jewgenija, indem sie einen Interessenwahlkampf begann, dem Regime das übliche Instrument, einen Gegner zu verleumden, entwand, nämlich sie als Bedrohung der nationalen Sicherheit hinzustellen. Jewgenija war keine Radikale, die Chimkis Wähler zum Sturz der Regierung aufrief. Sie bat sie im Grunde noch nicht einmal darum, sie zu unterstützen. In ihrer Kampagne ging es nur um den Aufruf an die Bürger, sich um ihre eigene Umwelt zu kümmern. Im Angesicht einer so bescheidenen und politisch harmlosen Agenda hatten die örtlichen Behörden wenig andere Möglichkeiten, als ihren Wahlkampf durch weit hergeholte Formalien zu blockieren.

Ein paar Tage nach unserem ersten Treffen fuhr ich hinaus nach Chimki, um mit Jewgenija einen Spaziergang durch eben den Wald zu machen, für dessen Erhaltung sie in den letzten drei Jahren gekämpft hatte. Es war ein trüber Nachmittag im April, und der Boden noch feucht vom Regen am Morgen. Wir waren zwar nur ein paar Minuten zu Fuß von ihrem Haus und den Straßen Chimkis weg, aber es herrschte eine überraschende Stille, sobald wir die Eichen erreicht hatten. Wohin man auch blickte, standen sie hoch aufgereckt und bewegten sich nur leicht, wenn ein kalter Wind aus Norden sie traf. Wir gingen tiefer in den Wald hinein. Nach etwa zehn Minuten erreichten wir einen Ort, den die Einheimischen Eichendach nennen. Dort entspringt eine natürliche Quelle, und während wir danebenstanden und darüber sprachen, wie sie die Regierung auf Abstand hielt, kamen sechs Leute, füllten Plastikgefäße mit dem eiskalten Wasser und trugen es nach Hause. Wir fragten alle, ob sie von den Plänen gehört hätten, genau dort, wo wir jetzt standen, eine Autobahn zu bauen. Sie wussten davon und regten sich sehr darüber auf. Ein Mann Mitte dreißig in dunkler Jacke und Jeans sagte: »Ja, ich bin ziemlich wütend darüber.« Dann setzte er im Spaß hinzu: »Wo sind die Waffen?«

Wir lachten alle bei der Vorstellung, dass die zierliche Jewgenija und ihre bunt zusammengewürfelte Truppe aus Einwohnern von Chimki gegen eine Armada von Kreml-Bulldozern zu den Waffen greifen würden. Als wir weitergingen, fragte ich sie, was die Regierung ihrer Einschätzung nach wohl als Nächstes tun werde. Welchen Schachzug erwartete sie? Ihrer Ansicht nach war der Kampf noch lange nicht zu Ende. Ihre Unterstützer hatten Waldpatrouillen eingerichtet, die nach den ersten Anzeichen von Bautrupps Ausschau hielten. »Der nächste Schritt ist wahrscheinlich, dass sie zu bauen anfangen, und dann wird es Widerstand geben«, antwortet sie und strafft sich. »Wir sind bereit. Wir haben all die verschiedenen Szenarien durchgespielt. Wir sind sicher, dass der Bau nicht ruhig vonstatten geht. Es wird sehr laut werden.«

Und wieder sollte sie Recht behalten. Ein paar Monate später, im Juni, stieß ein Mitstreiter von Jewgenija auf Arbeiter, die im Wald nahe dem Flughafen Scheremetjewo Bäume fällten. Als er eine Genehmigung sehen wollte, packten die Arbeiter schnell zusammen und zogen ab. Jewgenija und über zweihundert Unterstützer, die ahnten, dass die Bautrupps zurückkommen würden, errichteten ein Lager im Wald, um ihn Tag und Nacht zu bewachen.

Der lange erwartete Angriff kam schließlich am 23. Juli um 5 Uhr früh.[15] Die Umweltschützer schliefen noch, als fast hundert maskierte Männer ihr Lager angriffen, Banner niederrissen, Zelte zum Einsturz brachten und viele Aktivisten verprügelten. »Es waren große Typen, sehr aggressiv«, erzählt Jewgenija mir später. »Sie sahen aus wie Skinheads. Sie wollten uns wegjagen und drohten damit, uns in Stücke zu reißen, uns zu töten.«[16] Der Angriff war ganz offenbar mit den Plänen für den Autobahnbau koordiniert, denn genau zur gleichen Zeit begannen andere Trupps mit dem Abholzen. Sie hatten einen großen japanischen Vollernter mitgebracht, der die Bäume blitzschnell von den Wurzeln trennte. Jewgenija rief die Polizei, doch die ließ sich Zeit. Als die Beamten endlich auftauchten, weigerten sie sich, etwas gegen die Skinheads zu unternehmen. Vielmehr riefen sie Verstärkung: genauer gesagt, die russische Sondereinsatztruppe OMON. (Der OMON geht der Ruf voraus, rigide und schonungslos gegen aufsässige Menschenmengen vorzugehen; ihr Motto lautet: »Wir kennen keine Gnade und bitten nicht um Gnade«) Die OMON-Einheit kam und verhaftete Jewgenija und die anderen Demonstranten.

Nach diesem Vorfall und einem weiteren Angriff auf die Umweltschützer fünf Tage später beschloss Jewgenija, den Protest neu zu formieren. Sie musste den Kampf ausweiten, und sie brauchte einen Verbündeten, der ihrem Anliegen neuen Schub geben konnte. Sie rief Juri Schewtschuk an, einen Rockstar, der schon seit der Sowjetzeit Musik macht und in Russland berühmt ist. Schewtschuk setzt sich schon lange für Menschenrechtsbelange ein, und Jewgenija hoffte, dass der populäre Musiker sich auch ihr Anliegen zu eigen machen würde. Ein paar Monate zuvor hatte Schewtschuk bei einem der seltenen Fernsehauftritte Putins mit einer Gruppe berühmter russischer Musiker die Zuschauer schockiert, indem er den sichtbar entnervten Ministerpräsidenten fragte, warum es in Russland keine Pressefreiheit gebe. Auf Jewgenijas Anruf hin kam Schewtschuk nach Chimki. Jewgenija war platt. »Seit meiner Studentenzeit war er ein Idol für mich«, beschrieb sie ihre Aufregung, »und jetzt kam er.«[17] In ihrer Küche sitzend, schlug Schewtschuk ihr eine einfache Lösung vor: »Machen wir doch ein Konzert, um euch zu unterstützen.«

Am 22. August kamen über zweitausend Menschen auf den Puschkin-Platz, um ein Konzert zugunsten des Kampfes für den Erhalt des Waldes zu hören – eine beeindruckende Zahl für eine öffentliche Zusammenkunft in Russland. Die Polizei hielt den Lautsprecherwagen zwar vom Platz fern, doch Schewtschuk sang trotzdem. Zwei Abende später, bei U2s erstem Konzert in Moskau überhaupt, holte Bono Schewtschuk für einen Auftritt auf die Bühne. Viele deuteten das als

Unterstützung für den russischen Rockstar und seinen Kampf gegen die Behörden, und Bono äußerte sich später noch in Moskau positiv über die russischen Umweltschützer.

Zu dieser Zeit erschien die Idee der russischen Regierung, einfach einen ganzen Wald abzuholzen, besonders unpassend. Das Land hatte gerade eine der schlimmsten Hitzewellen seit Beginn der Aufzeichnungen überstanden, und Waldbrände hatten in jenem Sommer fast 8000 Quadratkilometer Wälder, Bauernhöfe und Dörfer überall im Land vernichtet. Laut einer Umfrage des Meinungsforschungsinstituts Lewada unterstützten 73 Prozent der Russen den Kampf um die Erhaltung dieses kostbaren Grüngürtels in der Nähe von Moskau.[18] Im Angesicht eines so großen öffentlichen Drucks ergriff Dmitri Medwedew unerwartet die Initiative und verkündete auf seinem Videoblog, dass der Bau in Chimki unterbrochen werde, damit die Regierung »weitere Gespräche mit den Bürgern und den Fachleuten führen« könne.[19]

Nach außen hin feierte Jewgenija das als einen Sieg, aber insgeheim hielt sie es für einen Trick. Und wieder lag sie mit ihrem Instinkt richtig. Im Dezember verkündete die Regierungskommission, die berufen worden war, um das Autobahnprojekt zu untersuchen, dass der Bau weitergehen werde. Nur die Unterschrift des Präsidenten fehlte noch.

Doch die mächtigen Interessengruppen, die hinter der Autobahn standen, warteten nicht auf Medwedews Federstrich. Jewgenija enthüllte bald, dass eine Immobiliengesellschaft schon Parzellen im Wald von Chimki verkaufte, auch ohne Medwedews Zustimmung. (Jewgenija hatte die Firma einfach angerufen und sich als potenzielle Käuferin ausgegeben. Sie fragte den Repräsentanten des Unternehmens, einen gewissen Oleg, ob es möglich sei, eine Parzelle nahe dem Eichendach zu kaufen, wo die Bewohner von Chimki ihr Quellwasser in Flaschen abfüllen. Oleg antwortete: »Ja, das ist möglich.« Das ganze Gespräch wurde auf YouTube eingestellt.)[20]

Im März 2011 baten Mitglieder der Gruppe Verteidiger des Waldes von Chimki mich, auch über den wachsenden Druck auf Jewgenija zu schreiben. Statt sie direkt anzugreifen, zielten die Behörden auf ihre Familie. Im März durchsuchten Beamte die Firma ihres Ehemanns. Obwohl sie keine konkreten Vorwürfe und keinen Gerichtsbeschluss hatten, befragten sie ihn und mehrere seiner Angestellten und beschlagnahmten Firmenunterlagen. Die Schikanen gegen das Unternehmen ihres Mannes hatten schon Monate zuvor begonnen, als die Behörden die Abrechnungen für alle Transaktionen in den vergangenen zwölf Monaten verlangten. Gerechtfertigt wurde die Forderung mit der absurden Behauptung, das Elektroingenieurbüro finanziere auf irgendeinem Wege »Extremisten«. Sobald Kunden und Banken merkten, dass die Behörden die Firma auf dem Kieker hatten, zogen sie sich allmählich zurück. Die Durchsuchung im März war nicht ganz überraschend gekommen. Ein paar Tage zuvor hatte jemand einen Kommentar auf der Webseite der Verteidiger des Waldes von Chimki hinterlassen: »Wir werden deine Firma in nächster Zukunft durchsuchen, leg deine Unterlagen zurecht!«

Beängstigender waren die Übergriffe der Regierung auf Jewgenijas Töchter. Vertreter des städtischen Jugendamtes »schauten« unerwartet »vorbei«. Angeblich hatten sie einen Brief von einem Nachbarn erhalten, der behauptete, Jewgenija »schlage« ihre Töchter Liza und Sasha und »lasse sie hungern«. Weil sie Angst hatte, dass man versuchen würde, ihr die Kinder wegzunehmen, weigerte Jewgenija sich, die Tür zu öffnen. Später räumte das Amt ein, dass keiner ihrer

Nachbarn einen solchen Brief geschrieben hatte. Es sei einfach seine »Pflicht« gewesen, das Wohlergehen der Kinder zu überprüfen. Ich hatte nicht direkt nach dem Vorfall mit Jewgenija sprechen können, aber ich erinnerte mich daran, wie sie liebevoll über ihre Mädchen sprach. Ich denke, dass diese Drohung sie wahrscheinlich am stärksten erschütterte.

Als wir gemeinsam durch den Wald von Chimki gingen, hatte ich sie gefragt, ob sie je Angst um sich oder ihre Familie hatte.

»Oft habe ich mich gefragt: ›Jewgenija, was machst du hier in diesem Wald?‹ Ich habe alles. Warum arbeite ich, eine ganz normale Frau, an diesem gefährlichen Ort?«, sagte sie. »Ich habe mir einfach verboten, darüber nachzudenken; sonst würde ich verrückt werden. Denn wenn man in Russland lebt und versucht, darüber nachzudenken, was einem am nächsten Tag passieren kann – das kann einen krank machen.«

Ein paar Tage zuvor hatte ich mit Boris Nemzow gesprochen, einem Anführer der russischen Oppositionsgruppe Solidarnost. »Der wichtigste Ansatz Putins [besteht darin], die politische Aktivität in der Bevölkerung zu drosseln. Das ist seine absolut zynische Strategie«, erklärte Nemzow mir. »Er ist zufrieden, wenn die Leute sagen: ›Ist doch egal, was ich denke‹. Unabhängige Meinungen versetzen ihn in Angst und Schrecken.«[21]

Nemzow hätte dies genauso gut über die Kommunistische Partei Chinas, Hugo Chávez oder fast jeden anderen Diktator sagen können. Weitverbreitete politische Apathie ist die Schmiere, die jedes autoritäre System am Laufen hält. Und in den autoritären Systemen, in denen absolute Ruhe herrscht, haben die Regierungen alles unternommen, um Desinteresse am politischen Leben zu einer öffentlichen Tugend zu machen.

Dann sind die Jewgenija Tschirikowas dieser Welt die Menschen, die die Diktatoren am meisten fürchten müssen. Sie sind unabhängig und hartnäckig genug, um das herrschende System herauszufordern, sie sind das verhasste Gegengift gegen die Apathie, die ein autoritäres Regime erreichen will. Dabei spielt es keine Rolle, ob die Auseinandersetzung um eine gefälschte Wahl, korrupte Gerichte oder einen friedlichen Wald geführt wird. Solche Menschen können an den unwahrscheinlichsten Orten auftauchen und andere mit ihren störrischen Ideen anstecken. Während sie ihren Blick über die Quelle am Eichendach schweifen ließ, fasste Jewgenija es damals so zusammen: »[Putin] wird jetzt dafür bestraft, dass er nicht mit meiner Meinung rechnete.«

Dann verließen wir den Wald.

Die drei Neins

Omar Afifi war stolz auf seine Polizeiuniform. Im Jahr 1981 war er als Sechzehnjähriger an die Polizeiakademie gekommen, in genau jenem Jahr, in dem Hosni Mubarak die Nachfolge des ermordeten Anwar as-Sadat als Präsident Ägyptens antrat. Die Bezahlung und die Sicherheit hatten ihn für diesem Beruf gewonnen; Arbeit im Dienst der ägyptischen Regierung war einer der wenigen Wege zu einem verlässlichen Gehalt. Nicht so sehr gefallen hatte ihm, wie sich seine Entscheidung, ägyptischer Polizeibeamter zu werden, auf seinen Status in der Gemeinschaft auswirkte. Als er das erste Mal in seiner Uniform ins Dorf kam, überraschten ihn die Reaktionen der Menschen. Alte Männer, die ihn von Kindesbeinen an gekannt hatten, standen auf, wenn er ins Zimmer kam. Er wurde mit einer nie dagewesenen Unterwürfigkeit behandelt. Natürlich merkte er schnell, dass eher Angst als Respekt dahinterstand. »Der Schneider hat seine Werkzeuge, und die Polizei hat ihre«, sagt Afifi. »Die Regierung wollte, dass sich alle vor der Polizei fürchteten. Die bedrohliche Atmosphäre war schlimmer als die bösen Taten. Wir machten die Menschen fertig, noch bevor wir überhaupt in Kontakt mit ihnen getreten waren.«[22]

Trotz dieses Rufes glaubte Afifi nie, dass man notwendigerweise ein Ungeheuer werden musste, wenn man zur ägyptischen Polizei ging. Ganz im Gegenteil. Er schätzte die meisten seiner Kollegen und glaubte, dass nur eine Minderheit – vielleicht einer von sieben – zu den grausamen Schlägern zählte, deren Übergriffe so viele Menschen fürchteten. Und im Grunde gab es auch in den ersten zwei Jahren bei der Truppe nicht viel, das seine Meinung geändert hätte. Seine Arbeit war reine Routine, genau der Job, den er sich vorgestellt hatte, als er sich in der Akademie anmeldete. Doch das änderte sich in seinem dritten Dienstjahr. Er erlebte, was er später als das erste seiner »drei Neins« bezeichnete.

Ein Polizeibeamter war getötet worden. Wie in jeder Polizeitruppe war es Ehrensache, den Mörder des Kollegen zu fassen. Die Behörden bekamen den Tipp, dass der Mann, den sie für den Mörder hielten, sich in den Außenbezirken Kairos in einem Maisfeld versteckte. Afifi gehörte zu den Polizisten, die abgeordnet wurden, ihn zu suchen. Polizeieinheiten waren an bestimmten Punkten rund um das Feld aufgestellt. Afifi und andere Beamten sollten auf einer Seite des Feldes beginnen und langsam, in dichter Reihe, durch den hohen Mais vorrücken, bis sie den Flüchtigen aufscheuchten. Nur wenige Minuten später bemerkte Afifi aus dem Augenwinkel eine Bewegung. Die Stengel ein paar Meter vor ihm hatten sich bewegt. Der mutmaßliche Mörder rannte los, und Afifi und seine Kollegen nahmen die Verfolgung auf. Die Maisblätter zerschnitten ihm das Gesicht, während der Abstand zwischen ihnen langsam schrumpfte. Er schätzt, dass der Verdächtige fast drei Kilometer weit mit voller Kraft rannte. Doch dann endete die Verfolgungsjagd, als der Mann völlig erschöpft stolperte und nicht weiterkonnte. Er ergab sich und kauerte mit über dem Kopf erhobenen Händen mitten im Maisfeld. Nachdem sie den unbewaffneten und entkräfteten Mann eingekreist hatten, befahl ein Vorgesetzter Afifi, ihn zu erschießen. Afifi verstand nicht, was man da von ihm verlangte. »Warum sollte ich ihn töten, wenn er sich doch ergeben hat?«, protestierte er. »Nein, das mache ich nicht.« Der Vorgesetzte schaute Afifi verächtlich an. »Du bist zu weich. Geh! Verschwinde!«, brüllte er. Afifi ging allein zurück zu den Einsatzfahrzeugen. Unterwegs hörte er eine Salve von Schüssen – genug, um den Mann mit Kugeln zu durchlöchern. »Das veränderte mich«, erklärte Afifi mir. Er wusste jetzt, dass es Aufträge gab, die er nicht ausführen konnte, und dass seine Weigerung wahrscheinlich Folgen haben würde. Nach dem Vorfall änderte sich auch die Einstellung seiner Kollegen ihm gegenüber. »Meine Vorgesetzten nahmen mich nicht mehr mit auf Missionen, denen die gesetzliche Basis fehlte.« Das war sein erstes Nein.

Das zweite und dritte folgten 1995 schnell aufeinander. Die ägyptischen Parlamentswahlen sollten in einer Woche stattfinden. Afifi war aufs Abstellgleis geschoben worden, vor allem, weil höherrangige Beamten ihn nicht für vertrauenswürdig hielten. Im Jahr 1995 arbeitete er als Aufseher eines kleinen Polizeigefängnisses im Zentrum von Kairo. Eines Nachmittags tauchte unerwartet ein Beamter der Staatssicherheit mit fast fünfhundert Menschen im Schlepptau in seinem Gefängnis auf. Es handelte sich um Unterstützer von Oppositionsparteien, und als Afifi sie sich näher ansah, wurde ihm klar, dass viele von ihnen bei der Festnahme schwer misshandelt worden waren. Der Offizier erklärte Afifi, er werde die Demonstranten in seinem Gefängnis abladen. »Kein Problem«, antwortete Afifi. »Geben Sie mir die Haftbefehle.« Der Geheimpolizist schaute ihn ungläubig an. »Wir haben keine Papiere. Das ist ein Befehl von oben – ein Notfall.«

Afifi ließ sich nicht beeindrucken und blieb standhaft. Er sagte, einige der Demonstranten sähen aus, als bräuchten sie medizinische Versorgung. Wenn sie in einer seiner Zellen starben, würde Afifi die Unterlagen brauchen, um darzulegen, warum sie dort untergebracht waren; sonst konnte man ihm die Schuld an ihrem Tod geben. Der Beamte der Staatssicherheit schüttelte den Kopf, weil beide wussten, dass ein Toter in einem ägyptischen Gefängnis kaum zu einer Untersuchung führen würde, von einem öffentlichen Aufschrei ganz zu schweigen. »Warum sind Sie nicht kooperativer?«, fragte der Beamte immer entnervter. »Sie müssen unseren Anordnungen folgen. Das sind Feinde Ägyptens.« Darüber stritt Afifi nicht mit ihm; er wiederholte nur seine Bedingung. »Ich weiß«, erwiderte er. »Aber ich brauche einen Haftbefehl von jemandem, vom Richter, von Ihnen, von irgendwem.« Afifi wusste nicht einmal ganz genau, warum er nicht nachgab. Er wollte einfach nicht Komplize bei der Misshandlung dieser Bürger sein. »Ich handelte nach meinem Gewissen«, erklärte er mir. »Das war's auch schon. Ich wusste nichts über Menschenrechte.« Und er ging davon aus, dass die Staatssicherheit entweder zu faul oder nicht dazu bereit wäre, die nötigen

Unterlagen vorzulegen. Damit sollte er recht behalten. Der Beamte zog ab und suchte nach einer anderen Unterbringungsmöglichkeit für seine Häftlinge. Afifi glaubt, dass die schließlich in Polizeibaracken landeten. Das war sein zweites Nein.

Nur sechs Tage später bekam er wieder Probleme mit seinen Vorgesetzten. Am Abend vor den Parlamentswahlen berief Habib al-Adli, der Chef der Kairoer Polizei, eine Zusammenkunft von sieben- oder achthundert seiner Beamten ein. (2011 war Adli zum ägyptischen Innenminister aufgestiegen und gehörte zu den gefürchtetsten Männern in Mubaraks Regime.) Adli warnte die Beamten: Wenn die Opposition die Wahlen gewänne, würden sie ihre Arbeit, vielleicht sogar ihr Leben verlieren. Weil so viel auf dem Spiel stehe, würden sie, so sagte er, am Wahltag eine besondere Rolle spielen. Die Beamten sollten am nächsten Tag in Zivil kommen und ihre Ausweise und Waffen zu Hause lassen. Die meisten sollten manipulierte Stimmzettel in Wahllokalen verteilen. Wenn man sie aus irgendeinem Grund daran hinderte, sollten die Beamten vor dem Wahllokal einen Streit anzetteln. Sobald die Rauferei begann, sollten einige von ihnen Verhaftungen vornehmen, während andere drinnen die Wahlurnen fütterten. Falls auch das nicht klappen sollte, sollten die Polizisten die Männer festhalten, die für den Transport der Wahlurnen nach dem Ende der Wahl verantwortlich waren. Dann konnten sie entweder die Urnen mit ausgefüllten Wahlzetteln füllen oder weitere Anweisungen abwarten. »Diesem Plan fehlte jede Fantasie oder Intelligenz. [Adli] verstand gar nicht, wie Wählen funktionierte«, berichtet Afifi mir. »Seine einzige Qualifikation bestand in seiner Gewissenlosigkeit.«

Afifi meldete sich zu Wort; er hatte einige Fragen, die er beantwortet haben wollte. Adli erwiderte nur: »Du schon wieder? Verschwinde!«, und fügte noch hinzu, falls andere ein Problem mit diesen Anweisungen hätten, sollten sie auch verschwinden. Etwa fünf weitere Beamte verließen den Saal. Das war Afifis drittes und letztes Nein.

Afifis mangelnde Kooperationsbereitschaft hatte jetzt die Aufmerksamkeit höherrangiger Sicherheitsbeamter erregt, und das hatte Folgen. Nicht lange nach der Wahl – die, wie nicht anders zu erwarten, die herrschende Partei mit großem Abstand gewann – kam für Afifi der Versetzungsbefehl nach Oberägypten. Damals nahmen die Zusammenstöße mit gewalttätigen islamistischen Gruppen dort zu, und ägyptische Polizeibeamte wurden oft zum Ziel von Angriffen. Afifi hatte Angst, dass er entweder durch die Hand der militanten Islamisten oder wahrscheinlicher noch durch einen »Querschläger« aus der Pistole eines Kollegen sterben werde. Er legte Beschwerde ein und erreichte eine Versetzung zurück nach Kairo in eine Feuerwehreinheit.

Afifi war unglücklich und unsicher, was er weiter tun sollte. Seine Laufbahn als Polizist war ganz eindeutig am Ende, und er hatte noch immer Angst. Doch dann half ihm im Jahr 2000, als er gerade auf dem Tiefpunkt angelangt war, ein glücklicher Zufall. Er hörte von einer Ausschreibung des Internationalen Roten Kreuzes: Die Organisation bot jungen ägyptischen Richtern oder Polizeibeamten die Möglichkeit, Internationale Menschenrechte im Ausland zu studieren. Vier Studenten sollten ein Stipendium bekommen. Afifi gewann eines davon und studierte zunächst in Tunis. Die Lehrveranstaltungen öffneten ihm die Augen. Erstmals wurde ihm klar, dass es ganze Gesetzeswerke und Literatur zu den Menschenrechten gab – so etwas hatte er intuitiv gespürt, als er sich gegen seine Vorgesetzten zur Wehr setzte, aber er hatte nicht gewusst, dass die Rechte irgendwo genau niedergeschrieben waren. Als das Programm in Tunis auslief, erhielt er noch einmal ein Stipendium, mit dem er einen Abschluss in Jura machen konnte. 2004 kam der frühere Polizeibeamte als Anwalt nach Kairo zurück.

Seine Ausbildung setzte er schnell als Strafverteidiger ein. In nur zwei Jahren hatte er sich einen Ruf als fähiger Anwalt erworben. Der Vorteil, den Afifi anderen Rechtsanwälten gegenüber hatte, war nicht seine Ausbildung im Ausland, sondern dass er wusste, wie die Polizei vorging. Er wusste, wie das System in der Praxis funktionierte, und er war sehr gut darin, verfahrensrechtliche Verstöße auszunutzen. Nur wenige seiner Mandanten hatten irgendeine Vorstellung von ihren Rechten. Vor allem aber gingen Polizeibeamte, die es nicht gewohnt waren, dass man ihr Vorgehen kritisch unter die Lupe nahm, oft allzu hemdsärmlig an ihre Arbeit heran. Afifi konnte diese Schwächen zugunsten seiner Mandanten ausnutzen.

Seine Arbeit als Strafverteidiger erregte noch nicht den Zorn des Regimes. Aufmerksam wurde es erst, als er anfing, sein Fachwissen mit der Öffentlichkeit zu teilen. Wegen seines Engagements wurde Afifi wiederholt von *Cairo Today*, einer Liveshow des Satellitenfernsehens, eingeladen. In fünfundvierzig Minuten erklärte er jeweils einen Aspekt der gesetzmäßigen Rechte der Ägypter in klaren und einfachen Worten. In der ersten Sendung, die am 13. November 2007 ausgestrahlt wurde, behandelte er die Frage, welche Rechte die Menschen hatten, wenn sie von der Polizei auf der Straße angehalten wurden. In der zweiten Sendung sprach er über die Rechte der Menschen in ihrer Wohnung und die Notwendigkeit eines Durchsuchungsbeschlusses.

Doch das Regime war schon hellhörig geworden. Während dieser zweiten Folge rief ein Beamter der Staatssicherheit den Moderator der Fernsehshow in einer Werbepause an. Er war wütend über das, was Afifi den Zuschauern da erzählte. »Haben Sie den Verstand verloren?«, brüllte er den Moderator durchs Telefon an. »Verdammt noch mal! Wir werden Ihre Satellitenverbindung kappen, wenn Sie weitermachen!«

In der dritten Sendung sollte es um die Rechte der Menschen auf der Polizeiwache gehen. Aber zu dieser dritten Sendung kam es nicht mehr. Die Staatssicherheit kontaktierte Afifi nach der zweiten Folge und fragte, ob er eine Show für sie über die großartigen Leistungen der Polizei machen wollte. Sie würden ihm 2000 Dollar die Woche zahlen. (Afifi verdiente 800 Dollar die Woche beim Satellitenfernsehen.) Als er sich weigerte, bedrohten sie ihn. »Sie erklärten mir, dass sich, falls ich nicht mitmachte, auch mal versehentlich ein Schuss lösen könnte. ›Spielen Sie lieber nicht den Helden‹«, erinnert sich Afifi. Er begriff, dass er einen Nerv getroffen hatte und sie es ernst meinten. Also versprach er, nicht mehr öffentlich aufzutreten.

Über das Schreiben aber hatte er nichts gesagt. Ausgehend von der öffentlichen Reaktion auf seine ersten beiden Fernsehauftritte hatte Afifi schon beschlossen, dass er ein Buch schreiben würde, in dem er die gleichen einfachen Ratschläge zu den Rechten der Menschen im Umgang mit der Polizei geben wollte. Er arbeitete mehrere Monate lang an dem Text, hatte dann aber Schwierigkeiten, einen Verlag zu finden. Niemand wollte es sich mit dem Regime verderben. Anfang 2008 fand er jemanden, der das Buch heimlich drucken wollte. Am 20. März begann er fünftausend Stück seines

Buches *So können Sie Nackenschlägen entgehen* auszuliefern. (Der Titel spielte auf ein bekanntes ägyptisches Sprichwort an.) Afifi verschickte tausend Exemplare an Journalisten von staatlichen wie unabhängigen Zeitungen. Er bekam eine Schlagzeile auf der Titelseite einer beliebten Wochenzeitung. Die Reaktion, so erinnert er sich, folgte auf dem Fuße. Binnen kurzer Zeit erhielt er Bestellungen für zehntausend weitere Exemplare. Dann noch einmal vierzigtausend mehr. Er hatte seine Handynummer im Buch angegeben, also erreichten ihn die Anrufe direkt. »Fast wie die Bibel«, sagt er lachend über die Popularität seines Buches. »Damit hatte ich nicht gerechnet.«

Am 7. April hatten Buchhandlungen noch einmal mehrere tausend Exemplare bestellt. Aber er bekam nie die Chance, diese Bestellungen auszuliefern, denn am nächsten Morgen um zehn Uhr klingelte sein Telefon. Der Besitzer einer Buchhandlung berichtete, die Staatssicherheit sei gerade aufgetaucht und habe alle seine Exemplare beschlagnahmt. Bald hatten sie etwa fünftausend Bücher zusammen, die große Masse der verbliebenen gedruckten Exemplare.

Afifi hatte nicht viel Zeit, sich den Kopf darüber zu zerbrechen, wie er jetzt neue Bücher drucken sollte. Der nächste Anruf auf seinem Handy kam von einem Freund bei der Polizei. Er erklärte ihm, er sei nicht mehr sicher. Die Staatssicherheit habe sein Haus und sein Büro überwacht. Das Regime habe die Geduld mit Afifi verloren. Der jedoch glaubte noch, dass da ein alter Kollege überreagierte. Er wusste, dass er ein gefährliches Spiel spielte, doch er hatte kein einziges Gesetz gebrochen. Er erklärte vielmehr nur die Gesetze, wie sie geschrieben standen, so, dass die Menschen sie verstehen konnten. Also rief er einen vertrauenswürdigen Kontaktmann im

Innenministerium an, jemanden, bei dem er sicher sein konnte, dass er ihm sagen würde, wie ernst die Lage war. Als sein Freund sich meldete, sagte er: »Hallo, ich bin's.« Er wird nie vergessen, was er dann hörte.

»Falsch verbunden«, antwortete sein Freund.

»Was? Was meinst du damit?«, fragte Afifi.

»Tut mir leid. Sie haben die falsche Nummer gewählt«, kam als Antwort, dann wurde aufgelegt.

Afifi war starr vor Schreck. Das war die letzte Warnung gewesen. Sein Freund von der Polizei hatte recht gehabt, er war nicht mehr sicher. Haft und Folter waren noch das Wenigste; schlimmstenfalls würden die Behörden sich seiner entledigen. Er wusste, er konnte nicht nach Hause und nicht in die Nähe seines Büros. Sofort beschloss er zu fliehen. In Ägypten konnte er nicht bleiben, das stand fest.

Er schaltete sein Handy ab und nahm die Batterie heraus – von dem Moment an benutzte er nur noch das Festnetz und keine Kreditkarten mehr. Irgendwie fand er einen Weg, seinem Sohn eine Botschaft zukommen zu lassen: Er musste seinen Pass holen und sich an einem sicheren Ort mit ihm treffen. Die nächsten drei Tage verbrachte Afifi auf der Straße und auf dem Rücksitz seines Autos. Es war gefährlich für ihn, dorthin zu gehen, wo die Staatssicherheit ihn womöglich erwartete. Als sein Sohn ihm den Pass brachte, war das einzige gültige Visum darin das für die USA. Das andere für die EU war ausgelaufen. Er würde also in die Vereinigten Staaten gehen.

Für die Sicherheitskontrollen am Cairo International Airport sind Polizeibeamte der zentralen Sicherheitsbehörde von Kairo zuständig. Glücklicherweise kannte Afifi verschiedene Beamte, die jetzt am Flughafen arbeiteten, von früher. Er kam spät am Abend des 11. April am Flughafen an. Einer seiner Kollegen aus seiner Zeit als Polizist nahm seinen Pass und ließ ihn abstempeln, ohne dass er das offizielle System durchlief. Die anderen brachten Afifi durch die Kontrollen und sagten ihm, er solle an einem anderen Gate warten, nicht an dem seines Fluges. Er wartete, bis alle an Bord des Flugzeugs waren. Im letzten Moment bekam er das Zeichen und stieg ein, kurz bevor die Tür sich schloss. Er war auf dem letzten Flug nach JFK. Etwas mehr als zwölf Stunden später landete er in New York, mit nichts als fünfzig Dollar und einer goldenen Uhr in der Tasche.

Für einen Diktator scheint das Exil seiner Opponenten auf den ersten Blick eine saubere Lösung zu sein. Es gibt keinen öffentlichen Aufschrei über den Mord an Omar Afifi. Keine Trauerprozession, die zur Demonstration ausartet. Keine Forderungen nach Gerechtigkeit. Afifi bekommt Asyl im Ausland und lebt bis ans Ende seiner Tage in weiter Ferne. Er ist vor dem Regime sicher, und das Regime ist vor ihm sicher. Eine Art Patt, vielleicht sogar ein Waffenstillstand.

Nur wenige Menschen legen es darauf an, als Staatsfeinde gebrandmarkt zu werden. Pu Zhiqiang, Jewgenija Tschirikowa und Omar Afifi wollten nicht mit ihren Regierungen im Clinch liegen. Sie waren nicht als Anwälte und Aktivisten geboren worden – sie wurden dazu gemacht. Tatsächlich arbeiteten sie sogar innerhalb des Systems, so unvollkommen es auch sein mochte, in dem Versuch, ein Regime für seine eigenen Regeln haftbar zu machen. Sobald sie jedoch als politische Gegner bekannt waren, sobald ihre Regierungen sie wegen ihrer Beharrlichkeit gebrandmarkt hatten, wurden sie zu Menschen, die nicht mehr an sauberen Lösungen interessiert waren. Selbst als Pu Zhiqiang miterleben musste, wie seine Kollegen verschleppt wurden, dachte er nicht daran, seine Arbeit zu beenden. Er würde seine Fälle weiter vor Gericht bringen. Im April 2011 schickte der Kreml Bulldozer in den Wald von Chimki, und Tschirikowa und ihre Mitstreiter wurden wiederholt verprügelt und verhaftet. Aber jetzt ging es in ihrem Kampf, wie sie mir ein Jahr zuvor erklärt hatte, um mehr als nur um einen einzigen Wald. Das Regime hatte sie zur Umweltaktivistin gemacht, und sie würde weiterarbeiten, egal, was dabei herauskam.

Und auch Afifi war nicht bereit, seinen Kampf aufzugeben, selbst nachdem er das Flugzeug nach New York bestiegen hatte. Er erhielt politisches Asyl in den Vereinigten Staaten, doch sein Widerstand gegen Mubaraks Regime endete damit nicht. Ihm war klar, dass sein Hintergrundwissen über den ägyptischen Sicherheitsapparat ihm eine Sonderstellung unter den Regimegegnern gab. Auch zehntausend Kilometer weit weg, in einer Wohnung nicht weit von Washington, D.C., entfernt, kannte er das Regime wie seine Westentasche; vor allem war ihm klar, wie die Polizei eingesetzt werden würde, um eine Rebellion zu unterdrücken.

Als die ägyptische Revolution im Januar 2011 unerwartet ausbrach, lernte die Jugend auf den Straßen schnell, dass sie einen mächtigen Verbündeten in diesem früheren Polizeibeamten hatte. Von einer Kommandozentrale aus, die er in seiner kleinen Wohnung in Falls Church eingerichtet hatte, gab Afifi den ägyptischen Jugendlichen Tipps zu der Polizeitaktik, mit der sie zu rechnen hatten. Auf seinem Schreibtisch fütterten ihn drei übergroße Computerbildschirme mit einem ständigen Informationsstrom von Aktivisten auf der Straße – und auch, wie er sagt, von ehemaligen Kollegen, die noch für das Regime arbeiteten. Mithilfe von Google Maps legte er

Marschrouten fest, auf denen die Demonstranten die Oberhand behalten konnten. Über Twitter und Facebook blieb er in Kontakt mit den Fußsoldaten der Revolution und half ihnen, sich auf Mubaraks unausweichlichen Gegenschlag vorzubereiten. Als ich ihn besuchte, war es fast unmöglich, länger als fünf Minuten ohne Unterbrechung mit ihm zu sprechen. Ständig klingelte eines seiner fünf Handys, und über Skype strömten die Botschaften nur so herein. »Ich bin nicht hier«, erklärte Afifi mir und meinte damit die Wohnung in Falls Church, in der wir saßen. »Ich bin in Ägypten.«[23]

Das Regime hatte sich einen Feind geschaffen, den es nicht mehr kontrollieren konnte.

3

EL COMANDANTE

Das Militärgefängnis Ramo Verde schrumpfte mit zunehmender Entfernung unseres Wagens zusammen. Wir hatten den letzten Sicherheitskordon passiert: Gelangweilt öffnete ein junger Soldat mit einer Maschinenpistole in der Hand das Metalltor und schloss es hinter uns wieder. Das Gefängnis ragt direkt über Los Teques auf, der Hauptstadt des Bundesstaates Miranda. Wenn man vor seinen Mauern steht, wirkt es allerdings ziemlich abgeschieden, wie eine Felszunge auf einem staubigen venezolanischen Hügel. Es ist in einem Umkreis von mehreren Kilometern offenbar das einzige Gebäude.

Und nun blickten wir vom Vordersitz unseres Mietwagens aus auf dieses Gefängnis zurück. Ein Freund und ich hatten Ramo Verde an diesem Samstag besucht und einen Insassen interviewt. Als Ausländer machte ich die Aufseher in der Strafanstalt – allesamt Militärpolizisten – natürlich misstrauisch. Während die wenigen anderen Besucher an diesem Morgen schwere Pakete anschleppten – wohl Mitbringsel für inhaftierte Familienmitglieder oder Freunde –, durfte ich nichts mit hineinnehmen: weder ein Aufnahmegerät noch einen Stift oder Papier. Und zunächst fühlte sich auch keiner befugt, mir Zutritt zum Gefängnis zu gewähren. Ich wurde beiseite gezogen. Ein Offizier holte telefonisch beim militärischen Nachrichtendienst Anweisungen ein. Als wir den Trakt eine Stunde später wieder verließen, wurden wir ein zweites Mal gefilzt. Beim Hinausgehen hörte ich einen Militärpolizisten in sein Mobiltelefon sagen: »Jawohl, ich fahre ihnen nach.«[1]

Der Mann hieß García. So stand es in schwarzen Lettern auf der Brusttasche seines grünen Kampfanzugs. Eben dieser García hatte mich vor dem Eintritt ins Gefängnis befragt, ein breitschultriger und leicht korpulenter Mann mit rundem Gesicht und ernsthafter Miene. Als der offenbar ranghöchste diensthabende Offizier, hatte er es für nötig befunden, den Nachrichtendienst fernab dieses Außenpostens einzuschalten.

Die Straße wand sich den Hang hinab. In den Kurven rechts und links blickten wir immer wieder in den Rückspiegel auf der Suche nach García. Als wir zehn Minuten später fast schon am Fuß des Berges angekommen waren, hatten wir immer noch keine Spur von ihm entdeckt.

Während ich nach García Ausschau hielt, dachte ich über eine weitere Komplikation nach. Im Gefängnis hatte ich mir von einem Häftling Papier und einen Stift ausgeliehen, um während des Interviews Notizen zu machen. Ich wusste, dass wir beim Hinausgehen erneut gefilzt würden, und hatte meine Aufzeichnungen einem Besucher anvertraut. Er hatte sich bereit erklärt, sie nach draußen zu schmuggeln, weil er nicht durchsucht werden würde. In sicherer Entfernung von Ramo Verde wollten wir uns zur Übergabe treffen. Jetzt hatte ich Sorge, dass uns der Offizier der Militärpolizei bis zu unserem Treffen folgen könnte.

Das Gelände wurde eben, als wir uns den verstopften Straßen von Los Teques näherten. Jetzt entdeckte ich ihn: García folgte uns mit einem Helm und einer verspiegelten Sonnenbrille auf einem Motorrad. Ich sah ihn nur eine Sekunde lang. Er fuhr im sicheren Abstand von zwei bis drei

Kurven hinter uns her. Und jetzt sah ich auch unseren Kontaktmann, der das Bündel mit meinen Notizen an sich genommen hatte. In einer viertürigen Limousine setzte er zum Überholen an und wollte offenbar mit uns gleichauf ziehen, um uns die Blätter im Fahren durchs Seitenfenster zu reichen. Aber mit García im Schlepptau war das eindeutig zu riskant. Wir gaben Gas und rollten in den Stadtverkehr hinein, um zu verhindern, dass unser Kontaktmann neben uns herfahren konnte. Er folgte uns und fädelte sich drei oder vier Autos hinter uns in unsere Fahrspur ein. Und mehrere Fahrzeuge hinter ihm entdeckte ich García, der sein Motorrad im Korso in Stellung brachte.

Wir mussten unseren Kontaktmann irgendwie vor García warnen. Er hatte keine Ahnung, dass wir verfolgt wurden. Ein weiterer Versuch, mir die Unterlagen zu übergeben, würde García kaum entgehen.

Der Verkehr kam fast zum Stillstand. Wir schoben uns zentimeterweise durch Los Teques, vorbei an einem Spalier fliegender Händler. Besonders hartnäckige eilten ständig über die Fahrspuren, klopften an Autoscheiben und versuchten Ware loszuschlagen. Ich winkte einen Mann mit billigem Schmuck heran und kurbelte die Scheibe herunter. Als er mir sein Angebot zeigte – Holzfigürchen, Perlschnüre –, sagte ich ihm: »Gehen Sie zu dem Wagen drei Fahrzeuge hinter uns und sagen Sie dem Fahrer, dass wir verfolgt werden.« Ich zog meine Geldbörse heraus und fragte, was ich ihm abkaufen solle. Der Händler, ein Mann mittleren Alters, winkte lächelnd ab.

Er bummelte durch die Schlange und trat an mehrere Wagen heran, um Ware anzubieten. Am Auto unseres Kontaktmannes blieb er stehen, beugte sich für einen Augenblick zum Seitenfenster hinunter und redete mit dem Fahrer. Eine

Sekunde später ging er an der Schlange der Autos entlang weiter, die sich bis ans Ende unseres Blickfelds stauten.

Einen knappen Kilometer weiter vorn lockerte der Verkehr auf. Die Straße vor uns gabelte sich. Wir bogen nach rechts, unser Kontaktmann nach links ab. Im Rückspiegel sahen wir García, der uns auf den Fersen ebenfalls nach rechts abbog. Die Übergabe der Aufzeichnungen hatte Zeit. Jetzt mussten wir erst einmal unseren Verfolger abschütteln.

Von Los Teques nach Caracas dauert die Fahrt eine Stunde. Das schnellste Stück verläuft über die Carretera Panamericana. Auf ihr genießen die Venezolaner die seltene Gelegenheit, richtig aufs Gaspedal zu steigen, ehe sie wieder in Caracas' berüchtigten Staus stecken. Wir hatten keine Hoffnung, García auf dieser Etappe abzuhängen: Unser Mietwagen war nicht schneller als sein Motorrad. Dann griff das Schicksal ein. Kurz vor der Auffahrt auf die Panamericana krachten wir in ein kratergroßes Schlagloch, das den rechten vorderen Reifen zum Platzen brachte.

Uns blieb nichts anderes übrig, als an den Straßenrand zu holpern. Der Reifen hatte an der Seite einen gewaltigen Riss. Zum Glück hatten wir Ersatz in unserem Mietwagen. Beim Radwechsel blickten wir uns um. García war verschwunden. »Wenn man einen Polizisten braucht, ist nie einer da«, witzelte mein Freund.

Zwanzig Minuten später rollten wir wieder über die Panamericana. Deutlich langsamer als der übrige Verkehr fuhren wir ausschließlich auf der rechten Spur in Richtung Caracas. Schon nach wenigen Minuten entdeckten wir, dass sich hinter einem Sattelschlepper, der einige Fahrzeuge hinter uns fuhr, ein Motorrad versteckte. García war uns immer noch auf den Fersen.

Niemand wird gerne von einem Militärpolizisten verfolgt. Aber Garcías Versuch, uns zu verfolgen, hatte inzwischen eine humoristische Note. Auf der Strecke, über die die Autos mit 120 bis 130 km/h bretterten, hatte er alle Mühe, unserem Wagen, der kaum das halbe Tempo fuhr, möglichst unauffällig hinterherzurollen. Kaum fuhr er hinter einem Fahrzeug her, setzte es mit dem Verkehrsfluss zum Überholen an und raste an uns vorüber. García musste jedes Mal bremsen und nach dem nächsten Pkw, Bus oder Laster suchen, der ihm Deckung gab. Und schlimmer noch: Weil unser Ersatzreifen Luft verlor, hielten wir mehrfach an, um den Druck zu prüfen. Dann musste sich unsere heimliche militärische Eskorte jedes Mal wieder ein Versteck suchen. Als wir beim dritten Stopp ausstiegen und den Pneu begutachteten, entdeckte ich García aus dem Augenwinkel. Er war vom Motorrad abgestiegen und versteckte sich zwischen hohen Schilfgräsern am Straßenrand. Ich sah seine auf uns gerichtete Sonnenbrille zwischen den Stängeln, die seine Hände auseinanderbogen. Wir sprangen in den Wagen und bretterten zur nächsten Ausfahrt einige hundert Meter weiter. Wir lachten unwillkürlich los, als wir sahen, wie der rundliche García überrascht aus dem Straßengraben kletterte und auf sein Motorrad sprang.

Er verfolgte uns über die gesamte Strecke bis Caracas. Jetzt hatte er sich vom Gefängnis auf dem Berg weit entfernt. Wir wollten ihn nicht zu unserer Unterkunft führen. Auch wenn die Behörden die Möglichkeit hatten, unseren Aufenthaltsort zu ermitteln, sollten sie es möglichst schwer haben. Also steuerten wir ein großes Einkaufszentrum mitten in Caracas an. Den Wagen konnten wir ganz unten in der Tiefgarage abstellen. Dann musste uns García zwangsläufig zu

Fuß weiterverfolgen. Von dem Einkaufskomplex aus hatten wir verschiedene Möglichkeiten, mit einem Taxi oder Minibus weiterzukommen. Als wir in die Tiefgarage einfuhren, sah ich García ein letztes Mal: Er hielt an einer der hinteren Ampeln und überlegte offenbar, wie es weitergehen sollte, während er uns unter seinem Helm mit der verspiegelten Sonnenbrille nachblickte.

Warum hatten sie García auf uns angesetzt? Warum war er uns bis Caracas gefolgt? Vielleicht wollten uns die Behörden tatsächlich ausspionieren. Wenn García jetzt nach Los Teques zurückfuhr, war die Sache vielleicht noch nicht vorbei. Möglicherweise war er zurückbeordert worden und überließ unsere Überwachung einem anderen, den wir nicht kannten und nicht erkennen würden. Oder – und das schien wahrscheinlicher – wir *sollten* bemerken, dass wir verfolgt wurden (eine gnädigere Erklärung für Garcías slapstickhafte Versuche, uns unauffällig zu folgen). Vielleicht zielte diese Order eher darauf ab, uns einzuschüchtern oder Angst einzujagen. Wie dem auch sei: Die Episode passte perfekt ins Bild meiner bisherigen Eindrücke vom venezolanischen Staat. Einerseits gab er sich liberal und genehmigte mir als Journalisten einen Besuch in einem Gefängnis, den die meisten autoritären Regime abgelehnt hätten. Andererseits trieb die Paranoia die Zuständigen dazu, einen García auf einen Ausländer anzusetzen und ihn dazu durch den halben Bundesstaat Miranda kurven zu lassen. Das erinnerte an den Reflex der meisten Mitglieder der Regierung, denen ich begegnet war, und die mich mit vollem Ernst als »Mitglied des Imperiums« bezeichnet hatten. Der Staat gab sich äußerlich liberal und weltoffen, hegte innerlich aber eine Wagenburgmentalität, weil er sich überall von Feinden umzingelt sah.

Auslöser dieser staatlichen Paranoia war wohl der Gefängnisinsasse gewesen, den ich am Morgen besucht hatte: Raúl Baduel. Kaum einer kennt Venezuelas Präsidenten Hugo Chávez besser als dieser ehemalige General. Die beiden lernten sich 1972 als junge Offiziersschüler in Venezuelas Militärakademie kennen. Ungefähr gleichaltrig, schlossen sie Freundschaft. Chávez und Baduel gingen eine so enge Verbindung ein, dass sie und zwei jüngere Offiziere am 17. Dezember 1982 insgeheim einen Eid ablegten, Venezuelas Demokratie zu verteidigen. Alle vier sorgten sich um die Richtung, in welche die politische Klasse das Land steuerte. Für die Missstände, den wirtschaftlichen Niedergang, die Massenarmut und die Auflösung des Sozialstaats in Venezuela machten sie zum Großteil die Misswirtschaft und Korruption der Führung verantwortlich. Chávez und Baduel dienten damals in einer Abteilung in Maracay westlich von Caracas. Es war der Todestag des großen südamerikanischen Freiheitshelden Simón Bolívar. Die vier jungen Offiziere waren zu einer Jogging-Tour aufgebrochen. Unter dem Samán de Güere, einem uralten Baum, unter dem Bolívar einst geruht haben soll, legten sie voreinander das Gelöbnis ab. »Wir schworen so ungefähr den Eid, den unser Freiheitsheld Bolívar vor seinem Lehrer abgelegt hatte«, teilte mir Baduel mit. »Wir gelobten, unseren Waffen und Seelen erst dann Ruhe zu gönnen, wenn die Demokratie in unserem Land gefestigt sein würde.«[2]

Dieser geheime Pakt von Offizieren bildete die Keimzelle von Chávez' revolutionärer Bewegung, die zunächst unter der Bezeichnung Revolutionäre Boliviarische Bewegung 2000 bekannt wurde. Die Zahl stand für das Jahr, in dem sie ins Oberkommando aufgestiegen sein wollten. Ein Jahr später strichen sie bei der Zahl eine Null, die jetzt an Bolívars 200. Todestag gemahnte. Im Februar 1992 zettelte Chávez' Untergrundzelle einen Staatsstreich an, der aber misslang. Chávez verschwand für zwei Jahre im Gefängnis. Nach seiner Rückkehr ins öffentliche Leben richtete er eine populistische, gegen die Regierung gerichtete politische Fassade auf, die ihm 1999 den Sprung ins Präsidentenamt ermöglichte. Im April 2002, im dritten Jahr seiner Amtszeit, bestand Baduels Freundschaft zu ihm den entscheidenden Härtetest. Während eines kurzzeitigen Putsches gegen die Regierung eilte Baduel, der inzwischen General war, dem ehemaligen Kameraden Chávez zur Hilfe. Chávez war kaltgestellt und auf die Isla La Orchila verbannt worden, ein kleine Karibikinsel knapp 250 Kilometer vor der venezolanischen Küste. Als Gefangener machte er sich darauf gefasst, dass ihn die Putschisten ermorden oder auf Lebenszeit nach Kuba verbannen würden. Dann wurden Teile des Militärs, die seine Amtsenthebung gebilligt oder aktiv unterstützt hatten, nachdenklich. Als der Wind drehte, entsandte Baduel drei Flugzeuge vom Typ Super Puma mit einer Elitemannschaft von Fallschirmspringern. Sie befreiten Chávez und installierten ihn wieder im Präsidentenpalast.[3]

Chávez belohnte Baduel mit dem Posten des Verteidigungsministers, der sich von dem Moment an eine Vielzahl von Problemen einhandelte. In Caracas stand Baduel in engem Kontakt zu Chávez und seinen politischen Beratern. Was er dort erlebt habe, so sagte er mir im Gespräch, habe ihn zutiefst beunruhigt. Der langjährige Freund habe wie ein Autokrat regiert und sich nur mit Leuten umgeben, die ihm nach dem Mund redeten. Mit seiner Kritik manövrierte sich Baduel bei Chávez und seinem Machtzirkel rasch ins Abseits. Gleichzeitig geriet er auch innerhalb des Militärs in die Kritik: Insbesondere höhere Offiziere warfen ihm vor, er habe Chávez'

Einmischung in militärische Angelegenheiten allzu bereitwillig hingenommen. Als Chávez den militärischen Gruß in »Vaterland, Sozialismus oder Tod« – für die meisten Berufsoffiziere eine Beleidigung – habe ändern wollen, so Baduel, habe er ihm einen Verfassungsbruch vorgeworfen. Diese sage klar, dass das Militär »allen und nicht persönlichen oder Parteiinteressen zu dienen hat«. Unter Umgehung Baduels gab Chávez an einzelne Generäle die Order aus, die neue Formel unter den Soldaten zu verbreiten. Als sie dort benutzt wurde, »behauptete Chávez, sie spreche den Soldaten direkt aus dem Herzen«, erinnerte sich Baduel.

Im Jahr 2007 kam es zum Bruch. Chávez betrieb eine Verfassungsänderung, mit der er sich außerordentliche exekutive Befugnisse anzueignen hoffte, unter anderem die Möglichkeit, Präsident auf Lebenszeit zu werden. Baduel sah sich zum Rücktritt gezwungen und kritisierte offen die vorgeschlagene Verfassungsänderung,[4] die beim Referendum denn auch durchfiel. Sein letztes Gespräch mit Chávez führte er anlässlich seiner Abschiedsrede als Verteidigungsminister. »Chávez trat bei der Verabschiedung an mich heran«, erzählte Baduel in seiner Gefängniszelle. »Er sagte mir, ich solle meine Familie grüßen. Er legte mir die Hand auf den Arm und teilte mir in ironischem Ton mit: ›Ich vermute, dass du jetzt viel Zeit auf deinen großen Ländereien hast.‹ Ich schaute ihn an und lachte, obwohl ich es als unterschwellige Drohung auffasste.« Baduel hatte nämlich keine Ländereien. »Ich wusste, dass er sich an mir rächen würde«, sagte er. »Ich war mir sicher.«

Die Befürchtungen bestätigten sich im April 2009. Offiziere der Militärpolizei nahmen Baduel fest, hielten ihm eine Waffe an den Kopf und nötigten ihn in ein wartendes Fahrzeug.[5] Im Mai 2010 wurde er wegen Korruption zu sieben

Jahren und elf Monaten Haft verurteilt. Zwei Monate später suchte ich ihn im Militärgefängnis Ramo Verde auf. Dort sagte er mir, dass das Strafmaß letztlich keine Rolle spiele. »Wann komme ich hier raus?«, fragte er rhetorisch. »Erst wenn Chávez die Macht verloren hat.«

Baduel kannte Chávez als Offiziersschüler, Soldat, Politiker und Staatspräsidenten. Er hatte ihn unterstützt, als er den Putsch gegen die alte politische Ordnung Venezuelas vorbereitete, und seine Regierung verteidigt. Fraglos muss ihm dieser Mann schon vor dem dreisten Versuch von 2007, die Verfassung zu ändern, verdächtig erschienen sein. Keiner, der bis ins Amt des Verteidigungsministers aufsteigt, kann sich in seinem Dienstherrn komplett täuschen. Vielleicht hatte er Chávez einfach unterschätzt. Aber jetzt, im Gefängnis, fragt sich Baduel, ob er ihn je durchschaut hatte. »Es heißt, ich würde ihn gut kennen. Aber inzwischen glaube ich, ich bin einem Betrüger aufgesessen. Er wollte Macht. Das konnte er über die Jahre gut verbergen«, sagte er mir. »Er ergreift Maßnahmen, um sein einziges politisches Projekt aufrechtzuerhalten: die Präsidentschaft auf Lebenszeit.«

Aber Baduel lieferte durchaus eine präzise Vorstellung davon, wer Hugo Chávez ist. Es werde immer betont, so Baduel, dass Chávez Militär sei und soldatisch denke und handle. Aber das sei viel zu vage. »Die militärische Erfahrung beeinflusst alles, was wir tun«, so Baduel. »Natürlich ist er Militär. Aber das müssen wir schon präzisieren. Seine Spezialität sind Panzer und gepanzerte Fahrzeuge. Mit dieser Art Waffen kennt er sich aus. Diese Einheiten bezeichnen wir als den gepanzerten Hurrikan. Das Konzept besteht darin, Gegner zu überrollen und niederzuwalzen. Das ist sein Ansatz: seine Gegner niederzuwalzen.«

Was treibt vier junge Offiziere dazu, einen geheimen Schwur zur Verteidigung der venezolanischen Demokratie abzulegen? Als sich die Offiziere in den 1970er-Jahren kennenlernten, sah es so aus, als schaffe Venezuela den Sprung in die Reihen der erfolgreichsten Länder der Welt. 1970 war es das wohlhabendste Land Südamerikas und gehörte zu den 20 reichsten Ländern der Welt.[6] Während durch die Ölkrise der 1970er-Jahre viele Volkswirtschaften ins Trudeln gerieten, verfügte Venezuela über eine Goldgrube: die größten Erdölreserven außerhalb des Nahen Ostens. Angesichts der vielen Bauvorhaben in Caracas – Schnellstraßen und Hochhäuser – bezeichneten viele Einwohner ihre Stadt als ein »Miami mit Bergen«. Venezolaner, die ins Ausland reisten, um massenhaft Luxuswaren einzukaufen, wurden vielfach als *deme dos* bespöttelt, als die »Gib-mir-zwei!« Neidische Kolumbianer meinten, ihre venezolanischen Nachbarn seien direkt »von den Bäumen herab in die Cadillacs gefallen«.[7]

Doch die Cadillacs zeigten bald Schrammen. Die hohen Rohölpreise hatten die Ineffizienz, Misswirtschaft und Korruption der venezolanischen Regierung verschleiert. Als sie wieder fielen, traten die ökonomischen Probleme voll in den Blick. Schon bald wies Venezuela die höchste Pro-Kopf-Verschuldung Lateinamerikas aus.[8] Die Realeinkommen fielen zwischen 1973 und 1985 um 15 Prozent.[9] Die Bedürftigsten wurden weitgehend ignoriert: Zwischen 1980 und 1989 stieg die Armut um 150 Prozent. Inflation und Arbeitslosigkeit grassierten. Die Gewaltkriminalität schoss in die Höhe.[10]

Als Chávez und Baduel 1982 ihren Eid ablegten, hatte Venezuela zwei »verlorene Jahrzehnte« vor sich. Das Bruttoinlandsprodukt pro Kopf sank bis 1989 um 21 Prozent.[11] Bis dahin waren zwei Drittel der Banken des Landes zusammengebrochen.[12] Die Arbeitslosigkeit hatte sich seit 1980 mehr als verdoppelt. Die Bevölkerung lebte zu über 50 Prozent in Armut, und zu fast 30 Prozent sogar im Elend.[13] Venezuelas politische Parteien hatten das Land unstrittig heruntergewirtschaftet. Verständlicherweise rückte die Bevölkerung von ihnen ab. In einer Umfrage vor den Präsidentschaftswahlen 1998 gaben 70 Prozent der Armen und 84 der Wohlhabenden an, die Parteien schufen mehr Probleme als sie lösten. 63 Prozent der Armen und 58 Prozent der Wohlhabenden erachteten sie als überflüssig.[14] Ein solches Klima war einem Kandidaten, der sich zu Recht als politischer Außenseiter bezeichnen sollte, wie auf den Leib geschneidert: Hugo Chávez.

Chávez ist vor allem als Reaktion zu verstehen. Venezuelas Demokratie enttäuschte zwei Jahrzehnte lang seine Bürger und öffnete so einem Kandidaten die Tür, der überzeugend die Zertrümmerung der alten politischen Ordnung versprach. Chávez bekam seine Chance. Aber um nachzuvollziehen, wie er Kapital aus der Lage schlug, so der venezolanische Geschäftsmann Alfredo Croes, müsse man A, B, C, D und E verstehen.[15] Diese fünf Buchstaben stehen für die sozioökonomischen Klassen, in die der venezolanische Staat seine Bürger einteilt. Wer in Caracas im Bezirk Chacao in einer komfortablen Wohnung mit drei bis vier Schlafzimmern wohnt und sein Kind in den USA ausbilden lässt, gehört wahrscheinlich zur Kategorie A. Ganze drei Prozent der venezolanischen Gesellschaft – die Elite des Landes – machen die Kategorien A und B aus. Die schwindende Anzahl derer, die unter die Kategorie C – Venezuelas Mittelschicht – fallen, entspricht nur nur noch 18 Prozent der Gesamtbevölkerung. Die Übrigen fallen unter D oder E. Der Anteil der Armen und der extrem Armen beträgt 37 bzw. 42 Prozent. »In den ersten zwanzig Jahren der venezolanischen Demokratie«, sagt Croes, »hatten die Menschen die Chance, sich hochzuarbeiten. In den zweiten zwanzig Jahren war es damit komplett vorbei. D und E wurden von der Entwicklung abgehängt.«[16]

Ich besuche Creos in seiner Bürobedarfsfirma im Osten von Caracas. Vor zehn Jahren gründeten er und fünf venezolanische Geschäftsleute die kleine strategische Kooperative Grupo La Colin. Alle führen ein eigenes Geschäft oder haben sich aus erfolgreichen Unternehmen zurückgezogen. Jetzt verbringen sie ihre Zeit damit, die Opposition gegen Hugo Chávez zu unterstützen. Am Nachmittag, als ich in sein Büro gehe, wertet er Tabellen sowie Projektionen für die anstehenden Parlamentswahlen aus und legt fest, wo die Oppositionsparteien am besten Kandidaten positionieren.

Politische Objektivität ist in Venezuela ein ziemlich knappes Gut. Viele Kritiker haben für Chávez kein gutes Wort übrig. Anders Croes. Er zollt dem politischen Strategen widerstrebend Respekt. Auch wenn ihm das Versagen der Vorgänger den Weg geebnet habe, so sei es Chávez gelungen, seine Chance als Populist zu nutzen. Und er sei mehr als einfach nur Populist, sagt Croes. »Chávez hat etwas Brillantes vollbracht. Er verstand besser als alle anderen, dass das Segment im Land, das als D und E bekannt ist, fast achtzig Prozent der Bevölkerung ausmacht«, sagt Croes. »In den ersten fünf Jahren sprach er nur *zu* D und E. Und in den folgenden fünf Jahren redete er *für* D und E.«

Dieser Punkt ist enorm wichtig. In der ersten Hälfte seiner Herrschaft gewann Chávez die Unterstützung, das Vertrauen und die Loyalität einer verzweifelten Bevölkerungsmehrheit.

Dass ihnen jemand nach so vielen Jahren der Vernachlässigung Aufmerksamkeit schenkte, löste bei den Menschen verständliche Begeisterung aus. Aber Chávez' Genialität bestand darin, wie er die neu gewonnene Gefolgschaft für sich zu instrumentalisieren wusste. Er machte sie zu einer Waffe, mit der er seine Gegner niederwalzen konnte. Waren D und E zunächst seine Zuhörer gewesen, so machte er sie zu Rekruten. »Sie fühlen sich durch Chávez repräsentiert«, sagt Croes. »Manche Chavistas sind inzwischen glühendere Anhänger des Chavismo als Chávez selbst.«

Chávez' wichtigste politische Strategie besteht darin, die Venezolaner gegeneinander auszuspielen. Er mobilisierte das gewonnene Segment der Gesellschaft aktiv gegen die übrigen Segmente. Obwohl demokratisch an die Macht gelangt, verfolgt er ein undemokratisches Ziel und propagiert die Revolution. Zeichnet sich Demokratie durch Meinungsvielfalt aus, so hat Chávez immer nur eine einzige Antwort parat. Wer sie hinterfragt, kritisiert oder opponiert, ist ein »Verräter«, »Verbrecher«, »Oligarch«, »eine Mafia« oder »Lakai der Vereinigten Staaten«. Hat er ursprünglich versprochen, die politischen Parteien zu zerschlagen, um dem Volk die Macht zurückzugeben, so hat er diese inzwischen vollständig in den eigenen Händen konzentriert. Heute kontrolliert er jeden Zweig der Regierung, die Streitkräfte, die Zentralbank, den staatseigenen Ölkonzern, die meisten Radio- und Fernsehkanäle sowie die Bereiche des Privatsektors, die er nach Belieben verstaatlicht. Während autoritäre Führer ihre Herrschaft üblicherweise mit dem Hinweis auf ausländische Feinde und Bedrohungen rechtfertigen, verwendet Chávez ebenso viel Zeit darauf, innere Feinde auszumachen. Sein Ansatz ist in vielerlei Hinsicht das Gegenteil vom Vorgehen Wladimir Putins in

Russland. Wo Putin einen sorgfältig choreografierten Prozess kontrolliert, der vordergründig Ordnung und Stabilität garantiert, schürt Chávez Chaos und Spaltung.[17] Mit seiner Rhetorik, seiner Politik und seinen Aktionen polarisierte er Venezuela stärker als jemals in seiner Geschichte. Dabei beschwor er jeden Aspekt des Alltagslebens als einen manichäischen politischen Kampf. »Das ist nicht Kuba und nicht die Sowjetunion ... noch nicht«, sagt Teodoro Petkoff, ein prominenter Chávez-Kritiker und Herausgeber der oppositionellen Zeitung *Tal Cual.* »Das Regime arbeitet wesentlich raffinierter als die vergangenen repressiven Regime. Und warum funktioniert es so gut? Weil es in der breiten Bevölkerung großen Rückhalt genießt. Das ist der ganz große Unterschied zu manch anderen Regimen dieser Art.«[18]

Venezuela ist nicht der totalitäre Staat der Sowjetunion. Es tritt nicht annähernd so repressiv auf wie Fidel Castros Kuba. Massive Menschenrechtsverletzungen kamen bislang nicht vor. Dissidenten werden vor kein Erschießungskommando gezerrt. Staatsfeinde lässt man nicht bei Nacht und Nebel »verschwinden«. Trotz seiner markigen und bizarren Sprüche übt Chávez seine Herrschaft deutlich subtiler aus als ein gnadenloser Tyrann. Er benutzte vielmehr die Übergangenen einer unvollkommenen Demokratie, die ihn an die Macht brachten, geschickt als Werkzeuge, um seine Macht auf immer zu zementieren. Wäre Chávez nur Populist, stünde er in einer Reihe mit vielen lateinamerikanischen Führern vor ihm. Aber er hat seinen anfänglichen Populismus mit einem autokratischen Programm verschmolzen, das die Macht bündelt und Demokratie auf etwas mehr als den Urnengang am Wahltag zusammenstutzt. Er nutzt ein System, um ein System zu zerstören, hebelt mit demokratischen Mitteln die Demokratie aus. So klagte mir gegenüber die politische Organisatorin Virginia Rivero: »Was geschieht mit einer Gesellschaft, wenn ein demokratisch gewählter Präsident demokratiefeindlich regiert?«[19] Die Venezolaner haben die Antwort ein Jahrzehnt lang erlebt.

»Auf diese sterbende Verfassung«

Als 1998 die Präsidentschaftswahlen anstanden, lud Maruja Tarre Hugo Chávez und die anderen Kandidaten dazu ein, vor den Studenten der Universität Simón Bolívar Vorträge zur Ölpolitik zu halten. Tarre, eine ehemalige Diplomatin und langjährige Professorin an der Universität, hatte Chávez schon mehrfach zu Vorträgen gebeten, seitdem er aus dem Gefängnis entlassen worden war, wo er wegen seiner Rolle bei dem misslungenen Staatsstreich gesessen hatte. Die Vorträge an der Universität Simón Bolívar waren während des Wahlkampfs 1998 die einzige Veranstaltung, auf der alle Kandidaten auftraten. Die überfüllte Aula fasste 1100 Menschen, die alle stehen mussten, während draußen weitere Studenten Schlange standen. Tarre erinnert sich an eine unangenehme und unerquickliche Veranstaltung. »Mir war das höchst peinlich: Die Leute buhten Chávez aufs Übelste aus«, erinnerte sie sich. »Ich versuchte die Studenten zu beruhigen, aber ohne Erfolg.«

Der Kandidat Chávez stand vor den Studenten und dem Lehrkörper der Universität auf dem Podium und ärgerte sich sichtlich über den Empfang durch die Studenten. Was Tarre dann hörte, machte sie betroffen. Chávez murmelte abseits des Mikrofons: »Auch wenn ihr mich ausbuht: Ich übernehme die Macht, und ihr werdet mir zu Gefallen sein.« Tarre war bestürzt. Trotz der unangenehmen Atmosphäre hatte sie von Chávez erwartet, dass er die Sache überspielen und mit einem Witz über die Unhöflichkeit hinweggehen würde. Es waren eben Studenten. Stattdessen ließ Chávez sie mit seinen Worten erschauern. »Ich habe als Einzige gehört, was er sagte. Das Mikrofon hat es nicht übertragen«, erinnert sie sich. »Für mich war das ein Schock.«[20]

Nur wenige hatten eine genaue Vorstellung davon, was Chávez nach einem Sieg bei den Präsidentschaftswahlen im Dezember tun würde. Bei aller Kritik an der bestehenden Ordnung hatte er sich im Wahlkampf mit Blick auf eigene Maßnahmen ziemlich bedeckt gehalten. Nach seinem Machtantritt führte er nicht gleich eine neue Wirtschaftspolitik ein, um die darniederliegende Konjunktur in Gang zu bringen. Auch die Themen Armut, Kriminalität und Bildung fehlten auf seiner Agenda. Stattdessen rief er nach einer neuen Verfassung – weshalb er seinen Amtseid denn auch mit der überraschend eingeflickten Formulierung »auf diese sterbende Verfassung« ablegte. Gestärkt durch anfangs hohe Zustimmungsraten gelang es ihm tatsächlich, eine Versammlung einzuberufen, die in wenigen Monaten einen neuen Verfassungsentwurf erarbeitete. Einer bald vertrauten Taktik folgend, erstellten seine Unterstützer eine Wahlordnung, die es ihm ermöglichte, in der Verfassunggebenden Versammlung mit nur 53 Prozent der Stimmen 93 Prozent der Sitze zu kontrollieren.[21] Mit dieser Macht über das Gremium sicherte er sich das, was er angestrebt hatte: eine starke Ausweitung der präsidialen Befugnisse.

Die neue Verfassung setzte die Amtszeit des Präsidenten von fünf auf sechs Jahre herauf und sah eine mögliche zweite

Amtszeit vor. Chávez übernahm die volle Kontrolle über sämtliche Beförderungen innerhalb der Streitkräfte. Der Senat wurde aufgelöst und die Gesetzgebung einer einzigen Kammer übertragen. Öffentliche Finanzierung für politische Parteien wurde verboten. Bei dieser Gelegenheit besetzte Chávez zudem die Führung der Nationalen Wahlkommission mit seinen Gefolgsleuten. Er hatte schon früh erkannt, dass die Kontrolle über die Institution, die die Wahlen organisiert, die Wähler registriert, die Wahlkreise festlegt, die Wahlordnung bestimmt, die Wahlgeräte verteilt und die Wahltermine festsetzt, eine entscheidende Rolle spielen würde, wenn er seine Macht hinter einer demokratischen Fassade konsolidieren wollte. Und auch weitere Stellen, so die Gerichte, der Generalstaatsanwalt und der Chef des Rechnungshofs, gerieten bald unter seine Kuratel. Am Ende verfügte er über eine so umfassende Kontrolle über den Staatsapparat und so weitreichende Machtbefugnisse, wie sie kein venezolanischer Staatspräsident je besessen hatte. Diese frühe Phase war symptomatisch für sein weiteres Vorgehen: die geschickte Manipulation demokratischer Abläufe und die unkontrollierte Konzentration von Macht auf die Exekutive. Anstatt die öffentliche Teilhabe in der Demokratie auszuweiten, erprobte Chávez die Dehnbarkeit des demokratischen Begriffs.

Das Herzstück seiner autoritären Herrschaft waren paradoxerweise stets die Wahlen. Für die meisten Menschen bilden Wahlen das Wesen der Demokratie. Der Schutz des Einzelnen durch die Verfassung, Gewaltenteilung und andere, weniger greifbare demokratische Rechte haben gegenüber dem Urnengang selten den Vorzug. »Wenn eine Mehrheit Demokratie mit Wahlen gleichsetzt«, sagt Luis Vicente León, einer von Venezuelas führenden Meinungsforschern, »glauben sie zwangsläufig, dass wir in der besten Demokratie der Welt leben. Wir haben nämlich noch nie so oft gewählt.«[22] Tatsächlich konnten mir viele Venezolaner, mit denen ich sprach, gar nicht sagen, wie viele Wahlen seit Chávez' Machtübernahme stattgefunden hatten. Zählt man den Wahlen landesweite Volksabstimmungen hinzu, wurden die Venezolaner in den ersten elf Jahren seiner Amtszeit dreizehnmal an die Urnen gerufen.

Wahlen wurden in Chávez' autokratischem Arsenal zu einer wichtigen Waffe, weil sie bei richtiger Durchführung die Voraussetzung schaffen, um seine Macht weiter auszubauen. Zunächst einmal dienten sie und Referenden dazu, sämtliche Kontrollmechanismen der Macht auszuhebeln und so einen Regierungsapparat zu schaffen, der keine Rechenschaftspflicht mehr besitzt und weitreichende Machtbefugnisse hat. Deshalb stehen in Venezuela fast immer Wahlen an. Ein Staatspräsident, der danach strebt, das Land in konkurrierende Lager zu spalten, hält naheliegenderweise eine Atmosphäre des permanenten Wahlkampfs aufrecht – schon deshalb, weil Wahlkampfzeiten die Gelegenheit bieten, Unterstützer in und außerhalb der Regierung mit finanziellen und anderen Vorteilen zu überhäufen. In einem emotional aufgeladenen und von der Ideologie beherrschten Klima, das die Menschen von ihren schwierigen Grundproblemen ablenkt, lassen sich Getreue belohnen und Gegner bestrafen. Und mit Wahlen kann Chávez seine Legitimation auch dann erneuern, wenn er seine Agenda radikalisiert. »Wahlen sind für Chávez keine Bedrohung, sondern eine Notwendigkeit«, sagt Eugenio Martínez, ein Journalist, der für die Tageszeitung *El Universal* über die Urnengänge berichtet. »Es ist schwierig, jemanden nach so vielen Wahlen als einen Diktator zu kritisieren.«[23]

Viele könnten argwöhnen, dass ein autoritärer Herrscher, der so viele Wahlen abhalten ließ, nur eine Serie von Betrugsmanövern durchführte. Dem ist keineswegs so. Die meisten Venezolaner, auch Mitglieder der Opposition, gehen davon aus, dass die Ergebnisse tatsächlich den Wählerwillen widerspiegeln. Trotz vereinzelter Unregelmäßigkeiten blieben massive Fälschungen beim Auszählen oder das Füttern der Urnen mit Stimmzetteln bislang aus. Chávez geht bei Wahlen wesentlich geschickter vor. »Der Wahltag ist nicht das Problem«, sagte mir eine ehemalige Mitarbeiterin der Nationalen Wahlkommission. »Der ganze Schaden – der Einsatz von Geld, Vorteilen, übermäßiger Macht und Kommunikationsmitteln – wird schon im Vorfeld angerichtet.«[24]

Die Wahlen in Venezuela seien frei, aber nicht ansatzweise fair, erklärte sie. Als eine von vielen Technokraten in der Wahlkommission ließ Chávez auch sie feuern. Damals, so erklärte sie, habe sich die Institution rasch in eine untergeordnete Dienststelle des Präsidentenbüros verwandelt. Auch wenn dort immer noch sehr kompetente Fachleute, auch Oppositionsanhänger, arbeiten, stehen ihre vorgesetzten Abteilungsleiter durchweg loyal zu Chávez. Und auch vier der fünf obersten Direktoren bekennen sich offen zum Chavismo, obwohl sie offiziell keine parteipolitischen Beziehungen unterhalten dürfen. »Die Nationale Wahlkommission hat jede Unabhängigkeit verloren«, erklärte sie. »Zuvor arbeitete sie höchst transparent und offen.« Jetzt sei sie die Steuerungszentrale eines gut geölten Apparats mit der Aufgabe, Chávez lange vor dem Wahltag beste Chancen zu sichern.

Nach der Politisierung des wahlüberwachenden Gremiums fehlt jede unabhängige Instanz, die den Wahlmanipulationen einer Regierung, die bereits unter der Kontrolle eines Einzelnen steht, einen Riegel vorschieben könnte. Untersagte die neue Verfassung die öffentliche Parteienfinanzierung, so wurde dieses Verbot nur gegen die Opposition angewendet. Staatliche Ministerien pumpten Millionen Dollar in die Beschaffung von Spruchbändern, Flugblättern und Wahlplakaten, die für Chávez warben. Staatsdiener wurden in den Wahlkampf für Chávez geschickt. Und trotz der Unregelmäßigkeiten, die an jeder Straßenecke zu besichtigen waren, hielt sich die Wahlkommission bedeckt. Und als Chávez im Februar 2009 seine Kampagne führte, um jede zeitliche Begrenzung des Präsidentenamts aufheben zu lassen – und den Weg für seine Präsidentschaft auf Lebenszeit frei zu machen –, wurde diese zu 30 Prozent von staatlichen Ministerien und öffentlichen Einrichtungen finanziert. Das stellte die Wahlbeobachtungsgruppe Ojo Electoral fest.[25]

Jahrelang waren Millionen in Armut lebende Venezolaner faktisch vom Wahlrecht ausgeschlossen gewesen. So konnte sich dem Bestreben, sie in die Gesellschaft zu integrieren, indem man sie per Registrierung mit einem Wahlausweis versorgte, keiner in den Weg stellen. Aber um die Wählerlisten aufzublähen, hob die Nationale Wahlkommission die Anforderungen auf, nach denen die Identität des Ausweisinhabers überprüft wurde. Mobile Einheiten zogen daraufhin in die ärmsten Stadtviertel und verteilten ohne jede Prüfung Wahlausweise. 2003 waren elf Millionen Menschen als Wähler registriert. Ende 2004 ließen sich in einer Welle fast drei Millionen neue Wähler registrieren.[26] Um sie zu bewältigen, mussten die Behörden annähernd 3700 Wahlausweise pro Tag ausgeben. 2009 besaßen schon insgesamt fast 18 Millionen Menschen einen Wahlausweis. Nach Eugenio Martínez von der Tageszeitung *El Universal* standen 40 Prozent der registrierten Wähler ohne Wohnadresse auf der Liste. Wahlforscher befürchteten natürlich, ein so massiver Zustrom an Stimmberechtigten, deren Identität nicht überprüfbar sei, werde dem Einsatz von Phantomwählern, mehrfachen Stimmabgaben und anderen schwer nachweisbaren Betrügereien Tür und Tor öffnen. »Früher hat die Nationale Wahlkommission korrekte Wahlausweise ausgegeben«, sagte mir die bereits zitierte ehemalige Mitarbeiterin. »Jetzt kriegt man einen Ausweis auf der Straße. Sogar Leute, die nicht einmal die venezolanische Staatsbürgerschaft besaßen, haben einen bekommen.«

Bei Wahlen griff Chávez auch zu den schmutzigen Tricks, die in allen Demokratien bekannt sind. So betrieben seine Wahlfachleute mit Vorliebe Wahlkreisverschiebungen, wie sie einst im tiefen Süden der USA eingesetzt worden waren, um afroamerikanische Kandidaten von den von Weißen dominierten gesetzgebenden Kammern fernzuhalten. Vor den letzten Parlamentswahlen verkündete die Regierung, dass sie die Grenzen der Wahlbezirke neu ziehen werde. Die allgemeine Erwartung, dass so Ergebnisse verändert werden sollten, bewahrheitete sich tatsächlich: Die Anzahl der Abgeordneten aus ländlichen Gebieten, in denen traditionell die Opposition am besten abschnitt, wurde zugunsten von Abgeordneten aus Gebieten vermindert, die Chávez-Kandidaten entsandten: Im ländlichen Bundesstaat Amazonas, der als Chávez-Hochburg gilt, brauchte ein Abgeordneter für seine Wahl beispielsweise nur 42 000 Stimmen, während einer aus Zulia, in dem die Opposition dominierte, 708 000 Stimmen benötigte.[27] Und bei den Manipulationen ging die Wahlkommission noch weiter. Als sie die Grenzen der Wahlkreise neu gezogen hatte, dachte sie gar nicht daran, den oppositionellen Parteien die entsprechenden Informationen mitzuteilen. So wussten deren Kandidaten während meines ersten Besuchs in Venezuela ganze zehn Monate vor der Wahl immer noch nicht, in welchen Wahlkreisen sie kandidieren konnten. Wie soll man entscheiden, wo man Wahlkampf macht, wenn man seinen eigenen Wahlkreis nicht kennt? Dass dagegen Chávez' Kandidaten über den Verlauf der Wahlkreisgrenzen im Bilde waren, darüber herrschte allgemeiner Konsens, auch bei der ehemaligen Mitarbeiterin der Wahlkommission. Nachdem ständig Beschwerden eingegangen waren, veröffentlichte die Regierung den neuen Zuschnitt der Wahlkreise schließlich – ungefähr acht Monate vor der Abstimmung.

Der wohl raffinierteste Trick, mit der Chávez seine Mehrheiten im Parlament behauptete, war eine Umgehung der Wahlgesetze, um sich gute Ergebnisse zu sichern. Venezuela hat ein gemischtes Wahlrecht.[28] Jeder Wähler stimmt für einzelne Kandidaten und für eine Partei ab. Die meisten Amtsträger werden wie in den USA als Direktkandidaten gewählt, die nach dem Mehrheitswahlrecht bestimmt werden. Zugleich werden 40 Prozent der Sitze nach dem Verhältniswahlrecht vergeben. Hinter dem gemischten Wahlrecht steht der Gedanke, zu verhindern, dass eine einzige Partei ein Wahlergebnis beherrscht. Theoretisch sollte sichergestellt werden, dass auch die zweitgrößte Partei – wahrscheinlich eine der Opposition – gut vertreten sein konnte, indem sie Kandidaten über Listen in die Parlamente schickte.

Auch hier fanden Chávez' Berater ein Schlupfloch. Sie umgingen das System, indem sie Chávez-Getreue unter der Flagge von politischen Organisationen ins Rennen schickten, die sich rechtlich von Chávez' Hauptpartei unterschieden.

Dadurch konnte Chávez weitere Direktmandate wie auch Sitze über die Listen erringen. Wie Martínez mir vorrechnete, war es so möglich, dass die Chávez-Partei mit nur 51 Prozent der Stimmen 80 Prozent der Sitze mit Anhängern besetzte.[29]

Die Ergebnisse sind verblüffend: Bei den Parlamentswahlen im September 2010 errangen Chávez' Partei und die Opposition ungefähr gleiche Stimmenanteile. Aber die Opposition erhielt nur 39 Prozent der Sitze in der Nationalversammlung, während Chávez' Partei 59 bekam. Im Bundesstaat Carabobo erhielt die Opposition 54 Prozent der Stimmen. Aber Chávez' Kandidaten errangen mit ganzen 46 Prozent sieben von zehn Sitzen. Ebenso im Hauptstadtbezirk Caracas: Obwohl Chávez' Partei die Wahl verlor, errang sie sieben von zehn Sitzen.[30] Eine einzige Wahlrechtsänderung bewirkte, dass elf Sitze von der Opposition zu Chávez' Verbündeten abwanderten. »Wenn man sich nur die Wahlen und Voten anschaut, ist Venezuela eine Demokratie«, sagte die ehemalige Mitarbeiterin der Wahlkommission. »Aber wenn man hinter die Kulissen blickt und tiefer gräbt, eben nicht.«

Und Chávez überließ seine politische Vorherrschaft nicht allein seiner Fähigkeit, das Wahlrecht zu überlisten. Nach seinem knapp gescheiterten Versuch 2007, die Begrenzung der Amtszeiten des Präsidenten aufzuheben, legte er seinen Vorschlag einfach in einem überarbeiteten Referendum im Februar 2009 erneut vor. Viele der exekutiven Befugnisse, die er 2007 angestrebt hatte, erlangte er so später durch Erlasse und Gesetze, die sein willfähriges Parlament verabschiedete. Chávez brachte mehr Erlasse auf den Weg als sämtliche Präsidenten in der Geschichte Venezuelas: 169 in seinen ersten zehn Jahren. Bei den ersten acht Präsidenten waren es dagegen in fast 40 Jahren insgesamt nur 172.[31]

Am Ende haben die Manipulationen, Tricks und Manöver, mit denen Chávez noch mehr Macht anhäufte, ein einzigartiges Paradox geschaffen: Mit jeder Wahl verliert das Land ein weiteres Stück Demokratie.

»Angst hinterlässt keine Fingerabdrücke«

Robert Serra kann nicht stillsitzen. Er steht hinter seinem Schreibtisch auf und setzt sich wieder. Minuten später geht er auf und ab. Kaum sitzt er wieder, weiß er nicht, wo er mit seinen Händen hin soll. Beim Sprechen hackt er mit ihnen die Luft in Scheiben und bohrt Löcher in sie hinein. Und weil die Worte nur so aus ihm herauspurzeln, hat er allerhand zu tun. Auch die vergrößerten Fotos, die sein Wahlkampfhauptquartier zieren, zeigen ihn voll in Aktion: Mit unverkennbar hochstehenden zentimeterlangen Strähnen spricht er im Freien vor der Menge, führt Märsche an und schüttelt Hände. Wenn er in seinem Büro nicht redet, wirkt er weniger selbstsicher. Kaum hält er inne, um zuzuhören, oder kurz zu schweigen, spürt man, wie sich in ihm eine Spannung aufbaut. Dann wird der 23-jährige Politiker zu einem Vulkan vor dem Ausbruch. Weder zornig noch nervös, wartet er einfach ungeduldig darauf, wieder das tun zu können, was er am besten beherrscht: den Raum mit Worten zu füllen. Nach zehn Minuten erscheint einem sein Spitzname treffend: Für manche ist er der »Mini-Chávez«.

Serra hat sich einen Ruf als besonders angriffslustiger und forscher Studentenführer erarbeitet. Jetzt, zwei Monate vor den Parlamentswahlen, kandidiert er für Chávez' Regierungspartei. Vertreten will er das rebellische Stadtviertel »23. Januar«, dessen Name auf den Sturz des venezolanischen Diktators Marcos Pérez 1958 anspielt. Serras Büro liegt im sechsten Stock eines Hochhauses, im Norden von Caracas am Nationalen Pantheon, das unter dem Hauptaltar die Überreste Simón Bolívars beherbergt. Das Pantheon war schon häufig Schauplatz von Chávez' Ansprachen als Staatspräsident. Tage vor meinem Besuch bei Serra schockierte Chávez die Venezolaner, auch Anhänger, damit, dass er kurz nach Mitternacht Bolívars Leichnam vor den Live-Kameras exhumieren ließ: zum Zweck »forensischer Untersuchungen«. Damit wollte er seine Überzeugung belegen, dass Bolívar nicht an Tuberkulose gestorben, sondern von kolumbianischen Oligarchen ermordet worden sei. In seiner Rede rief Chávez Jesus Christus mit der Bitte an, Bolívar von den Toten zurückkehren zu lassen, und erklärte später, er habe mit den Gebeinen des Freiheitshelden gesprochen.[32] (Laut Gerüchten soll er in Kabinettssitzungen für Bolívar oft einen Stuhl freilassen.) Chávez twitterte das gesamte makabere Ereignis.

Ein Gespräch mit einem Chávez-Anhänger, vor allem mit einem so devoten und ideologisch gefestigten wie Serra, kann zu einem fast surrealen Erlebnis geraten. Als ich Serra auf die verheerende Wirtschaftslage des Landes ansprach – die einzige schrumpfende Wirtschaft Südamerikas, dazu mit steigender Inflation –, blickte er mich verblüfft an. Die Löhne seien doch jedes Jahr gestiegen, antwortete er. Dass die Inflation die Zuwächse aufgefressen hatte, war ihm freilich entgangen. Zudem hatten Preiskontrollen zu einer Verknappung von Grundnahrungsmitteln wie Zucker und Milch geführt. Als ich bei der Wirtschaft nachhakte, erklärte Serra, Lebensmittel seien deshalb teurer geworden, weil sie von den Reichen gehortet würden, und deshalb sei auch Trinkwasser knapp geworden. Einen Zusammenhang mit den staatlichen Containern, in denen jüngst über 100 000 Tonnen verfaulte Lebensmittel aufgetaucht waren, vermochte er jedenfalls nicht zu erkennen. Über zwei Stunden lang begegnete er den Fakten mit bizarren Behauptungen, Leugnen und ausweichenden Antworten.

Gegen Ende unserer Begegnung fragte ich, ob er glaube, dass sein Wahlkampf durch den absackenden Zuspruch für Chávez erschwert würde. Serra leugnete, dass dessen Popularität überhaupt geschwunden sei, trotz zahlreicher Umfragen und jüngeren Wahlergebnissen, die das Gegenteil belegten. Zu den anstehenden Parlamentswahlen meinte er: »Ich glaube, wir werden hervorragende Ergebnisse erzielen. Von denen hängt der Frieden in unserem Land ab.«

Ich horchte auf.

»Frieden? Wieso der Frieden?«, fragte ich.

»Chávez ist der Hauptgarant für Frieden in Venezuela«, antwortete er. »Er hält alle Venezolaner im Zaum, die die Macht nur deshalb nicht mit Gewalt übernehmen, weil sie sich in Chávez vertreten sehen. An dem Tag, an dem Chávez nicht mehr da ist, passiert etwas. Diese Millionen Menschen gehen auf die Straße und übernehmen mit allen Mitteln die Macht.«[33]

Während ich im Gespräch an eine bevorstehende Wahl dachte, beschwor Serra das Gespenst des Bürgerkriegs herauf. Ohne Chávez, so wollte er sagen, werde Blut auf den Straßen fließen. Dass wir über Parlamentswahlen redeten, bei denen der Staatspräsident gar nicht auf dem Stimmzettel stand, focht ihn dabei nicht an. Seine Äußerung wäre für einen Politiker ungeheuerlich, würde sie von Chávez und seinen Anhängern nicht unablässig wiederholt. Wie im Reflex unterstellte Serra, dass bei einem falschen Wahlergebnis Venezuelas Gesellschaftsvertrag zusammenbrechen würde – symptomatisch für die emotionale und dramatisierende Rhetorik, mit der Chávez häufig die öffentliche Stimmung anheizt oder das gegnerische Lager einzuschüchtern versucht. Seine unterschwellige Drohung klingt für Venezolaner keineswegs hohl: Chávez baute über viele Jahre Volksmilizen, die sogenannten Bolivarischen Kreise, auf, die den Eid schwören müssen, zur Verteidigung der Revolution auch ihr Leben hinzugeben. Und Chávez ermunterte seine Wähler nicht nur zum Aufstand, sondern ließ auch durchblicken, dass er ein falsches Wahlergebnis nicht einfach hinnehmen werde: »Sollte die Oligarchie an die Macht zurückkehren, endet es vielleicht damit, dass … die Panzer losrollen, um die revolutionäre Regierung und das Volk zu schützen.«[34]

Über ein Jahrzehnt lang haben Chávez und Anhänger den subtilen Einsatz von Angstmache und Einschüchterung perfektioniert, um ihre Ziele zu erreichen. Auf diese Art manipulieren sie das Wahlverhalten, ohne direkt gegen Rechte der Wähler zu verstoßen. Serra würde seine Äußerungen natürlich nicht als Einschüchterung bezeichnen. Für ihn seien es Tatsachen, dass er und die übrigen Chavistas in einer stark polarisierten venezolanischen Gesellschaft die Aufgabe hätten, das Volk einzubinden und Gemüter zu beschwichtigen. Serra positionierte das System Chávez so als einen unentbehrlichen Löwenbändiger, wobei aber unter den Tisch fiel, dass eben dieses System das Raubtier erst so richtig wild machte. Dabei richtete sich seine politische Botschaft nicht an Chavistas oder die Opposition: Beide Lager wissen bereits, wie sie am Wahltag entscheiden werden. Sie zielen vielmehr auf die 40 Prozent unentschlossener Wähler in Venezuela, die sogenannten *ni-nis* oder »Weder-nochs«. Unter einer großen Masse, die zwischen den Polen der venezolanischen Parteienlandschaft angesiedelt ist, kann Angst als besonders schlagkräftige Waffe dienen.

Ein berüchtigtes Beispiel, wie Wähler eingeschüchtert werden, stellt die sogenannte Tascón-Liste dar.[35] Nach wiederholten Versuchen war es der Opposition gelungen, für August 2004 eine Volksabstimmung zur Amtsenthebung von Hugo Chávez durchzusetzen. Mehrere Monate zuvor hatte Chávez die Nationale Wahlkommission aufgefordert, die Namen der drei Millionen Menschen, die sich mit Unterschriften für das Referendum eingesetzt hatten, an seinen Wahlkampfmanager Luis Tascón zu übermitteln. Chávez begründete den Schritt mit dem Verdacht, dass viele Unterschriften gefälscht seien und überprüft werden müssten. Nach Erhalt veröffentlichte Tascón die Namen auf seiner Webseite. Mit dieser »Tascón-Liste« war dann für jedermann einsehbar, wer sich mit seiner Unterschrift für Chávez' Absetzung per Volksentscheid eingesetzt hatte.

Die Veröffentlichung der Namen diente in Wahrheit natürlich der politischen Verfolgung. Gesundheitsminister Roger Capella verkündete, sämtliche Ärzte und Krankenschwestern, die das Referendum mit ihrer Unterschrift mit angestrengt hätten, würden entlassen. Ihr Schritt käme einem »terroristischen Akt« gleich. Ali Rodríguez, der Chef des staatlichen Ölkonzerns PDVSA, sprach seine Erwartung aus, dass Arbeiter, die für den Volksentscheid unterschrieben hätten, ihren Platz räumen müssten. Auch über 80 Angestellte eines staatlichen Finanzinstituts verloren wegen ihrer Unterschrift ihre Stelle. Dessen Präsident Jesús Caldera gab bekannt, die Säuberung habe dazu gedient, Beamte einzustellen, die »dem Regierungsprojekt anhingen«. Und es kursierten massenhaft Berichte, dass Menschen eine Anstellung, eine Beförderung oder grundlegende staatliche Leistungen verweigert worden seien, weil ihr Name auf der Liste gestanden habe.

Ein Jahr später entwickelten Chávez' Gefolgsleute ein noch weiterreichendes Instrument, die digitale Datenbank Maisanta. Nach einem Rebellenkommandeur des 19. Jahrhunderts benannt, diente sie dem Sammeln detaillierter Informationen über sämtliche Wähler, die in Venezuela registriert waren. Maisanta erfasste den Namen, die Adresse und die Wähleridentifikationsnummer; zudem, ob die betreffende Person zugunsten des Referendums unterschrieben hatte, einer früheren Wahl ferngeblieben war oder vom staatlichen Sozialprogramm Unterstützung bekommen hatte. Erfasst wurden über zwölf Millionen venezolanische Wähler. Die Daten wurden auf CD gebrannt, vervielfältigt und im ganzen Land verbreitet.

Nach der Datenbank Maisanta musste man nicht erst lange fahnden. Sie wurde einem geradezu hinterhergeworfen. Als ich im Sommer 2010 im Zentrum von Caracas vor einem staatlichen Gebäude auf ein Gespräch mit einem Abgeordneten der Chávez-Partei wartete, traten Leute an mich heran, um mir etwas zu verkaufen. Ich erwartete raubkopierte DVDs mit Hollywoodfilmen, wie man sie an Straßenecken in New York, Paris oder Peking findet. Beim näheren Hinsehen erwiesen sich die Scheiben als Kopien von Maisanta. Für ungefähr 1,50 Dollar konnte ich Daten von Millionen Venezolanern erstehen.

Für die auf CD gespeicherten Personen hatte die Sache einen deutlich höheren Preis. Human Rights Watch dokumentierte dazu den Fall einer 98-Jährigen, der ärztliche Verschreibungen verweigert worden waren, die sie seit Jahren erhalten hatte. Familienmitglieder forschten nach: Die Dame habe sich mit ihrer Unterschrift für das Referendum eingesetzt, so die Begründung für die veränderte Praxis. Eine ähnliche Geschichte erzählte mir eine andere Frau. Ihr Verlobter sei in die Notfallambulanz eines staatlichen Krankenhauses gegangen, weil er dringend medizinische Hilfe gebraucht habe. Bei der Aufnahme habe die Angestellte seine Wähleridentifikation in den Computer eingegeben – und Bescheid gegeben, dass er sich eine andere Klinik suchen müsse. Diese anekdotischen Hinweise werden von statistischen Auswertungen bestätigt: Wissenschaftler verglichen die Liste der Personen, die sich für das Referendum eingesetzt hatten, mit Daten aus Haushaltserhebungen. Nach Veröffentlichung der Unterzeichnerliste mussten Chávez-Gegner durchschnittliche Einbußen um fünf Prozent bei den Einkommen und um 1,5 Prozent bei der Beschäftigung hinnehmen.[36] In einer Gesellschaft, die von der Patronage beherrscht wird, kann es schwerwiegende Folgen haben, wenn man als Staatsfeind an den Pranger gestellt wird. Nach der Veröffentlichung der Informationen gingen nicht nur staatliche Stellen gegen ihre mutmaßlichen Gegner vor. Die Liste wurde auch dazu benutzt, zu entscheiden, wer eingestellt oder entlassen, einen Pass ausgehändigt bekommt oder steuerlich geprüft wird. Chávez kennt seine Freunde, und zu seinen Feinden hält man am besten Abstand.

María Corina Machado kennt den Preis für eine kritische Haltung gegenüber Chávez. Sie ist Mitbegründerin der Wahlüberwachungsgruppe Súmate. Beim Referendum zu Chávez' Absetzung 2004 ermunterte auch ihre Organisation zur Teilnahme an der Abstimmung. Ihre Arbeit fiel auf. Machado und drei weitere Mitglieder Súmates wurden einer Verschwörung mit dem Ziel angeklagt, »die republikanische Regierungsform der Nation zu zerschlagen«. Als Beweis mussten insbesondere 53 400 Dollar herhalten, welche die demokratiefördernde Stiftung National Endowment for Democracy – sie ist in Washington niedergelassen – an Súmate gezahlt hatte. Verwendet worden waren die Mittel für Workshops, die Bürger über das Referendum informierten. Am Ende konnte die Anklage nicht erklären, wie Aufklärung über ein verfassungsgemäßes staatliches Verfahren den Staat destabilisieren sollte.[37] Das hinderte Chávez nicht daran, eine groß angelegte Medienkampagne zu starten, um die Glaubwürdigkeit der Nichtregierungsorganisation zu zerstören. Machado und andere Súmate-Mitglieder wurden regelmäßig in Fernsehen und Presse als Verräter und Lakaien des US-Imperialismus diffamiert. »Sie haben sich in jedem Bereich, in den Medien, im Privatsektor, in den Gewerkschaften und in den politischen Parteien Einzelne herausgepickt, um sie einzuschüchtern, ihnen Schläge beizubringen und sie zu verfolgen«, so Machado. »Das zeigt Wirkung bei allen anderen.«[38]

Sieben Jahre nach Gründung von Súmate intensivierte Machado ihren Widerstand gegen das Regime:[39] Als eine der ganz wenigen unabhängigen Kandidatinnen trat sie bei den Wahlen zur Nationalversammlung an. An einem warmen Juliabend 2010 besuchte ich sie auf Wahlkampftour. In der Abenddämmerung füllten sich die Straßen mit Menschen. Kandidaten der Opposition finden für Auftritte schwer öffentliche Plätze. An dem Abend versammelten sich Machados Anhänger auf einer ruhigen Straße hinter dem Stadtentwicklungsprojekt La Bonita in Caracas. *Somos Mayoría,* stand auf den Spruchbändern, »wir sind die Mehrheit«. Die alte und junge, berufstätige und im Ruhestand lebende Zuhörerschaft bestand fast durchweg aus Frauen. Dass so viele María Corina Machado reden hören wollen, überrascht freilich kaum. Wählerinnen, vor allem Mütter, seien für die Kampagne von zentraler Bedeutung, so Machados Wahlkampfmanagerin Magalli Meda. »Bei der Kommunikation setzten wir immer auf die Strategie, über die Familie zu reden«, sagte Meda, eine Expertin für Markenentwicklung und Mutter zweier Kinder. »Wenn man hier über Familie redet, stärkt man die Frauen. Und die holen ihre Familie mit ins Boot.«[40]

Tatsächlich waren Mütter zu Botschafterinnen des Wahlkampfs geworden und hatten ihre gesamte Familie zum Gang an die Urnen mobilisiert. Der Erfolg der Strategie zeigte sich nicht nur an diesem Abend, sondern in der gesamten Unterstützung für Machado. Brauchen die meisten Anwärter mehrere Wochen, um die notwendigen Unterschriften für ihre Kandidatur zu sammeln, so kam Machado schneller voran. »Wir hatten in nur einem Tag das Vierfache der Mindestanzahl an Unterschriften zusammen.«

Obwohl sie selbst zum ersten Mal antritt, kennt Machado aus ihrer Zeit bei Súmate die Tricks, mit denen sich ein autoritärer Staatsmann den Sieg an den Urnen sichert, bestens. Das macht sie zu einer Veteranin der Wahlkampfschlacht. Sie rattert die demografischen Besonderheiten der Bundesstaaten im Land herunter und erinnert sich offenbar prozentgenau an die Ergebnisse bei jeder Wahl des letzten Jahrzehnts. Und das Wahlrecht kennt sie in- und auswendig. Als ich sie nach dem Erfolgsrezept der Regierungspartei frage, fasst sie es in einem Wort zusammen: Angst. »Angst hinterlässt keine Fingerabdrücke«, so Machado. »Ich glaube, die Angst war für Chávez vom ersten Tag an das am häufigsten und am besten genutzte Instrument.«

Diese Sichtweise untermauert sie mit einer Zahl, die sie für die wichtigste hält: 49 Prozent der Venezolaner glauben nicht daran, dass die Wahl geheim ist. »Zur Erinnerung: nach den offiziellen Daten hängen etwa 5,6 Millionen Menschen von staatlichen Zahlungen ab«, so Machado, »durch Pensionen oder Jobs. Was ist, wenn jemand vor der Tür steht und eine Umfrage macht? Was hält man von der Kriminalität? Schrecklich. Von der Korruption? Fürchterlich. Und von Staatspräsident Chávez? Da zeigt man sich natürlich begeistert. Dann weisen die Ergebnisse Chávez als einen charismatischen Führer mit einer emotionalen Bindung ans Volk aus. Die hat er tatsächlich. Aber ich glaube, dass auch Angst dahintersteckt.« Wenn man unsicher ist, ob die Wahlen tatsächlich geheim bleiben, und wenn die politische Einstellung zum Nachteil werden kann – nach der Affäre um die Tascón-Liste und nach Maisanta ist das sicher nicht aus der Luft gegriffen –, denkt man zweimal darüber nach, was man auf die dritte Frage antwortet. »Es fehlt der Anreiz, ein Votum gegen [Chávez] zu riskieren. Entweder es passiert nichts oder man bekommt Repressalien zu spüren«, sagt Machado. »Diese ganze Idee, Andersdenkenden zu vermitteln, dass alles, was sie sagen oder tun, negativ auf sie zurückschlägt … gehört zur Strategie.«

Und manchmal geht das Regime bei Einschüchterungsversuchen auch gar nicht subtil vor. Die Professorin Maruja Tarre hatte Chávez, wie erwähnt, zu einer Diskussion an der Universität Simón Bolívar über die staatliche Ölpolitik eingeladen. Ein Jahrzehnt später war die ehemalige Diplomatin zu einer scharfen Kritikerin des Staatspräsidenten geworden. Regelmäßig kritisierte sie in Interviews und Artikeln seine Äußerungen und politischen Maßnahmen. Sie verbreitete einen großen Teil ihrer Kommentare über Twitter und äußerte sich so in Echtzeit zu Chávez' öffentlichen Ansprachen. An einem Abend im September 2009 telefonierte sie mit ihrer Tochter Isabel in Washington, D.C. Sie diskutierten über die Welle an Demonstrationen, die kürzlich im Ausland gegen Chávez stattgefunden hatten. Beide fühlten sich an die internationalen Solidaritätskundgebungen erinnert, die zugunsten der Grünen Bewegung im Iran stattfanden. Dort hatte das Regime die vor Monaten ausgebrochen Proteste immer noch nicht voll unter Kontrolle.

Und diese Unterhaltung zwischen Mutter und Tochter wurde zwei Tage später in den 18-Uhr-Nachrichten ausgestrahlt. Entsetzt hörten Tarre und Isabel ihr eigenes Privatgespräch im Staatsfernsehen an. Wie er an die Aufzeichnung gelangt war, sagte der Sender nicht. Klar war nur, dass Tarres Telefon verwanzt worden war. Nach der Ausstrahlung nahm Alberto Nolia, der Moderator der Sendung *Los Papeles de Mandinga* – »die Papiere des Teufels« –, das Gespräch zur Erläuterung für die Zuschauer auseinander. Tarres Tochter, so Nolia, habe soeben eingeräumt, dass sie im Ausland »antivenezolanische« Demonstrationen organisiert habe. In Wahrheit hatte sie mit den Protesten, die mitnichten gegen Venezuela, sondern gegen Chávez gerichtet gewesen waren, nicht das Geringste zu tun gehabt. Nolia gab sich pikiert: »Welche Mutter ruft ihre Tochter schon im Ausland an, um über Politik zu reden?«

Wer das Gespräch verpasst hatte, dem bot sich zur Meinungsbildung Stunden später eine weitere Gelegenheit: Das Spätprogramm in der politischen Talkshow *La Hojilla* – »Das Rasiermesser« – strahlte es erneut aus. Der Moderator Mario Silva, ein begeisterter Chávez-Anhänger, knöpft sich regelmäßig Mitglieder der Opposition mit kraftvollsten Worten vor. Wie ein Schlägertyp wirkend, bedroht und erniedrigt er in seiner Sendung missliebige Leute und bemüht häufig antisemitische Verschwörungstheorien. Nach der neuerlichen Ausstrahlung der Aufzeichnung behauptete er, Tarre habe soeben das Scheitern der venezolanischen Opposition zugegeben. Über Tochter Isabel spottete er, nach ihrem »Spanglish« zu urteilen, müsse sie sehr lange im Ausland gelebt haben. Dann las er aus den Twitter-Accounts der Frauen vor. »Sie zeichnen alles auf, was wir sagen«, teilte mir Tarre mit. »Sie behaupten, ich sei in den ›Händen des Imperiums‹. Keine Ahnung, was das zu bedeutet hat, aber jedenfalls soll es uns Angst einjagen.«[41]

»Wir haben eine gute und eine schlechte Nachricht«

Das »Nationale Institut für weibliche Orientierung« erhebt sich auf einer Bergspitze. Der beschönigender Name steht für Venezuelas einziges Frauengefängnis, das aus überbelegten und halb verfallenen Trakten besteht. Und wie das Militärgefängnis, in dem Raúl Baduel einsitzt, wurde es in Los Teques eingerichtet. Mittwoch ist Besuchstag. An diesem Morgen stehen schon früh über zweihundert Menschen Schlange. 45 Minuten dauert es, bis man die Spitze erreicht, sich registriert und auf den Unterarm einen Stempel verpasst bekommen hat, durchsucht und eingelassen wird. Streunende Hunde spazieren am Wachpersonal vorbei durch das Tor einfach auf das Gelände und wieder hinaus. Ein kleiner braun melierter Schäferhund-Mischling ist höchstens sechs Monate alt. Im Schatten sitzend, beobachtet er die Besucher, die sich zentimeterweise zum Eingangstor schieben. Immer wieder steht er auf und schnüffelt an den Taschen mit dem Proviant, die auch deshalb mitgebracht werden, weil die Rationen unter der Woche knapp werden können. Als ich schließlich auf das Gefängnisgelände trete, ist der Welpe schon drinnen und sucht unter der höher steigenden Sonne ein neues schattiges Plätzchen.

Die Lage im Gefängnis verwirrt zunächst. Uniformen sind kaum zu sehen. Nur mit Mühe lässt sich ausmachen, wer Insassin ist oder hier arbeitet. Manche Aufseherinnen tragen die von der Anstalt gestellten vorschriftsmäßigen Hosen, die anderen Straßenkleidung. Aber das ist auch egal: Einmal drinnen, fragt mich eine Gefangene im Trägerhemd, wen ich besuchen wolle: »Ich führe Sie hin.« Ich will María Afiuni besuchen.[42]

Richterin Afiuni leitete acht Monate zuvor im Verhandlungssaal des 31. Kontrollgerichts in Caracas eine Sitzung.[43] Erschienen war der Geschäftsmann Eligio Cedeño, dem Korruption und Verstoß gegen Devisenbestimmungen vorgeworfen wurden. Aber nicht darum ging es an diesem 10. Dezember 2009 bei der Verhandlung. Entschieden werden musste vielmehr, ob der Staat das Recht hatte, Cedeño weiterhin in Haft zu behalten. Der Beschuldigte saß bereits seit drei Jahren in Untersuchungshaft, während das Gesetz eine solche Inhaftierung für höchstens zwei Jahre zuließ. Zur Verärgerung von Richterin Afiuni hatte es das Büro des Staatsanwalts bereits bei zwei vorangegangenen Verhandlungen versäumt, einen Ankläger zu entsenden. Gestützt auf das venezolanische Recht und die Empfehlung eines Gremiums von Rechtsexperten der Vereinten Nationen ordnete Afiuni Cedeños Freilassung auf Kaution an. Er musste seinen Pass abgeben und sich alle zwei Wochen bei den Behörden melden, dufte aber nicht länger festgehalten werden. Cedeño, der sich selbst für einen politischen Gefangenen hielt, weil er Politiker der Opposition unterstützt hatte, sollte die Gelegenheit nutzen, um bald darauf außer Landes zu fliehen. Aber schon zuvor bekam Richterin Afiuni die Handschellen angelegt. »Dieselben Geheimdienstoffiziere, die Cedeño vor Gericht gezerrt hatten, verhafteten mich fünfzehn Minuten nach meinem Urteilsspruch«, sagt Afiuni, die auf einem grünen Plastikstuhl vor ihrer Zelle saß.[44]

Als ich sie besuche, ist sie in einem Hochsicherheitstrakt von den übrigen Häftlingen getrennt untergebracht. Die für 250 Insassen eingerichtete Anstalt ist inzwischen mit 682 Gefangenen belegt. Afiuni teilt ihre winzige Zelle mit zwei Frauen. Da es nur ein Doppelstockbett gibt, schläft eine Gefangene auf dem Boden. Licht fällt durch eine Fläche aus zwölf winzigen Einzelfenstern ein. Bei den meisten fehlen die Scheiben. Die Wände wurden erst vor Kurzem gestrichen, weil sich die letzte Insassin in der Zelle selbst verbrannt hat. Selbstmorde, gewalttätige Ausschreitungen und Todesfälle sind hier an der Tagesordnung. In einer Zelle am Ende des Gangs hat sich vor wenigen Wochen eine Gefangene aufgehängt.

Afiuni geht durch den schmalen Korridor immer nur bis zu ihrer Zelle – eine Vorsichtsmaßnahme: Mindestens 24 der Verbrecherinnen, die hier einsitzen, hat sie selbst hinter Gitter gebracht. In den ersten vier Monaten der Haft gab es an ihrer Zellentür kein Schloss. »Gleich nach meiner Ankunft kamen sie zu meiner Zelle und schrien: ›Ich steche dir die Augen aus. Ich zerhacke dich in kleine Stückchen, du Schlampe.‹«, erzählt sie mir und zieht an ihrer Belmont. Mehrere Frauen mussten verlegt werden: Sie waren vor Afiunis Zellenfenster – mit Blechbüchsen voll Kerosin – aufgegriffen worden. Obwohl Alfiuni mit 20 anderen im Trakt abgesondert ist, erhält sie an der Zellentür immer noch Morddrohungen. Wie kommen Gefangene aus dem anderen Trakt an den Aufseherinnen vorbei durch die verschlossene Tür bis zu ihrer Zelle? »Eine gute Frage«, sagt sie lächelnd.

Generalstaatsanwältin Luisa Ortega Díaz klagte Afiuni wegen Korruption, Amtsmissbrauch und Strafvereitelung an. Aber nicht nur Afiuni wurde ein Opfer von Chávez' Sonderjustiz: »Mein gesamtes Gericht wurde zwölf Stunden lang festgehalten – drei Beisitzer, zwei Gerichtsdiener, meine Leibwächter und mein Praktikant – insgesamt neun Personen«, sagt sie. Am nächsten Tag wandte sich Chávez im Radio und im Fernsehen an die Öffentlichkeit: Ihr Verbrechen, so geißelte er sie, seien »schlimmer als Mord«.[45] Früher hätte man sie vor ein Erschießungskommando gestellt. »Diese Richterin muss die ganze Härte des Gesetzes treffen, und jeden Richter, der auf solche Ideen kommt«, drohte Chávez. Während seiner Tirade holte die Kamera die Generalstaatsanwältin ins Bild, die auf ihrem Platz gebührlich seinen Worten lauschte. Bei einer Verurteilung sah das venezolanische Gesetz eine Höchststrafe von sieben Jahren Gefängnis vor. Chávez fand das unbefriedigend: »Im Namen der Würde dieses Landes verlange ich dreißig Jahre Haft.«[46]Afiuni konnte Chávez' Auftritt in Fernsehen nicht mehr verfolgen. Die Geheimpolizei hatte sie bereits in eine Gefängniszelle gesperrt. Aber sie erinnert sich noch, wie sie von seiner Tirade erfuhr. »Ein höherer Geheimdienstoffizier trat ein und sagte: ›Wir haben eine gute und eine schlechte Nachricht. Zuerst die gute: Wir haben nichts gegen Sie in der Hand. Jetzt die schlechte: Chávez hat Sie im Staatsfernsehen soeben zu dreißig Jahren Haft verurteilt.‹«

Offenbar reichten Chávez' Worte. Acht Monate später war es der Generalstaatsanwältin noch nicht gelungen, eine einzige Beschuldigung zu untermauern. Sie erklärte Afiuni der »geistigen Verschmutzung« für schuldig. Verhandelt wurde der Fall von Richterin Leidys Azuaje, einer Friedensrichterin, die, so Afiuni, schon früher in politischen Prozessen aufgetreten war. Bei der ersten Vorverhandlung musste die Anklage einräumen, dass jeglicher Beweis zur Stützung der Vorwürfe fehle. Dass eine »Vorteilsnahme« erkennbar sein muss, um eine Anklage wegen Korruption zuzulassen, focht Richterin Azuaje nicht an. »Laut Staatsanwältin fehlte jeder Beweis. Es war weder Geld noch ein Kontakt [zwischen mir und Cedeño] im Spiel«, erinnert sich Afiuni. »Und die Richterin sagte: ›Sie werden jedenfalls vor Gericht gestellt.‹«

Chávez hatte der venezolanischen Justiz längst jede Unabhängigkeit genommen. 2004 verabschiedete die Nationalversammlung ein Gesetz, das ihn ermächtigte, den Obersten Gerichtshof mit zahlreichen Anhängern zu besetzen. Und er konnte damit problemlos Gerichte von Richtern säubern, deren »öffentliches Auftreten … die Würde oder das Ansehen des Obersten Gerichtshofs unterminiert«.[47] Die nunmehr mit seinen Anhängern besetzte oberste Instanz entließ Hunderte von Richtern quer durch den Justizapparat und ersetzte sie durch politisch genehme Kandidaten. Sollte jemand noch Fragen gehabt haben, wem der Oberste Gerichtshof diente, erhielt er die Antwort zu Beginn der Sitzungsperiode 2006. Während der Eröffnungszeremonie skandierten mehrere Richter: »Uh, ah, Chávez no se va!« (Uh, ah, Chávez, der bleibt da!)

Ich frage Afiuni, ob sie bei ihren Fällen je politischen Druck gespürt habe. »Nein, noch nie«, antwortet sie. Sie hat üblicherweise Routine-Strafsachen verhandelt. »Es wäre naiv zu behaupten, dass ich von den Vorgängen im Justizsystem nichts mitbekommen hätte. Die Exekutive übt in allen Bereichen Druck aus. Aber ich wollte nicht zurücktreten oder meinen Posten aufgeben, weil auf andere Druck ausgeübt wurde. Ich war seit neun Jahren Richterin und hatte so etwas noch nie zu spüren bekommen.«

Sie sieht sich weder als Heldin noch bereut sie etwas. »Der Mann saß drei Jahre in Haft. Ich habe getan, was ich laut Verfassung tun musste«, sagt sie mir. Sie war darauf gefasst gewesen, dass sie wegen ihrer Entscheidung Repressalien zu spüren bekommen oder sogar von ihren Pflichten entbunden werden könnte. »Aber dass es so weit kommen könnte, hätte ich nie geglaubt«, sagt Afiuni. »Ich hätte nie gedacht, dass meine Freiheit oder mein Leben auf dem Spiel stünde. Was mir widerfuhr, war eine klare Ansage an alle Richter. Chávez sagte selbst, dies sei ein Exempel. Man müsse an mir ein Exempel statuieren.«

Wenn man das Gefängnis verlässt, wird man vom Wachpersonal auf einer Liste ausgetragen. Auf dem Formular gibt es eine freie Stelle für den eigenen Namen, den Namen der Insassin, die besucht wurde, und das Verbrechen, wegen dem sie einsitzt. Über und unter Afiunis Namen standen die Verbrechen: Drogenschmuggel, Diebstahl, Mord. Neben Afiunis Namen war der Platz leer. Auch die Aufseher wussten nicht, was sie eintragen sollten.

Während sie ihre Zeit im Gefängnis absaß, bekam sie eine Krebsdiagnose. Im Februar 2011, nach Monaten der Eingaben, stimmte die Generalstaatsanwältin zu, sie die Untersuchungshaft unter Hausarrest verbringen zu lassen. Eligio Cedeño, der venezolanische Geschäftsmann, erhielt in den Vereinigten Staaten politisches Asyl. Richterin Afiuni wartet noch immer auf ihren Prozess.

Nach zwölf Jahren Chavismo verrutscht die Maske. Trotz des größten Ölbooms in der venezolanischen Geschichte und der gigantischen Summen, die ins Sozialsystem flossen, mehren sich Zeichen von Niedergang, Verfall und Chaos. Da ist zunächst die Kriminalität: In Venezuela gilt jedermanns Hauptsorge der eigenen Sicherheit. Unter Chávez haben Tötungsdelikte epidemische Ausmaße erreicht. Caracas ist die gefährlichste Hauptstadt und eine der gewalttätigsten Großstädte der Welt. An einem normalen Wochenende sterben in Caracas mehr Menschen eines gewaltsamen Todes als in Bagdad und Kabul zusammen.[48] Seit der explosionsartigen Zunahme der Gewalt veröffentlicht der Staat selbst seit einigen Jahren keine Zahlen mehr. Aber laut der Nichtregierungsorganisation Observatorio Venezolano de Violencia geschahen im Jahr 2009 in dem Land 19133 Morde.[49] Inzwischen werden in Venezuela mehr Menschen ermordet als im mexikanischen Drogenkrieg. Und die Opfer können kaum auf Gerechtigkeit hoffen: 91 Prozent der Verbrechen bleiben ungesühnt.[50]

Jeder, den ich kennenlernte, kennt jemanden, der schon einmal ausgeraubt oder gekidnappt wurde oder dem noch Schlimmeres widerfuhr. Als ich an einem Nachmittag an einem Essen mit Universitätsangehörigen und ehemaligen Diplomaten teilnahm, erschien der Gastgeber zu spät. Er war blass, und seine Hände zitterten, weil er soeben in einer Bank ausgeraubt worden war.[51] Wenn man Chávez-Anhänger auf die Gewalt im Land anspricht, räumen mache ein, dass sie ein besorgniserregendes Ausmaß erreicht habe, verweisen aber sofort darauf, dass das Problem schon 1998, vor Chávez'

Amtsantritt, bestanden habe. Nur dass sich die Anzahl der jährlich begangenen Morde seither verdreifacht hat.

Die zweite Hauptsorge gilt der Wirtschaft. Mit den sich verdüsternden Aussichten ist Venezuela in Südamerika inzwischen allein. Die einzige Volkswirtschaft des Kontinents mit großen Ölvorkommen war 2010 zugleich das einzige Land, in dem die Wirtschaftsleistung schrumpfte.[52] Venezuelas Inflationsraten übertreffen selbst die in besonders schlecht geführten Staaten Afrikas.[53] Eine Welle der Verstaatlichungen hat ausländische Investoren verschreckt. Im genannten Jahr wies Venezuela auch als einziges südamerikanisches Land bei den Auslandsinvestitionen eine negative Bilanz vor.[54] Transparency International machte es 2010 zudem als das korrupteste Land Südamerikas aus – womit es auf der Weltrangliste der »saubersten« Staaten unter 178 Ländern mit Laos und Angola Platz 164 belegt. Wegen Misswirtschaft, Bestechung und fehlender Investitionen in die Infrastruktur müssten die Venezolaner mit ständigen Stromausfällen und Wasserknappheit leben. Und der Goldesel des Landes, der staatseigene Ölkonzern PDVSA, kränkelt ebenfalls. Trotz steigender Ölpreise verbuchte er sinkende Gewinne.

Am unmittelbarsten spüren die Venezolaner die Wirtschaftskrise durch Versorgungsengpässe bei Grundnahrungsmitteln wie Fleisch, Milch und Zucker. Wieso mangelt es in einem OPEC-Land an Lebensmitteln? Ein Metzger, der seinen Namen nicht genannt wissen wollte, erklärt dies damit, dass es für sein Gewerbe mitunter sinnvoller sei, auf Verkäufe ganz zu verzichten. Ein- bis zweimal im Monat kämen die staatlichen Inspektoren vorbei, um seine Preise zu überprüfen. Beim Fleisch gelte ein Höchstpreis von 17 Bolivares pro Kilo. Er selbst bezahle beim Lieferanten für das Fleisch allerdings

19 bis 21 Bolivares. Bei jeder Überschreitung der Preisgrenze drohe ihm eine Geldstrafe von 11 000 Bolivares. »Das Problem sind die Preiskontrollen«, erklärte er mir hinter der Theke. »Seitdem die Preise reguliert werden, sind Verkäufe unmöglich geworden. Und manchmal kauft man mit einem unguten Gefühl ein. Ich muss noch drei Bußgelder begleichen.«[55]

Ein einfaches Stück Wirtschaftswissenschaft: Wenn die Regierung bei starker Inflation auf Preiskontrollen setzt, kommt es zu Versorgungsengpässen. Der Metzger deutete auf einen anderen Metzgerladen in der Straße. Er habe soeben dicht gemacht, sagte er, weil sich das Geschäft nicht mehr lohne. Als ich mir seine Tagespreise anschaute, lagen alle über 17 Bolivares. »Wir müssen mit einem Risiko leben«, sagte er, räumte aber auch eine positive Seite von Chávez' Wirtschaftspolitik ein: »Wenn Leute Angst bekommen, setzen sie auf Hamsterkäufe«, sagte der Metzger lachend. »Manchmal genügt schon ein Gerücht, damit sie kaufen.«

Dass die Venezolaner im Alltag mit so vielen Schwierigkeiten kämpfen müssen und an ihnen scheitern, wirft eine Frage auf: Wie hält Chávez die öffentliche Unterstützung aufrecht, wo doch so vieles im Argen liegt? Seine Strategien im Wahlkampf gehörten natürlich ebenso zu dieser Gleichung wie die gewaltigen Zuwendungen an seine Unterstützer und alle, die jahrelang von der Hand in den Mund leben mussten. Auch ist die Regierung dank der starken Zentralisierung der Macht gegen Umschwünge in der öffentlichen Meinung besser gefeit. Zudem verfügt Chávez 24 Stunden am Tag und jederzeit über ein besonders wirksames Instrument: Als Staatspräsident Venezuelas ist er zugleich auch Herrscher über ein unvergleichliches Medienimperium, dessen wichtigstes Produkt er selbst ist.

Chávez ist in den Medien allgegenwärtig. Wenn man das Fernsehen einschaltet, den Radiosender wechselt, zum Zeitungskiosk geht oder im Internet surft – immer stößt man auf ihn. Seine wohl schlagkräftigste und einzigartige Waffe ist die *cadena*, die Rede des Staatspräsidenten an die Nation. Sie muss nach venezolanischem Recht von allen Radio- und Fernsehsendern übertragen werden. Bislang nutzten die Staatspräsidenten die Cadena in der Regel nur im Notfall oder zu besonderen Anlässen. Dagegen greift Chávez ständig auf sie zurück. In seinen ersten elf Jahren im Amt hielt er annähernd zweitausend Cadenas, also ungefähr alle zwei Tage eine.[56] Er nutzt dieses Mittel zu jeder Gelegenheit, ob er Gegner attackiert, die eigene Arbeit herausstreicht oder zu einem beliebigen Thema Stellung bezieht. Und wenn er zu reden beginnt, weiß keiner, wann er wieder aufhört. Alle seine Cadenas zusammengerechnet ergeben eine Redezeit von vollen 54 Tagen. Chávez kann effizient alle Radio- und Fernsehsendungen abschalten und nach Gutdünken den Äther mit seinen Botschaften füllen. »Die Cadenas sind eine mächtige Form der Kontrolle«, sagt Andrés Cañizáles, ein Professor und führender Experte in Sachen venezolanische Medien. »Chávez hat jederzeit volle Verfügungsgewalt über den Inhalt und die Dauer der jeweiligen Cadena, die landesweit übertragen wird. Dieses Instrument existiert so in praktisch keinem anderen Land.«[57]

Das Herzstück von Chávez' Medienwelt ist sein improvisierter Fernsehauftritt am Sonntagnachmittag in *Aló presidente*, »Hallo, Präsident«.[58] Die Sendung zeigt einmal die Woche einen Chávez, der singt, tanzt, schimpft, tobt, schreit, Witze reißt, Fragen stellt, Berichte gibt und betet. Und manchmal telefoniert er auch mit Fidel Castro. Ohne festgelegte

Dauer läuft die Sendung im Durchschnitt knapp fünf Stunden. Mit ihrer weitschweifigen Thematik ist sie eine Art Telethon mit einer starken Dosis Politik, eine Mischung aus dem Komiker Jerry Lewis und dem Talkmaster Glenn Beck, wobei aber der »Sozialismus des 21. Jahrhunderts« ganz in den Vordergrund gerückt wird. Zum zehnjährigen Jubiläum gab es eine viertägige Sonderausgabe. Häufig nutzt Chávez die Sendung, um Regierungsprojekte zu präsentieren, auf Opponenten einzudreschen oder die USA zu geißeln. Eine Tasse Kaffee nach der anderen kippend, kündigt er politische Maßnahmen und mutige Schritte an. In einer berüchtigten Ausgabe wies er den Chef der Streitkräfte an, Panzerbataillone an die venezolanisch-kolumbianische Grenze zu entsenden. Zu Gast in der Sendung waren bereits der Schauspieler, Regisseur und Aktivist Danny Glover, der Fußballstar Diego Maradona und natürlich Fidel Castro.

Auch wenn sich der Entertainer nie als Staatschef gebärdet, hat die Sendung an vorderer Stelle die Funktion, ein Bild von Chávez' Regentschaft zu vermitteln. Zwischen seinen Monologen und Stehgreif-Tiraden fragt Chávez seine Minister aus – ihre Anwesenheit ist Pflicht –, und kann bei Fehlern sehr hart mit ihnen ins Gericht gehen. Der Comandante hat schon einen Minister vor laufender Kamera gefeuert. Alle Minister sitzen im Publikum, in sozialistischem Rot, mit gesenkten Köpfen und wahrscheinlich betend, dass ihr Dienstherr sie nicht unvermittelt nach vorn zitiert. Wenn Chávez im Staatsfernsehen das Publikum ergötzt, indem er einen unglückseligen Minister niedermacht, gilt das im heutigen Venezuela als Teil der Rechenschaftspflicht. Und es ist ein wichtiger Teil einer Imagekampagne, die darauf abzielt, ihn angesichts wachsender Probleme im Land aus der Schusslinie zu halten. Die Botschaft ist klar: Würden die unfähigen Minister und Bürokraten nur auf Chávez hören, wäre alles in vollkommener Ordnung.

Spontaneität spielte – anders als bei seinen improvisierten Fernsehpossen – keine Rolle beim Aufbau seines Medienstaates.[59] Dieser begann bereits nach dem Staatsstreich vom April 2002. Als Chávez an die Macht gekommen war, hatte der venezolanische Staat gerade einmal einen TV- und zwei Radiosender betrieben. In den ersten Jahren seiner Präsidentschaft änderte Chávez daran überraschenderweise wenig. Doch nach dem gescheiterten Putsch erkannte er die entscheidende Rolle, die Medien bei der Vermittlung der Ereignisse gespielt hatten. Seiner Meinung nach hatten sie seine Gegner zu seiner Absetzung ermuntert. Die vier privaten Fernsehkanäle bezeichnete als die Vier Apokalyptischen Reiter. Die Mitglieder seiner Regierung »erkannten, wie schwach ihre Position nach dem 11. April 2002 geworden war«, sagt Cañizáles über den gescheiterten Putsch. »Sie erkannten, dass sie in der Kommunikation eine Minderheit darstellten, und entwickelten folglich eine Strategie, um eine starke Medieninfrastruktur aufzubauen.«

Im Jahr 2004 stattete die Nationalversammlung die Regierung mit einem rechtlichen Instrumentarium zur Kontrolle der Medien aus. Die Regierung erhielt breite Ermessensspielräume, um staatliche Amtsträger vor Verleumdungen und Respektlosigkeiten zu schützen. Auf Diffamierungen des Präsidenten stehen bis zu 30 Monate Gefängnis. Auch hat der Staat das Recht, jede Sendeanstalt, die Behörden »beleidigt«, mit saftigen Geldstrafen zu belegen. Zwei der größten Sendeanstalten – Venevisión und Televen – änderten daraufhin sofort ihre Ausrichtung, um die Wünsche der Regierung zu bedienen. Politisch verfängliche Sendungen verschwanden aus dem Programm, während Entertainment stärker in den Fokus rückte. Als vielsagendes Beispiel trat an die Stelle einer politischen Talkshow eine Sendung, die sich um Astrologie und das Lesen von Tarot-Karten dreht. Ein dritter Sender – RCTV – wurde abgeschaltet. Ein vierter – Globovisión – liefert sich mit der Regierung einen erbitterten Kampf und ist ständig von Sanktionen bedroht. So erhielt er im Oktober 2011 eine Geldstrafe von zwei Millionen Dollar, weil er einige Monate zuvor über Gefängnisrevolten mit Toten berichtet hatte. Inzwischen hat Chávez Millionen Dollar in den Aufbau seines eigenen staatstreuen Medienkonzerns gesteckt. Heute verfügt er über sechs staatliche Fernsehsender, zwei nationale Radios, dreitausend Lokalsender, drei staatliche Printmedienverlage und eine wachsende Präsenz des Staates im Internet. »Diese Sender sind eindeutig ein Propagandaapparat des Staates«, teilte mir Cañizáles mit. »Sie sind ungefähr das, was man sich unter Kubas offiziellem Staatsfernsehen vorstellt.«

Das wohl raffinierteste Instrument des Regimes zur Kontrolle der Massen ist die Ungewissheit. Im August 2009 schloss Chávez wegen angeblicher »Verstöße gegen Verwaltungsvorschriften« 34 Radiosender.[60] Gleichzeitig kündigte die Regierung an, dass sie wegen ähnlicher Verstöße gegen 240 weitere Sender ermittle. Welche unter die Lupe genommen wurden, blieb der Öffentlichkeit verborgen und wurde nicht einmal den Betroffenen mitgeteilt. Nach den erfolgten Schließungen konnte sich Chávez auf die Selbstzensur der Sender verlassen. In einem solchen Klima werden alle journalistischen Nachforschungen, die sich zu weit an die rote Linie herantasten, entschärft oder fallen gelassen. »Ihre Strategie zielt darauf ab, alle auf Kurs zu bringen«, sagt Cañizáles. »Auf die

Art können regierungskritische Medien zwar überleben, aber immer auf Risiko und um einen hohen Preis. Indem die Regierung keine klaren Regeln vorgibt, hält sie die unabhängigen Medien in einer ständigen Ungewissheit.«

Hat Chávez seinen Medienfeldzug anfangs gegen das Fernsehen und das Radio geführt, so nimmt er jetzt auch das Internet ins Visier. (Die Zeitungen hat er weitgehend in Ruhe gelassen, weil die meisten Venezolaner ihre Informationen aus Funk und Fernsehen beziehen und weil ihm bewusst ist, dass ihn regelmäßige Zeitungsleser sowieso nie unterstützen.) Vor mehreren Jahren verstaatlichte Chávez CANTV, den einzigen zentralen Internetprovider in Venezuela. Ende 2009 berief er einen ehemaligen Geheimdienstchef in dessen Verwaltungsrat.[61] Im Dezember 2010 verabschiedete die Nationalversammlung ein Gesetzespaket, das es jedem Internetanbieter verbietet, Inhalte zu posten, die in der Öffentlichkeit »Ängste oder Unruhe« schüren könnten.[62]

Auf Chávez' zahlreichen Medienkanälen sucht man vergeblich nach Auskünften, wie viele Menschen am Wochenende in Caracas wieder ums Leben kamen, oder nach einem Bericht über das Versagen der Regierung, den vor den Wahlen versprochenen Wohnraum zu schaffen. Keine Spur von Hinweisen darauf, dass in manchen Geschäften Dinge des alltäglichen Gebrauchs knapp werden oder dass die Inflation steigt. Als ich mich im Juli 2010 in Venezuela aufhielt, war kurz zuvor bekannt geworden, dass staatliche Container mit über 100 000 Tonnen verdorbener Lebensmittel aufgetaucht waren. Der Skandal beherrschte die Schlagzeilen der Zeitungen, wurde aber von Chávez' Netzwerken vollständig ignoriert. Stattdessen wetterte der Staatschef in immer schärferen Worten gegen den Nachbarstaat Kolumbien, mit dem er in einem diplomatischen Clinch lag. In seinem Medienimperium fallen unerwünschte Themen schlicht unter den Tisch. Als ich den Chávez-Anhänger Robert Serra mit dem Thema Kriminalität konfrontierte, räumte er zwar eine problematische Lage ein, warf aber den Medien vor, sie schürten Konflikte. Vor zehn Jahren mag das Argument noch verfangen haben, aber heute kaum noch. Autoritäre Führungsfiguren haben überall dasselbe Problem. Irgendwann gehen ihnen die Sündenböcke aus.

Demokratische Antikörper

Teodoro Petkoff ist kaum zu stoppen, vor allem nicht beim Thema Hugo Chávez. In wenigen Minuten bezeichnet der Herausgeber der renommierten oppositionellen Zeitung *Tal Cual* Chávez als einen »Faschisten«, einen »Bananen-Tyrannen« und in wohl kraftvollster Sprache als einen »ausgezeichneten Schüler von Hitler und Goebbels«. Wie zahlreiche Venezolaner behauptet auch er, er habe Chávez' Absichten schon immer voll durchschaut, wobei man es ihm im Gegensatz zu den anderen fast schon zutraut. Mit seinem unverkennbaren dichten Schnauzbart ist Petkoff seit Jahrzehnten in Venezuelas politischer Landschaft ein Fixpunkt. 1932 als Sohn von Einwanderern geboren – der Vater war Bulgare, die Mutter Polin –, wirkte er bereits als Ökonom, Autor, linker Guerillakämpfer, Präsidentschaftskandidat und Minister – und saß als politischer Häftling im Gefängnis, aus dem er aber entkam. (1967 grub er sich mit gleichgesinnten Guerilleros aus dem Militärgefängnis San Carlos den Weg in die Freiheit.) Heute setzt er Chávez vom Hochsitz des Zeitungsherausgebers aus die schärfste Kritik entgegen.

All die Jahre haben aus Petkoff keineswegs einen Zyniker gemacht. Vielmehr ist er angesichts der venezolanischen Geschichte überzeugt, dass Chávez' autoritärem Projekt Grenzen gesetzt sind. »Das ist keine totalitäre Gesellschaft«, poltert Petkoff. »Die venezolanische Gesellschaft hat demokratische Antikörper, wie ich sie nenne. Wir haben nicht nur ein halbes Jahrhundert Demokratie erlebt. Unsere Tradition, unsere Geschichte macht es besonders schwer, unserer Gesellschaft einen Totalitarismus überzustülpen. Natürlich ist das eine autoritäre Regierung und fraglos ist sie auch antidemokratisch. Es gibt keinerlei Gewaltenteilung. Und auch die gegenseitige Kontrolle der Instanzen fehlt. Chávez hat alle Zweige der politischen Macht vereinnahmt: das Parlament, die Justiz, die Staatsanwaltschaft, den Rechnungshof, den Ombudsmann und die Nationale Wahlkommission. Sicher ist diese Gesellschaft auch militaristisch und hat einen Hang zum Totalitarismus. Hat einen *Hang.*« Petkoff lässt das Wort nachklingen. »Und das Land hält diesen bislang noch im Zaum.«[63]

Für ihn liegt der Schlüssel darin, dass Chávez' wichtigster Unterschied zu den meisten Autokraten – massenhafter Zuspruch – allmählich schwindet. »Sechzig Prozent unserer Bevölkerung haben an ihn geglaubt. Die Menschen lieben ihn«, sagt er hinter seinem vollgeladenen Schreibtisch. »Aber das ändert sich. Heute sind es keine sechzig, sondern nur noch knapp fünfzig Prozent. Ein langsamer, aber anhaltender und meiner Ansicht nach unumkehrbarer Abwärtstrend für seinen Rückhalt in der Bevölkerung.«

Ich frage Petkoff, wann Chávez seiner Meinung nach am gefährlichsten werde.

»Eben jetzt, weil er an Unterstützung verliert«, antwortet er.

Als er den Satz spricht, wandert sein Blick über meinen Kopf nach hinten auf einen Fernsehschirm, der im Büro seines Assistenten hängt. Ich drehe mich um. Die Live-Nachrichtensendung auf Globovisión hat soeben ihr Programm unterbrochen. Emilio Graterón, der Bürgermeister von Chacao, ein Oppositionspolitiker, hält wenige Blocks von Petkoffs Büro entfernt auf der Straße eine improvisierte Pressekonferenz ab. Aufgeregt schildert er, wie Chavistas in ein Gebäude der Stadt eingedrungen sind, in der ein neues Stadtteilzentrum untergebracht werden sollte. Anwohner drängen sich, bestärkende Parolen rufend, um den Bürgermeister. Als legitimer Vertreter der Stadt erklärt Graterón, dass Chávez' Anhänger aufgetaucht seien und das Gelände einfach im Namen der Revolution beschlagnahmt hätten – ohne Rechtsgrundlage, Befugnis oder ein Gerichtsverfahren. Augenblicke später trifft die Nationalgarde ein. Die Soldaten versprühen über dem Bürgermeister und seinen Anhängern Tränengas und treiben sie rasch auseinander. Es ist, als habe Chávez Petkoffs letzte Äußerung gehört und dazu live im Fernsehen seine Muskeln spielen lassen müssen.

Zum Thema zurückkehrend, sagt Petkoff: »Wird er es mit massiver Wahlfälschung versuchen? Wird er deutlich mehr auf Repression als auf Knebelung setzen? Ich weiß es nicht. Ich glaube, dass er am Scheideweg steht. Wird er die Schwelle zur offenen Repression überschreiten?« Petkoff lässt die Frage unbeantwortet im Raum stehen.

Trotzdem ist er optimistisch. Er glaubt fest an die »demokratischen Antikörper« der venezolanischen Gesellschaft und vertraut darauf, dass alles, was Venezuela von Kuba oder repressiveren Systemen unterscheidet, erhalten bleibt. Trotz der Schwierigkeiten des zurückliegenden Jahrzehnts sieht er

Anzeichen eines neu erwachenden politischen Lebens. »Wir haben eine historische Tragödie erlebt. Die gesamte alte Führung des Landes musste verschwinden. Sie sind von der politischen Bühne abgetreten. Alle großen alten Parteien sind tot«, sagt Petkoff. »Jetzt baut dieses Land ein neues Parteiensystem auf. Es baut eine neue Führung auf … Bis vor einem Jahr fragten die Leute, wo es bei uns denn Oppositionsführer gebe. Heute findet man Namen: der Bürgermeister von Chacao, der Bürgermeister von Caracas, der Gouverneur von Miranda, der Gouverneur von Zulia … Sie sind natürlich jung, aber nach elf Jahren Chavismo sind sie trotzdem Veteranen.«

Und nicht nur, dass die Opposition sich neu formiert: Chávez hat zudem mit immer hartnäckigeren Problemen zu kämpfen. Auf diesen Punkt hob Alfredo Croes, der Geschäftsmann, der zu einem Strategen der Oppositionskräfte wurde, bei unserem Treffen ab. Croes jongliert gerne mit Zahlen. Als ich ihn knapp ein Jahr vor den Wahlen zur Nationalversammlung aufsuchte, prognostizierte er mir hinter seinem mit Tabellen übersäten Schreibtisch, dass die Opposition 66 bis 68 Sitze erringen würde. Und das erwies sich als eine erstaunlich präzise Vorhersage: Tatsächlich erhielten Chávez' Gegner 67 Mandate. Aber Croes stützte seine Berechnungen nicht nur auf die Attraktivität der Opposition in wichtigen Wahlkreisen. Ebenso erkannte er, dass sich die gesellschaftliche Zusammensetzung von Chávez' Unterstützern verschiebt. Bei seinem Amtsantritt konnte er sich auf den Rückhalt von fast allen Armen im Land berufen. Über ein Jahrzehnt danach hat sich das geändert. 2008 wählten wachsende Blöcke der städtischen Armen die Opposition. Karten, welche die Wahlergebnisse abbilden, zeigen hier eine zunehmende Kluft zwischen Stadt und Land, dem Bollwerk seiner Unterstützer. Inzwischen ist Armut kein verlässlicher Indikator für die Zustimmung mehr. »Die Ablehnung von Chávez wird auf den Hügeln größer werden«, sagt mir Croes und deutet an seinem Bürofenster auf einen der vielen Slums, die das Zentrum von Caracas umringen. »Sie werden nicht für die Opposition stimmen, aber ihn abstrafen.«[64]

Ich schaue aus dem Fenster in die Richtung, in die Croes deutet. Ich sehe Tausende improvisierter Behausungen, die sich an einem Steilhang aufeinandertürmen wie die Blöcke einer einsturzgefährdeten Pyramide. »Was Sie dort auf dem Hügel sehen, ist der Lebensraum von Menschen der Kategorien D und E.« Croes deutete auf Petare, einen der größten Slums Südamerikas. »Hier mussten sie immer ohne reguläre Wasserversorgung auskommen, und ohne funktionierende Stromversorgung. Besonders schwer macht ihnen die Inflation zu schaffen«, sagt er mit zunehmend düsterer Miene. »Um nach Hause zu kommen, müssen sie tausend Stufen erklimmen, und dazu gefährliche Zonen voller Banden, Drogenhändler und Mörder durchqueren. Vorräte können sie nur in überschaubarer Menge hinaufschaffen. Und die steigenden Preise fressen ihre Einkommen auf. Damit können sie nicht Schritt halten. Die Inflation bringt sie um.«

Ende 2009 war Venezuelas Inflation auf nahezu 30 Prozent in die Höhe geschnellt. Einige Wochen vor meinem Treffen mit Croes gab der Internationale Währungsfonds die Erwartung bekannt, dass die Inflation im Land weiter steigen werde: auf eine Höhe über der Zimbabwes und der kriegsgebeutelten Demokratischen Republik Kongo. Einige Monate später hatte Venezuela laut verschiedenen Berechnungen weltweit die höchste Inflation. Und viele Wirtschaftswissenschaftler erwarten, dass dies für die nächsten Jahre so bleiben wird. Laut Croes wird Chávez' Unfähigkeit, die Geldentwertung in den Griff zu bekommen, einen wachsenden Prozentsatz der Venezolaner in die Arme der Opposition treiben. »Es wird auch 2012 Inflation geben«, sagt Croes. »Die Wirtschaft macht jetzt die Kluft zwischen D und E auf der einen und Chávez auf der anderen Seite aus. Das Problem ist nicht einfach zu lösen: Es gibt keine Infrastruktur, mit der sich die Lebensmittelpreise wieder drücken ließen.«

Vielleicht lautet die Frage, inwieweit so wichtige Faktoren wie die Kriminalitätsraten, der Verfall der Infrastruktur und die Kosten für Ernährung Chávez' politische Zukunft bestimmen werden. Er führt jeden Tag vor, dass die Stabilität seiner Herrschaft nur zeitweilig vom Erfolg seiner Politik abhängt. Ist sein autoritärer Staatsapparat so gut ausgebaut, dass er auch in Zukunft über jeden Opponenten hinwegrollen kann? Die demokratische Fassade des Landes hat größte Risse bekommen. Wird er zu gegebener Zeit stärker auf offene Repressalien setzen? Oder verfängt die Formel, die ihn so weit getragen hat, auch weiterhin? »Chávez ist geschwächt, aber nicht schwach«, sagt der Meinungsforscher Luis Vincente León. »Chávez ist wie ein Tenor – er wird älter, beherrscht den Gesang aber immer noch. Und ebenso das wichtigste Lied.«[65]

Ende Juni 2011 erfuhr Venezuela, dass Chávez auch in anderer Hinsicht geschwächt war: Er hatte Krebs. Er reiste mehrfach zu Chemotherapien nach Kuba, während in Caracas Gerüchte über seinen Gesundheitszustand umgingen und darüber spekuliert wurde, wie sich seine Prognose auf das Regime auswirken würde. Im Oktober erklärte er sich selbst für krebsfrei. Sein tatsächlicher Gesundheitszustand blieb freilich Staatsgeheimnis. Sicher war nur so viel: Chávez hatte sich lange auf den anstehenden Kampf vorbereitet und würde ihn bis zur Präsidentschaftswahl 2012 durchziehen.

Nachdem die Opposition bei den Wahlen zur Nationalversammlung im September 2010 Fortschritte erzielt hatte, hatte Chávez die Institution ausgehöhlt. Ende Dezember, am Ende der alten Sitzungsperiode, ließ er sich von ihr dazu ermächtigen, das Land für die nächsten 18 Monate per Dekret zu regieren. Angeblich soll er nur zwölf Monate erbeten und die Frist auf Bitten der Abgeordneten verlängert haben. Das neue Parlament tritt jetzt nur noch vier Tage im Monat zusammen. Die Redezeit der Abgeordneten ist auf 15 Minuten begrenzt.[66] Wie zu erwarten, walzte der ehemalige Panzerkommandant die Institution lieber platt, als sie mit anderen zu teilen.

Chávez wusste auch, dass er die Zeche bezahlen können muss. Ausgestattet mit dem Recht, per Dekret zu regieren, veränderte er im April 2011 unilateral die Besteuerung der Einnahmen aus dem Ölgeschäft, um seine Kriegskasse für den anstehenden Wahlkampf zu füllen.[67] Der Preis für ein Barrel venezolanisches Öl bewegte sich damals um 108 Dollar. Chávez verkündete, 95 Prozent des über 100 Dollar liegenden Teils des Ölpreises fließe ab jetzt *Fonden* zu, einem obskuren nationalen Entwicklungsfonds mit außerplanmäßigen Mitteln, die er nach Gutdünken bewirtschaftet. Bliebe der Ölpreis relativ stabil, würden sich die zusätzlichen Steuereinnahmen bis Ende 2011 auf über zehn Milliarden US-Dollar belaufen. Und tatsächlich erklärte gegen Ende des Jahres Venezuelas Finanzminister, *Fonden* verfüge über ungefähr 32 Milliarden US-Dollar. Tatsächlich genehmigte sich Chávez schon Monate vor dem Wahlkampf für die Präsidentschaftswahlen eine Kriegskasse von mehreren Milliarden Dollar.

Aber das wohl sicherste Anzeichen dafür, dass er sich zum Kampf rüstet, stellte eines der allerletzten Gesetze dar, die seine willfährige Nationalversammlung verabschiedete. In den letzten Stunden votierte es für eine Vorlage, die Politikern den Parteiwechsel verbot. Diesmal richtete er die Speerspitze gegen seine eigene Partei. Chávez weiß, dass die Schlacht heftig toben kann, und duldet keine Überläufer. Die Ansage war klar: Einmal Chávez, immer Chávez. Ohne Ausnahme.

Der verstorbene Politikwissenschaftler Samuel Huntington bemerkte einst, das Überleben einer Demokratie hänge weder von der Größe ihrer Probleme noch von ihrer Fähigkeit ab, diese Probleme zu lösen. Wichtig sei vielmehr, wie die Führer der Demokratie reagieren, wenn sie die Probleme ihres Landes nicht lösen könnten.[68] Tatsächlich hatten Venezuelas führende Politiker Ende der 1990er-Jahre den Kopf in den Sand gesteckt. Als sie wieder aufschauten, hieß ihr Staatspräsident Hugo Chávez. Und ihre – schon schwache und schlecht funktionierende – Demokratie erlebte von da an einen langsamen Niedergang. Heute beherrscht der Autoritarismus das Land.

4

DIE OPPOSITION

Die Sonntagmorgen in Caracas gehören zu den seltenen Momenten, in denen die Stadt stillsteht. Die Verkehrstaus haben sich aufgelöst. Das Hupkonzert ist verstummt. Die Menschen verbringen Zeit bei der Familie oder bereiten sich auf den Gang zur Sonntagsmesse vor. Außerhalb der Stadt ist es dagegen alles andere als ruhig. Wir waren im Pick-up zwei Stunden lang in die ländlichen Gebiete des Bundesstaates Miranda unterwegs. Unser Ziel war das Städtchen Cupira in der armen Gegend Pedro Gual. Während Chávez in Caracas und anderen Ballungszentren an Zustimmung verloren hat, gibt es in der Provinz immer noch viele Hochburgen der Chavistas, zu denen auch Cupira und zahllose ländliche Kleinstädte gehören. Cupiras Bürgermeister ist ein eingefleischter Chavista. Immer wieder tauchen an der Straße Schilder und Plakate mit Sympathiebekundungen für Chávez auf. Manche preisen ein öffentliches Bauprojekt, andere verkünden die Begeisterung der Anwohner für Lokalpolitiker. Aber Cupira ist auch ein Musterbeispiel dafür, wie Gegner Hugo Chávez inzwischen den Kampf ansagen. An diesem Sonntag leistet Henrique Capriles, der Gouverneur des Bundesstaates Miranda, genau die Art politische Arbeit, mit der er und andere führende Politiker den chavistischen Trend zu wenden hoffen.

Kaum sind wir aus dem Pick-up gestiegen, hören wir den Lärm, der uns aus der Grundschule Chaguaramal entgegenschlägt. Fast alle dreihundert Kinder, von Vorschülern bis Sechstklässlern mit Eltern, Lehrern und einem besonders stolzen Rektor sind versammelt, um feierlich ihre frisch renovierte Schule einzuweihen. Sie warten auf die Ankunft des Gouverneurs Capriles. Mit der Sonne im Zenit ist es draußen heiß und unter dem glänzenden neuen Dach noch heißer. Doch die Schüler hält es nicht auf den Plätzen. In Schuluniformen und mit funkelnagelneuen Büchertaschen mit dem Emblem »Bundesstaat Miranda« springen sie singend und tanzend durch den Raum. Aus gewaltigen Stereolautsprechern in den Ecken wummert Raggae, die Sängerin Shakira singt, venezolanische Tanzbeats dröhnen. Mädchen wirbeln in Faltenröcken herum, Jungen schmettern aus voller Kehle lateinamerikanische Pop-Hits – eine Atmosphäre, die eher an eine Tanzparty als an die Einweihungsfeier einer renovierten Schule erinnert.

Über uns knattert ein Hubschrauber hinweg. Die Schüler halten einen Moment inne. Ihre Augen weiten sich. Sie ahnen: Das muss der Gouverneur Mirandas sein. Wenige Minuten später eilt Capriles unter dem großen Jubel der Kinder durch den Schuleingang herein. Der 37-jährige Politiker mit der blauen Baseballmütze trägt Hemd mit Kragen und Jogginghose. Schweiß steht ihm ins Gesicht und auf den Stoff geschrieben: Er hat den Fußweg vom Büro bis zu den Stufen der Schule im Laufschritt zurückgelegt. Er wirkt eher wie ein Sportlehrer als wie ein Mann, der Venezuelas politisch wichtigsten Bundesstaat regiert und als der wahrscheinlichste Herausforderer von Chávez bei der Präsidentschaftswahl gehandelt wird.

Langsam bahnt sich Capriles den Weg durch die Menge zum Podium. Oben liest er laut Spruchbänder vor, die Eltern hinten im Raum hochhalten: »Unsere Schulen verfallen«, steht auf einem. Ein anderes verkündet: »Gouverneur, auch unsere Kinder brauchen neue Schulen.« Es sind Eltern von Kindern, die nicht diese frisch renovierte Schule in Pedro Gual besuchen. Sie sind aus anderen Teilen Mirandas angereist, um dem Gouverneur ihre Sorgen vorzutragen. Capriles bittet sie, zu berichten, wie es um ihre Schulen steht.

Seine Redeweise ist so salopp wie seine Kleidung. Er versichert, dass es sein Ziel sei, jede Schule in Miranda zu unterstützen. In den nächsten zwölf Monaten wolle sein Team 166 Schulen instandsetzen und 14 neue bauen. 40 weitere sollen in den nächsten vier Jahren folgen. Bislang wurden über 150 000 neue Schultaschen verteilt. Capriles bittet einen Schuljungen aus der Menge nach vorn zu treten, um ihm seine zu zeigen. Er greift hinein und zieht Bücher heraus. »Arithmetik, Naturwissenschaften ..., aber keine Politik«, sagt er und blickt einzeln auf jedes Buch. Die Menge lacht. Capriles' Scherz ist eine Botschaft: Er werde Präsident Chávez' polarisierenden Politikstil nicht praktizieren. Er will alle einbeziehen, ohne Rücksicht darauf, wer in der Vergangenheit wen unterstützt hat. »Mir ist egal, aus welcher politischen Partei Sie kommen«, versichert er und erzählt eine Anekdote über einen Tagelöhner, den er kürzlich kennengelernt habe. »Der Mann sagte mir: ›Ich liebe Chávez, aber Sie liebe ich auch.‹ Ich sagte: ›Das geht in Ordnung.‹ Manchmal verliebt sich ein Mann ja in zwei oder drei Frauen oder eine Frau in zwei oder drei Männer. Das geht in Ordnung: Das gehört zum Leben.« Bei diesen Worten hält es eine ältere Frau hinten im Saal nicht länger auf ihrem Platz. Wie auf Bestellung drängt sie durch die lärmende Menge zum Podium und ruft, dass sie ihn jetzt küssen müsse. Capriles erfüllt ihr strahlend den Wunsch.

Einige Minuten nach der Versammlung treffe ich den Gouverneur im neuen klimatisierten Computerraum der Schule. Obwohl schweißgebadet, strahlt Capriles noch immer die Energie aus, mit der ihn die Menge draußen aufgeladen hat. Immer wieder schüttet er Wasser aus einer Flasche in sich hinein. Ein Berater erinnert an die knappe Zeit bis zur nächsten Veranstaltung. Als wir uns zum Reden setzen, spreche ich ihn auf seinen aufreibenden Terminplan an. »Das wird kein fairer Kampf, aber man muss ihn ausfechten. Die Herausforderung besteht darin, zu kämpfen und weiterzukämpfen«, sagt er. Er nimmt noch einen gierigen Schluck Wasser, lächelt und sagt: »Wer müde wird, hat verloren.«[1]

Kaum eine Aufgabe ist aufreibender als die Teilnahme an der politischen Opposition in einem autoritär geführten Staat. Versammlungen und Märsche werden untersagt oder aufgelöst, das Sammeln von Spenden im In- und Ausland ist verboten – eine Wahlbotschaft im Staatsfernsehen zu verbreiten, nahezu unmöglich. In den staatlichen Medien tritt man überhaupt nur auf, um verunglimpft zu werden oder Korruption vorgeworfen zu bekommen. Die Führer der oppositionellen Parteien leben unter ständiger Beobachtung. Das Wahlrecht wird immer wieder so geändert, dass es ihre Wahlchancen schmälert. Und Beschwerden stoßen bei den Gerichten auf taube Ohren. Das Regime gründet zum Schein eigene Oppositionsparteien, um die echte Opposition bis zum Wahltag zu verdrängen. Besonders aussichtsreiche Kandidaten werden zur Abstimmung nicht zugelassen oder mit Anklagen überhäuft, um sie am Wahlkampf zu hindern. Unterstützer werden eingeschüchtert oder mundtot gemacht.

Lautstarke und unabhängige Oppositionsführer, die Unruhe stiften, sind der Staatsfeind Nr. 1. Als eine kleine Gruppe sind sie bereit, das autoritäre Regime direkt herauszufordern, Missbräuche anzuprangern, gesetzwidrige Handlungen offenzulegen und, so sie denn zugelassen werden, gegen den starken Mann bei den Wahlen anzutreten. Dies verlangt ihnen oft einen schier übermenschlichen Einsatz und persönliche Opfer ab. Die Oppositionsführer, die ich in Caracas und Kairo, in Moskau und Kuala Lumpur kennenlernte, erzählten in ihren Erfahrungsberichten immer von denselben bösen Überraschungen, Tricks und Manövern, mit denen das herausgeforderte Regime die Daumenschrauben anzieht. Sie wurden bedrängt, geschlagen, eingesperrt und in ihrer Existenz bedroht. Ihr Name wurde in den Schmutz gezogen, ihr Ruf zerstört und ihre Familie auseinandergerissen. Und das Regime bietet alles Mögliche auf, damit sie für ihren leidgeprüften Einsatz nicht einmal symbolische Anerkennung bekommen. Man versucht den demokratisch gesinnten Führungsfiguren in der Bevölkerung, die sie zu mobilisieren hoffen, durch Spaltung und Entfremdung den Boden zu entziehen. »Sie gehen äußerst raffiniert vor, und ich rede nicht nur vom russischen Regime«, sagt Wladimir Milow, ein Führer der russischen Opposition. »Sie verzichten darauf, auf die allgemeine Bevölkerung allzu großen Druck auszuüben. Lieber richten sie ihre Repressalien sehr gezielt gegen die wenigen, die offen opponieren. Sie entfremden die aktiven politischen Gegner von der allgemeinen Öffentlichkeit mit der Behauptung: ›Diese Repressalien richten sich nicht gegen euch. Vielmehr sind es diese Leute, die gegen euch mobil machen – ausländische Spione, die von der CIA finanziert werden, eine fünfte Kolonne, wenn man so will.‹«[2]

Der Kampf gegen einen Diktator ist keineswegs leicht. Es mag unfair erscheinen, Menschen zu kritisieren, die für diesen Kampf so viel aufs Spiel setzen: Aber manche Oppositionsführer bewältigen ihren Kampf schlechter als andere. Einige verschließen sich neuen Einsichten, halten stur an alten Strategien fest und wiederholen Fehler, mit denen sie sich längst marginalisiert haben. Und wie in jeder politischen Partei lenken kleinliche Machtkämpfe und übergroße Egos von den eigentlichen Zielen ab. Manche agieren rein defensiv, kritisieren nur, ohne selbst neue Ideen und politische Alternativen zu präsentieren, die sie von der herrschenden Partei unterscheiden. Tatsächlich braucht und wünscht ein Regime, das sich hinter einer demokratischen Fassade verbirgt, den Anschein einer demokratischen Opposition. Schlimmstenfalls können Oppositionsparteien auch zu Ablegern des Regimes werden und so die wahren Herrschaftsverhältnisse verschleiern. Oppositionsführer, die sich vereinnahmen lassen, sind eine Tragsäule der autoritären Herrschaft. Nur weil der Führer einer Oppositionspartei sich darauf beruft, dass er erbittert ein Regime bekämpft, verdient er noch nicht unbedingt Beifall. Auch ein oppositioneller Politiker kann zur nützlichen Figur im autoritären Staatsapparat werden – im krassen Gegensatz zu denen, die sich in einem echten Kampf engagieren.

Dem Bundesstaat die Luft abdrücken

Venezolaner bezeichnen Henrique Capriles häufig als glücklichen Mann – zuweilen in dem Sinn, dass er blendend aussieht und einer prominenten und wohlhabenden Familie entstammt. Manche meinen damit aber auch seine glanzvollen politischen Erfolge. Seine Laufbahn gleicht einer Serie von Premieren. 1998 wurde er mit 26 Jahren – als bislang jüngster Kandidat – ins Parlament gewählt. Rasch schaffte er den Sprung ins Amt des Präsidenten der Nationalversammlung, erneut als jüngster in der Geschichte des Landes. Doch kaum lernte Capriles Chávez kennen, verließ ihn das Glück. »Meine erste persönliche Erfahrung mit ihm machte ich als Parlamentspräsident«, erinnerte sich Capriles im Gespräch mit mir. »Ich hatte Gelegenheit, ihn kennenzulernen und mit ihm zu arbeiten. Ich dachte: ›Dieser Mann wird Venezuela verändern.‹« Die folgenden Veränderungen – für sein Land und sich selbst – waren allerdings nicht das, was er sich vorgestellt hatte.

Im Jahr 2004 wurde Capriles verhaftet, damals als Bürgermeister von Baruta, einem wohlhabenden Stadtbezirk von Caracas. Während des Putschs gegen Chávez 2002 sollte er angeblich Drahtzieher eines Angriffs auf die kubanische Botschaft gewesen sein, die in seinem Bezirk lag.[3] Tatsächlich war er damals in die Residenz des Botschafters gebeten worden, um Randalierer von Plünderungen abzubringen. Botschafter Germán Sánchez Otero dankte ihm anschließend für den persönlichen Einsatz. Trotzdem verbrachte Capriles wegen der haltlosen Vorwürfe zwei Jahre im Gefängnis. Um ein endgültiges Urteil hinauszuzögern, sorgte die Regierung dafür, dass sich die Richter für befangen erklärten und den Fall an den jeweils nächsten weiterreichten. Bis zur Urteilsverkündung wanderte er so über die Schreibtische von über 40 Richtern. 2008 erfolgte nach vier Jahren und zwei Prozessen ein Freispruch. Bis dahin hatte Capriles unfreiwillig eine weitere Premiere absolviert: als einer von Chávez' ersten politischen Gefangenen. Dabei hatte er zumeist in Einzelhaft gesessen.

Nach dem Freispruch kehrte er – zur Revanche – ins politische Leben zurück. Sein Sieg im Rennen um das Gouverneursamt für den Bundesstaat Miranda 2008 war einer der größten Erfolge des oppositionellen Lagers. Miranda ist mit über drei Millionen Einwohnern der Staat mit der zweitgrößten Bevölkerung in Venezuela und politisch wohl auch der einflussreichste. Eine noch größere Schlappe für die Chavistas bedeutete die Tatsache, dass Capriles den »Superminister« Diosdado Cabello geschlagen hatte, einen besonders wichtigen Verbündeten von Chávez. Capriles verdeutlicht das ermutigende Zeichen dieser Niederlage von Chávez so: »Das ist wie ein Sieg über Raúl Castro.«

Ein Sieg über Chávez' rechte Hand bleibt natürlich nicht ohne Konsequenzen. Praktisch über Nacht wurde Capriles' Handlungsspielraum angegriffen. Chávez begann umgehend damit, diese junge Regierung einzuschnüren. Mit einem Referenten, der hinter ihm sitzt, zieht Capriles die Bilanz seines Triumphs bei den letzten Wahlen: Chávez schloss 19 seiner Krankenhäuser und 250 Notfallzentralen und Ambulanzen. Dazu beschlagnahmte er Fernstraßen, Flughäfen und Liegenschaften des Bundesstaates. Er entzog seinem Haushalt über 200 Millionen Dollar und machte 7000 Angestellte von Miranda zu Bediensteten des venezolanischen Staates. Capriles legt die Hand an die Kehle: »Er drückt dem Bundesstaat langsam die Luft ab.«

Die Versammlung, die uns in der Grundschule Chaguaramal zusammengeführt hat, ist ein kleiner Teil des Plans, mit dem Chávez' Angriffe abgewehrt werden sollen. Ein Referent des Gouverneurs führte mich vor Capriles' Ankunft durch die Schule. Sie war ziemlich genau das, was man erwarten würde. Klassenzimmer mit Kreidetafeln, Pinnwänden und

Schulbänken. Hinter einer Tür kam aber etwas ganz Unerwartetes zum Vorschein: ein Untersuchungszimmer mit Zahnarztstuhl. Weil die Zentralregierung nach dem Wahlsieg von Capriles so viele Gesundheitseinrichtungen geschlossen habe, so der Referent, habe man die Gemeinde bei der Renovierung der Schule gleich mit Ersatz versorgt. Dahinter steckte auch die Idee, dass die Regierung deutlich größere Schwierigkeiten haben würde, eine Gesundheitseinrichtung in einer frisch renovierten Schule zu schließen. Die Bevölkerung begriff sie als ihr Eigentum und würde sie verteidigen. Chávez »entzieht Kompetenzen und Ressourcen, aber den Kontakt zu den Menschen kann er nicht kappen«, sagt Capriles.

Bei aller Leidenschaft macht sich Capriles über seine Herkulesaufgabe keine Illusionen. »In Miranda liegt die Region Barlovento. Sie hat die größte afrikanischstämmige Bevölkerung Venezuelas. Die Kriminalität hat einen Punkt erreicht, an dem jedes Jahr 136 von 100 000 Einwohnern erschossen werden – viermal so viele wie im lateinamerikanischen Durchschnitt. 140 000 Kinder in Miranda gehen noch nicht zur Schule. Ich muss neue Schulen bauen. Und das wird nicht reichen. Das heißt sieben Tage Arbeit die Woche.«

Aber er sieht das einzige Mittel gegen Chávez und die politischen Barrieren, die er quer durchs Land gelegt hat, in einem direkten Draht zur Bevölkerung. Notwendig ist eben die Art Verbindung, die er an diesem Sonntag auf dem Land hergestellt hat. Ihr Verlust, die Entfremdung von den breiten Massen der Venezolaner, war der Sündenfall der demokratischen Opposition. »In der Vergangenheit hat die Opposition all ihre Bemühungen auf bestimmte Räume konzentriert und die ländlichen Gebiete vernachlässigt. Das ist so, wie wenn man seine Frau nicht mag, aber eben nur diese eine hat. In manchen Regionen haben die Chavistas nur Chávez. Es gibt keinen Wettbewerb. Wir ändern das«, sagt Capriles. »Wenn mich die Armen nicht gewählt hätten, wäre ich heute nicht Gouverneur. Mein Bundesstaat besteht zu siebzig Prozent aus Armen.«

Seine Referenten blicken auf die Uhr. Zeit für den nächsten Termin. Ich frage den Gouverneur, wie er Venezuela nach zehn Jahren Chávez-Herrschaft beschreiben würde. Er habe kürzlich einen Satz gehört, so Capriles, der die Antwort absolut treffend zusammenfasse: »Ich hatte eine offizielle Einladung der Chinesischen Kommunistischen Partei nach China«, erklärt Capriles. »Ein offizieller Vertreter fragte mich: ›Was ist denn mit Chávez los? Er ist ein Freund, aber was treibt er?‹« Capriles antwortete mit einer Gegenfrage: Wenn er als sein Freund das nicht wisse, wie solle er es wissen? »Daraufhin meinte der chinesische Offizielle: ›Venezuela ist ein Land, das wächst, aber nicht vorankommt.‹«

»Verrückt nach Macht«

Peking liegt über 15 000 Kilometer von Caracas entfernt. Aber an diesem Morgen in Petare, dem großen Slum, der sich an den Hügeln um Venezuelas Hauptstadt entlangzieht, fällt mir der Satz des chinesischen KP-Vertreters wieder ein. Petare ist ein berüchtigtes Pflaster in Caracas. Yovanny, ein Mann mittleren Alters und Vater von zwei Kindern, hat mich hierher in seine improvisierte Behausung eingeladen. Für ihn taugt sein Viertel zu kaum mehr als zu »Raubüberfällen, Autodiebstählen und Vergewaltigungen«.[4] Aber er ist stolz auf das Haus, das er für seine Frau und seine beiden Töchter gebaut hat. Und mit Recht: Jeden Zoll davon musste er sich erkämpfen. Metallschrott, Holz und Backsteine werden notdürftig von Draht und Fugenkitt zusammengehalten. Wie alle Behausungen der Nachbarn steht es gefährlich nahe an der Kante zu einem Steilhang. An diesem Morgen weht aus den Bergen ein leichter Wind herüber. Wir sitzen in einem kleinen offenen Patio hinter dem Haus unter einem Avocadobaum, der aus dem Hang herauswächst. Über uns gaukeln Schmetterlinge hinweg, lassen sich für Sekunden neben unseren Gläsern mit Orangenlimonade nieder und flattern zu dem Baum zurück. Fast vergesse ich für einen Augenblick, dass ich in einer der gefährlichsten Gegenden von Caracas sitze.

Yovanny ist als Wähler so pragmatisch und sachlich wie als Nachbar: Er respektiert die zugewanderten Kolumbianer, die in seiner Umgebung die Mehrheit stellen, weil sie, so sagt er, hart arbeitende Menschen seien. Er habe sich nicht deshalb auf Chávez' Seite geschlagen, weil der eine Revolution versprochen, sondern weil er konkrete Verbesserungen in Aussicht gestellt habe. Heute betrachtet er sich als Ex-Chavista. Chávez hat nicht geliefert. »Mir hat gefallen, wie er angefangen hat«, sagt er. »Er kam aus dem Nichts. Aber dann kam er an die Macht. Er wurde zweimal zum Präsidenten gewählt und meint jetzt, dass ihm die Welt gehört.« Ich frage Yovanny, was er denke: Warum habe Chávez seine Versprechen nicht erfüllt? »Simón Bolívar und Castro haben ihn verrückt gemacht«, sagt er. »Warum kümmert er sich nicht darum, was wirklich im Land los ist? Er redet viel, tut aber wenig.«

Sorge bereiten Yovanny vor allem die Preise für Lebensmittel und Baumaterial. In einer Ecke seines Patios aus Beton steht ein kleiner Stapel Ziegelsteine, dazu Metallrohre und ein Sack Zement. Irgendwann will er die Fläche überdachen, damit seine beiden Töchter ein Schlafzimmer bekommen. Wo immer er kann, kauft er Material zusammen. Aber das ist nicht einfach. »Fast jeden Tag steigen die Preise«, klagt er. »Die für Baumaterial sind ganz oben.«

Yovanny fühlte sich von Chávez' ideologischen Kampagnen immer mehr abgestoßen. Inzwischen ist ihm als Bewohner Petares sein örtlicher Vertreter wichtiger geworden. Ich frage ihn, ob er mit dem neuen Bürgermeister zufrieden sei. Yovanny bejaht. Er habe sich im Viertel umgeschaut und viele Straßen pflastern lassen. »Hier waren schon etliche Bürgermeister und Gouverneure, aber [der neue] hat gute Arbeit geleistet«, sagt er. Über den vorigen Bürgermeister José Vincente Rangel, einen strammen Chavista und Sohn eines ehemaligen Vizepräsidenten, sagt Yovanny: »Er kam einmal vor und einmal nach der Wahl mit einer Polizeieskorte von fünfzig Mann vorbei. Wir wussten nicht, ob der überhaupt noch lebte.«

Der neue Bürgermeister heißt Carlos Ocariz. Der 39-jährige Oppositionsführer steht dem Bürgermeisteramt von Sucre vor, einem der größten Barrios Lateinamerikas. (Yovannys Viertel Petare ist Teil eines größeren Slums.) In Sucre leben fast zwei Millionen Menschen, 80 Prozent von ihnen in Armut. Wie Capriles errang Ocariz 2008 sein Amt als Kandidat der Opposition mit einem Überraschungssieg bei den Regionalwahlen. Er hatte in Sucre viele Jahre Stadtteilarbeit geleistet. Die Menschen kannten ihn lange vor seiner Kandidatur. Trotzdem wurde es eine erbitterte Kampagne. »Wir hatten vierzig Tage Wahlkampf. Chávez kam fünfzehnmal nach Sucre und hielt von hier aus dreizehn Cadenas«, erzählt mir Ocariz in seinem Büro. Chávez sei entschlossen gewesen, Sucre als politische Hochburg zu halten, erklärt er. »Die gesamte Machtstruktur bestand aus Chavistas. Alle lokalen Amtsträger waren Chavistas. Sie verteilten Waschmaschinen, Matratzen und Kühlschränke.«[5]

Aber es reichte nicht. Am Wahltag fuhr Ocariz 55,6 Prozent der Stimmen ein, gegenüber 43,8 Prozent seines chavistischen Gegners. Chávez' Reaktion ließ nicht lange auf sich warten. »Am Tag nach der Wahl zog die Regierung sechzehn Müllfahrzeuge ab, mit denen sechzig Prozent der Abfuhr bewältigt wurden«, sagt Ocariz. Und in den Wasserleitungen, die die steilen Hänge von Sucre hinaufführen, sackte auf rätselhafte Weise der Druck ab. Wenn überhaupt, tröpfelte aus vielen Hähnen in den ärmsten Teilen das Wasser nur noch heraus. Ocariz sieht dahinter »eine Mischung aus Pflichtvergessenheit und politischer Rache«.

Aber Ocariz weiß, dass bei den Wählern Ausreden oder »die Probleme von Politikern«, wie er sie nennt, nicht zählen. Sie wollen wie Yovanny Ergebnisse sehen. Ob er von der Zentralregierung Knüppel zwischen die Beine geworfen bekommt oder nicht: Er muss liefern. Punkten konnte er dank der unglaublichen Misswirtschaft, die sich sein Vorgänger geleistet hat. Als Ocariz in die Bücher blickte, staunte er geradezu, wie ineffizient dessen Leute ihre Aufgabe angepackt hatten. So konnte Ocariz im ersten Amtsjahr die Verwaltungsausgaben von 51 auf 38 Prozent des Budgets senken, die Mannschaftsstärke der Polizei um 20 Prozent erhöhen und deren Gehälter verdoppeln. Die Mordrate in Sucre sank daraufhin um 25 Prozent. Als aus den Hähnen kein Wasser mehr kam, rief er das Programm »Mein Wasser« ins Leben. Seither werden die ärmsten Zonen der Gemeinde mit Tanklastern versorgt. Zugleich investierte Ocariz in die Ausbesserung des Pumpsystems.

Eine besonders findige Bildungsinitiative, die er anstieß, heißt »Lernen und Fortschritt«.[6] Das Programm vergibt an Mütter von Viert-, Fünft- und Sechstklässlern, die öffentliche Schulen in Sucre besuchen, kleine Stipendien, wenn die Schüler mindestens 85 Prozent des Unterrichts besuchen. In den ersten Monaten meldeten sich 75 Prozent der Anspruchsberechtigten für das Programm an. Ein Drittel bekam das Stipendium aber nicht ausbezahlt, weil die Kinder zu oft gefehlt hatten – dennoch ein besserer Start, als von den meisten erwartet. Rasch bewährte sich die Mixtur aus Anreiz und Disziplinierung, auf die das Programm setzte. Im vierten Monat sank die Anzahl der Mütter, die das Stipendium nicht ausbezahlt bekamen, auf zwölf Prozent. »Um innerhalb eines autoritären Systems zu regieren, muss man sehr kreativ sein«, verrät mir Ocariz. »Viele Oppositionsführer haben gar nicht begriffen, dass nicht Chávez das Problem ist. Das Problem sind die Probleme der Leute. Man muss sie wirkungsvoll angehen und Chávez so die Unterstützung entziehen.«

Viele jüngere Führer der venezolanischen Oppositionsparteien sehen Chávez als ein ererbtes Problem. Er ist zum Teil ein Ergebnis der Fehler früherer Generationen, insbesondere derjenigen Politiker, die nach seinem Amtsantritt die Anpassung nicht schafften. Ocariz geht mit der Führung der damaligen Opposition hart ins Gericht und weist ihr einen Teil der Schuld zu. »Es wurden viele Fehler gemacht, vor allem der, dass die Opposition über eine Abkürzung an die Macht zu kommen versuchte, anstatt zu erkennen, dass wir eine neue Mehrheit oder eine neue politische Agenda aufbauen mussten. Sie wollten auf dem schnellen Weg an die Macht, sei es durch einen Putsch, den Ölboykott oder anders«, sagt er.

Je mehr Abkürzungen die Oppositionsführer ausprobierten, desto mehr verschärften sie das Problem: Sie bestätigten Chávez' Botschaft, wonach sie eine Elite mit Geldinteressen darstellten, die zu den gewöhnlichen Venezolanern keinerlei Bezug hätten. Diese Fehler und Fehlkalkulationen hätten nach Ocariz' Ansicht zum »schlimmsten Fehler« geführt: zum vollständigen Boykott des politischen Prozesses. 2005 traten die Führer der Opposition bei den Parlamentswahlen aus Protest erst gar nicht an. Begeistert schickte Chávez seine Kandidaten ins Feld und brachte die Nationalversammlung unter seine Kontrolle. Alle 167 Abgeordneten der Kammer waren Chavistas. Jetzt war Chávez in der Lage, das Geschehen komplett zu bestimmen. »Als wir uns aus den Parlamentswahlen zurückzogen«, sagt Ocariz, »konnte Chávez auch die übrigen Institutionen und Zweige der Regierungstätigkeit unter seine Kontrolle bringen. Letztlich hat er die Macht nicht ergriffen. Wir haben sie ihm überlassen.« Ocariz schließt kopfschüttelnd die Augen, als fasse er die damalige Strategie noch heute nicht. »Die Opposition fragt uns immer: ›Was macht Chávez, wenn ihm das Geld und die Popularität ausgehen?‹«, fährt er fort. »Statt zu fragen, was Chávez tut, müssen wir uns fragen, was wir tun.«

Dieser Standpunkt leuchtet auch vielen jüngeren Führern der Opposition ein. Bei meinen Treffen mit mehr als einem Dutzend Mitgliedern stellte ich einen überraschenden Konsens darüber fest, was für einen Erfolg bei den anstehenden Wahlen gegen Chàvez und seinen politischen Apparat notwendig ist. Wie Capriles brauchen sie einen Draht zur Bevölkerung. Wie Ocariz müssen sie zu Chávez echte politische Alternativen bieten und Probleme lösen, anstatt über die Schikanen eines Systems zu lamentieren, von dem fast jeder weiß, dass es unfair ist. Und sie müssen geschlossen auftreten. Bei allen Erfolgen bei den Wahlen von 2008 verlor die Opposition landesweit 76 Wahlen, weil sie es nicht fertigbrachte, sich auf einen Kandidaten zu einigen, den sie gemeinschaftlich unterstützte.[7] Man spürt, dass die meisten Führer, insbesondere junge aufstrebende Politstars, erkennen, was für eine ernst zu nehmende Herausforderung des Regimes notwendig ist. Die Frage ist, ob sie es auch umsetzen.

Natürlich wäre es unfair, ihnen für ihre Misserfolge alle Verantwortung zuzuschieben. Die Spielregeln werden zu ihren Ungunsten manipuliert. Sie bekommen keine Gelegenheit, ihre Botschaft über das Staatsfernsehen zu verbreiten. Hunderte von Millionen Dollar aus den staatlichen Öleinnahmen werden in die Unterstützung von Chávez und seinen Anhängern fließen. Und der Chef der venezolanischen Militärs hat sogar angedeutet, dass die Streitkräfte kein Wahlergebnis verteidigen würden, das Chávez nicht zum Sieger erkläre.[8] Ocariz hat recht: Die Opposition muss sich selbst fragen, was sie tun kann, um einem Regime, das außergewöhnliche Machtbefugnisse an sich gerissen hat, möglichst schlagkräftig Paroli zu bieten. Aber ich interessiere mich immer noch für die große Frage: Was ist, wenn Chávez das Geld und die Popularität ausgehen? »Was meinen Sie, was wird Chávez tun?«, frage ich Ocariz.

»Ich weiß es nicht«, antwortet Ocariz vorsichtig.

»Muss man sich Sorgen machen?«, frage ich.

»Ja«, antwortet er und hält kurz inne. »Gerade jetzt ist er verrückt nach Macht.«

López gegen den Staat Venezuela

Carlos Ocariz redete nur ungern über Chávez und die schmutzigen Tricks seiner Regierung. In unserem Gespräch konzentrierte er sich lieber auf die Neuerungen und Lösungen, die er und sein Team in Sucre auf den Weg brachten. Er wollte nicht als Bürgermeister im Belagerungszustand erscheinen. Teilweise steckt dahinter der Wunsch, das Erscheinungsbild der venezolanischen Opposition zu verändern. Er glaubt, dass man in seiner Position unbedingt mehr vorbringen muss als Klagen über das Unrecht in Chávez' autoritärem System. Der andere Grund, warum er sich nicht beschwert, liegt wohl darin, dass er weiß, welches Glück er hat. So schwer es Henrique Capriles und Carlos Ocariz in ihrem Amt auch gemacht wird, im Gegensatz zu anderen haben sie wenigstens Chancen.

Anfang 2008 brachte Chávez gegen die Opposition ein neues Instrument in Stellung: das politische Verbot.[9] Im Februar, ganze zehn Monate vor dem Kandidatenrennen, legte der Leiter der obersten Rechnungsprüfungsbehörde General Clodovaldo Russián eine Liste mit vierhundert Namen öffentlicher Funktionsträger vor, denen mit sofortiger Wirkung eine Teilnahme an Wahlen für öffentliche Ämter verboten sei. Die Erklärung erfolgte ohne Gerichtsbeschluss. Es hatte keinen Prozess mit diesem Urteil gegeben. Zudem wurde den Betroffenen auf der Liste mitgeteilt, dass keine Rechtsmittel möglich seien. Der oberste Rechnungsprüfer hatte sie mit einem Federstrich aus dem politischen Leben Venezuelas verbannt. Und die Namen auf Russiáns Liste gehörten – nicht überraschend – zu 80 Prozent Mitgliedern der Opposition.

Ein Kandidat, der nicht antreten durfte, war Leopoldo López.[10] Warum Chávez gerade seinen politischen Stern am

Steigen hindern wollte, leuchtet ein: Der junge gut aussehende und an der Harvard-Universität ausgebildete López hatte in zwei Amtszeiten als Bürgermeister von Chacao, einem eher wohlhabenden Bezirk von Caracas, große Erfolge erzielt. Zudem entstammt er der Familie Simón Bolívars, den Chávez als Südamerikas Befreier feiert und nach dem er sein politisches Projekt »Bolivarische Revolution« nennt. López ist direkter Nachfahr der Schwester Bolívars, der selbst keine Kinder hatte. 2004 wurde er mit fantastischen 81 Prozent der Stimmen wiedergewählt. In seiner Amtszeit lagen seine Zustimmungsraten regelmäßig über 70 Prozent. 2008 nahm López das Amt des Bürgermeisters von Caracas ins Visier. Den Umfragen nach war er mit 65 Prozent der Stimmen der aussichtsreichste Kandidat. Und dann gab der oberste Rechnungsprüfer seine Liste bekannt. López ist überzeugt, dass er den Vorsprung im Wahlkampf bis zum Stichtag hätte ausbauen können. Und dies sei dem Regime auch bewusst gewesen. »Wenn wir mit siebzig Prozent gewonnen hätten«, sagte er mir in seinem Büro, »wäre das eine deutliche Botschaft gewesen.«

Doch Hugo Chávez war schneller. Um dem eigenen Glück nachzuhelfen, schaltete sein Regime Konkurrenten, die anders nicht zu besiegen waren, unter fadenscheinigsten Gründen aus. Der Vorwurf lautete auf Korruption, obwohl man die Betroffenen wegen keines solchen Vergehens verurteilt hatte. Die Beschuldigungen waren häufig völlig absurd. So kam William Méndez, der ehemalige Bürgermeister von San Cristóbal, deswegen auf die staatliche Liste, weil er Rechnungen ohne aufgedruckte Steuernummern angenommen hatte. Die Vorschrift dazu war erst 2003 in Kraft getreten, während die fraglichen Rechnungen von 2001 stammten. Der Vorwurf lautete so auf Verstoß gegen ein Gesetz, das es zum fraglichen Zeitpunkt noch nicht gegeben hatte. Chávez unterstützte vorbehaltlos diese Taktik und sah die erste Liste der Disqualifizierungen nur als Auftakt. »Als Staatschef möchte ich meine Unterstützung, die meiner Verwaltung und meines Volkes denjenigen ehrbaren Mitbürgern zusichern, die unsere staatlichen Institutionen repräsentieren, und Clodovaldo Russián mein besonderes Vertrauen aussprechen«, teilte Chávez kurz nach der Verkündigung vor einer Menge Getreuer mit. »Denn nun bekämpfen wir die Korruption richtig.«[11]

Obwohl López die Taktiken Chávez' keineswegs fremd waren, reagierte er auf den Ausschluss fassungslos. Sein Wahlkampf – und vielleicht seine politische Karriere – waren am Ende, ehe sie richtig begonnen hatten. Noch nie in Venezuelas Geschichte hatte ein Staatspräsident gegen seine Gegner ein solches Geschütz aufgefahren. »Um jemanden von der Kandidatur auszuschließen, braucht man Kriterien«, teilte mir López mit. »Und man braucht das endgültige Urteil eines Strafgerichtshofs. Es gab kein Urteil. Nicht mal einen Prozess. Das war eine Verwaltungsentscheidung. In unserem Fall hat die Regierung einfach dieses Instrument eingesetzt, um aussichtsreiche Kandidaten von der Wahl auszuschließen. Das Gleiche passiert auch im Iran, in Weißrussland und in Russland.«

Er hatte keine Hoffnung, dass der venezolanische Staat das Dekret des Rechnungsprüfers kippen würde, versuchte es aber trotzdem beim Obersten Gerichtshof anzufechten, der allerdings noch nie ein Urteil gegen Hugo Chávez gefällt hatte. An die mit Verfassungsfragen betraute Kammer gerichtet, sagte López: »Es liegt in Ihrer historischen Verantwortung, ob Sie die Henker oder die Hüter der Verfassung sein wollen. Sie sind verantwortlich dafür, ob Sie die Verfassung begraben oder voll für Rechtsstaatlichkeit einstehen wollen, damit allen Venezolanern Gerechtigkeit widerfährt, damit sie entscheiden können.«[12] Das Gericht entschied sich fürs Henken.

Da López in Venezuela keine Gerechtigkeit widerfahren war, versuchte er es im Ausland. Er trug seinen Fall dem Interamerikanischen Gerichtshof für Menschenrechte vor, ein internationales Tribunal mit Sitz in Costa Rica. Der Gerichtshof nahm die Streitsache zwischen López und dem venezolanischen Staat zur Entscheidung an und weitete so erstmals sein Mandat auf den Schutz politischer Rechte aus. Clodovaldo Russián und andere deuteten an, dass Chávez' Regierung das Urteil eines internationalen Gerichts ignorieren würde. Trotzdem hoffte López auf ein unparteiisches Urteil, das Druck auf das Regime ausüben würde. »Dieses Vorgehen hat ja nicht nur Folgen für Venezuela, sondern für die ganze Region«, sagte er mir. »Gewählte offizielle Vertreter zu disqualifizieren, wird sonst zur üblichen Methode, Wahlen zu gewinnen.« López spürte meine Skepsis, dass Chávez die Entscheidung eines internationalen Gerichts respektieren werde. »Aus rationalen Gründen kann ich Ihnen nicht sagen, dass wir mit dieser Regierung fertigwerden können. Die Finanzierung, die Medienhoheit, der Machtmissbrauch, das Militär: alles ist auf ihrer Seite«, sagte er. »Aber Politik lebt von Hoffnung.« Seither wurden politisch motivierte Verbote von Kandidaturen zu einem Lieblingsinstrument des Regimes. Seit 2007 wurden über 800 Kandidaten aus dem politischen Leben verbannt.[13]

Dabei nahm das Rennen um das Bürgermeisteramt von Caracas einen überraschenden Ausgang. Nachdem López ausgeschaltet war, verhalfen die Wähler der Opposition einem altgedienten Mitglied ihrer Bewegung und einem entschiedenen Regimekritiker, Antonio Ledezma, bei den Wahlen im November zum Sieg. Als Caracas' neuer Bürgermeister bekam auch Ledezma Chávez' Rachsucht mit voller Wucht zu spüren. Das Budget seines Amts wurde auf unter 20 Prozent des vorigen Betrags heruntergekürzt. Dem Posten des Bürgermeisters wurden fast sämtliche Befugnisse entzogen und dem »Regierungschef« des Hauptstadtbezirks von Caracas übertragen,[14] einer neuen Stelle, die Chávez fünf Monate nach Ledezmas Wahl geschaffen hatte. Und als größte Überraschung besetzten bewaffnete Chávez-Anhänger das Rathaus und weitere städtische Verwaltungsbauten und wollten nicht mehr weichen. Büros wurden geplündert und Ausrüstungen sowie städtische Fahrzeuge demoliert oder gestohlen. Als ich Ledezma über ein Jahr nach seiner Wahl traf, hatte er sein Büro als Bürgermeister noch immer nicht beziehen können. Ich besuchte ihn in einem privaten Bürogebäude im Zentrum von Caracas, wo er sich einen provisorischen Arbeitsplatz eingerichtet hatte. »Chávez ist wie ein Boxer, der gnadenlos auf den Gegner einschlägt«, sagte mir Ledezma. »So ist er gegen die politischen Parteien vorgegangen. An dem Punkt beginnt der Film der Neodiktatur.«

Ledezma versuchte seine Lage so gut wie möglich darzustellen, als er einige Projekte und Ziele erläuterte, die er zu erreichen versuchte. Trotzdem blieb seine Lage verzweifelt. Er musste ins Ausland reisen und Spenden für die Stadtkasse einwerben. Einige Monate vor unserem Treffen war er in einen Hungerstreik getreten, um die Organisation Amerikanischer Staaten auf seine Lage aufmerksam zu machen. Er und sein Team mussten alle Energien mobilisieren, um ihren Rechtsanspruch auf Ausübung der Amtsgeschäfte zu behaupten. Wie mir sein Topberater Milos Alcalay mitteilte: »Chávez gewinnt, wenn er gewinnt, und er gewinnt, wenn er verliert. Wenn er nicht gewinnt, greift er einfach zu.«

Für López könnte es allerdings einen anderen Ausgang geben. Im September 2011 schloss sich der Interamerikanische Gerichtshof den Argumenten des jungen venezolanischen Politikers an und forderte Chávez' Regierung auf, das Verbot seiner Kandidatur aufzuheben.[15] Als Reaktion tat Chávez den internationalen Gerichtshof als »bedeutungslos« ab. Unklar blieb dagegen, wie der venezolanische Staatsapparat im Einzelnen reagieren würde. Der Oberste Gerichtshof veröffentlichte zunächst eine Stellungnahme, mit der er den Spruch anscheinend zurückwies. Der oberste Richter erläuterte ihn mit dem Hinweis, dass López kandidieren, das Amt im Fall einer Wahl aber nicht ausüben könne. Die Nationale Wahlkommission schloss sich der Entscheidung an und machte den Weg für eine Kandidatur frei. Ließ die Regierung López ins Rennen gehen, um das Lager der Opposition zu spalten? Stellten die widersprüchlichen Entscheidungen einen Versuch dar, López und seine Unterstützer ins Leere laufen zu lassen? Ließ die Regierung absichtlich Unklarheiten bestehen, um sich die Möglichkeit für ein späteres Verbot offenzuhalten? Völlige Ungewissheit herrschte. Trotzdem bereitete López zielstrebig den nächsten Schritt vor: Er kündigte an, bei den Vorwahlen der Opposition als Kandidat für das Präsidentenamt anzutreten, und gesellte sich damit zu dem Favoriten Henrique Capriles. Die jungen Oppositionsführer kämpften darum, wer gegen Chávez kämpfen durfte.

»Wir sind Niederlagen gewohnt«

Am 18. Januar 2006 – fünf Jahre vor Ägyptens Revolution – hatte ich für Punkt 9.00 Uhr eine Verabredung. Nur einen Spaziergang vom Tahrir-Platz entfernt – der war der Welt damals noch kein Begriff – wartete ich an diesem Morgen im zweiten Stock eines Gebäudes im Eingangsbereich der Zentrale der linken Al-Tagammu-Partei, einer der ältesten Oppositionsparteien Ägyptens. Um diese Zeit herrschte in Kairo wenig Betrieb. In der Lobby harrte ich neben Leibwächtern und einem wachsenden Grüppchen von Parteianhängern aus, die eine Gunst erbitten oder eine Beschwerde loswerden wollten. Wie andere wartete ich auf Rifaat El-Said. Als El-Said eintraf, schritt er durch diesen typisch schäbigen Empfangsraum, der zu einem der vielen einstmals prachtvollen und inzwischen völlig heruntergekommenen Kairoer Bauten gehört. Ohne jemanden zu beachten, winkte er mich in sein Büro. Der zierliche, drahtige und ungeduldige Mann antwortete auf Fragen gerne mit langatmigen dogmatischen Vorträgen, wie man sie von einem alternden Marxisten erwarten würde.

Vor der Revolution hatte für Ägyptens Opposition kaum einer lobende Worte übrig, nicht einmal die eigenen Vertreter. Dass diese Parteien staatlichen Repressalien ausgesetzt waren, steht unleugbar fest. Unter Hosni Mubarak wurden sie unter Druck gesetzt, eingeschüchtert, an den Rand gedrängt und unterdrückt. Aber nicht einmal die Schikanen konnten etwas Leidenschaft entfachen. Auf viele wirkten ihre Vertreter eher wie geprügelte Hunde als wie Märtyrer. Mit der Zeit wurden sie darauf abgerichtet, im System ihre Rolle zu spielen, die sie denn auch einnahmen. Und sie verwendeten anscheinend mehr Energie darauf, miteinander zu zanken, als dem Regime Paroli zu bieten. Sie stritten meistens um die Krümel, die Mubarak ihnen übrig ließ – hier und dort eine Handvoll Parlamentssitze –, worauf sie sich mit diebischer Freude oder schmollend in ihre Ecke zurückzogen.

Rifaat El-Said ist ein Musterbeispiel für die ältere Generation der ägyptischen Oppositionsführer. Als wir uns an diesem Morgen in seinem Büro trafen, hatte seine Tagammu-Partei bei den Parlamentswahlen vor einem Monat eine gewaltige Schlappe einstecken müssen. Von ihren 59 Kandidaten hatten noch ganze zwei einen Sitz errungen – selbst gemessen an den niedrigen Standards der ägyptischen Opposition ein niederschmetterndes Ergebnis. Nicht einmal Khaled Mohieddin, der Parteigründer, der am Staatsstreich der Freien Offiziere 1952 teilgenommen hatte, konnte seinen Sitz behaupten. Angesichts der schweren Verluste erwartete ich vom Parteichef eine Regung wie Zorn oder Erschütterung. Said war eher gleichgültig. »Ich bin nicht enttäuscht«, sagte er hinter seinem Schreibtisch. »Wenn ich solche Gefühle zulasse, kann ich nicht weitermachen. Wir sind Niederlagen gewohnt.«[16]

Eben das war wohl das Problem. Obwohl sich die Oppositionsparteien auf ein abgekartetes Spiel einließen – Wahlbetrug spielte in Ägypten eine große Rolle –, gab es weder ein Bedürfnis noch wurde die Notwendigkeit gesehen, eine neue Taktik oder Strategie einzuschlagen oder neu über das Problem nachzudenken. Der Großteil der Opposition hatte es sich nach dem Lecken der Wunden längst wieder bequem gemacht. Als ich nachhakte, wie seine Partei nach der vernichtenden Niederlage einen neuen Ansatz finden könne, fehlte jede Idee. »Das braucht Zeit«, sagte er. »Viel Zeit.« Den Großteil der Stunde, die ich mit ihm sprach, schimpfte er anstatt auf Mubarak auf die rivalisierende Muslimbruderschaft.

Und wie er mir verriet, bekam er sogar die Leibwächter, denen ich auf dem Weg in sein Büro begegnet war, als Sicherheitsmaßnahme von der Regierung gestellt. Darin wollte er nichts Paradoxes erkennen. Es gibt Spekulationen, er habe sich vom Regime vereinnahmen lassen, als er einen Sitz im Schura-Rat erhielt, dem Oberhaus des Parlaments, das vor allem mit Mitläufern, Würdenträgern und Günstlingen des Regimes besetzt ist. Und nun verriet er mir, dass er dem Regime, das er angeblich bekämpfte, seine Sicherheit anvertraute. Als ich gehen wollte, äußerte er einen abschließenden Gedanken: »Leiden können wir.« Das war nicht zu bestreiten.

Jemand wie Said bedeutete nicht deshalb eine Gefahr, weil er einfach die Chance verpasste, seine Partei ordentlich zu führen oder Druck auf die Regierung auszuüben. Er konnte dem Regime auch als schlagkräftige Waffe dienen. Mehrere Jahre später traf ich mich in Kairo mit einem Mann, der ihm besonders nahestand. Seine Eltern waren mit dem Parteiführer eng befreundet gewesen. Als beide in seiner Kindheit vom Regime ins Gefängnis gesperrt wurden, setzte sich Said mehrfach für sie ein. »Rifaat Said ist für mich wie ein Vater«, sagte er mir. So war er denn auch angewidert, als er mitbekam, wie der Chef der Tagammu-Partei im Fernsehen die jungen Menschen diffamierte, die 2008 erstmals über Facebook Proteste organisierten. Es war diese Jugend, die mit ihrer führenden Rolle in der Revolution am Ende Mubaraks Sturz herbeiführte. Said verkündete in dem TV-Interview, diese Jugendlichen hätten den Verstand verloren und dürften nicht ernst genommen werden. »Ich glaube, [Said] ist in vielerlei Hinsicht wie Mubarak, und nicht nur er, sondern eben diese Generation von Politikern«, sagte er. »Sie meinen alle, dass sie etwas wüssten, und nur sie.«[17] Wie er es sah, hatten Said und andere ältere zuverlässige Oppositionspolitiker vom Regime Anrufe und die Anweisung erhalten, gegen die Jungen auf der Straße Stellung zu beziehen. Das war der Preis, den sie für politische Gefälligkeiten und Privilegien des Regimes zahlen mussten.

Der Traum vom Gefängnis

Als ich am 16. März 2011 in eine andere Parteizentrale ging, lächelte dort jeder. Obwohl der Volksaufstand, bei dem Hosni Mubarak gestürzt worden war, schon über einen Monat zurücklag, herrschte Euphorie. Ich besuchte die Büros der Oppositionspartei al-Ghad, die von Aiman Nur geführt wird. Aktivisten kamen und gingen, fielen sich bei der Begrüßung in die Arme. Am Ende des Flurs diskutierten in einem Konferenzraum dicht gedrängt Funktionäre und Mitglieder über die jüngsten Ereignisse und die Strategie für die kommenden Tage. Nur hatte kurz nach Mubaraks Sturz Schlagzeilen gemacht mit dem Gedanken, dass nach dem Sturz des Diktators die Beziehungen zwischen Ägypten und Israel neu bewertet werden müssten. Auch wenn solche Spekulationen viele in Washington aufschrecken mochten, handelte es sich um eine durchaus gewiefte Taktik, die bei einem Mann wie Nur kaum überraschte. Der Anwalt und Ex-Parlamentarier war eine der prominentesten Figuren der ägyptischen Opposition. Das änderte nichts daran, dass säkulare Oppositionsparteien wie al-Ghad auch nach 30 Jahren Mubarak-Herrschaft eine eher kleine Gefolgschaft hatten. Deswegen waren von Nur Manöver zur eigenen Profilierung zu erwarten. In wenigen Tagen wollte er seine Kandidatur für die Präsidentschaftswahlen bekannt geben, die, wie alle hofften, die ersten freien in der ägyptischen Geschichte sein würden. Allerdings trat er – im Gegensatz zu allen Konkurrenten – schon zum zweiten Mal als Kandidat für das Amt an.

Verglichen mit meinem Besuch ein Jahr zuvor fiel sofort die völlig veränderte Stimmung auf. Damals hatte die Debatte um Ägyptens politische Zukunft einen zähen und absehbaren Verlauf genommen – man hatte erwartet, dass Mubarak das Zepter an seinen Sohn Gamal oder einen Militär, wahrscheinlich an den Geheimdienstchef Omar Suleiman (1936–2012), weiterreichen würde. Ich besuchte Aiman Nur bei ihm zu Hause in Zamalek, einem schicken Viertel am Nil, in dem Ausländer und die ägyptische Oberschicht wohnen. Zuvor war mir mehrfach gesagt worden, Nur sei nicht mehr der wortgewaltige Mann von einst. Die Kämpfe mit dem Regime hätten ihren Tribut gefordert.

Tatsächlich hatte Nur den Großteil der vergangenen fünf Jahre nicht unter dieser Adresse gelebt. Im Januar 2005 steckten ihn die Schergen des Mubarak-Regimes ins Gefängnis, weil er für die Anträge zur Gründung seiner Partei Unterschriften gefälscht haben sollte. Die Vorwürfe galten in der breiten Öffentlichkeit als politisch motiviert und lächerlich. Auf Druck der USA und Europas setzten ihn die ägyptischen Behörden auf freien Fuß, worauf er im September 2005 zu den Präsidentschaftswahlen antrat. Er erhielt über 600 000 Stimmen. Die Größenordnung seiner Unterstützung verunsicherte das Regime wohl so sehr, dass es eine Botschaft aussandte: Mehrere Monate nach der Wahl wurde Nur unter fadenscheinigen Vorwürfen zu fünf Jahren Haft verurteilt und ins berüchtigte Tora-Gefängnis gesperrt. Am 18. Februar 2009 wurde seine Strafe überraschend ausgesetzt, angeblich aus medizinischen Gründen. Die meisten Beobachter glauben freilich an eine Geste des guten Willens gegenüber der Obama-Regierung, die frisch ins Amt gekommen war. Seine überraschende Freilassung diente Nur lediglich als weiterer Beweis dafür, dass alles an seiner Festnahme, Verurteilung und Haft nicht auf legale Weise zustande gekommen, sondern von Mubaraks Regime inszeniert worden war. Als ich im März 2010 vor seiner Tür stand, lebte der Gefangene Nr. 1387 erst seit etwas über einem Jahr wieder in Freiheit.

Nurs Wohnung belegt den gesamten achten Stock seines Wohnhauses. Im Stil französischer Salons waren sämtliche Räume mit Lüstern, kostbaren bodenlangen Vorhängen, übergroßen orientalischen Vasen und prunkvollen Sofas und Sesseln ausgestattet. Fast überall prangten Sammelporzellan, Gläser und Kunstobjekte. So vollgestopft, erinnerten sie trotz ihrer Weitläufigkeit eher an ein Antiquitätengeschäft als an eine Wohnung. Über dem Sofa im Hauptsalon hing ein großes Ölgemälde, auf dem ein deutlich jüngerer Nur abgebildet war. Wohl aus seiner Zeit als dem jüngsten Abgeordneten des Landes stammend, zeigte es den Politiker im Hof des Parlamentsgebäudes im Schwatz mit Kollegen, die das Who's who der ägyptischen Politik bildeten. Obwohl ich an dem Sonntagabend pünktlich war, sagte mir das Personal, der Hausherr schlafe noch, und diskutierte, ob man ihn wirklich wecken solle.

Dreißig Minuten später wurde ich von Nur begrüßt. Mit aufgeknöpftem Hemdkragen, in Bluejeans und einem blauen Sportjackett schritt, ja schwebte er durch den Raum. Er trat bedächtig auf und redete so leise, dass ich das Gerät für meine Aufnahmen näher an ihn heranschieben musste. So, wie er in seinem Salon saß, wirkte er angeschlagen, aber noch nicht gebrochen. Zum Schmerz, den ihm die Peiniger zugefügt hatten, kam die Enttäuschung darüber hinzu, dass die erwartete Unterstützung, insbesondere aus den Vereinigten Staaten, ausgeblieben war. Am Anfang redete er kurz davon, dass ihm offizielle Vertreter der Bush-Regierung falsche Hoffnungen gemacht hätten. »Nach dem Rennen ums Präsidentenamt steckten sie mich wieder ins Gefängnis. Dabei hatte Condoleezza Rice, die ich auf einer Sitzung in Kairo kennengelernt hatte, zu mir gesagt, ich könne ganz entspannt bleiben. Und dann war ich auch ganz ruhig, allerdings im Gefängnis«, sagte Nur trocken.[18]

»Immer wenn Cololeezza nach Ägypten kam und ich im Gefängnis saß, brach in der gleichen Minute, in der sie wieder abreiste, über mich die Hölle herein«, fuhr er fort. »Als sie Ägypten im Mai 2007 verließ, bekam ich in meiner Zelle eine Stunde später Besuch und wurde körperlich misshandelt. Von diesem Tag, dem 17. Mai. 2007, habe ich sechzehn Narben übrig behalten.« Nach dem zweiten Besuch der US-Außenministerin lehnten die Behörden seinen Antrag auf Haftverschonung ab, den er aus gesundheitlichen Gründen gestellt hatte. Am 6. November 2008, unmittelbar vor Rices letztem offiziellem Besuch in Ägypten, wurde Nurs Parteizentrale während einer Versammlung, an der seine Frau, seine Kinder und Anhänger teilnahmen, angesteckt und brannte bis auf die Grundmauern nieder. Auch wenn sich alle retten konnten, war die Botschaft klar: Die USA können euch nicht schützen. »Das war Gott sei Dank Condoleezzas letzte Visite«, sagte Nur lachend.

Nach seiner Entlassung machte das Regime ihm das Leben schwer:[19] Per Dekret wurde ihm jede weitere Tätigkeit als Jurist untersagt. Die Anwaltskammer tilgte seinen Namen aus der Mitgliederliste. Ein Lehrauftrag, den Nur von einer Universität erhalten hatte, wurde ihm – auf Betreiben der Staatssicherheit, wie Nur glaubt – wieder entzogen. Dieses Szenario wiederholte sich, als er von einem lokalen Fernsehsender ein Angebot erhielt. Als er das Haus seines Vaters verkaufen wollte, der während seiner Haft verstorben war, wandte er sich an sein Notariat, um die Erwerbsurkunde beglaubigen zu lassen. »Ich ging hinein. Die Notarin sagte mir, sie sei überglücklich, mich zu sehen. Als sie erfahren habe, dass ich entlassen sei, habe sie im Hinterzimmer einen Bauchtanz vollführt«, erinnert sich Nur lächelnd. »Als ich ihr meinen Ausweis vorlegte, damit sie die Unterlagen fertigmachte, sagte sie: ›Tut mir wirklich leid. Wir haben Anweisung von der Staatssicherheit. Wir dürfen Ihre Papiere erst bearbeiten, wenn Sie eine schriftliche Bestätigung vorlegen, dass Sie aus dem Gefängnis entlassen wurden.‹ Ich sagte ihr, dass ich doch vor ihr stehe und nicht über den Zaun geklettert sei. Sie sagte: ›Das nicht, aber wir brauchen etwas Schriftliches.‹«

Die Notarin schickte ihn zum Büro des Staatsanwalts, um das nötige Schriftstück beizubringen. »Als ich zum Staatsanwalt ging, hieß es: ›Nein, das bekommen Sie doch nicht von uns. Sind Sie verrückt? Gehen Sie zum Innenministerium.‹ Im Innenministerium hieß es: ›Nein, das ist nicht unser Aufgabenbereich. Gehen Sie zum Staatsanwalt.‹« Bei seinem zweiten Besuch dort bekam er dieselbe Antwort. »Sie haben dafür gesorgt, dass ich nichts von meinem väterlichen Erbe verkaufen konnte«, sagt Nur mit resigniertem Blick.

Mubaraks Regierung hatte fast jedes Werkzeug aus dem Kasten gezogen, mit dem autoritäre Regime ihre Gegner schikanieren. Man hatte Nur ins Gefängnis geworfen, ihn verprügeln lassen und terrorisiert. Und dabei stützte man sich nicht nur auf Kerkermeister und Verliese. Wie Nur erfahren musste, konnte auch eine öffentliche Notarin – sogar eine mitfühlende, die vor Freude bauchtanzt – zu einem willigen Werkzeug der staatlichen Unterdrückung werden.

Nurs Bericht über die Schikanen, denen er bei jeder Gelegenheit ausgesetzt war, decken sich mit anderen, die ich hörte. Saad Eddin Ibrahim, ein besonders prominenter Vertreter der ägyptischen Opposition, lebte seit drei Jahren im selbst gewählten Exil in den USA, als ich ihn in Washington, D.C., kennenlernte. Er berichtete davon, wie das Regime mit Einschüchterungen, Gefängnis, Rufmord und Skandalen Herausforderer zu terrorisieren versucht. Wenn alles andere scheitert, zerstört es ganze Existenzen wie die von Nur und Ibrahim. »Sie graben mir das Wasser ab, indem sie Klagen gegen mich einreichen«,[20] sagte mir Ibrahim zu seiner anhaltenden Schlacht gegen den Staat. »Einmal waren gegen mich achtundzwanzig Klagen anhängig, die verschiedene Leute überall im Land angestrengt hatten.« Die letzte fadenscheinige Anklage war nur drei Tage zuvor eingereicht worden. »Sie strengten einen Prozess [gegen mich] an, weil ich el-Baradei zur Kandidatur ermuntert und somit Ägypten destabilisiert hätte. Ich kenne den Kerl nicht, der die Klage einreicht hat, aber sie schwebt das nächste Jahr oder noch zwei Jahre als Damoklesschwert über mir.«

Es war schon kurz vor 21 Uhr, trotzdem trafen immer mehr Besucher ein, die ein paar Minuten mit Nur reden wollten. Vor dem Gehen fragte ich ihn, ob er je das Gefühl gehabt hätte, im Gefängnis mehr zu bewirken, zumindest als Symbol. »Ich bekam nicht einmal das Recht, zurück ins Gefängnis zu gehen«, antwortete er.

»Was soll das heißen?«, fragte ich.

»Als ich freikam und feststellte, dass ich absolut nichts tun konnte, dass man mir ständig Knüppel zwischen die Beine warf, stellte ich den Antrag, meine restliche Haftstrafe abzusitzen«, erklärte er. Nur räumte auch ein, er habe Mubarak das Vergnügen nicht gegönnt, sich bei der Obama-Regierung einzuschmeicheln, selbst wenn er dafür in seine alte Zelle zurück musste.

»Wollen Sie da immer noch hin zurück?«, fragte ich.

»Um ehrlich zu sein, kam ich zu diesem Interview deshalb zu spät, weil ich eingenickt war. Ich habe geträumt, dass ich ins Gefängnis zurück bin. Das war mein letzter Traum.«

Nur hatte für seine Oppositionshaltung teuer bezahlt, teurer als viele andere führende Politiker. Als einer von wenigen wagte er es, gegen den Diktator zu kandidieren. Und dank seiner lautstarken Herausforderungen bei der Wahl 2005 war er unter direkten Beschuss geraten. Er trug körperliche, seelische und finanzielle Narben davon. In seiner Zeit im Gefängnis zerbrach seine Ehe, ein Thema, über das er nicht reden wollte. Nach dem Abend habe ich ihn in trauriger Erinnerung behalten, als einen Mann, der noch immer seine Stimme erheben will, dem aber die Luft ausgeht. 2010 hatte Nur auf mich eher als abschreckendes Beispiel denn als leuchtendes Vorbild gewirkt.

Ein Jahr später, 2011, war das alles vergessen. Nur hatte in der Revolution keine Rolle gespielt. Tatsächlich waren einige junge Führer, die die Proteste losgetreten und die Ägypter zum Marsch auf den Tahrir-Platz mobilisiert hatten, ehemalige enttäuschte Mitglieder der al-Ghad-Partei gewesen. Mit vielen anderen jungen Ägyptern hatten sie sich von den etablierten Oppositionsparteien abgewandt, die sie als bürokratisch, untauglich und letztlich bedeutungslos ansahen. Aber

Nur hatte viel aufs Spiel gesetzt und einen hohen Preis bezahlt. Auch wenn die Jungen zu Mubaraks Sturz Entscheidendes beigetragen hatten, könnte Ägyptens Zukunft auch von engagierten Demokraten wie Nur abhängen.

Die Feierlaune, die ich im Hauptquartier von al-Ghad erlebte, kam aber vielleicht zu früh. Im Oktober 2011 bestätigte ein ägyptisches Gericht das absurde Urteil, das das Mubarak-Regime über Nur gefällt hatte.[21] Damit war er von einer Kandidatur für das Präsidentenamt ausgeschlossen. Die Schikane nährte den Eindruck, dass Ägyptens politische Revolution längst nicht vollendet war. Kurz nach der Entscheidung verkündete Nur vor einer Gruppe Journalisten: »Wir haben einen Militärherrscher vertrieben und sind an einen Militärrat geraten.«[22] Seiner Ansicht nach war der Gegner ein anderer, doch der Kampf blieb der gleiche.

Von Kairo nach Penang

Noch bevor ich Ibrahim sah, hörte ich ihn schon. Der Führer von Malaysias demokratischer Opposition redete in einer bescheidenen Moschee, die direkt unter einer Schnellstraßenbrücke in der Küstenstadt George Town auf der Insel Penang steht. Auf einer Tafel war zu lesen: *»Ustaz Ibrahim«* – ein Hinweis darauf, dass er nach dem Abendgebet eine Ansprache halten würde. Als ich mich der Eingangstür zur Moschee näherte, hörte ich aus dem Lautsprecher auf dem Dach Ibrahims gleichförmige und bedächtige Stimme. Nach meiner Uhr hatte er nur noch einige Minuten zu reden. Es hatte geheißen, dass ich ihn hier würde treffen können. Ich setzte mich draußen auf eine Bank mit Blick in die Moschee: Ibrahim redete zu einer Hundertschaft von Männern, die im Schneidersitz vor ihm saßen. Sein leises Auftreten, seine Körpersprache und seine Erscheinung erinnerten stark an einen Lehrer. Ich wollte gerade einen Mann aus seiner Entourage nach dem Thema des Abends fragen, als ich aus der Moschee die Namen »Mubarak«, »Suzanne« und »Gamal« sagen hörte – die Mitglieder von Ägyptens ehemaliger Herrscherfamilie. Wie ein Großteil der Welt redete auch Ibrahim über die Revolutionen, die Nordafrika und den Nahen Osten erschütterten. Seine Botschaft lautete: Eine Koalition aus Menschen quer durch alle Religionen, sozialen Schichten und Gruppierungen hat einen korrupten Diktator und seine Familie gestürzt. Diese Botschaft war wie maßgeschneidert für Malaysia.

Wenn man Anwar Ibrahim an diesem Samstagabend sehen wollte, musste man in die Provinz reisen. Obwohl in der Hauptstadt Kuala Lumpur wohnhaft, verbringt Ibrahim fast alle Wochenenden in anderen Städten oder auf dem Land, um sich mit Parteiführern zu treffen oder auf öffentlichen Veranstaltungen zu reden. Anwar sitzt stellvertretend für die Bürger des Bundesstaates Penang im Parlament. George Town liegt auf der Insel Penang vor der Nordwestküste Malaysias in der Straße von Malakka. Ich bin hergeflogen, um ihn einen Abend lang zu begleiten, während er von einem Termin zum nächsten reist. Ibrahim kommt aus der Moschee, tritt auf mich zu und führt mich zu seinem schwarzen Mercedes. Wir setzten uns sofort in den Fond. Ich frage ihn, wie sein Terminplan für den Abend aussehe. »Ich habe noch drei Veranstaltungen«, sagt er. »Dann fahre ich nach Kuala Lumpur zurück und treffe mich hier und da mit führenden Parteimitgliedern. Gegen vier oder fünf Uhr morgens müsste ich wieder daheim sein.«[23] Als nächstes tritt er bei einem opulenten chinesischen

Bankett auf. Es findet zu Ehren Lim Kit Siangs statt, eines Oppositionsführers, der seinen 70. Geburtstag feiert. Anwar muss für den Anlass das schlichte weiße Hemd, das er in der Moschee getragen hat, gegen ein hellblaues aus Seide eintauschen. »Entschuldigen Sie bitte«, sagt er, zieht sich um und kämmt sich die Haare. »Ich habe einfach keine Zeit.«

Und Zeit fehlt ihm wirklich. Sieben Minuten später fährt sein Wagen vor einem der elegantesten Hotels in Penang vor. Eine Entourage aus führenden Parteimitgliedern, persönlichen Beratern, Bodyguards und Presseleuten wartet. Kameras blitzen, als unsere Wagentür von außen geöffnet wird. Als wir aussteigen, sagt Anwar: »Immer weitergehen. Wir müssen vorankommen.« Wir gehen zügig weiter, während er Hände schüttelt und wir in den Bankettsaal des Hotels gelotst werden. Ich bleibe bei den Leibwächtern zurück. Anwar eilt an seinen Platz am Kopf der Tafel. Über achthundert Gäste warten. Der Kontrast zur Menge der Besucher in der Moschee, die wir eben hinter uns gelassen haben, könnte größer nicht sein. Unter Penangs finanzstarker Elite sitzen zahlreiche Anwälte, Ärzte und Geschäftsleute, fast alles Chinesen. Nur knapp zehn Minuten nach unserer Ankunft wird Anwar zu seiner Ansprache aufs Podium gebeten: Die Veranstalter wissen, dass er nicht lang bleiben kann. Anwar schlüpft in die Rolle des kultivierten Gasts und Parteiführers, der mit Anekdoten und selbstironischem Humor Lims Führung preist. Mit seiner angemessen kurzen Rede, in der er Lim erzählerisch als einen besonders gefürchteten Gegner des Regimes lobt, erntet er Gelächter und Applaus.

Und schon sind wir wieder weg. Die nächste Veranstaltung findet in einem heruntergekommenen Stadtteilzentrum in Kedah statt, das wir nach ungefähr 20 Minuten Fahrt nach

Norden erreichen. Geduldig warten hier seit zwei Stunden drei- bis vierhundert Menschen, zumeist Inder aus der unteren Mittelschicht. Inder stellen ungefähr sieben, Malaien dagegen 66 und Chinesen 25 Prozent der malaysischen Bevölkerung. Als Anwars Leibwächter uns einen Weg durch die Menge bahnen, skandieren die Menschen: »Reformasi! Reformasi!« In der offenen Halle – es ist heiß und staubig – hält Anwar eine ähnliche Rede wie zuvor in der Moschee, trägt sie aber völlig anders vor. Diesmal erhebt er die Stimme und unterstreicht mit einer Faust seine Argumente. Fast aggressiv beugt er sich ins Publikum vor und schreit gegen die Ungerechtigkeiten und Korruption der Herrschaftspartei an. Wieder trifft er die richtigen Töne. Als wir im Wagen davoneilen, hören wir noch die Rufe »Reformasi!« Unsere letzte Station ist wieder George Town. Lange vor dem Ziel reihen sich Autos am Straßenrand entlang. Als wir aussteigen, ähnelt die Atmosphäre einem Rockkonzert. Ob auf dem Rasen wirklich 10000 Menschen zusammengeströmt sind, um Anwar reden zu hören, wie Schätzungen behaupten, ist schwer zu beurteilen. Die Gesichter erscheinen immer nur kurz in den Blitzlichtern der Kameras, dann wird es wieder stockdunkel. (Anwar wird mir später erklären, dass die Opposition bei Veranstaltungen bewusst auf Beleuchtung verzichtet, weil mehr Menschen kommen, wenn sie für das wachsame Auge des Regimes unsichtbar sind.) Er redet eine Stunde, ohne dass die Hochstimmung sinkt. Einmal begrüßt er herzlich die *Mukhabarat*, Geheimpolizisten, die ebenfalls gekommen seien. »Sogar Nour ist da«, sagt er und löst Gelächter aus, während er auf einen altbekannten Beamten in Zivil deutet. Wenn dies ein Rockkonzert ist, dann ist Anwar der Star. Während unserer Stunde hier schwillt die Menge offenbar immer weiter an.

Anwar hat noch ein paar Stunden Termine und die Rückfahrt zur Hauptstadt vor sich, ich suche nach Mitternacht mein Hotel auf. Die vergangenen fünf Stunden wirken in mir nach: Bei jedem Stopp stieg der Oppositionsführer in genau der leicht veränderten Version aus dem Wagen, die auf der jeweiligen Veranstaltung gefragt war. Vier Termine, vier verschiedene Männer, ein Anwar: der Religionslehrer, der eloquente Parteichef, der feurige Wahlkämpfer und der Rockstar, der die Massen in der Hand hat. Da wundert es nicht, dass gerade er die Opposition des Landes anführt, eine Koalition aus Parteien, zu der die multiethnische People's Justice Party, die liberale und vornehmlich chinesische Democratic Action Party und die konservative Pan-Malaysian Islamic Party gehören. Um sie zusammenzuhalten, braucht es eine Führungsfigur, die vor den jeweiligen Wählern mühelos von einer Rolle in die nächste schlüpfen kann. Das wirft eine unbequeme Frage auf: Wie unentbehrlich darf ein Mann für Malaysias demokratische Hoffnungen werden? Als ich Anwar darauf ansprach, wich er der Frage lachend aus und bedankte sich bei mir für »diese Egospritze«. Aber sein Umfeld weiß, dass er eine unentbehrliche Rolle erfüllt. Und das weiß auch das Regime.

»Er dachte, er könnte mich brechen«

Als ich Anwar Ibrahim im April 2008 erstmals persönlich begegnete, strahlte er bis über beide Ohren. Einige Wochen zuvor hatte die Opposition der herrschenden Partei, der United Malays National Organization (UMNO), einen deutlichen

Denkzettel verpasst. Erstmals seit der Unabhängigkeit 1957 errang sie über ein Drittel der Parlamentssitze und entriss der Regierung damit die verfassungsändernde Mehrheit. Und sie stellte in fünf der 13 Bundesstaaten die Regierung, auch im besonders wohlhabenden Penang und Selangor. Anwar errang in Penang seinen Parlamentssitz mit einem Erdrutschsieg. Sechs Jahre lang, bis 2004, hatte ihn die malaysische Regierung unter fadenscheinigen Vorwürfen wegen Korruption und homosexuellen Handlungen in Einzelhaft gehalten. Jetzt führte der einstige politische Gefangene die Sache gegen seine einstigen Peiniger an. Der UMNO drohte die Kontrolle über das Land zu entgleiten.

In den über fünf Jahrzehnten, in der die Regierungspartei herrschte, ragte eine Figur heraus: Mahathir bin Mohamad.[24] Dieser ehemalige Arzt oder Dr. M, wie er bisweilen genannt wurde, regierte von 1981 bis zu seinem Rückzug 2003 als Malaysias starker Mann. Im Ausland blieb er wohl vor allem wegen seiner rassistischen und antisemitischen Hetze gegen den Financier George Soros und eine angebliche weltweite jüdische Verschwörung im Gedächtnis. Im Inland erinnert man sich dagegen an seine 22-jährige Ära mit gewaltigem wirtschaftlichem Erfolg – und an den diktatorischen Stil, in dem er jede Kritik oder Institution, die sich ihm in den Weg stellte, einfach niederwalzte.

In diesen Jahren kursierte der Witz, wonach die Abkürzung UMNO in Wahrheit für »Under Mahathir No Opposition« stehe. Selbst in der Zeit, als Malaysia in die Reihen von Asiens wohlhabendsten Staaten aufrückte – ein Symbol ist der Bau der Petronas Towers in Kuala Lumpur, die zeitweilig als die höchsten Bauwerke der Welt galten –, behielt Mahathir das Land eisern im Griff. Er setzte sich rücksichtslos über die

Rechte der Presse, des Parlaments, der Gerichtshöfe, seiner Partei und sogar über Malaysias Monarchie hinweg. Hatte diese bei seinem Machtantritt noch ein Vetorecht, so schaffte Mahathir es kurzerhand ab. Als der oberste Gerichtshof den rechtlichen Status der UMNO anfocht, entließ er die halbe Richterschaft. Als besonders effizientes Werkzeug setzte er das drakonische Interne Sicherheitsgesetz ins Werk: Damit konnte er Kritiker ohne Anklage festnehmen lassen und beliebig lange in Haft behalten. Und während er davon ausgiebig Gebrauch machte, schauten die Gerichte weg.

Tatsächlich konnte einen politischen Kämpfer wie Mahathir nicht einmal der Ruhestand besänftigen. Als ihm die Politik seines handverlesenen Nachfolgers Abdullah Badawi zu missfallen begann – insbesondere eine Beendigung staatlicher Megaprojekte und Anwars Freilassung –, betrieb er an vorderster Front die Absetzung des Premierministers. In seinem Blog giftete er häufig gegen Abdullah und beklagte, dass er den Topposten nicht mit seinem Protegé Najib Razak besetzt hatte. Schamlos warf Mahathir, der zwei Jahrzehnte lang ein weitläufiges Patronagesystem betrieben hatte, Abdullahs Regierung Korruption und Vetternwirtschaft vor. Um den Druck zu erhöhen, trat er 2008 aus Protest gegen Abdullahs Amtsführung aus der UMNO aus. Ein Jahr nach den herben Verlusten der Regierungspartei bei den Wahlen und den Zugewinnen der Opposition unter Anwars Führung ging der Wunsch des alten Autokraten in Erfüllung: Najib, »Mahathirs Schoßhund«, wie manche Malaysier ihn nennen, wurde neuer Premierminister des Landes.

Als ich Anwar an jenem Nachmittag im April 2008 erstmals traf, war er überzeugt, dass er die UMNO in die Enge getrieben hatte. In der Zentrale seiner Partei sagte er mir, dass verärgerte Mitglieder der Regierungspartei Kontakt zu ihm aufnähmen, weil sie die Seiten wechseln und sich der Opposition anschließen wollten. Anwar arbeitete offen auf einen Sturz der parlamentarischen Autokratie hin. »Inzwischen macht sich die herrschende Partei Sorgen, dass ihr die Leute davonlaufen. Die Zahlen liegen uns vor«, sagte er mir.[25] Er erwarte, dass er in den nächsten vier bis fünf Monaten die notwendigen Stimmen zusammenbekommen werde, um Malaysia den ersten Regierungswechsel zu bescheren. Für das Danach hatte er schon Visionen: »Wir ersetzen ein halbautoritäres System durch demokratische Praxis«, sagte er. »Die Medien dürfen frei berichterstatten. Wir garantieren für die Unabhängigkeit der Justiz. Und zur Bekämpfung der Korruption entsteht eine unabhängige Behörde.«

Keiner hätte erwartet, dass die Regierung denselben Trick zweimal einsetzen würde. Dennoch wurden gegen Anwar Vorwürfe wegen »sexueller Übergriffe« erhoben. Wieder lautete die Beschuldigung auf »Sodomie« mit einem Mitarbeiter – eine Wiederholung des Falls von 1998, als er angeklagt und zu einer Gefängnisstrafe verurteilt worden war. Damals war er Mahathirs Stellvertreter als Premierminister gewesen. Wie die meisten Beobachter es sehen, bestand Anwars wahre Sünde darin, dass er zu einer Kampagne gegen die Vettern- und Günstlingswirtschaft innerhalb der Regierung aufgerufen hatte. Getroffen hätte sie Mahathirs engeres Umfeld, darunter Familienmitglieder. Im Jahr 2008 erschienen die neuerlichen Vorwürfe so als Reflex eines nervös gewordenen Regimes, das Anwar kaltstellen wollte – mit einem diskreditierenden Vorwurf, der vor allem auf Malaysias konservative Wähler abzielte. Die Wiederholung der juristischen Farce von damals erschien vor dem Hintergrund des beeindruckenden

Sieges der Koalition im März allerdings umso durchsichtiger. Wie mir später ein prominenter malaysischer Geschäftsmann sagte: »Bislang wurde nur ein einziger Malaysier jemals wegen Sodomie angeklagt. Und der dann gleich zweimal.«[26]

Da man offenbar sogar im Regierungslager daran zweifelte, Anwar mit der Schmutzkampagne von seinem Ziel abzubringen, wurde ein anderes traditionelles Werkzeug angesetzt: die Bestechung. In einem eher bizarren Schritt ließ die Regierungspartei 50 Abgeordnete zu einem einwöchigen Aufenthalt nach Taiwan fliegen. Bei dem eilends arrangierten Ausflug ging es vordergründig um das Studium taiwanesischer Anbaumethoden. »Wir reisen nach Taiwan, um etwas über die Landwirtschaft zu erfahren«, behauptete der Abgeordnete Bung Mokhtar Radin gegenüber örtlichen Journalisten.[27] Tatsächlich ging es wohl eher darum, den Preis für die eigene Loyalität auszuhandeln. Was würde es kosten, die Abgeordneten in der Partei zu halten und sie am Überlaufen zu Anwars Koalition zu hindern? »Als sie den Flug antraten, wusste ich sofort, dass es vorbei war«, sagte mir Anwar zu seinen Chancen, die notwendigen Stimmen zum Sturz der herrschenden Partei zusammenzubekommen. »Sie ließen sich auf Diskussionen, auf Transaktionen und so weiter ein. Viele wurden zu stellvertretenden Ministern ernannt oder mit Führungspositionen bedacht. Auch wenn einige Wort hielten [und überliefen], fehlte uns die notwendige Anzahl an Stimmen.«[28] Das billige Manöver mit der Vergnügungsreise hatte funktioniert. Anwar hatte das Regime unterschätzt. Korruption ist noch immer eine der härtesten Währungen.

Am Morgen nach Anwars Reden und Versammlungen in Penang flog ich nach Kuala Lumpur zurück. Dort besuchte ich ihn ein letztes Mal bei ihm zu Hause. Die Absetzung

Hosni Mubaraks durch das ägyptische Volk hatte in seiner Standardrede einen großen Stellenwert eingenommen. Ich wollte ihn fragen, ob der Arabische Frühling die Ereignisse in Malaysia beeinflussen könne. Für Anwar stellte Ägypten einen Wendepunkt dar. Die Revolution in Tunesien wirkte, obwohl wichtig, wie ein marginales Ereignis, das auch als Ausreißer durchgehen konnte. Anders der Fall Ägypten: »Unter den Malaien hier hat wohl jede Familie eine direkte oder indirekte Beziehung zu einem Imam, der in Ägypten ausgebildet wurde. Manche waren schon in Ägypten oder studieren dort«,[29] sagt Anwar. Das Letztere trifft nach Schätzungen auf ungefähr 13000 Malaysier zu. Als im Januar und Februar 2011 Ägyptens Jugend auf die Straße ging, waren manche von ihnen sicherlich beeindruckt. Und in Kuala Lumpur wurde die Revolution in Kairo immerhin als so bedeutend aufgenommen, dass sich der Premierminister zu einer Stellungnahme veranlasst sah, die überraschend defensiv klang. »Er machte ganz klar, dass Malaysia nicht Ägypten sei«, erinnerte sich Anwar. »Man dürfe bloß nicht glauben, dass so etwas wie in Ägypten auch hier stattfinden könne. Wir seien ja eine Demokratie, und so weiter ... Ich konterte, dass Mubarak genau das nach den Ereignissen in Tunesien gesagt hatte: Ägypten sei ja nicht Tunesien.« Anwars Botschaft war deutlich: Auch wenn wir keine exakten Kopien sind, können wir uns von diesem Weg inspirieren lassen.

Natürlich, so räumt auch Anwar ein, ist Malaysia nicht Ägypten. Zunächst einmal hat das südostasiatische Land einen deutlich stärkeren Wirtschaftsmotor, als ihn Ägypten jemals hatte. Auch wenn es weniger erfolgreich wirtschaftete als andere asiatische Länder, befreite es sich selbst aus der lähmenden Armut und dem Elend, die im Nahen Osten und in

Nordafrika noch immer grassieren. Und sogar ein so leidenschaftlicher Kritiker wie Anwar ist überzeugt, dass der Wandel in Malaysia auch ohne Revolution möglich ist. Er und seine Koalitionspartner glauben an einen möglichen Sieg an den Urnen, wenn die Wahlen nur frei und fair verlaufen. Wenn sie ihre Stimmen entschieden verteidigten, so meinen sie, würde die Macht trotz der zu erwartenden schmutzigen Tricks der Regierung – Manipulationen und Wahlfälschung – von der UMNO friedlich auf die Opposition übergehen. Gleichwohl weist Anwar auch darauf hin, dass Wohlstand, Fortschritt und begrenzte Freiheiten die autoritären Züge des Regimes weichzeichnen, aber keineswegs ausradieren. »Im Augenblick ist das hier nicht Ägypten. Erst wenn achthundert Menschen erschossen werden, wird man es als ein solches Regime betrachten«, sagt er mit Anspielung auf die Demonstranten, die auf dem Tahrir-Platz umkamen. »Auch wenn das System dasselbe ist, hat es eine andere Fassade. Hier sitzen keine Oppositionsführer ohne Prozess in Haft. Hier werden die Gerichte bemüht. Hier bleibt man im Trott!«

Und dieser Trott, so erläuterte Anwar, kann immer noch sehr zielführend sein. Auch wenn es dem Regime nicht gelungen sei, sein Image mit dem zweiten Prozess wegen Sodomie zu ramponieren, so habe die Sache ihren Zweck doch erfüllt: ihn zu beschäftigen. Während des Verfahrens, das damals ins dritte Jahr ging, musste sich Anwar fünf Tage in der Woche bei Gericht melden und sich dort bis ungefähr 16 oder 17 Uhr zur Verfügung halten. Sonst drohte ihm Inhaftierung. Deswegen hatte er an den Abenden und Wochenenden so einen aufreibenden Terminplan. Außerhalb seiner Zeitfenster konnte er seine Führungsrolle in der Opposition nicht erfüllen. »Ich kann nicht herunterschalten, denn gerade das bezwecken sie ja«, sagt er. »Sie werden darauf verweisen, dass ich mit meinem Prozess beschäftigt bin. Deswegen fahre oder fliege ich sofort nach 17 Uhr dorthin, wo ich gebraucht werde.« An einem durchschnittlichen Wochenende redete er auf zehn öffentlichen Veranstaltungen oder Versammlungen. Da es das Regime nicht schaffte, den Tatendrang des 64-Jährigen zu dämpfen, steckte es jetzt in einem Dilemma. Mit einer dreisten Verurteilung könnte das Regime einen großen Skandal entfachen und viele Malaysier gegen sich aufbringen. Und nach einem Freispruch würde es schwach und töricht erscheinen, weil es für diesen Prozess Jahre der Mühen und finanzielle Ressourcen verschwendet hatte. Viele Beobachter glaubten, es werde nach einem Formfehler gesucht, um den Prozess ohne Gesichtsverlust platzen zu lassen. »Sie stecken in der Klemme«, sagt Anwar. »Wenn sie mich ins Gefängnis werfen, bringen sie eine Menge Leute in Rage und erregen die Aufmerksamkeit der internationalen Gemeinschaft. Wenn sie es nicht tun, haben sie ein Problem.«

Das nahm der Aussicht auf einen weiteren Gefängnisaufenthalt aber nicht seinen Schrecken. Anwar war durchaus bewusst, dass Najib fähig war, ihn verhaften zu lassen. Tatsächlich sahen viele in Najib noch immer Mahathirs Marionette. Über diese alte Feindschaft sagte Anwar: »Mahathir hat mich wohl unterschätzt. Er dachte immer, Menschen würden an Folter und Haft zerbrechen. Er hat mir mehrmals anvertraut, dass er sich am meisten davor fürchte, in Haft zu sitzen und nicht zu wissen, wann er freikommen würde. Deshalb hat er mir das mir angetan. Er hat geglaubt, so kann er mich brechen.«[30] Aber gerade die Erinnerung an diese sechs Jahre Einzelhaft spornt Anwar zu seiner unermüdlichen Arbeit an. »Die Leidenschaft für Demokratie und Freiheit wächst unheimlich an so etwas«, sagt er. »Wenn man in Einzelhaft sitzt, begreift man den Wert der Freiheit und dass Millionen unter schlimmsten Bedingungen grundlegende Freiheiten verlangen.«[31]

Wir redeten eine Weile über seine Zeit im Gefängnis. Er sagte mir, was er gelesen hatte – Shakespeare, chinesische Philosophie und Klassiker – und wie er die Zeit herumgebracht hatte. Am Ende fragte ich ihn, was er seiner Meinung nach in der Haft gelernt habe. »Geduld«, antwortete er schlicht.

Er meinte es in vollem Ernst. Geduld ist wohl die wichtigste Tugend für diejenigen, die in einem repressiven politischen System in die Rolle des Oppositionsführers schlüpfen. Sie ist wichtiger als Wagemut, Tapferkeit und List. Wer einen Diktator herausfordert, lässt sich auf einen sehr langen Kampf ein. Er handelt sich garantiert Rückschlag um Rückschlag ein. Aber Geduld ist nicht mit Resignation oder Unterwürfigkeit zu verwechseln. Rifaat Saids bequemer Umgang mit Niederlagen ist Anwar völlig fremd. Er kämpft geduldig seinen Kampf, einen heftigen, der für die meisten sehr lange dauert. Das ist kein Sprint. Wie Henrique Capriles sagte: »Wer müde wird, hat verloren.«

5

DIE JUGEND

Direkt vor seinem Wagen querte eine Polizeisperre die dunkle Straße. Das ist in Ordnung, dachte er. Manchmal gibt es eben Kontrollen. Nichts Besonderes, auch um diese Uhrzeit nicht. Er trat sanft auf die Bremse, schaltete einen Gang runter und verlangsamte die Fahrt.

Als sein Fiat 128 auf den Haltepunkt zurollte, entdeckte er aus dem Augenwinkel den Minibus. Er raste auf der falschen Spur aus der Seitenstraße auf ihn zu. Zu spät. Er konnte sich nur noch zusammenkrümmen und gut festhalten, als der Minibus in die Flanke seines Wagens krachte. In dem Moment wurde ihm klar: Sie hatten es auf ihn abgesehen. Mit so einem Manöver hatte ihn die Polizei vor knapp zwei Jahren schon einmal verhaftet.

Nichts wie weg, dachte er. Er setzte den Wagen zurück, riss das Steuerrad so weit er konnte herum, trat aufs Gaspedal und jagte mit seinem verbeulten Wagen in der Gegenrichtung davon. Ziemlich schnell kam die Hauptbrücke über den Nil in Sicht.

Verdammt. Noch ein Kontrollpunkt.

Anstatt den Fluss zu überqueren, fuhr er auf die nächstbeste Ausfahrt. Am Ende, in der Ferne, hinter einer Kurve, entdeckte er die nächste Polizeisperre: Offenbar waren sie darauf vorbereitet, dass er eine andere Route nehmen könnte.

Wohl auf einen Tipp hin, dass er in der Gegend unterwegs war, hatten sie schnell eine Ringfahndung ausgelöst. Jetzt saß er in der Falle. Während er den Wagen seines Vaters ausrollen ließ und der Dinge harrte, die da kommen würden, entdeckte er im Rückspiegel den Minibus, der ihn gerammt hatte. Diesmal hielt der Bus kurz hinter seiner Stoßstange. Jetzt konnte er nicht mehr entkommen. Die Seitentür des Minibusses öffnete sich. Mit Schlagstöcken bewaffnet, sprangen Polizeibeamte heraus. Er konnte noch eine SMS abschicken, ehe sie ihn vom Fahrersitz des Fiats zerrten. Sekunden später zogen sie ihm eine Augenbinde über.[1]

Das war die Nacht des 16. Februar 2010. Drei Tage später sollte Mohammed el-Baradei, der ehemalige Chef der Internationalen Atomenergie-Organisation und Friedensnobelpreisträger, nach Ägypten zurückkehren. El-Baradei hatte in den letzten Monaten mehrfach öffentlich Überlegungen geäußert, sich wieder in seinem Heimatland niederzulassen und bei den anstehenden Präsidentschaftswahlen gegen Mubarak zu kandidieren. Vor seiner Ankunft hatten der verhaftete Fahrer und einige Freunde beschlossen, el-Baradei willkommen zu heißen: An diesem Abend prangte ein frisches Graffiti am Libanon-Platz an der Stelle, wo die Schnellstraße einmündet. Täglich passieren Tausende von Fahrzeugen den Platz. Und ganz in der Nähe liegt die Residenz des Innenministers. Wie die Aktivisten gehört hatten, wurden Polizeibeamte jedes Mal bestraft, wenn der Innenminister Graffitiparolen gegen Mubarak sah. Die Parolen, die der junge Autofahrer an diesem Abend hinterlassen hatte, lauteten: »Baradei kommt« und »Mubarak ist erledigt«. Auch wenn es wohl keiner bemerkte: Das Logo, das seine Schablonen auf dem Libanon-Platz hinterließen, sah fast haargenau so aus wie das Logo einer serbischen Jugendgruppe, die den Sturz des Diktators Slobodan Milošević mit herbeigeführt hatte.

Dass die Polizei eine Ringfahndung organisiert und ein Großaufgebot an Beamten mobilisiert hatte, nur um einen Graffitisprayer dingfest zu machen, hatte einen einfachen Grund: Mit nur 29 Jahren war ihre Zielperson ein altgedienter Veteran im Kampf gegen Hosni Mubarak. Tatsächlich war sie eine Führungsfigur der jungen Demokratiebewegung, die ein Jahr später die ägyptische Revolution mit entfachen sollte.

Ihr Name ist Ahmed Maher. In der betreffenden Nacht im Februar landete er nicht zum ersten Mal auf einer ägyptischen Polizeiwache. Polizisten hatten ihn schon sehr oft verhört und zwei Jahre zuvor – damals hatten sie bei seiner Festnahme den Minibus als Rammbock verwendet – auch gefoltert. Verglichen damit fiel sein jetziger Aufenthalt relativ entspannt aus. Wie zuvor wurde ihm vorgeworfen, er habe eine illegale Vereinigung gegründet, um die Regierung zu stürzen. Verhört wurde er durch einen überraschend unfähigen Beamten, der ihm mehrfach vorhielt, dass der Staatspräsident und sein Sohn Gamal doch Wohltäter seien, als könne er ihn durch Wiederholungen überzeugen. Zum Glück hatte Ahmed noch eine SMS abschicken können, ehe er mit verbundenen Augen und in Handschellen unsanft im Fond des Polizeiwagens landete. Kaum war sein Netzwerk alarmiert, versammelten sich Demonstranten vor der Polizeistation und dem Büro des Staatsanwalts. Zwei Tage später wurde Ahmed freigelassen.

Ahmeds Fall ist beispielhaft für eine Entwicklung, die im ersten Jahrzehnt rund um den Globus zu beobachten war. In autoritären Staaten formierten sich immer mehr Jugendbewegungen, um bestens verankerten Regimen und Autokraten Paroli zu bieten. In Serbien führte im Jahr 2000 die von der Jugend geführte Otpor! (»Widerstand!«) Miloševićs Sturz mit herbei. Angespornt von ihrem Beispiel holte 2003 die georgische Jugendgruppe Kmara! (»Genug!«) die Menschen auf die Straßen und setzte einen politischen Wandel durch. Ein Jahr später mobilisierte in der Ukraine Pora! (»Es ist Zeit!«) Tausende junger Menschen, um gegen die gefälschten Wahlen zu Felde zu ziehen. Und als 2007 in Venezuela die Oppositionsparteien in Auflösung begriffen waren, setzte sich eine Studentenbewegung an die Spitze der Proteste gegen Hugo Chávez' autoritäre Bestrebungen. Tatsächlich erhielten diese Studenten im Land höhere Zustimmungsraten als jede andere politische Kraft, einschließlich der katholischen Kirche.[2] Im Iran hätte es ohne die zahllosen jungen Menschen, die gegen den Betrug bei der Präsidentenwahl im Juni 2009 protestierten, nie eine Grüne Bewegung gegeben. Und Anfang 2011 gingen Millionen junger Demonstranten auf die Straßen, erschütterten ganz Nordafrika und den Nahen Osten, hoben Regime aus den Angeln und lenkten die Geschichte der Region in neue Bahnen.

Natürlich verfehlen wie alle Aktivisten, die ein repressives Regime ins Visier nehmen, auch junge Demonstranten häufig ihre Ziele. Von Aserbaidschan bis Simbabwe wurden Aufstände solcher Gruppen brutal niedergeschlagen. Aber quer durch alle autoritären Staaten bleiben zwei Trends fast immer konstant. Die mutigsten, kreativsten und erfolgreichsten Kämpfer für die Freiheit rekrutieren sich häufig aus den jüngeren Schichten der Gesellschaft. Und ein erheblicher Prozentsatz von ihnen zieht politisch unabhängig in den Kampf und meidet die Parteien, Lager und Organisationen, die lange

Zeit am politischen Tauziehen in ihrem Land beteiligt waren. In Gesprächen, die ich mit jungen Aktivisten in verschiedenen Ländern führte, zeigte sich immer wieder eine gemeinsame Linie: Sie verstehen ihre jugendliche Unerfahrenheit keineswegs als Schwäche, sondern als Zeichen dafür, dass sie unbelastete politische Außenseiter sind und Despoten, die nicht von der Macht lassen wollen, potenten Widerstand entgegensetzen können. »Unsere Kraft liegt darin, dass wir keine politische Partei sind«, sagte mir Ahmed Maher. »Wir tun immer das, was wir wollen. Wir haben keine Parteizentrale und müssen deshalb auch nicht fürchten, dass sie geschlossen wird. Unsere Opposition stößt an keine Decke. Wir entscheiden, was getan werden muss, und tun es. Dagegen haben die Oppositionsparteien immer Kalküle.«[3]

Überall stimmen Aktivisten mit Maher überein. Moderne autoritäre Regime haben sich typischerweise selbst ein höchst künstliches politisches Umfeld geschaffen. In Russland sind – mit Ausnahme der Kommunisten – die sogenannten Oppositionsparteien, die in der Duma vertreten sind, allesamt Kreaturen des Staates, die der Kreml selbst ins Leben gerufen hat. Auch herrscht Übereinstimmung darin, dass die Oppositionsparteien, die Venezuela jahrzehntelang regierten, mit ihrer unglaublichen Misswirtschaft Chávez erst den Boden bereiteten. Aber trotz der Unfähigkeit dieser alten politischen Figuren brauchte die venezolanische Opposition über zehn Jahre, um sich von ihnen zu lösen und neue Gesichter zu präsentieren. In Ägypten zankten sich die säkularen Oppositionsparteien lieber untereinander, als Mubarak glaubhafte Alternativen entgegenzusetzen. Verständlicherweise sieht die Jugend unter solchen Umständen die herkömmlichen Politiker als kompromittiert an – ob wegen der zu großen Nähe zum Regime oder wegen allzu vieler Fehlschläge. Sie entziehen sich ihren Rekrutierungsbemühungen ebenso wie denen der regierenden Partei. Sie meiden den politischen Mainstream, den sie als vergiftet oder polarisiert ansehen, und trotzen den Spielregeln des politischen Wettbewerbs. Gerade deswegen und weil sie selbst als Bewegungen keinen Machtanspruch erheben, sehen sie die Machthaber häufig als eine besondere Bedrohung für die Fortsetzung ihrer Herrschaft. »Das ermöglicht es uns, die Politik wirksam zu umgehen«, sagt Douglas Barrios, ein Führer der venezolanischen Studentenbewegung von 2007. »Wir sind weder Teil der Opposition noch der Regierung noch der Vergangenheit. Wir sind einfach ein paar Tausend junge Leute, die etwas Besseres verlangen.«[4]

Angesichts der trostlosen Alternativen sind Ahmed Maher, Douglas Barrios und zahllose andere junge Leute, die sich Bewegungen in aller Welt anschlossen, für moderne autoritäre Systeme zu einer neuen unerwarteten Bedrohung geworden.

Wie kämpft man gegen Mike Tyson?

Ende 2006 war Venezuelas charismatischem Staatspräsidenten Hugo Chávez der Sieg absolut sicher. Er stand auf dem Gipfel seiner Macht. Als er im Dezember mit einem Erdrutschsieg wiedergewählt wurde, brachte er seinem Gegenkandidaten Manuel Rosales von der Opposition mit einem Vorsprung von 26 Prozent eine vernichtende Niederlage bei. Ein Jahr zuvor hatte Chávez die Nationalversammlung ganz unter seine Kontrolle bringen können, weil die Oppositionsparteien die Parlamentswahlen boykottiert hatten. Seine Kassen waren gefüllt: Der Preis für ein Barrel Rohöl war bereits auf über 60 Dollar gestiegen und hatte sich gegenüber dem Stand bei seinem Amtsantritt mehr als verdreieinhalbfacht. Eine Trendwende war nicht in Sicht. Und die Niederlage der Opposition war nur das jüngste Debakel in einer ganzen Serie, die bis ins Jahr 1998 zurückreichte. Als Chávez in der Wahlnacht auf den Balkon des Präsidentenpalastes hinaustrat und über Caracas hinwegblickte, hatte er keinen Gegner mehr zu fürchten. Das mag erklären, warum seine nächste Zielscheibe ein Fernsehsender war.

Radio Caracas Televisión, besser bekannt unter dem Kürzel RCTV, war seit über 53 Jahren auf Sendung. Der Sender war Venezuelas ältester TV-Kanal, und mit 40 Prozent Zuschaueranteil auch mit Abstand der beliebteste. Wenngleich hier fast ausschließlich Unterhaltung gezeigt wurde – so einige von Venezuelas populärsten Seifenopern –, war in den Nachrichten eine deutlich kritische Ausrichtung gegen Hugo Chávez und seine Politik zu hören. Folglich legte Chávez wenige Wochen nach seiner Wiederwahl den Kampfanzug an und verkündete, dass die staatliche Sendelizenz für RCTV nicht verlängert würde. Am 28. Mai 2007, wenn die alte Genehmigung auslaufe, werde der Sender abgeschaltet. Die meisten Venezolaner, sogar Unterstützer des Staatspräsidenten, wurden von dem Vorstoß überrascht. RCTV war eine Institution, der Fernsehsender, mit dem jedermann großgeworden war. Nach Umfragen waren 60 bis 80 Prozent der Venezolaner gegen die Schließung.[5] Doch das focht Chávez nicht an.

Douglas Barrios studierte damals im vierten Jahr Wirtschaftswissenschaften an der Universidad Metropolitana in Caracas. Mit zwanzig Jahren war er wie die meisten seiner Kommilitonen Teil der ersten Generation junger Venezolaner, die unter Chávez herangewachsen waren. Als Chávez zum ersten Mal zum Präsidenten gewählt wurde, ging er in die sechste Klasse, und er hatte keine Erinnerung an einen anderen Präsidenten. Dagegen ist ihm der Abend des 27. Mai 2007 – er saß zu Hause – als ein »gewaltiger Moment« im Gedächtnis geblieben. In den vorangegangenen Monaten hatten er und zahlreiche Freunde an der Universität fassungslos festgestellt, dass niemand bereit war, gegen das Dekret des Präsidenten Widerstand zu organisieren. »Wenn ich den Vorgang US-Amerikanern zu erklären versuche, vergleiche ich ihn mit einer gleichzeitigen Abschaltung von NBC, ABC und CBS«, sagt Barrios. Und in dieser Nacht, genau um Mitternacht, verschwand RCTV. Als letztes Bild sahen die Zuschauer, wie die Redakteure, Nachrichtensprecher, Schauspieler und Angestellte des Senders die Nationalhymne sangen. Viele weinten, als sie zum Abschied winkten. »Man saß vor seinem Fernsehgerät, wahrscheinlich ohne Licht, und sah, wie der TV-Sender vom Bildschirm verschwand«, erinnert sich Barrios. »Das hat uns vor Augen geführt, wie Wahlmöglichkeiten, Optionen verschwinden können, wie etwas, das bestens etabliert war, einfach vom Bildschirm verschwindet.«[6]

Geraldine Alvarez, eine Studentin an der Katholischen Universität Andrés Bello, erinnert sich ähnlich an diese Nacht. Damals studierte sie im vierten Jahr Öffentlichkeitsarbeit und Journalismus. Als Heranwachsende hatte sie sich nie besonders für Politik interessiert. Aber am Tag vor der Abschaltung von RCTV hatten ihre Kommilitonen sie in den Universitätsrat gewählt. Sie war immer davon ausgegangen, dass aktive Arbeit in der studentischen Vertretung bedeute, akademische Veranstaltungen zu organisieren oder sich um Belange des Campus zu kümmern. Als Schritt in die große politische

Arena hatte sie diese Tätigkeit bestimmt nicht aufgefasst. Das änderte sich von Grund auf am 28. Mai. »Zum ersten Mal hatte ich das Gefühl, dass die Regierung in mein Privatleben einbrach und mir vorschrieb, was ich zu unterlassen hätte«, sagt Alvarez. »Deshalb reagierten so viele schockiert. Am nächsten Tag schlossen wir die Universität.«[7]

Die Reaktion erfolgte zunächst spontan. Venezolanische Studentenführer aus der Zeit berichten übereinstimmend, dass es keinen sorgfältig durchorganisierten Plan gegeben hatte. Sie dachten nicht weiter als bis zu den nächsten paar Stunden. Keiner hätte sich vorstellen können, dass sie mit ihren Aktionen eine Bewegung anstoßen würden. Aber eine kleine Gruppe Studenten von den fünf größten Hochschulen in Caracas wollte nach dem 28. Mai 2007 nicht einfach zum Alltag übergehen.[8] Wütend versammelten sich Hunderte vor den verschiedenen Hochschulgebäuden, um gegen die Abschaltung zu protestieren, die jedermann in der Nacht vor dem Fernseher miterlebt hatte. »Wir haben beschlossen, dass am nächsten Tag nicht einfach Normalität herrschen dürfe«, sagt Barrios. »Wenn wir so etwas als normal durchgehen ließen, wenn wir es *uns* durchgehen ließen, so etwas als normal hinzunehmen, würden wir ein Stück von uns selbst verlieren.«

Die fünf größten Hochschulen in Caracas liegen zufälligerweise an strategisch wichtigen Punkten am Rand und in der Stadt: vier an den Einfallstraßen und eine genau im Zentrum. So genügte eine relativ kleine Anzahl Studenten, um die Straßen vor diesen Hochschulen zu besetzen und damit die gesamte Stadt zu blockieren. Und das taten sie denn auch.

Natürlich stieß dieser studentische Protest rasch auf Widerstand. Die Regierung entsandte Einheiten von Polizei und Nationalgarde, um die Blockaden aufzulösen. Tränengas und

Gummigeschosse zwangen die Studenten der Universidad Metropolitana zum Rückzug in die Universitätsgebäude. Als sie auf die Straße zurückzukehren versuchten, wurden sie erneut vertrieben. Statt das Patt zu akzeptieren, beschlossen die studentischen Führer, sich neu zu organisieren. Sie verließen ihre Hochschulen und versammelten sich auf der Plaza Brión, die in einem geschützteren Teil der Stadt lag, in dem die Behörden sie nicht erwarteten und wo es eine Metrostation gab. Überraschenderweise strömten dort immer mehr Menschen zusammen.

Als andere Studenten, Freunde und Angehörige von den Zusammenstößen vor den Universitäten erfahren hatten, entschlossen sie sich zu Solidaritätsbekundungen. Hatten sich am Morgen nur einige Hundert Studenten verstreut über die fünf Universitäten versammelt, so strömten auf der Plaza Brión bald über 2000 Menschen zusammen. Und ihre Zahl wuchs weiter. Laut den meisten Schätzungen schwoll die Menge bis zum Nachmittag auf fast 10 000 Demonstranten an. Am Ende drängten sie sich auf dem Platz und stauten sich bis in die umliegenden Straßen hinein. Wieder machten Polizei und Nationalgarde mobil, um die Menge aufzulösen. Aber die Proteste hatten eine Bewegung ausgelöst, die sich nicht mehr auf einen Ort und einen Zeitpunkt begrenzen ließ. Am nächsten Tag flammten die Proteste erneut auf, nicht nur in Caracas. Auch in anderen größeren Städten veranstalteten Studenten Blockaden und Demonstrationen. »Wir hatten keinen Plan«, sagte Yon Goicoechea, ein Jurastudent und studentischer Führer an der Katholischen Universität Andrés Bello, der bald das bekannteste Gesicht der venezolanischen Studentenbewegung werden sollte. »Aber uns war klar, dass wir am nächsten Tag etwas unternehmen mussten. Dieser spontane Ausdruck der Empörung brauchte eine Führung. Die Ausmaße dieses Protestes waren für uns unvorstellbar.«

In den nächsten Monaten protestierten Studenten jeden Tag überall im Land gegen die Abschaltung von RCTV. Aber auch wenn der Funke gezündet und sich die Proteste rasch ausgebreitet hatten, standen die Chancen für eine Rücknahme des Erlasses sehr schlecht. Chávez hatte RCTV aus dem Äther verbannt und die Frequenz bereits an einen staatlichen Sender vergeben. Wäre es nur um die Rettung von RCTV gegangen, hätten die Studenten auf verlorenem Posten gekämpft. Aber das war nicht ihr wichtigstes Ziel. Vielmehr kündeten die Proteste im Mai und Juni 2007 davon, dass die Studentenbewegung als eine beständige Kraft in Venezuelas politisches Leben einzog. »Wir erreichten kein konkretes Ziel«, räumt Goicoechea ein. »Aber in einer Diktatur ist der Akt, Hoffnung zu schüren und Angst zu bekämpfen, schon an sich besonders wichtig.«[9]

In ihrer neuen politischen Rolle fühlten sich die Studenten nicht ganz allein. Sie sahen sich in vielfacher Hinsicht als Erben Rómulo Betancourts, des ersten demokratischen Staatspräsidenten im modernen Venezuela. Betancourt hatte der Studentenbewegung von 1928 angehört, die sich – damals als einzige Kraft – gegen die Diktatur von Juan Vicente Gómez aufgelehnt hatte. Wegen ihres Kampfs um Demokratie waren die Studenten 30 Jahre lang Inhaftierungen und Verfolgungen ausgesetzt oder wurden ins Exil getrieben. 1959 war Betancourt zum Staatspräsidenten gewählt worden. In seiner Tradition sahen sich nun die Studenten von 2007. Auch wenn sie kein konkretes Ziel erreicht hatten, so sagte mir Goicoechea, sehe er diese Proteste im Frühsommer als die wichtigste Phase der Studentenbewegung: Sie knüpften an die Aktivitäten der früheren Verteidiger der venezolanischen Demokratie an. »Unter jeder Diktatur in unserer Geschichte gingen die Studenten auf die Straße«, sagte er. »Diese Jugendbewegung nach Jahrzehnten der Apathie war sehr wichtig, um die Opposition zu mobilisieren. Wir haben klargemacht, dass Opposition nicht nur politische Parteien sind, sondern Menschen, die in Venezuela in einer Demokratie leben wollen.« Wenn Chávez sonst niemand Paroli bot, dann eben die Studenten.

Auf einen weiteren Grund zum Protest mussten sie nicht lange warten. Am 15. August stellte Chávez der Nationalversammlung eine Verfassungsreform vor, um seine Machtbefugnisse als Staatspräsident gewaltig auszudehnen. Diese unglaublich dreiste Vorlage, die mit einem Volksentscheid abgesegnet werden sollte, beinhaltete nicht weniger als 69 einzelne Änderungen.[10] Eine räumte dem Staatspräsidenten das Recht ein, den Ausnahmezustand auszurufen und dann jede Berichterstattung der Medien zu zensieren. Eine andere ermächtigte ihn, neue Verwaltungsbezirke einzurichten und sie seinem handverlesenen Vizepräsident zu unterstellen. Eine weitere erschwerte es, Unterschriften für ein Referendum zu sammeln, um den Präsidenten abzusetzen, wie es die Opposition im Jahr 2004 angestrebt hatte. Die wohl umstrittenste Veränderung sah vor, die Begrenzung der Amtszeit des Präsidenten aufzuheben: Das sollte Chávez den Weg für eine Präsidentschaft auf Lebenszeit ebnen. Um dem Volksentscheid öffentliche Akzeptanz zu verschaffen, wurde er mit zahlreichen populistischen Vorschlägen gespickt, so mit einem sechsstündigen Arbeitstag und mit Sozialversicherungsleistungen für alle, von den Straßenverkäufern bis zu den nicht berufstätigen Müttern. Chávez versuchte nicht nur an der

Verfassung zu drehen, sondern auch grundlegend das Verhältnis von Staat und Gesellschaft zu verändern. Seine vorgeschlagenen Reformen füllten 44 eng bedruckte Seiten aus.

Diesmal hatten die Studenten ein klares Ziel: eine Ablehnung der Verfassungsänderung beim Volksentscheid. Allerdings hätte wohl niemand in Venezuela darauf gesetzt, dass sie Erfolg haben würden. Angesichts seines gewaltigen Wahlsieges acht Monate zuvor schien Chávez unbesiegbar. Er hatte den gesamten mächtigen Staatsapparat hinter sich, und der wurde täglich größer, weil Chávez einen Industriegiganten nach dem anderen verstaatlichte. Mit dem Exempel, das er an RCTV statuiert hatte, hatte er die ganz wenigen verbliebenen kritischen Medien gebändigt. Und die Oppositionsparteien waren nach ihrer krachenden Niederlagen immer noch so demoralisiert, dass sie den anstehenden Kampf offenbar lieber aussitzen wollten.

Tatsächlich war nicht einmal klar, ob die venezolanischen Studenten Interesse hatten, ihre demokratischen Rechte zu verteidigen. Nachdem Chávez sein Referendum angekündigt hatte, so erinnerte sich Barrios, beriefen er und seine Mitstreiter an seiner Universität eine Studentenversammlung ein. Acht Leute kamen. Die Studentenführer mussten erkennen, dass sie trotz ihres Erfolgs wenige Monate zuvor in Sachen RCTV die Studenten wieder ganz von vorn mobilisieren mussten. »Das war eine echte Herausforderung für uns: etwas in Gang zu bringen, was zuvor spontan aufgeflammt war«, sagt Barrios.

Fast einen Monat brachten die Führer damit zu, ihre Kommilitonen für den Kampf zu motivieren. Der erste Schritt war reine Aufklärung: Sie mussten den Studenten begreiflich machen, was auf dem Spiel stand, und sie regelrecht darauf stoßen. Klauseln der neuen Verfassung ermächtigten den Staat, Privateigentum zu beschlagnahmen. Also besetzten studentische Organisatoren die Mensa und markierten sie mit gelbem Klebeband und Schildern als Staatseigentum. Sie stellten in Grünanlagen auf dem Campus Attrappen von Grabsteinen auf und beschrifteten sie mit den Rechten, die bald außer Kraft gesetzt würden. Jedem, der sich ihnen anschloss, wurde ein Gefühl der Zugehörigkeit zur Bewegung vermittelt. Jeder erhielt eine Aufgabe, mit der er sich identifizieren konnte, auch ohne eine Führungsrolle zu erfüllen. Bei der Darstellung der Bewegung setzten die Studentenführer auf Pragmatismus. Sie bedruckten T-Shirts und schufen so ihre Version des Live-Strong-Armbands, jenes Silikonaccessoires, mit dem man seine Sympathie für eine gemeinnützige Organisation zum Ausdruck bringen kann. »In der Bewegung mitzumachen, musste sich einfach cool anfühlen«, sagt Barrios. »Wenn das notwendig war, um Tausende auf die Straße zu bekommen, musste man es eben so machen.«

Ein besonders scharfsinniges Verständnis entwickelten sie bei der Frage, wie sie sich der Öffentlichkeit präsentieren sollten. Eine schlagkräftige rhetorische Waffe, die Chávez gegen die Opposition richtete, war die Beschwörung der Vergangenheit. Dass die demokratischen Regierungen in den letzten Jahrzehnten in einem Sumpf aus Korruption, Unfähigkeit und Misswirtschaft versackt waren, ist den Venezolanern bis heute im Gedächtnis geblieben. Solange Chávez zwischen den Parteien und der damaligen Zeit eine Verbindung herstellen konnte – ein leichtes Unterfangen, denn viele waren an den betreffenden Regierungen beteiligt gewesen –, hatte er beste Siegeschancen. Dagegen hoben die Studenten hervor, dass sie diese politische Erblast nicht mit sich herumschleppten, weil sie bei Chávez' erstem Amtsantritt gerade einmal zehn oder zwölf Jahre alt gewesen waren.

Die Oppositionsparteien hatten auf die Parole »Chávez, verschwinde jetzt!« gesetzt – ein Fehler, wie die Studenten meinten. Ihnen ging es nicht darum, den Krieg der Worte, den Chávez entfacht hatte, weiter zu befeuern. Sie zielten zu Anfang nur darauf ab, das Referendum scheitern zu lassen, ohne Chávez gleich absetzen zu wollen. Sie erkannten, dass die Strategie, einen populären Staatspräsidenten zu dämonisieren, ins Leere laufen würde. Wenn sie die Wähler für die Sache gewinnen wollen, durften sie sie nicht vor den Kopf stoßen. »Wir waren nicht gegen Chávez«, sagt Goicoechea. »Wir haben diese Proteste nicht angestoßen, um ihn aus dem Amt zu jagen. Unser erstes wichtiges Unterscheidungsmerkmal war unsere Botschaft. Sie radikalisierte die Leute nicht zum Kampf gegen Chávez. Sie bezog sie mit ein. Unsere Kampagne konzentrierte sich zunächst auf positive Werte.« Das war so wichtig, dass sie sich bemühten, den Namen des Präsidenten nicht einmal zu erwähnen. »Ich habe an den Formulierungen mitgearbeitet«, erinnert sich Alvarez. »Der Name ›Chávez‹ fiel bei uns überhaupt nicht. Wir redeten über die Regierung. Und immer über Werte.«

Wie für alle Jugendbewegungen waren ihr Alter und ihre politische Unabhängigkeit für die Studenten von Vorteil. »Die Leute unterstützten uns, weil wir zu jung waren, um als Politiker antreten zu können und eine Gegenleistung zu erwarten«, sagt Alvarez. »Wir kämpften nicht, um irgendwo hineingewählt zu werden.« Ihre lauteren Motive drängten die Regierung in die Defensive. Chávez griff wieder zu seiner polarisierenden Rhetorik und diffamierte die Studenten als

»Reichensprösslinge«, »Söhne des Imperiums« und »Faschisten«. Aber die Versuche, die Bewegung mit den Vermögenden oder den Vereinigten Staaten in Verbindung zu bringen, verfingen kaum in der Öffentlichkeit. Wie sich im Herbst abzeichnete, hatten die Studenten etwas völlig Neues erreicht: Jetzt reagierte Chávez auf die politische Botschaft seiner Gegner anstatt umgekehrt.

Natürlich setzte er in diesem Kampf mehr als nur seine Rhetorik ein. Wie alle autoritären Führer hatte er Mittel, die Studenten durch Zwang und Einschüchterung im Zaum zu halten. Die Studenten verglichen ihre Strategie im Kampf gegen Chávez gerne mit dem Versuch, einen Sieg über Mike Tyson zu erringen. »Wer gegen Mike Tyson antreten will, tut das besser nicht im Boxring. Tyson mag verrückt sein, aber er schlägt einen eben zu Brei«, sagte Barrios lachend. »Aber wenn man ihn für eine Partie Schach gewinnen kann, hat man schon eine Chance. Wir kämpfen nicht [gegen Chávez' Militär oder Polizei], denn sie haben Schusswaffen und anderes Gerät. Die würden uns umbringen. Aber wenn wir sie von ihrem Spiel ablenken und sie in das Spiel hineinziehen, das wir beherrschen, können wir sie schlagen. Kann natürlich sein, dass Mike Tyson in Rage gerät, wenn man ihn im Schach besiegt, und einen niederschlägt. Aber dann bekommt man Unterstützung aus der Bevölkerung. Wenn man von Mike Tyson im Boxkampf vermöbelt wird, sagt doch jeder, dass man es verdient hat. Schließlich ist man mit ihm in den Ring gestiegen.«

Wie hielt man Chávez und sein Regime in der Defensive? Die Antwort lautete: mit einfallsreichen, originellen und überraschenden Formen des Protests. Märsche und Kundgebungen waren gut und schön. Aber die Studenten hüteten sich davor, dem Muster zu verfallen, auf die Straße zu gehen, zu demonstrieren und sich dafür tagtäglich Repressalien einzuhandeln. Stattdessen erlebten die Venezolaner im Oktober und November 2007 eine fantastische Serie an neuartigen und einfallsreichen Protesten, die von den Studenten angeführt wurden. Wie viele Aktionen, die die Studenten anfangs an den Hochschulen durchgeführt hatten, zielten die jetzigen Demonstrationen häufig darauf ab, die Bevölkerung darüber aufzuklären, wie sich Chávez' Verfassungsreform auf das Leben in Venezuela auswirken würde. Sie blockierten Straßen und ließen die Leute nur weiterziehen, wenn sie einen Artikel der Verfassung nennen konnten, den Chávez abändern wollte.[11] Sie verteilten selbst gezeichnete Cartoons, in denen sie die fraglichen Verfassungsänderungen in einer klaren und einfachen Sprache erläuterten. Statt in Massen zu Tausenden zu protestieren, schickten sie kleine Gruppen an über hundert Metrostationen, um dort Zeitungen mit möglichen Schlagzeilen von morgen zu verteilen: Jede zeigte die Konsequenzen für die Venezolaner auf, sollte die Regierung bald über grenzenlose Macht verfügen.

Humor erwies sich dabei als eine scharfe Waffe. »Venezuela ist sehr berühmt für seine Miss Universe. Sie ist uns wirklich wichtig«, sagte mir Alvarez. Also fertigten die Studenten das Bild einer Miss Venezuela der Zukunft an: das einer alten Frau, die ihre Krone nicht hergeben will. »Alle wollen jedes Jahr ein neues Mädchen«, sagte Alvarez lachend. »Aber was, wenn die gegenwärtige Miss Venezuela ihre Krone fünfzehn Jahre behalten möchte?«

Nach dem altbekannten autoritären Muster versuchten Chávez und seine Anhänger, die Studenten als Agenten der CIA hinzustellen. Daraufhin demonstrierte eine Gruppe Studenten vor einer staatlichen Bank. Dort skandierten sie, sie seien CIA-Spione und wollten ihre Schecks abholen. »Wir haben vor der Bank protestiert, weil die Regierung angeblich unsere Zahlungen von der CIA hinauszögere«, erinnerte sich Alvarez. »Statt durch Konfrontation machten wir den Leuten durch Spott deutlich, wie lächerlich sich unsere Regierung mitunter aufführt. Als Studenten konnten wir das tun.«

Als der Tag des Volksentscheids näherrückte, so Studenten, seien die Sicherheitskräfte immer aggressiver aufgetreten: Studenten und ihre Familien erhielten Morddrohungen. Andere wurden vor den Augen einer untätigen Polizei niedergeprügelt. Und einige Anführer wurden vehement unter Druck gesetzt. Am heftigsten traf es Yon Goicoechea.

Im Jahr 2007, als Goicoechea die Studentenbewegung mit anführte, steckte seine Familie in einer Krise. In diesem Jahr war seinem Vater der Prozess wegen Mordes gemacht worden. Er und seine Familie beteuerten, dass er die fragliche Tötung aus Notwehr begangen habe. Dank der Haft seines Vaters und des anhängigen Verfahrens hatte das Regime ein Druckmittel gegen ihn in der Hand. Als Goicoechea eines Tages auf der Straße unterwegs war, wurde er von den Leibwächtern des venezolanischen Vizepräsidenten Jorge Rodríguez gestellt.[12] Rodríguez wollte einen Deal aushandeln. »Der Vizepräsident der Republik versprach mir, meinen Vater aus dem Gefängnis zu holen, wenn ich die Proteste stoppte. Ich habe nicht eingelenkt. Mein Vater sitzt immer noch in Haft. Das hat für uns Konsequenzen. Wir müssen Opfer bringen. Einfach ist das nicht.«

Ich hakte bei Goicoechea nach: »Sollten Sie aus der Studentenbewegung ausscheren oder sie unterwandern?«

»Wenn mir der Vizepräsident gesagt hätte, dass ich mich aus der Bewegung zurückziehen solle, damit mein Vater freikäme, hätte ich es nicht getan«, wiederholte Goicoechea ohne Zögern. »Ich konnte doch nichts stoppen, das größer war als ich und für das ich Verantwortung trug. Ich trage die Konsequenzen und zahle täglich dafür.« Nachdem Goicoechea abgelehnt hatte, wurde die Anklage gegen seinen Vater so abgewandelt, dass sich das Strafmaß bei einem Schuldspruch erhöhte. Statt zu sechs wurde er zu zwanzig Jahren Gefängnis verurteilt. Nach einer kurzen Pause sagte Goicoechea ruhig: »Sie setzen auf Einschüchterung, und sie ziehen die harte Nummer durch.«

Ob die Verfassungsänderung per Volksentscheid durchkommen würde, hing letztlich von Zahlen ab. In der Schlussrunde ihrer Kampagne glaubten die Studenten, dass sie ihren Mitbürgern aufzeigen müssten, dass ihr Rückhalt für einen Sieg reichte. Die Abschlussveranstaltung sollte auf der Avenida Bolívar im Herzen von Caracas stattfinden. Diese Hauptverkehrsallee ist nicht der größte öffentliche Raum des Landes, hat aber im historischen Gedächtnis der Venezolaner große Bedeutung, weil hier schon wichtige politische Versammlungen stattfanden. Außerdem hieß es, Staatspräsident Chávez können ihn als einziger mit Anhängern füllen. Das machte die Avenida Bolívar für die Studenten besonders attraktiv. Allerdings musste der Innenminister, der sich ihres symbolischen Wertes ebenfalls bewusst war, den entsprechenden Antrag genehmigen. Er lehnte ihn wiederholt ab und ließ wissen, die Studenten könnten alle Plätze haben, nur nicht die Avenida. Die Studenten konterten, sie würden für ihre Demonstration jeden Tag und jede Uhrzeit akzeptieren, sie müsse aber auf der Avenida Bolívar stattfinden. Daraufhin genehmigte das Innenministerium die Veranstaltung für den 29. November um 14.30 Uhr – drei Tage vor der Volksabstimmung am 2. Dezember. »Sie gaben uns einen fürchterlichen Tag für die Demonstration«, erinnert sich Barrios. Um die Zeit mussten viele potenzielle Unterstützer arbeiten oder sich am Nachmittag durch die Staus zum Veranstaltungsort kämpfen. »Aber wir mobilisierten alle Reserven, körperliche, finanzielle und menschliche, um die Avenida Bolívar voll zu bekommen. Und wir haben es geschafft.« Nach den meisten Schätzungen nahmen an der Großdemo über 150000 Venezolaner teil.[13] Am nächsten Tag hielt Chávez eine eigene Versammlung ab und füllte die Straße ebenfalls. »Der Unterschied war, dass er Präsident ist und wir Studenten sind«, sagt Barrios. »Viele gingen mit dem Eindruck nach Hause: ›Diese Kids meinen es ernst. Also haben wir eine echte Chance auf den Sieg.‹«

Sechs kugelsichere Westen

Am Sonntag, den 2. Dezember, traten die Venezolaner an die Urnen. Keine der beiden Seiten wusste, ob die Stimmen zu ihrem Sieg reichen würden. Und damit verlegten sich die Chávez-Anhänger sogleich aufs Bluffen.

Um die Mittagszeit erhielt Yon Goicoechea einen Anruf von einem chavistischen Studentenführer. Er müsse ihn dringend sprechen, sagte er. »Wir trafen uns an einem öffentlichen Ort. Mit dabei war ein besonders hochrangiger Funktionär der Geheimpolizei«, erinnert sich Goicoechea. »Der teilte mir mit, es lägen Informationen vor, dass die Verfassungsänderung des Volksendscheids durchgekommen sei. Er bot mir alle notwendigen Mittel an – was das auch immer hieß –, um Blutvergießen in Venezuela zu vermeiden. Das hieß natürlich, dass nicht demonstriert werden sollte.« Nachdem das Regime Goicoechea mit dem Schicksal seines Vaters unter Druck gesetzt hatte, setzte es jetzt auf Beschwichtigung. Goicoechea müsse einfach die anderen Studentenführer davon überzeugen, sich mit dem Ergebnis der Abstimmung ohne Proteste abzufinden.

Goicoechea war klar, dass das Regime den Ausgang des Votums nicht wissen konnte. Jetzt um die Mittagszeit waren die Wahllokale ja noch geöffnet. Aber bluffen konnte er auch. Er erzählte dem Funktionär der Geheimpolizei, er habe Informationen, dass die Studenten gewonnen hätten. »Wenn wir gewinnen, gehen wir auf die Straße und verteidigen unseren Sieg«, wiederholte er. »Und wenn Sie Blutvergießen vermeiden wollen, dann liegt das in Ihrer Verantwortung. Sie sind doch die Staatssicherheit.«

Die Studenten machten sich keinerlei Illusionen, was für einen Sieg am 2. Dezember 2007 notwendig war. Goicoechea sagte mir, dass man für einen Wahlsieg in Venezuela gleich zwei Dinge brauche: »Man muss gewinnen und die Armee hinter sich haben. Wenn eines fehlt, hat man verloren. Denn die Armee schützt einen nicht, wenn man verliert, und wenn man gewinnt und einen die Armee nicht schützt, verliert man auch.«

Das Militär musste die Ziele oder das politische Projekt der Studenten nicht unbedingt mittragen. Wichtig war nur, dass es den Preis eines Betrugsmanövers für zu hoch einschätzte. »Man muss erst mal verstehen, wie das Militär funktioniert, insbesondere in Ländern wie Venezuela«, sagt Barrios. »Wenn es im Militär noch einen Funken Institutionalismus gibt, entscheidet es sich für die möglichst gewaltfreie Lösung. Wir wollten also eine glaubwürdige Drohkulisse aufbauen und sagten: Wenn ihr das offizielle Ergebnis der Abstimmung nicht anerkennt, werdet ihr ein gewaltiges Maß an Gewalt brauchen.«

Den ganzen Tag über trafen im Hauptquartier der Studenten viele gute Nachrichten ein, aber sie hatten keine Ahnung, ob sie gewinnen würden. Auch im besten Fall sahen sie ihren Vorsprung innerhalb der Fehlermarge liegen, trotzdem verbreiteten sie Zuversicht. Um 19 Uhr gab Goicoechea eine Pressekonferenz. Bis über beide Ohren strahlend, gratulierte er den Studenten und den Unterstützern für ihre Arbeit. Jetzt müsse nur noch das Ergebnis verteidigt werden. Unterschwellig lautete die klare Botschaft, dass sie gesiegt hätten und das Ergebnis nur noch offiziell verkündet werden müsse. In Wahrheit war der großspurige Auftritt reines Theater. Er hatte keine Ahnung, ob die Neinstimmen tatsächlich vorn lagen oder nicht.[14]

Bis Mitternacht hatte die Nationale Wahlkommission noch immer kein Endergebnis verkündet. Bei den Studentenführern lagen die Nerven blank. Goicoechea redete mit Bekannten beim Militär und erfuhr, dass die Generäle Chávez mitgeteilt hätten, dass er das Ergebnis akzeptieren müsse. Trotzdem wuchs die Besorgnis der Studenten, dass das Regime ihnen den Sieg rauben würde. Gegen 1 Uhr nachts rief Vizepräsident Rodríguez bei Leopoldo López an: Der junge Führer der Opposition hatte die Kampagne der Studenten unterstützt und hielt sich gerade bei den Machern der Bewegung auf. Laut Barrios deutete der Vizepräsident an, dass die Regierung ein ihr genehmes Ergebnis verkünden würde. Die Studenten sollten sich im Interesse ihrer persönlichen Sicherheit damit abfinden. »Ich erinnere mich, dass ihm Leopoldo geantwortet hat: ›Wenn Sie am Abstimmungsergebnis drehen, haben Sie

Tausende auf den Straßen und finden mich und die Studenten an der Spitze der Proteste‹«, sagte Barrios. Die Abstimmung war zu einem gewaltigen Machtpoker geworden.

Noch heute wollen die Studenten nicht offenlegen, was sie für diese Nacht und den folgenden Tag geplant hatten. Barrios wäre dafür verantwortlich gewesen, die Reaktion der Studentenbewegung zu planen, wenn das Regime den Ausgang des Volksentscheids gefälscht hätte. Wenige Minuten nach 1 Uhr morgens – die offiziellen Stellen schwiegen noch immer zum Ergebnis – kam dann der Augenblick, den sie zu vermeiden gehofft hatten: Die Studenten mussten auf die Straße gehen, um ihren Sieg zu verteidigen. »Wir waren auf das Szenario vorbereitet«, erinnert sich Barrios. »Ich erinnere mich, dass wir alle aus dem Raum strömten. Wir besaßen nur sechs kugelsichere Westen und gaben sie den profiliertesten unserer Führer, die zu den Protesten marschierten. Für mich war keine übrig.«

Als Barrios gehen wollte, rief er noch kurz bei seinen Eltern an. Seine Mutter nahm ab.

»Wie geht's dir, Schatz?«, fragte sie.

»Hier wird es jetzt scheißkompliziert, Mamá«, sagte er.

»Was ist passiert? Haben wir die Abstimmung verloren?«

»Nein, wir haben gewonnen. Aber möglicherweise wollen sie uns den Sieg stehlen.« Darauf habe seine Mutter das »Drolligste überhaupt« gesagt.

»Mach dir keine Sorgen, Schatz. Das kommt doch vor. Wir kriegen sie das nächste Mal dran.«

»Nein«, antwortete Barrios seiner Mutter. »Wir kriegen sie nicht erst das nächste Mal dran. Wir haben die Abstimmung schließlich gewonnen, und das setzten wir durch.«

»Was heißt das? Wann kommst du nach Hause?«

»Ich glaube nicht, dass ich heute nach Hause komme, Mamá.«

»Dann morgen? Wann?«

»Ich glaube nicht, dass ich überhaupt wieder heimkomme, Mamá«, antwortete er. Seine Mutter ließ den Hörer fallen und brach in Tränen aus. Sein Vater hob ihn wieder auf. Douglas Barrios sagte ihm, was er gerade seiner Mutter gesagt hatte. Sein Vater verlangte Auskunft, wo er sich aufhielt. Immer wieder hörte er seinen Vater sagen: »Wo bist du? Wo bist du denn?« Er verabschiedete sich und legte auf. Dann nahm er die Batterie aus seinem Mobiltelefon und steckte sie im Hinauseilen in die eine und das Gerät in die andere Hosentasche. Er stieg auf ein Motorrad, um zum nächsten Schauplatz zu fahren, auf dem sie ihren Plan umsetzen wollten. Als er den Motor angelassen hatte, schrie jemand: »Douglas, Douglas, Warte! Warte! Sie geben gleich die Ergebnisse bekannt.«

Barrios sprang vom Motorrad und rannte wieder hinein.

Sie hatten gesiegt. Um 1.20 Uhr räumte der Vizepräsident das Scheitern des Referendums ein. Erst mehrere Stunden später trat Chávez vor seine Anhänger. Das genaue Endergebnis der Abstimmung vom 2. Dezember 2007 wurde bis auf den heutigen Tag nicht veröffentlicht. Selbst wenn es sich nie wird nachprüfen lassen: Hätte Chávez den Sender RCTV nicht geschlossen, wären die Studenten wohl nie so erfolgreich gewesen.

Eine Demonstration der Stärke

Man hätte es für eine Party halten können: Junge Männer und Frauen tanzten zu Rockmusik und grölten Songs. Mit orangefarbenen Hüten, Schals, Armändern und Schleifen kampierten Zigtausende zumeist junge Ukrainer seit fast drei Wochen auf den Straßen der Hauptstadt Kiew. Sie hielten den Unabhängigkeitsplatz und andere Örtlichkeiten besetzt, um gegen Wahlfälschung zu protestieren und für ihren Kandidaten zu demonstrieren. Als die Novembertemperaturen sanken, drängten sie sich enger zusammen, tranken noch einen Schluck und skandierten: »Zusammen sind wir viele! Wir sind nicht zu besiegen!« Noch vor Jahresablauf führte diese Aufwallung der »Stärke des Volkes« schließlich dazu, dass die gefälschte Wahl für ungültig erklärt und wiederholt wurde. Auf demokratischem Wege kam so der führende Oppositionskandidat an die Macht.

Zu Recht wurde die Orangefarbene Revolution, wie sie anschaulich genannt wurde, als friedlicher und demokratischer Aufstand gelobt. Dabei hatten die jungen Aktivisten, die in diesem Spätherbst die Proteste an vorderster Stelle mit organisiert hatten, nicht aus dem Nichts heraus agiert. Die ukrainische Jugendbewegung, die sogenannte Pora! (»Es ist Zeit!«), hatte von den Ratschlägen der serbischen Otpor! profitiert, die im Jahr 2000 maßgeblich zu Miloševićs Sturz beigetragen hatte. Anregungen und Ideen kamen auch von der Kmara! (»Genug!«), der Studenten- und Jugendorganisation, die an der Rosenrevolution in Georgien 2003 beteiligt gewesen war. Wer sich das Meer aus Orange in der »Zeltstadt« in Kiew in diesem November genauer angeschaut hatte, stellte fest, dass wieder andere von dem ukrainischen Modell lernen wollten: Junge Kasachen waren angereist, um sich selbst ein Bild von den Protesten zu machen. Weißrussische Aktivisten hatten sich unter die Menge gemischt und schwangen ihre Nationalflagge, um die neuen ukrainischen Freunde zu unterstützen. Junge Menschen aus allen ehemaligen Sowjetrepubliken beobachteten vor Ort, was es hieß, eine »Farbrevolution« zu gestalten.[15]

Der Kreml musste nicht lange darauf warten, dass auch die russische Jugend in Moskau und Sankt Petersburg auf die Straße ging und Erfahrungen sammelte. Angesichts der Rolle, die die oppositionellen Jugendgruppen in Serbien, Georgien und insbesondere der Ukraine während der Orangefarbenen Revolution gespielt hatten, rief der Kreml eine eigene Jugendbewegung ins Leben. So entstand die Naschi (»die Unseren«), eine Organisation, die von Anfang an militant nationalistische Töne anschlug. Sie dient heute als wichtiges Instrument, um Oppositionsführer, Aktivsten aus der Zivilgesellschaft und Kremlkritiker einzuschüchtern und zu behindern. Als ich im April 2010 in Moskau eintraf, feierte die Naschi eben ihren fünften Gründungstag. Der Hauptredner während der Feierlichkeiten war kein Geringerer als Wladislaw Surkow, Wladimir Putins rechte Hand und der damalige Chefideologe im Kreml, der als Anstoßgeber für die Naschi gilt. Surkow peitschte eine lärmende Menge aus über 2000 Naschi-Delegierten auf: »Wir sehen ja, was in Kirgisistan geschieht. Das beweist, dass wir gebraucht werden und auf unseren Posten sein müssen«, teilte Surkow der Menge in einer schicken Moskauer Konferenzhalle mit und meinte den Bürgerkrieg, der kürzlich an Russlands Grenze ausgebrochen war. »Diejenigen, die sich für den politischen Kampf entscheiden, werden sich nie wieder zurücklehnen können.«[16] Auf Surkows Auftritt folgte der Naschi-Führer und offizielle Gründer Wassili Jakemenko. »Die Naschi-Bewegung ist die Bewegung derer, die sich von dem, was sie um sich herum sehen, beleidigt und empört fühlen«, teilte Jakemenko den Versammelten mit. »Unsere Bewegung kennt keine Autorität außer der der Politik Medwedews und Putins.«[17]

Ein offizieller Kreml-Vertreter, der regelmäßig mit Führern der Naschi zusammentrifft, bezeichnete die Gründung ihrer Organisation als eine Art Präventivschlag. »Nach der Orangefarbenen Revolution redete die ganze Opposition davon, auf die Straßen zu gehen und hier auch eine solche Revolution zu starten. Uns war völlig klar, wie grauenhaft eine Orangefarbene Revolution wäre und dass sie das Land zugrunde richten würde.« Also rekrutierte die Regierung an Universitäten und Berufsschulen in den Provinzen junge Leute im Alter zwischen 17 und 25 Jahren. »Manche fanden eher unbefangen zum sogenannten Patriotismus«, erklärte er. »Sie sind organisierbar und finden, dass die Amerikaner unser Land zerstören wollen. Die Amerikaner zetteln eine Revolution an, also müssen wir unser Land schützen.«[18]

Und ihre Präsenz wurde auf der Stelle spürbar. Am 12. Mai 2005 drängten sich über 15000 Mitglieder der Naschi in Moskaus Straßen zu einer machtvollen Demonstration für Präsident Wladimir Putin zusammen. Obwohl die meisten politisch Aktiven in Russland die Furcht der Regierung vor einer Revolution im eigenen Land damals für übertrieben hielten, verstummte danach jedes Gespräch über die Orangefarbene Revolution. Die Naschi hatte an alle, die das Beispiel Ukraine anregend fanden, eine deutliche Botschaft ausgesandt: Ihr glaubt, die Straße gehört euch? Sie gehört uns.

Fünf Jahre nach ihrer Gründung nährt der Kreml immer noch die Jugend, die er ins Leben gerufen hat. Die Naschi ist einer der größten Empfänger der staatlichen Hilfen, die an russische zivile Organisationen fließen. 2008 erhielt sie umgerechnet über 500 000 US-Dollar oder circa ein Prozent des Budgets zur Unterstützung von NGOs.[19] Einen noch größeren Anteil erhält sie von Privatunternehmen, die von der Regierung dazu ermuntert werden, ihr gehätscheltes Projekt großzügig zu fördern.[20] Ein Großteil der Gelder fließt in die Unterstützung des kremltreuen Jugendlagers am Ufer des Seligersees ungefähr fünf Stunden Fahrt nordöstlich von Moskau. Die Teilnehmer vergnügen sich hier so, wie sie das in jedem anderen Ferienlager auch täten. Das tägliche Programm besteht aus Kajakfahrten, Schwimmen, Wildwasser- und Fahrradtouren. Zugleich dienen die Sommercamps allerdings auch als ideologische Schulungslager. Die Naschi-Jugend nimmt an Vorträgen teil, in denen Loblieder auf Putins Führung gesungen und Mitglieder der Opposition und Menschenrechtler als Gefahr für das Vaterland gebrandmarkt werden. 2007 machten die Organisatoren Schlagzeilen wegen eines Lagerteils, der »Rotlichtbezirk« hieß.[21] Auf der Freizeit waren die Gesichter von Oppositionsführern wie Garri Kasparow und Ex-Ministerpräsident Michail Kassjanow aufgetaucht. Man hatte sie auf die Körper spärlich bekleideter Damen aufgesetzt, die sich Geldscheine in die Unterwäsche steckten – als »politische Prostituierte«. In der Sommerfreizeit 2010 hingen im Lager Fotomontagen mit den aufgespießten Köpfen führender Aktivisten des Landes, darunter der der 84-jährigen ehemaligen sowjetischen Dissidentin Ludmilla Alexejewa und Boris Nemzows.[22] Nichts davon hat die Finanzierung der Naschi infrage gestellt. Die Organisation ist seither weiter gewachsen.

Für viele ist die Naschi nichts weniger als die Wiedergeburt des sowjetischen Komsomol, der Jugendorganisation der KPdSU – die Betonung der Ideologie, die Forderung nach absoluter Loyalität, sogar die Farben und Symbole wecken Erinnerungen. Und der Kreml ermunterte viele zum Beitritt, indem er die Mitgliedschaft zu einem Mittel des beruflichen Fortkommens machte. »Hast du schon etwas vom Komsomol gehört? Naschi ist in etwa dasselbe«, sagt Ilja Jaschin, ein Mitglied der oppositionellen Bewegung Solidarnost (»Solidarität«). »Man muss loyal sein. Wenn man Karriere machen will, muss man ein T-Shirt mit dem aufgedruckten Putin anziehen und den ganzen Lenin-Prospekt abmarschieren. Wer sich weigert, ist ein Außenseiter.«[23]

Ich traf Jaschin und ein weiteres Mitglied von Solidarnost in einem Alternativ-Restaurant mitten in Moskau, wenige Schritte vom Kreml entfernt. Als ich nach der Naschi fragte, lachte sein Mitstreiter los: »Da ist er Experte.« Der 28-jährige Jaschin ist für die kremltreue Jugend eine beliebte Zielscheibe. Er hat ihre Aktivitäten schon früh kritisiert. Die Mitglieder reagierten mit Belästigungen. Sie demolierten sein Auto, störten seine Reden vor Unterstützern mit Gejohle und führten im Internet eine Schmutzkampagne gegen ihn. Einige Wochen vor unserem Treffen tauchte auf der Webseite der Naschi ein Videoclip auf, das angeblich Jaschin zeigte, wie er einen Verkehrspolizisten schmierte, damit er keinen Strafzettel bekam. Jaschin beteuerte, dass es sich um eine Fälschung handele. Wenige Tage nach unserem Treffen tauchte auf der Webseite der Naschi ein weiteres Video auf. Diesmal zeigte es verschiedene prominente Oppositionsführer beim Sex mit der immer gleichen Frau. Wie später zu erfahren war, soll sie Katja heißen. Sie soll diese und weitere Führungsfiguren der

Opposition in ihre Wohnung gelockt und verführt haben, während sie sich heimlich mit ihnen filmen ließ. Jaschin hatte selbst keinen Sex mit der Frau. Aber er meldete sich frühzeitig und räumte ein, auch schon in ihre Wohnung gelockt worden zu sein. Dort habe sie ihm Kokain angeboten. Als er bemerkt habe, dass es sich um eine Sexfalle der Regierung handelte – eine Methode aus dem Lehrbuch des KGB –, sei er sofort gegangen. Jaschin geht davon aus, dass die Naschi die ganze Operation gegen ihn und andere organisiert hat. Er hat wegen Störung der Privatsphäre und Verbreitung von Pornografie Anzeige erstattet.

Wenn Agenten eines kremltreuen Jugendverbandes Sexfallen auslegen, um Führer der Opposition in Misskredit zu bringen, mag das noch als Posse durchgehen. Eine andere Facette der Naschi und anderer regierungstreuer Jugendorganisationen macht manche weitaus nervöser: Die Naschi war von Anfang an paramilitärisch ausgerichtet. Mitglieder, die in der Organisation vorankommen wollen, müssen an militärischen Ausbildungen in Lagern teilnehmen, einen Kurs über militärische Angriffe absolvieren und auf Schießständen den Waffengebrauch üben. Sie werden darauf gedrillt, eine Revolution wie die in der Ukraine niederzuschlagen. Eine ähnliche Jugendorganisation mit Verbindungen zur Partei Einiges Russland, die Junge Garde Russlands, übte schon mal den Angriff auf eine »Zeltstadt«, wie sie in Kiew während der Orangefarbenen Revolution entstanden war. Bei der Übung lösten Stoßtrupps ein Zeltdorf mit Baseballschlägern auf.[24]

Das Problem war nur, dass es keine Orangefarbene Revolution niederzuwalzen gab. Nachdem der Kreml eine Organisation mit ungefähr 120 000 zornigen jungen Leuten gegründet hatte, wusste er offenbar nicht mehr, was er mit ihnen anstellen sollte. Er trainierte, motivierte und politisierte eine gewaltbereite Bewegung und ging das Risiko ein, sie ohne ein konkretes Ziel oder eine Mission sich selbst zu überlassen. So wundert es kaum, dass es zu der Tragödie kam, die sich am frühen Morgen des 6. November 2010 ereignete.[25]

An diesem Samstag kehrte der 30-jährige Journalist Oleg Kaschin nach einem geselligen Abendessen früh morgens in seine Wohnung zurück. Dort fielen zwei Männer über ihn her und knüppelten ihn brutal mit Stahlstangen nieder.[26] Er blieb blutüberströmt auf der Straße liegen. Die Angreifer hatten ihm den Schädel zertrümmert, beide Seiten des Kiefers gebrochen und ein Bein zerschmettert. Nach der Fahrt in ein Moskauer Hospital versetzten ihn die Ärzte für mehrere Tage ins künstliche Koma. Wie bei ähnlichen Angriffen auf Journalisten hatten ihm seine Angreifer die Finger zerschmettert. Mehrere waren aus den Gelenken gesprungen. Einer musste amputiert werden. Die Täter blieben unerkannt. Bekannt ist dagegen, welche Gruppe Kaschin bei seiner Berichterstattung hauptsächlich ins Visier genommen hatte: die kremltreue Jugend.[27] Im August hatte Russlands Junge Garde auf ihrer Webseite sein Foto veröffentlicht. Ein durchs Bild laufender Schriftzug kündigte an: »Wird bestraft werden.«

»Putin hat Kenny getötet«

Natürlich kann der Kreml die Jugend nicht allein mit Gewalt in der Spur halten. Auch wenn die Bataillone junger loyaler Aktivisten nützlich sind, kommt es ebenso darauf an, dass die breite Masse der russischen Jugend das Regime unterstützt oder zumindest unpolitisch ist und auf laute kritische Töne verzichtet. Dank seines Auftretens und seiner Rhetorik konnte Putin die Jugend lange Zeit hinter sich scharen. Nach dem Niedergang ihres Landes in den 1990er-Jahren begeisterten sich die jungen Russen stolz für Putins Bemühungen, Russland auf der internationalen Bühne wieder Respekt zu verschaffen. Umfragewerte zeigten regelmäßig, dass Putins kompromissloser und harsch nationalistischer Stil vor allem bei den jungen Russen gut ankommt. Auch wenn sie an das Leben in der Sowjetunion keine Erinnerung haben, ersehnen sie sich für ihr Land die Anerkennung und den Großmachtstatus, die einst die UdSSR besessen hatte. Tatsächlich zeigte eine Umfrage 2007, dass 63 Prozent der jungen Russen glauben, dass der »Zusammenbruch der Sowjetunion die größte geopolitische Katastrophe des 20. Jahrhunderts« gewesen sei.[28]

Ein Vergleich zwischen der ukrainischen und der russischen Jugend ist hier aufschlussreich.[29] In der Ukraine waren die Unterdreißigjährigen in der Orangefarbenen Revolution dreimal so häufig vertreten wie alle anderen Altersgruppen. Dagegen glaubt in Russland in der jungen Bevölkerung eine breite Mehrheit inzwischen an Putins Erklärung, wonach die Orangefarbene Revolution eine westliche Verschwörung zur Schwächung der Ukraine gewesen sei. Laut derselben Umfrage 2007 wünschten sich 89 Prozent der jungen Russen keine solche Revolution in ihrem Land.[30] Statt auf politischen Wandel hofften sie auf ein starkes und stabiles Russland mit großem Einfluss auf der internationalen Bühne. Die ziemlich aufdringlichen Bilder eines als Macho auftretenden Putin, der eine dreirädrige Harley-Davidson fährt, mit nacktem Oberkörper Großwild jagt oder beim Judo mit einem schwarzem Gürtel seinen bemitleidenswerten Gegner aufs Kreuz legt, verkörpern das, was sich viele junge Russen für ihr Land wünschen. Mit einem Wort: Putin ist cool. »Man muss zugeben, dass Putin und seine Rhetorik in Russland sehr populär sind«, sagt der 28-jährige russische Menschenrechtsaktivist Dmitri Makarow. »Das ist schlicht nicht zu leugnen, vor allem nicht mit Blick auf meine Generation. Die ist konservativer, nationalistischer und stalinistischer als jede vor ihr.«[31]

Auch muss das Regime zur Stabilisierung seiner Macht möglichst alles vermeiden, was die eher unpolitische Generation, die sich mehr fürs Geldverdienen als für eine Revolution interessiert, politisch motivieren oder radikalisieren könnte. »Wenn man direkt fragen würde, ob in Russland Menschenrechte gebraucht werden, antworteten die meisten Jungen wohl mit einem Nein«, sagt Iwan Ninenko, der stellvertretende Direktor des Moskauer Büros von Transparency International. »Die Leute misstrauen der Menschenrechtsbewegung. Die meisten würden nicht einmal verstehen, was die Frage soll.« Aber der 27-jährige Ninenko, der sich aktiv an politischen Protesten beteiligt hat, glaubt trotzdem daran, dass sich junge Russen mobilisieren lassen. Immerhin zollt er der Regierung Anerkennung dafür, dass sie es immer vermieden hat, sich unter den jungen Bürgern im Land grundlos Feinde zu schaffen. »Wenn die Regierung morgen aus einem dummen Grund den freien Zugang zum Internet verbieten würde«, sagt Ninenko, »gingen viele junge Leute auf die Straße. Denn der ist für sie ein Grundwert.«[32]

Einen seltenen Fehltritt, der die Gemüter junger Russen erhitzte, leisteten sich die Behörden im September 2008.[33] Anfang des Monats erhob eine Moskauer Staatsanwaltschaft Anklage gegen den Fernsehsender 2x2, der vor allem Zeichentrickserien ausstrahlt. Die Anklage lautete ganz allgemein auf

»extremistische Umtriebe«. Auf die Anzeige einer religiösen Gruppe hin hatten die Ankläger Anstoß an einer Folge der US-amerikanischen Zeichentrickserie *South Park* genommen. Unter dem Titel »Mr. Hankey's Christmas Classics« treten in ihr neben der üblichen Besetzung aus Kenny, Cartman, Kyle und Stan auch Satan, Hitler und ein Mr. Hankey auf, ein Stück menschlicher Kot, das auf der Weihnachtsfeier der Kinder einen Auftritt mit Gesang hat. Die Behörden argumentierten, die Folge könne »ethnische Konflikte und interreligiösen Hass« schüren. Als Beispiele für Material, das Kindern schaden könne, führten sie weitere Zeichentrickserien an, die 2x2 ausgestrahlt hatte, darunter *The Simpsons* und *Family Guy*. Duma-Abgeordnete setzten sich dafür ein, 2x2 die Sendefrequenz zu entziehen und sie an einen staatlichen Sender zu vergeben, der patriotische Werte hochhalten würde.

Damit waren die Behörden zu weit gegangen. Zum Schutz von 2x2 versammelten sich in Moskau und Sankt Petersburg junge Leute zu Kundgebungen und Protesten. Mit einem Gratis-Rockkonzert machten sie öffentlich auf den Fall aufmerksam und starteten eine Unterschriftenaktion, damit 2x2 auf Sendung bleib. »Diese jungen Leute, die nie an einer Demo teilnehmen, gingen plötzlich auf die Straße. Das waren die fantasievollsten Demonstrationen, die man je in Moskau gesehen hatte«, erinnert sich Ninenko lachend. Sie trugen Schilder mit Slogans wie: ›Putin hat Kenny getötet‹. Sie engagierten sich für den Schutz der Redefreiheit, ohne es so zu nennen. Wie sie es sagten, schützten sie Kenny und Cartman. Sie sind also einerseits nicht bereit, für Menschenrechte einzutreten, machen sich aber andererseits für die Redefreiheit stark.«

Rasch erkannten die Behörden ihren Fehler. Nach wenigen Tagen ließen sie die Kampagne gegen 2x2 fallen und verlängerten die Sendelizenz. Allerdings musste der Sender das Zugeständnis machen, »Mr. Hankey's Christmas Classics« nicht mehr auszustrahlen – ein kleiner Preis, um Kenny am Leben zu halten.

Aber junge Menschen sind vor allem unberechenbar. Als sich nach den gefälschten Parlamentswahlen im Dezember 2011 Zigtausende Russen in Moskau versammelten, skandierte unter ihnen auch die russische Jugend: »Russland ohne Putin!« Putin hatte mit seinen dreisten Methoden auch sie vor den Kopf gestoßen. Manche Beobachter meinten, dass der Kreml eine neue Partei zusammenschustern werde, um diese unzufriedene Jugend aus der Mittelschicht einzubinden. Das Regime konnte sich – egal, was es tat – auf die Naschi verlassen und vielleicht endlich auf den Plan rufen. Wie dem auch sei, der Kampf um Russlands Jugend wird sich um weitaus mehr als Zeichentrickfilme drehen.

»Wenn der Augenblick kommt«

Mostafa el-Naggar, ein 30-jähriger Zahnarzt, berichtete mir lachend von seiner jüngsten Verhaftung.[34] Zwei Monate zuvor, im Januar 2010, war er zum ersten Mal als Blogger in Gewahrsam genommen worden. Zuvor war er wegen seiner Mitgliedschaft in der offiziell verbotenen Muslimbruderschaft verhaftet worden. In einem Café am Tahrir-Platz erzählte er mir, er habe sich darauf gefasst gemacht, bald wieder im Gefängnis zu landen. Er hatte sich sogar mit einem Kollegen abgesprochen, damit der sich um seine Zahnarztpraxis kümmern konnte. Und Freunde hatten für eine Solidaritätskundgebung Spruchbänder angefertigt, auf denen sie seine

Freilassung forderten. Er wusste nicht, ob sie ihn verhaften würden, weil er el-Baradei im Wahlkampf unterstützte, weil er bloggte, weil er Mitglied bei der Muslimbruderschaft war oder wegen all dem zusammen. Aber er konnte förmlich riechen, dass Mubaraks Regime nervös geworden war. »Die Proteste auf den Straßen machen ihnen Angst«, sagte er.

Naggar, Ehemann und Vater von zwei Kindern, mit einer freundlichen Miene und sanftmütigem Wesen, wirkte auch dann noch heiter, wenn er über schreckliche Dinge redete. Lächelnd erzählte er, wie er von der Polizei ins Visier genommen und schikaniert worden war, und berichtete scherzend von den Drohanrufen der Staatssicherheit. Ich konnte mir vorstellen, dass er deshalb so gleichmütig war, weil er aus einer politisch aktiven Familie stammte. Sein Großvater wurde von Gamal Abdel Nasser wegen Mitgliedschaft bei den Muslimbrüdern für zehn Jahre ins Gefängnis gesperrt. Sein Onkel saß unter Nasser als Marxist sieben Jahre ein. Ich fragte ihn, warum er selbst bei der Aussicht auf eine Haftstrafe noch so heiter sei. Naggar antwortete, dass ihm nichts anderes übrig bleibe. »Ich brauche Zuversicht. Dazu gibt es keine Alternative. Die einzige Alternative wäre Verzweiflung«, sagte Naggar. »Wir lachen aus Bitterkeit.«

Aber da war noch mehr: Naggar war überzeugt, dass etwas ins Rollen gekommen war. Für die Menschen sei das Leben eine einzige Krise, sagte er mir. Sie hätten ihre eigene Angst satt. »Ich habe mich mit sämtlichen Ursachen für Protestbewegungen und Revolutionen auseinandergesetzt. Die Gründe, auf die ich dabei gestoßen bin, finde ich hier alle wieder. Zack, zack, zack …«, sagte Naggar und hob die Hand, als hake er auf einer Liste die Faktoren für den Ausbruch einer Revolution ab. »Manche halten uns für ein besonders geduldiges

Volk. Aber die neue Generation hat diese Geduld nun nicht mehr. Den Menschen fehlt die Luft zum Atmen, vor allem seit den letzten fünf Jahren. Ich glaube nicht, dass Ägypten noch lange wartet. Hier muss sich etwas ändern.«

Zehn Monate und zehn Tage nachdem Naggar dies in einem kleinen Café am Tahrir-Platz gesagt hatte, brach in Ägypten die Revolution aus – mit der Jugend vorneweg. Mehr noch flammten nach Jahrzehnten des politischen und wirtschaftlichen Stillstands innerhalb von Wochen im Großteil Nordafrikas und des Nahen Ostens Unruhen auf, die in fast allen Fällen von einer ungeduldig gewordenen jungen Generation gezündet und angeführt wurden. Rückblickend betrachtet hatte die Region sämtliche Merkmale eines politischen Pulverfasses: Die Unterdreißigjährigen machten 60 Prozent der Bevölkerung aus und stellten damit den weltweit höchsten Anteil.[35] In den vergangenen 20 Jahren hatte die Jugend in der Bevölkerung in Nordafrika und im Nahen Osten gewaltig an Bedeutung gewonnen, mit einem 50-prozentigen Zuwachs in Tunesien sowie in Libyen, einem 65-prozentigen in Ägypten und einem 125-prozentigen im Jemen.[36] Und eine große Anzahl dieser jungen Leute hatte keine Beschäftigung. Die Jugendarbeitslosigkeit lag quer durch die Region bei 23 Prozent, dem Doppelten des weltweiten Durchschnitts. Paradoxerweise waren die Quoten bei Millionen junger Hochschulabgänger noch höher. In diesen Volkswirtschaften, die von Korruption geprägt und nur schwach entwickelt waren, entstanden Arbeitsplätze eher für Analphabeten als für Ingenieure. In Ägypten war das Risiko, in die Arbeitslosigkeit zu geraten, für Hochschulabsolventen zehnmal höher als für Menschen mit ein paar Jahren Grundschulbildung.[37] Wütend, gedemütigt und verbittert suchten viele nach Arbeitsplätzen, die entweder nicht vorhanden oder schlecht bezahlt waren. Manche hatten ein Jahrzehnt oder mehr im Wartestand verbracht, ehe sie es sich leisten konnten, von zu Hause auszuziehen und eine Familie zu gründen. Der junge Khalid, den ich in Kairo kennenlernte, sagte mir, er könne sich das Heiraten einfach nicht leisten. »Ich habe mich verliebt, ihr aber noch keinen Antrag gemacht«, sagte er. »Man kann nicht einmal 10000 Pfund [ca. 1200 Euro] zusammensparen.« Wie 60 Prozent der Ägypter hat er sein ganzes Leben unter Mubarak verbracht. »Jeder, den Sie für apathisch halten, weiß mehr über Politik als Sie oder ich«, sagte Khalid. »Die haben die Missstände mit eigenen Augen gesehen. Die gehen die Straßen entlang und fühlen sich nicht wie Menschen. Wir haben die Grenzen des Hinnehmbaren erreicht.«[38]

Aber jemand musste den Anfang machen. Dass gerade ein 26-jähriger tunesischer Obstverkäufer den Startschuss geben würde, hätte keiner vorausgesehen:[39] Der Mann hieß Mohamed Bouazizi und konnte die Demütigungen, Beleidigungen und den täglichen verzweifelten Überlebenskampf am 27. Dezember 2010 endgültig nicht mehr ertragen. Als er an jenem Morgen in der Stadt Sidi Bouzid seinen Karren zum Markt zog, stoppte ihn eine Polizeibeamtin. Als sie sich mehrere Eimer mit Äpfeln des jungen Händlers schnappte – Polizeibeamte bestahlen Verkäufer häufig –, leistete er Widerstand. Seine Mutter und seine Geschwister brauchten das Geld, das er mit seinem Obstkarren verdiente. Die Polizistin schlug mit ihrem Knüppel auf ihn ein und ohrfeigte ihn. Zwei andere Beamte stießen ihn zu Boden und beschlagnahmten seine Waage. Bouazizi blieb als ein zusammengekrümmtes Häuflein Elend liegen und flehte seine Peiniger an. Augenzeugen sagten später aus, er habe geweint und immer wieder geschrien: »Warum tut ihr mir das an?« Noch am selben Tag stellte er sich vor das Rathaus, übergoss sich mit Farbverdünner und zündete sich mit einem Streichholz an. 18 Tage später starb er auf einer Intensivstation. Die tunesische Diktatur überlebte seine Verzweiflungstat nicht viel länger.

Tunesien galt als eine besonders stabile Diktatur, als modernes autoritäres Fürstentum am Ufer des Mittelmeeres. Staatspräsident Zine el-Abidine Ben Ali hielt die tunesische Gesellschaft über zwei Jahrzehnte lang in einem eisernen Griff. Unter den nahöstlichen und nordafrikanischen Diktaturen zeichnete sich die tunesische als eine besonders repressive aus: Die Medien unterlagen einer rigiden Zensur, Menschenrechtsaktivisten wurden streng überwacht, und Regimekritiker landeten im Gefängnis. Über ein Jahrzehnt lang hatte sich das Regime geweigert, unabhängige Menschenrechtsorganisationen rechtlich anzuerkennen. Der Staatsapparat trat so repressiv auf, dass mir politisch aktive Ägypter dazu sagten, sie seien glücklich, nicht in Tunesien leben zu müssen. Aber trotz der tief verwurzelten Korruption brachte es das kleine Land mit seinen zehn Millionen Einwohnern verglichen mit den Nachbarn zu relativem Wohlstand. Die Alphabetisierungsquote liegt bei fast 80 Prozent. Die Rate der Internetnutzer ist die höchste in allen arabischen Ländern. Als sich über Facebook die Nachricht von Bouazizis Verzweiflungstat verbreitete, wurde dieser moderne Aspekt des Landes – insbesondere seine jungen, gut ausgebildeten und vernetzten Menschen – zu einem Katalysator für den Untergang des Regimes.

Mit ihren Bemühungen, einer wachsenden Protestwelle mit hartem Durchgreifen Herr zu werden, goss die Regierung nur weiteres Öl ins Feuer des öffentlichen Zorns. Immer mehr junge, gut ausgebildete Menschen im Land gingen auf die Straße. Al-Dschasira griff das Filmmaterial tunesischer Demonstranten auf und strahlte es in der ganzen arabischen Welt aus. Zu jeder Gewaltaktion entstanden weitere Berichte aus erster Hand und mehr Filmmaterial zu tunesischen Polizisten, die auf Bürger schossen. Sie entfremdeten die Öffentlichkeit zusehends vom Regime und trieben immer mehr Menschen in die Reihen der Protestierenden. Ben Alis Schergen hinkten der Entwicklung immer einen Schritt hinterher und konnten nie vorhersagen, wo die nächsten Proteste und Unruhen ausbrechen würden.

Selbst als die Zahl der jungen Tunesier auf den Straßen weiter wuchs und die Demonstrationen näher an die Hauptstadt heranrückten, glaubten nur wenige an einen Sturz des Regimes. In der zweiten Januarwoche wandte sich der nervös gewordene Ben Ali in einer Ansprache an die Nation mit dem Versprechen, die Macht nach Ablauf seiner Amtszeit abzugeben. Nach 23 Jahren seiner Herrschaft galten seine Versprechen allerdings als bedeutungslos. Aus Furcht, er könne der nächste Nicolae Ceauşescu werden – der rumänische Tyrann, der nach seinem Sturz kurzerhand hingerichtet worden war –, floh Ben Ali mit seiner Familie außer Landes. Erstmals war ein arabischer Despot vom eigenen Volk gestürzt worden. In der ganzen Region machte das Wort vom »tunesischen Szenario« die Runde, das weitere Autokratien im Nahen Osten und in Nordafrika zu Fall bringen könne.

Revolutionen sind keine Selbstläufer. Sie brauchen Anführer, eine Vorhut von Leuten, die sich verschwören, andere anschieben und dazu bringen, Risiken einzugehen, die sie immer gemieden haben. Die ägyptische Revolution hatte viele Urheber, zum Beispiel Ahmed Maher, der bereits fünf Jahre lang politisch aktiv gewesen war. Sein Tatendrang wuchs –

erstaunlich genug – immer dann, wenn er über Straßen und Beton nachdachte: »Das alles hat angefangen, als ich an der Hochschule Bauingenieurswesen studierte«, sagte er mir, als wir uns im März 2010 in einem Straßencafé in Kairo trafen.[40] Wer sich schon einmal durch Kairos verwinkelte und verstopfte Straßen gequält hat, kann sich kaum vorstellen, dass in dieser Stadt je Bauingenieure gewirkt hatten. Für Maher wurde das zu einer Offenbarung: »Wie Straßen, Tunnel und Brücken gebaut werden müssen – dafür gibt es Regeln. Wir haben diese Regeln erlernt. Wir kennen uns damit aus, aber sie werden nicht umgesetzt. Das Ergebnis ist Chaos«, fuhr er fort. »Mir wurde klar, dass das System an sich korrupt ist. Der Gemeinderat, die Stadtverwaltung: jeder in der Kette ist korrupt. Ich entdeckte, dass das Problem im System steckt.«

Bald darauf schulte er sich in Sachen Straßenprotest. Er trat Aiman Nurs al-Ghad-Partei bei, deren interne Querelen und Bürokratie ihm aber schnell die Laune verdarben. Nach seinem Austritt schloss er sich dem Jugendflügel der Kifaja-Bewegung (»Genug«) an, einem losen Zusammenschluss aus Aktivisten im Kampf gegen Mubarak. Er organisierte Proteste, die Verteilung von Flugblättern und ein Straßentheater, das politische Botschaften verbreitete. Eine bevorzugte Taktik der Gruppe war die »plötzliche Demonstration«. Grüppchen von fünf bis sechs jungen Leuten nahmen sich ein Stadtviertel der unteren Schichten vor. Ein Späher vergewisserte sich, dass keine Staatssicherheit unterwegs war. Dann verteilten zwei Mädchen rechts und links der Straße politische Flugblätter. Zwei junge Männer hinter ihnen sorgten für Sicherheit, während ein dritter weiter hinten die Operation überwachte. Jede Aktion war so geplant, dass sie höchstens zwanzig Minuten dauerte – der übliche Zeitraum, bis die Staatssicherheit reagierte. Beim ersten Anzeichen einer Gefahr ließen die Mädchen die Flugblätter fallen und rannten davon, während die Jungs hinter ihnen und der Überwacher sich als normale Passanten ausgaben und die Beamten der Staatssicherheit mit Rufen ablenkten. »Das war eine optimistische, hoffnungsvolle Zeit«, sagte Maher. »Ägypten konnte die Demokratisierung nicht länger ignorieren. Das gab uns in den Straßen Bewegungsfreiheit.« Aber dabei blieb es nicht lange. Ende 2005 errangen 88 Kandidaten der Muslimbruderschaft einen Sitz im ägyptischen Parlament. Gut einen Monat später triumphierte die Hamas bei den Wahlen der Palästinenser. Maher stimmte mit der landläufigen Meinung überein, wonach die Bush-Regierung nach den Wahlsiegen der Islamisten und den ausbleibenden Erfolgen der USA in Afghanistan und im Irak ihre Demokratieförderung im Nahen Osten und in Nordafrika zurückgefahren habe. Die US-Regierung benötigte verlässliche Alliierte in der Region, seien es auch Autokraten. In diesem Freiraum ging Mubaraks Regime gegen Kräfte, die auf größere politische Reformen drangen, mit voller Härte vor. »Sie griffen hart durch, als wir vor dem Richterclub eine Sitzblockade veranstalteten. Wir wurden verhaftet und für zwei Monate eingesperrt. Danach schreckten viele davor zurück, noch mal auf die Straße zu gehen«, erinnerte sich Maher. Das hieß keineswegs, dass alle komplett auf Aktionen verzichteten. »Das Bloggen nahm explosionsartig zu«, fuhr Maher fort. »Das war das Mittel. Statt auf die Straßen zu gehen, setzten wir uns an den Bildschirm.«

Im Frühjahr 2008 erreichte die Unzufriedenheit in Ägypten einen neuen Höhepunkt. Vor allem die wirtschaftliche Lage wurde beklagt: Lebensmittel waren deutlich teuer geworden, ohne dass die Lohnentwicklung Schritt hielt. Die

Preise für Grundnahrungsmittel wie Brot und Speiseöl hatten sich mehr als verdoppelt. Im April 2008 berichtete das Welternährungsprogramm der Vereinten Nationen, dass sich die durchschnittliche Lebenshaltung in Ägypten seit Jahresanfang um 50 Prozent verteuert hatte.[41] Der wachsende Unmut über stagnierende Löhne sollte sich bald in Aufständen Luft machen. Trotz des offiziellen Verbots von Demonstrationen am Arbeitsplatz kam es in Ägypten immer häufiger zu Sitzblockaden, Aufständen und Streiks. Hatte man in Ägypten zwischen 2002 und 2003 nur knapp hundert Arbeiterproteste verzeichnet, so war deren Anzahl zwischen 2004 und 2008 auf fast 2000 hochgeschossen.[42] Die Aktionen beschränkten sich nicht auf eine Region oder eine einzelne Gruppe von Arbeitern, sondern erfassten vielmehr weite Teile der Gesellschaft. Textilarbeiter, Taxifahrer, Ärzte und Krankenschwestern, Müllmänner und Universitätsprofessoren – alle drohten mit Streik. Sogar die staatlichen Steuerbeamten legten in der Hoffnung auf höhere Gehälter die Arbeit nieder.

Ein Epizentrum der Unruhen unter der Arbeiterschaft war die düstere Industriestadt Mahalla al-Kubra in Nordägypten. Hier sitzt die »Spinnerei und Weberei Misr«, Ägyptens größte Textilfabrik und mit ungefähr 27 000 Beschäftigten einer der größten Arbeitgeber in der gesamten Region. Die Fabrikarbeiter hatten seit 2006 immer wieder über die Löhne und Arbeitsbedingungen Verhandlungen geführt. Die Arbeiter beschwerten sich, dass der staatseigene Betrieb seine Versprechen erneut verleugnet habe, und kündigten für den 6. April 2008 einen Streik an.

Angesichts der relativen Ruhe in den Straßen befassten sich die Blogger mit der wachsenden Unruhe unter den Arbeitern überall im Land und machten die Streiks und die staatlichen

Gegenmaßnahmen publik. Maher hatte unter den Streikführern in Mahalla al-Kubra einige, wenn auch nicht viele Kontakte. Wie die meisten Aktivisten in Kairo und Alexandria hatte er es versäumt, zu Arbeiterführern in anderen Landesteilen engere Beziehungen aufzubauen. Es war schwierig gewesen, die Organisatoren der Arbeiterschaft davon zu überzeugen, dass ihre Forderungen – bessere Bezahlung, sichere Arbeitsbedingungen und Rechte für die Arbeiter – am besten durchsetzbar seien, wenn sie mit politischen Forderungen einhergingen. Trotzdem erkannte Maher eine Gelegenheit: In Diskussionen mit anderen jungen Aktivisten suchte er nach einem Weg, um die Arbeiter der »Spinnerei und Weberei Misr« trotz fehlender Beziehungen indirekt in ihrem Kampf zu unterstützen. »Wir haben nachgedacht und kamen auf den Generalstreik«, sagt Maher. »Der Slogan lautete: ›Bleibt zu Hause.‹ Geht nicht an die Uni, geht nicht zur Arbeit, geht nicht nach draußen. Bleibt zu Hause.«

Die Aktivisten konnten auf kein vorgefertigtes Konzept zurückgreifen. Nach Jahren der Demonstrationen, Proteste und Straßenaktionen bewegten sie sich immer noch tastend voran. Sie gingen Risiken ein, lernten aus Fehlern und forschten die empfindlichen Stellen des Regimes aus. Und sie konnten viel lernen: Proteste organisieren, sich selbst verteidigen, Botschaften unters Volk tragen, Kontakte zur Bevölkerung knüpfen, die Moral aufrechterhalten und nach Wegen suchen, um den staatlichen Sicherheitsapparat auszutricksen. »Als Jugendbewegung gehen wir vor allem nach der Methode von Versuch und Irrtum vor«, räumte Maher ein. »Wir befassen uns mit gewaltfreien Protestbewegungen, ahmen sie nach und versuchen sie an ägyptische Gegebenheiten anzupassen. Aber hauptsächlich arbeiten wir daran, die sozialen Fragen mit Politik zu verbinden.«

Der Aufruf zum Generalstreik 2008 sollte ihnen ihre ersten wichtigen Erfahrungen bescheren. Mit ihrer Idee in der Tasche dachten sie nicht daran, zunächst einen Protestmarsch zu organisieren, Flugblätter zu verteilen oder Sitzblockaden zu veranstalten. Maher wandte sich vielmehr Facebook zu. Er und der befreundete Esraa Rashid gründeten zur Unterstützung der Arbeiter auf Facebook eine Gruppe mit Namen »Streik 6. April«. Nutzer, die sich dort einloggten und Mitglied wurden, konnten für deren Pinnwand Ideen posten, wie Unterstützer Solidarität bekunden konnten. Zu ihrer Überraschung wuchs die Gruppe Streik 6. April über Nacht explosionsartig an. Schon nach dem ersten Tag hatte sie über 1000 Mitglieder. Jedes Mal, wenn sie die Seite aktualisierten, schnellte die Zahl weiter in die Höhe. Binnen Tagen wurde die Schwelle zu 20000 und dann 30000 Mitgliedern überschritten. Maher und Rashid mussten in Schichten arbeiten, um die Seite der Gruppe zu verwalten und die Lawine der Mitteilungen, die gepostet wurden, gutzuheißen oder zu löschen. Wenige Tage vor dem Arbeiterstreik erreichte die Gruppe die Marke von 76000 Mitgliedern.[43]

Für die gewaltige Resonanz machte Maher zum Teil die Überzeugungskraft der Idee verantwortlich. Für eine Bevölkerung, die sich vor Repressalien fürchten musste, hörte sich ein Generalstreik gut an. Die Menschen wurden nicht dazu aufgerufen, Barrikaden zu stürmen oder der Bereitschaftspolizei die Stirn zu bieten. Anstatt große persönliche Risiken einzugehen, mussten sie einfach in ihren vertrauten vier Wänden ausharren. Und wenn genug mitmachten, würde das Regime mitansehen müssen, wie das ganze Land zum Stillstand kam. Die Online-Gruppe bot nicht nur Menschen in ganz Ägypten Gelegenheit, ihre Solidarität mit den Textilarbeitern zu bekunden, sie war auch ein starkes Signal der allgemeinen Unzufriedenheit und des schwelenden Zorns in weiten Teilen der Bevölkerung.

Maher und seine Mitstreiter halten Facebook allerdings nicht für das wirksamste Instrument, mit dem der Streik bekannt gemacht wurde. Dieses Verdienst billigen sie dem ägyptischen Regime selbst zu. Kaum hatten die Behörden bemerkt, wie die Streikstimmung wuchs, warnten sie dringend davor, sich an dem Protest zu beteiligen. »Die Staatssicherheit war in die Falle getappt: Ungefähr jede halbe Stunde verbreitete sie in Fernsehen und Radio und über die Nachrichtenleiste Warnungen, und zwar besonders strenge und autoritäre«, erinnerte sich der junge Aktivist Ahmed Salah lachend. Eine tiefe, ernsthafte Stimme imitierend, fuhr er fort: »Eine Bekanntmachung des Innenministeriums: Jeder, der nicht zur Arbeit erscheint, jeder, der sich an dieser Kampagne beteiligt, jeder, der dies tut, wird nach Recht und Gesetz bestraft. Unordnung wird nicht geduldet!«[44]

Das Regime hatte sich überrumpeln lassen. Der wachsende Rückhalt, den Mahers Streikaufruf über Facebook den Arbeitern in Mahalla al-Kubra mit verschafft hatte, verleitete die Regierung zu einer Fehlkalkulation. Der 6. April 2008 fiel auf einen Sonntag, in Ägypten also auf den ersten Arbeitstag in der Woche. Für Leute, die den Tag miterlebten, soll eine Atmosphäre wie am Freitag – der Ruhetag im überwiegend muslimischen Ägypten – geherrscht haben. In Kairo und Alexandria blieben die Straßen auffallend ruhig. Der spärliche Verkehr in den Stadtzentren floss zügig. Auf den sonst so quirligen öffentlichen Plätzen und Märkten bestanden die einzigen Mengen, die zu sehen waren, aus Polizei und Einsatzkräften, die an den Rändern zusammengezogen wurden.[45] Entgegen den Klischees, wonach die Ägypter ein duldsames und apathisches Volk seien, wollten sich offensichtlich eine Menge Bürger nicht vom Innenministerium befehlen lassen, zur Arbeit zu gehen. Das Regime, so Salah, »war uns bei dem Aufruf wirklich eine große Hilfe, weil unsere eigenen Mittel, mit den Menschen zu kommunizieren, einfach begrenzt sind. Das Fernsehen war der allerbreiteste Kanal, um die Sache bekannt zu machen. Und das hat am 6. April sehr gut geklappt.«

In Mahalla al-Kubra allerdings waren die Straßen keineswegs ruhig. Der Streik in der Textilfabrik sollte um 7 Uhr morgens, nach der Nachtschicht, beginnen. Nachts waren Sicherheitsbeamte in Zivil in die Fabrik eingedrungen und hatten sämtliche Bemühungen, etwas zu organisieren, im Keim erstickt. Draußen formierten sich wütende Massen. Als die Polizei mit Tränengas und Gummigeschossen gegen die Menge vorging, bewarfen Anwohner sie mit Steinen und setzten Reifen in Brand. Eine Plakatwand mit dem Bild des Staatspräsidenten Mubarak wurde niedergerissen. Öffentliche Gebäude brannten. Bei den Ausschreitungen gab es mindestens zwei Tote und über 150 Verletze. Überall in Ägypten verhaftete die Staatssicherheit Hunderte von Menschen unter dem Vorwurf, sie hätten den landesweiten Protesttag mitorganisiert. Maher sah sich in Gefahr und tauchte unter.

Nach der gewaltsamen Niederschlagung des Streiks versuchte das Regime die Wogen mit Almosen zu glätten. Zwei Tage nach den Ausschreitungen besuchte Premierminister Ahmed Nazif mit einer Gruppe Regierungsmitglieder im Schlepptau die Arbeiter in der Textilfabrik. Nazif sagte ihnen eine Zulage von einem Monatslohn zu. Mehrere Wochen später folgte Präsident Mubarak mit einer noch größeren Geste.

In einer Rede vor dem Maifeiertag kündigte er eine größere Lohnerhöhung für staatliche Arbeiter sowie Anstrengungen dafür an, mehr subventionierte Grundnahrungsmittel wie Brot und Speiseöl bereitzustellen. »Wir hatten über eine Erhöhung um fünfzehn Prozent geredet«, sagte Mubarak, »aber dreißig Prozent beschlossen. Die Regierung wird nach den Ressourcen suchen müssen.«[46]

Derweil riefen Maher und Mitstreiter in der Hoffnung, von ihrem jüngsten Erfolg zu profitieren, zu einem zweiten Streik am 4. Mai auf, Präsident Mubaraks 80. Geburtstag. Doch diesmal hielt sich das Regime mit öffentlichen Reaktionen oder Warnungen zurück. Ahmed Salah fragte am 4. Mai auf der Straße die Leute, ob sie vom Streik am heutigen Tag wüssten. »Streik? Was für ein Streik? Keiner wusste etwas«, sagt er. Ein Flop. Das Regime hatte seine Lektion schnell gelernt.

Und die Behörden wussten, dass Ahmed Maher als Rädelsführer hinter der Online-Kampagne gesteckt hatte. Also legte es sich auf die Lauer. Einen Monat lang hielt sich Maher versteckt. »Ich ließ mein Mobiltelefon die ganze Zeit abgeschaltet. Auf Facebook ging ich nur über Internetcafés und blieb nie länger als eine halbe Stunde«, erinnert er sich. Am 7. Mai, als er dachte, dass sich die Lage beruhigt habe, tauchte er wieder auf. Er wurde sofort verhaftet und zum berüchtigten Lazoghly geschleift, wie die Ägypter die imposante Zentrale der Staatssicherheit am Lazoghly-Platz nennen. In Gewahrsam musste er sich vor den Verhörbeamten ausziehen und wurde verprügelt. Sie drohten ihm eine Analpenetration mit einem Stock an. Maher sagt, die nächsten zwölf Stunden sei er immer wieder geschlagen und misshandelt worden. Nachdem sie ihm heftige Hiebe auf Rücken und Hals verabreicht hatten, trugen sie Salbe auf, um die Blutergüsse und

Schwellungen nicht zu groß werden zu lassen. Dann schlugen sie ihn weiter, um sein Facebook-Passwort aus ihm herauszupressen. Aber er schwieg standhaft. Derweil verlangten draußen protestierende Demonstranten seine Freilassung. Als die Beamten der Staatssicherheit erkannten, dass sie nicht weiterkamen und die Proteste vehementer wurden, verlegten sie sich auf Verhandlungen. »Die meinten: ›OK, wie wär's, wenn du eine NGO gründest? Oder wenn du der jüngste Führer einer gesetzestreuen Oppositionspartei wirst? Wir sind keine Unmenschen. Wir sind ja auch Nationalisten. Mit uns kannst du zusammenarbeiten‹«, erinnert sich Maher.

Die Staatsmacht wollte Maher in die Scheinwelt der ägyptischen Politik hineinziehen. Er und seine Bewegung sollten zu den jüngsten Mitgliedern der vereinnahmten Opposition werden, die innerhalb der vom Regime gesetzten engen Grenzen agiert. Maher dachte gar nicht daran, den Vorschlag der Staatssicherheit anzunehmen, wollte aber freikommen. »Ich sagte, ich würde über den Vorschlag nachdenken, und sie haben mich auf freien Fuß gesetzt. Kaum war ich draußen, habe ich allen davon erzählt«, erinnert er sich. »Ein Beamter rief mich an und sagte: ›Hatten wir das vereinbart?‹ Dann riefen sie nicht mehr bei mir an. Und wir organisierten unsere Bewegung.«

Während der nächsten zwei Jahre lernten Maher und die Mitglieder der Bewegung 6. April enorm dazu, und nach Lektionen suchten sie weit über die Straßen von Kairo hinaus. Wie Maher mir sagte, setzten sie sich mit Beispielen des gewaltfreien Widerstands in Polen, Chile und Serbien auseinander. Eine wichtige Lektüre wurde Gene Sharps *Von der Diktatur zur Demokratie* (dt.: München 2011). Der Autor, ein ehemaliger Wissenschaftler der Universität Harvard, hatte die Strategie der Gewaltfreiheit maßgeblich mitentwickelt. Sein Buch war in Dutzende Sprachen übersetzt worden und wurde von Mitgliedern demokratischer Bewegungen rund um den Globus gelesen. »Unser Ansatz war falsch«, sagte mir Maher. »Wir dachten, wir würden auf die Straße gehen und demonstrieren. Die Leute sind ja wütend. Also werden sie sich uns anschließen. Dann hätten wir bald eine Million Menschen zusammen und würden das Regime stürzen. Das war falsch.«

Um mehr zu erfahren, reisten andere Mitglieder der Bewegung ins Ausland. Im Juni 2009 lernte ich in Boston Ahmed Salah kennen, der dort ein Seminar des International Center of Nonviolent Conflict besuchte, das der amerikanische Multimillionär Peter Ackerman gegründet hatte. Fünf Tage lang setzten sich über 30 Aktivisten aus verschiedenen Ländern in Diskussionen und Vorträgen mit den Strategien und Taktiken des gewaltlosen Widerstands auseinander. Wie Salah mir sagte, habe er dabei am meisten von den Erfahrungen der anderen Aktivisten profitiert. Vor allem stürzte er sich auf die Ratschläge zweier führender Mitglieder der serbischen Studentenbewegung, die den Sturz Slobodan Miloševićs maßgeblich herbeigeführt hatte. In Ägypten hatten Informanten insbesondere die junge Kifaja-Bewegung unterwandert und so schon früh Versuche vereitelt, sich gegen die Regierung zu organisieren. Wie Salah erkennen musste, hatte die Bewegung ihre Ziele zu offen, zu demokratisch verfolgt. »Ich war immer ein extremer Verfechter demokratischer Vorgehensweisen gewesen und habe immer den Standpunkt vertreten, dass wir das beste Beispiel für Demokratie liefern müssen«, sagte Salah. Ein Fehler, wie die Serben ihm nun erklärten. »Sie hatten eine Antwort auf die Frage, wie man Sabotage und Infiltration verhindern kann. Eine Widerstandsbewegung lässt sich nicht demokratisch führen. Sie ist ja kein Club«, sagt er. »Man kann sie nicht für Wahlen und Debatten offenhalten, sonst ist sie jeder Art von Einflussnahme ausgeliefert.«

Das Modell einer erfolgreichen Demokratiebewegung war gerade nicht die Demokratie, sondern eine militärische Operation. Eine wichtige Beobachtung Gene Sharps bestand darin, dass demokratische Bewegungen, auch gewaltfreie, so strategisch durchdacht und diszipliniert vorgehen müssen wie eine Militäreinheit. Die Serben hatten diese Lehre in ihrer Bewegung Otpor! erfolgreich umgesetzt. In ihrem Idealismus hatten die ägyptischen Aktivisten da etwas missverstanden. Mit neuen Ideen für die Organisation der Gruppe im Gepäck kehrte Salah nach Kairo zurück. »Als wir Erfahrung gesammelt und in ›Jugend für Wandel‹ mitgemacht haben, haben wir jeden Monat Versammlungen abgehalten. Und die sind regelmäßig von der Staatssicherheit unterwandert worden«, sagt Maher. »Ahmed Salah war mit mir bei der ›Jugend für Wandel‹, unsere Lektion haben wir dann in der Bewegung 6. April gelernt. Als Ahmed Salah in Boston war, hat er es begriffen: Man kann die Bewegung nicht demokratisch führen. Wir befinden uns in einem Kampf gegen dieses Regime. Wir sind mehr eine Art Militärorganisation.«

Im selben Monat reiste Mohamed Adel, ein Mitglied der Bewegung 6. April, nach Belgrad und nahm an einem weiteren Workshop teil. Von allen Jugendbewegungen, die sie studiert hätten, so sagte mir Adel, habe sie das serbische Beispiel am meisten beeinflusst.[47] Das Logo der Bewegung 6. April – eine stilisierte geballte Faust – war eine Kopie des Logos der serbischen Gruppe. Sogar einige Slogans, die sie in Kairo auf Wände sprühten – wie »Mubarak ist erledigt« – stammten von Otpor!, die im Jahr 2000 Anstecker mit dem Spruch »Miloševiić ist erledigt« verteilt hatten. Veranstalter des Workshops war das Zentrum für angewandte gewaltfreie Aktionen und Strategien, kurz CANVAS. Gegründet worden war die Gruppe von Führern der serbischen Jugendbewegung, um andere Aktivisten darin zu schulen, wie gewaltfreie Kampagnen zum Sturz von Diktatoren organisiert werden mussten. Als ich Adel in Kairo kennenlernte, fragte ich ihn, was er in Belgrad gelernt habe. »Wir haben den Unterschied zwischen einer Protestbewegung und einer Widerstandsbewegung gelernt«, sagte er mir. »Es kommt vor allem darauf an, dass man aus den Fehlern des Regimes Vorteile zieht.«

Maher hatte gesagt, dass sie einen »falschen Ansatz« für ihren Widerstand gewählt hätten. Falsch insofern, als es zwar so aussehen mochte, als komme die Revolution spontan zustande, ein Protestmarsch allein aber noch keinen Wandel herbeiführt. Die Herausforderung der Bewegung 6. April – und jeder Gruppe von Aktivisten in einem repressiven Umfeld – besteht darin, die Begeisterung für den Wandel, den sie herbeiführen möchte, wach zu halten. Das ist nicht leicht, räumte Maher mir gegenüber ein. Der Achtungserfolg, den sie an jenem Tag im April 2008 errungen hatten, war das unerwartete Ergebnis aus der Kombination eines technischen Hilfsmittels (Facebook) mit einer Taktik des gewaltfreien Widerstands (ein Generalstreik) gewesen. Es überrascht nicht, dass die Bewegung 6. April danach Schwierigkeiten hatte, sich die nächste kreative Kombination auszudenken, mit der sie die Regierung ins Straucheln bringen konnte.

Gut einen Monat nach Mubaraks Sturz saß ich mit Mohamed Adel in Kairo in einem Straßencafé. Jetzt, kurz vor 23 Uhr, wirkte er erschöpft. Nach den 18 Tagen der Revolution, die vorläufig mit Mubaraks Flucht endete, hatte sich der Strudel der Ereignisse kaum verlangsamt. Adel, der inzwischen quasi die Unternehmenskommunikation der Bewegung 6. April leitete, hielt ständig Kontakt zum ägyptischen Militär, den politischen Parteien und anderen Aktivsten sowie Jugendgruppen. Nach Jahren des politischen Stillstands erschien jede Woche so ereignisreich wie ein ganzes Jahr. Ich fragte Adel, warum der Durchbruch gerade jetzt erreicht worden sei. Armut, Unterdrückung, Machtmissbrauch, das Fehlen elementarer Rechte – das alles war doch schon seit Jahren Alltag. Was war an gerade diesem Moment so besonders gewesen?

Adel fielen einige Faktoren ein. Zunächst verwies er auf den Fall Khaled Saids, eines jungen Mannes, der sieben Monate zuvor vor einem Internetcafé von zwei Polizeibeamten brutal ermordet worden war. Die Kampagne um seinen Tod, insbesondere die Facebook-Seite »Wir sind alle Khaled Said«, hatte wie ein weithin leuchtendes Fanal gewirkt. Sie elektrisierte die öffentliche Meinung und half in den Tagen vor der Revolution, den Aufruf zu Massendemonstrationen zu verbreiten. Adel räumte ein, dass es über die Jahre viele »Khaled Saids« gegeben habe, dass viele irgendjemanden kannten, der in Polizeigewahrsam misshandelt und gefoltert worden oder dem noch Schlimmeres zugestoßen war. Er verwies auf die Farce der Parlamentswahlen vom November 2010, auch wenn Mubaraks Schergen natürlich auch früher Wahlen gefälscht hatten. Als weiteren Faktor nannte er Tunesien. »Nach der tunesischen Revolution sagten wir, jetzt müssen wir was tun«, sagte Adel. »Der Fall Tunesien konnte die öffentliche Meinung überzeugen, dass sich mit Protesten tatsächlich etwas erreichen ließ.«

Tunesien bot die Gelegenheit, die Ägyptens junge Bevölkerung, allen voran ein Kern aus altgedienten, schlachterprobten Aktivisten, sofort ergriff. Das Beispiel der Tunesier, die sich gegen Ben Ali erhoben hatten, veränderte die Stimmung, die der jungen Bewegung im Land entgegenschlug. Als sie diesmal in Kairos Armenviertel zogen, um Unterstützer zusammenzutrommeln, strömten die Menschen aus ihren Häusern und schlossen sich ihren Nachbarn an. Die kollektive Angst, die einfache Ägypter daran gehindert hatte, ihre Stimme zu erheben, löste sich allmählich auf. Wenn sich die Tunesier von einem Tyrannen befreien konnten, warum dann nicht auch sie? Aus den protestierenden Hunderten wurden rasch Tausende und Abertausende, die zum Tahrir-Platz zogen. Jeder wollte etwas beitragen. »Wo die Leute irgendwie helfen konnten, halfen sie«, erinnert sich Adel. »Als sie auf uns Tränengas abfeuerten, wussten die Frauen, dass uns Essig am besten half. Also warfen sie uns von den Balkonen Flaschen mit Essig zu.«

Dabei wurde der Erfolg nicht nur mit tausend kleinen mutigen Aktionen erzielt. Alles, was sie über die Jahre gelernt und ausprobiert hatten, floss jetzt in Entscheidungen ein, die tatsächlich etwas verändern konnten. Hatten sie früher meistens im Stadtzentrum von Kairo protestiert – vor Regierungsbauten oder der Journalistengewerkschaft –, so gingen die Demonstranten am 25. Januar 2011 einen anderen Weg. Die Aktivisten visierten über ein Dutzend Orte in der gesamten Stadt an, darunter viele Armenviertel, und riefen die Anwohner dazu auf, sich den Protesten anzuschließen. »Die Idee war, viele Brennpunkte zu erzeugen, von denen Proteste ausgingen«, erinnerte sich Salah.[48] Nicht nur fanden so die Demonstrationen dort statt, wo die Menschen wohnten. Ihre

Strategie hatte einen weiteren wichtigen Vorteil: Sie zwang das Regime, die Sicherheitskräfte auf viele Orte zu verteilen, anstatt sie an einem zentralen Punkt zusammenzuziehen. Kleine Gruppen von Aktivisten hatten geeignete Straßen in den Vierteln ausgemacht, von denen aus sie die Protestzüge starten würden. »Sie hatten die Aufgabe, die Nebenstraßen abzulaufen, möglichst laut zu sein und die Leute mitzunehmen«, sagte Salah. »Wenn sie genug zusammengeschart hatten, zogen sie zu einer größeren Straße weiter und so fort, bis schließlich eine gewaltige Masse zusammengeströmt war. Dann zogen sie zu den zentralen Plätzen, die wir ins Visier genommen hatten.«

Kamel Arafa, ein 25-jähriges Mitglied der Bewegung 6. April, gehörte zu einer Vorhut, die Leute zusammentrommeln sollte. Tagelang kundschaftete er die Straße der Arabischen Liga in Mohandessin aus, einem Stadtviertel der gehobenen Mittelschicht. Als Bewohner des Viertels kannte er sich gut aus, beobachtete das Stadtgebiet aber mehrere Tage lang mit Blick auf die Lastwagen, mit denen die Staatssicherheit Bereitschaftspolizisten herankarrte. Mit dem 25. Januar im Blick wollte er herausbekommen, welche Routen die Lastwagen nahmen und wo sie abgestellt würden. Arafa plante, die Leute zunächst in engen Gassen zusammenzutrommeln, in denen die Polizeitransporter nicht manövrieren konnten. Ebenso markierte er Fluchtrouten, falls die Demonstranten zu einem hastigen Rückzug gezwungen würden. Am fraglichen Tag beobachtete er mit Staunen, wie rasch die zusammengerufenen Massen wuchsen. Für diesen Erfolg macht Arafa die Taktik verantwortlich. Auch wenn sorgfältige Vorbereitung entscheidend war, ist er wie andere davon überzeugt, dass die Wahl des Zeitpunkts eine ebenso wichtige Rolle gespielt hat.

»Die tunesische Revolution gab den Leuten die Zuversicht, dass sich Dinge verändern können«, sagt Arafa.[49]

Man kann nur ahnen, welche Schockwelle durch das Innenministerium lief, als die Bereitschaftskommandos des Regimes von den Volksmassen in den Straßen überrumpelt wurden. Vielleicht erkannte Innenminister Habib al-Adli in den sorgfältigen Plänen, wegen denen seine Einsatzkräfte nur mit Mühe wieder Herr der Lage wurden, die Handschrift seines früheren Gegners Omar Afifi. Dieser ehemalige ägyptische Polizeibeamte war 1995 mit Adli – damals noch Polizeichef in Kairo – aneinandergeraten und hatte vor einigen Jahren ins Ausland fliehen müssen. Afifi war ein Architekt der Strategie, die jetzt von den jungen Ägyptern gegen die Staatsgewalt eingesetzt wurde. Er hatte dazu geraten, die Protestzüge in kleinen Gassen und Seitenstraßen der Stadt starten zu lassen.[50] Und sein Wissen über die üblichen Polizeitaktiken steckte auch in einer Anleitung, die Demonstranten erklärte, wie sie die ägyptischen Sicherheitskräfte wirkungsvoll in die Irre führen konnten. Das 26-seitige Dokument war gespickt mit praktischen Tipps. Es wies die Demonstranten an, Kleidung mit Kapuzen, Schals und Brillen zum Schutz vor Tränengas zu tragen. Schaubilder zeigten, wie sie aus Pappe und Plastikflaschen Brustharnische fabrizieren und Mülleimerdeckel als Schutzschilder gegen Polizeiknüppel nutzen konnten. Die Demonstranten sollten positive Parolen wie »Lang lebe Ägypten« skandieren und den Polizeibeamten jederzeit freundlich gegenübertreten.[51] »Wir und viele andere haben die Anleitung unter die Leute gebracht«, sagt Adel. »Ich habe sie an die Demonstranten verteilt, und sie war sehr hilfreich. Man bekam Tipps, wie man sich vor den Gummigeschossen schützen konnte.«

Nach der Besetzung des Tahrir-Platzes tauchten andere auf, versorgten die Demonstranten kostenlos mit Essen und medizinischer Hilfe oder beseitigten Müll. Im Verlauf der Tage verbesserte sich auf dem Platz die Arbeitsteilung. Hatten Verletzte zuvor nach einem Arzt schreien müssen, so wiesen sich die Ärzte jetzt mit Ansteckern aus. Mitglieder der Muslimbruderschaft, die große Erfahrung damit hatten, wie man eine verbotene Bewegung führt, halfen eine Absperrung einrichten, um Provokateure des Regimes draußen zu halten. Und sie hatten auch praktische Tipps parat: Sie zeigten den Demonstranten, wie sie Platten aus den Gehsteigen herauslösen und sie zur Abwehr gegen Schläger einsetzen konnten. Noch Monate nach der Revolution klafften im Bodenbelag auf dem Tahrir-Platz Sandlücken. »Eigentlich hatten wir nur auf einen Protest auf dem Talaat-Harb-Platz gehofft. Nur fünfhundert Leute wären da schon ein Traum gewesen«, sagt Kamel Arafa. »Und wenn man dann auf dem Tahrir steht und von einer Million Menschen umringt ist – das ist das Größte.«

Als ich Ahmed Maher zum ersten Mal traf, wirkte er ruhig und sehr ernst und antwortete präzise auf Fragen. In den drei Stunden lächelte er kein einziges Mal. Er saß vornübergebeugt mit hängenden Schultern auf seinem Stuhl und ließ die Hände im Schoß ruhen. Gelegentlich schaute er zu den Nachbartischen oder warf einen Blick auf den Eingang zum Restaurant. Auf mich wirkte er nicht nervös, eher sehr aufmerksam – wie ein Wildtier, angespannt und fluchtbereit. Zum Abschluss sagte er mir: »Das Schwierige ist, die Verbindung zwischen dem Regime und seinen Werkzeugen zu trennen. Die Drähte zwischen Armee und Staat zu kappen, ist natürlich schwierig. Fast unmöglich. Aber wenn wir genug Leute haben und genug Willen, dann hoffen wir, dass die Armee rechtzeitig zur Seite tritt oder sich uns anschließt, so wie es in Serbien gelaufen ist.«

Und diese Zeit kam. Am Freitag, dem 11. Februar 2011, nach 18 Tagen der Proteste, nachdem zahllose Ägypter auf die Straße gegangen waren, ließ die Armee Mubarak fallen.

Ich traf Ahmed Maher noch einmal nach der Revolution. Die Begegnung war ungeplant. Als ich in Kairo um eine Straßenecke bog, sah ich ihn plötzlich in einem Straßencafé sitzen. Kurz vor Mitternacht saß er inmitten eines Kreises von mindestens einem Dutzend Freunden. Sie hatten kleine Tische zusammengeschoben, um enger beieinander zu sein. Eine Gruppe junger Freunde erzählte sich in einer Freitagnacht lachend und schreiend Geschichten. Die Szene hätte nicht selbstverständlicher wirken können. Wenn ich Ahmed Mahers Gesicht nicht erkannt hätte, wäre ich ohne einen zweiten Blick weitergegangen.

6

DER PHARAO

Samira Ibrahim, die Vertriebsleiterin einer Kosmetikfirma in Oberägypten, nahm eine achtstündige Reise auf sich, um zum Tahrir-Platz zu kommen. Die Proteste hatten bereits begonnen. Die erst 25-Jährige hatte seit ihrer Jugend an Kundgebungen und Protestmärschen teilgenommen. Und jetzt würde sie in Kairo bleiben. Tagelang campierte sie als eine von vielen auf dem Tahrir-Platz. Dort erlebte sie am 11. Februar den Rücktritt Hosni Mubaraks und den anschließenden Freudentaumel mit. Danach, als die meisten nach Hause gingen, harrte sie auf dem Platz aus. Sie gehörte zu jener Gruppe von ungefähr tausend Demonstranten, die nicht weichen wollten, ehe Ägyptens Generäle, die die Macht im Land übernommen hatten, endlich auch ihre Versprechen erfüllten. Sie sahen die Revolution als unvollendet an. Deshalb zeltete sie am Nachmittag des 9. März, knapp einen Monat nach Mubaraks Flucht aus Kairo, immer noch auf dem Tahrir-Platz.[1]

Die Gewalt brach kurz nach 15 Uhr über sie herein. Am Rondell des Tahrir-Platzes marschierte eine große Gruppe von Schlägern auf und brüllte den friedlichen Demonstranten entgegen: »Das Volk will, dass der Platz geräumt wird! Vertreibt sie von dem Platz!« Mit Holzknüppeln und Metallrohren bewaffnet, umzingelten die Schläger das Rondell. Als sie sich dem Eingang zur U-Bahn-Station näherten, bewarfen sie

Demonstranten mit Steinen und Pflasterklinker. Sie fielen über deren Lager im Zentrum des Platzes her, rissen Zelte nieder und prügelten auf jeden ein, der sich ihnen in den Weg stellte. »Wir verschickten auf Facebook SOS-Rufe und hofften, dass uns jemand zur Hilfe kommen würde«, erinnert sich Ahmed Amer, ein 24-jähriger Aktivist, der sich damals auf dem Platz aufhielt. »Wir wurden immer mehr. Die Neuen halfen uns dabei, unsere Zelte zu verteidigen. Die Schläger griffen uns mit Messern an. Wir setzten uns mit Steinen zur Wehr.«[2]

Als die Demonstranten die ersten Militäreinheiten anrücken sahen, glaubten sie, dass sie zu ihrem Schutz kommen würden. Während der Revolution waren die Streitkräfte ja als Befreier aufgetreten. Als sich die Lage auf dem Platz zugespitzt hatte, hatten sich die Offiziere gegen Mubarak auf die Seite des Volkes gestellt. Aber als die Soldaten jetzt auf den Platz strömten, fiel Samira etwas Merkwürdiges auf: Anstatt die Schläger zu verhaften, nahmen sie Demonstranten fest und schauten tatenlos zu, wie die Angreifer Leute vom Tahrir-Platz verjagten.

Samira kam nicht mehr weg. Ein Soldat packte sie, riss ihr das Kopftuch herunter und stieß sie zu Boden. Andere schlugen und traten auf sie ein. Zusammen mit fast zweihundert weiteren Demonstranten wurde sie anschließend ins Ägyptische Museum am Nordende des Platzes geschleift und dort gefoltert. Für viele, die ihr Leben riskiert hatten, um den Diktator zu stürzen und Ägypten auf einen demokratischen Kurs zu bringen, bedeutete dieser Mittwoch, der 9. März, einen Wendepunkt. Jetzt war unmissverständlich klar, dass das ägyptische Militär nicht der Hüter der Revolution war, wie die Demonstranten gehofft hatten.

Im Gebäudekomplex des Museums wurde Samira an den Handgelenken mit Stromkabeln an die Wand gefesselt. Knapp sieben Stunden lang, fast alle fünf Minuten, so sagte sie mir, jagte ihr ein Soldat mit einem elektrischen Viehtreiber Stromstöße durch den Körper. Damit sie schmerzhafter wurden, übergossen er und andere ihre Opfer mit Wasser. Sie setzten die Elektroschocks an ihrem Bein, ihren Schultern und ihrem Bauch an. Ihr Peiniger schrien immer wieder: »Meinst du, du seist was Besseres als Hosni Mubarak? Sag, dass du Mubarak liebst!« Sie flehte den Soldaten an, von ihr abzulassen, und schrie die Parolen, die während der Revolution auf dem Tahrir-Platz skandiert worden waren: »Ihr seid meine Brüder. Armee und Volk sind eine Hand.« Der Soldat höhnte nur: »Irrtum: Das Militär steht über der Nation. Das hier habt ihr euch verdient.«

Gegen 23 Uhr wurde Samira mit 16 weiteren Frauen zum Büro des Staatsanwalts gebracht. Dort warfen ihnen Offiziere vor, sie seien mit Messern und Bauteilen für Molotow-Cocktails aufgegriffen worden. Tatsächlich waren ihnen solche Beweismittel von Soldaten untergeschoben worden. Die Frauen wurden in ein Militärgefängnis abtransportiert. Samira saß dort die nächsten drei Tage in Haft. In dieser Zeit musste sie weitere Einschüchterungen, Beleidigungen und Misshandlungen über sich ergehen lassen. Soldaten spuckten sie an. Sie stahlen ihr alles, was sie bei sich hatte. Als sie sich beschwerte, warnte sie ein Offizier: »Sag kein Wort, sonst bring ich dich um. Nach dir fragt keiner.« Zu essen bekam sie Brot, das mit Petroleum getränkt war.

Der erniedrigendste Augenblick kam, nachdem sie im Gefängnis eingetroffen war. Die Frauen mussten sich nackt ausziehen und auf Jungfräulichkeit untersuchen lassen. Frauen, die keine Jungfrauen waren, so wurde Samira von Offizieren erklärt, drohe eine zusätzliche Anklage wegen Prostitution. Dann wurde sie in einen Raum geführt. Es war kein Ärztezimmer. Samira glaubte auch nicht, dass der Offizier, der sie dort erwartete, tatsächlich Arzt war. Kurz vor der erniedrigenden Prozedur erstarrte sie. Sie sah hinter ihm an der Wand ein Foto: ein Porträt Hosni Mubaraks. Sie fragte ihn: »Warum behaltet ihr das hier?«

»Weil wir ihn mögen.«

Umsturz oder Übergabe

Die Ägypter lieben ihr Militär.[3] Die Streitkräfte gelten als Hüter des Landes und Verteidiger der Nation. Schon ganz kleine Schulkinder erfahren vom Heldentum des Militärs und seinen Opfern im Jom-Kippur-Krieg 1973 gegen Israel. Unter den Präsidenten Gamal Abdel Nasser, Anwar as-Sadat und Hosni Mubarak – alle drei ehemalige Generäle – wurde das Militär für seinen Patriotismus und die Rolle, die es 1952 beim Sturz der ägyptischen Monarchie gespielt hatte, geradezu verherrlicht. Und während die zivilen Institutionen in einem Sumpf aus Korruption, Isolation und Unfähigkeit versackten, blieb das ägyptische Militär einigermaßen funktionstüchtig. So vertraut der durchschnittliche Ägypter dem Militär deutlich mehr als der aufgeblähten Bürokratie oder der geschmähten Polizei. Als 2008 Aufstände ausbrachen, weil das Brot knapp geworden und der Preis in die Höhe geschnellt war, gab das Militär Brot aus seinen Bäckereien aus. Eine ähnliche Rolle als Retter in der Not erlebte ich 2006 mit: Ägypten war Austragungsort der Fußball-Afrikameisterschaft geworden.

Als das Datum für das Großereignis heranrückte, stellte sich heraus, dass die mit der Errichtung und Sanierung der Fußballstadien betrauten Bauunternehmen ihre Termine nicht halten konnten. Wieder sprang das Militär ein. Es schickte seine Kräne und Bautrupps los und half im letzten Moment, die Stadien fertigzustellen. Noch in der Schlussphase der Mubarak-Herrschaft sprachen sich vereinzelte Politiker der Opposition offen für eine Militärherrschaft aus. Die Botschaft war klar: Das Militär war Ägyptens einzige funktionierende Institution.

Aus dieser Überzeugung heraus wurde es denn auch zu einem Helden der Revolution von 2011 erhoben. Als in den ersten Tagen Panzer auf den Tahrir-Platz rollten und Militäreinheiten mit Betonbarrieren und Stacheldraht Stellungen errichteten, wurden die jungen ägyptischen Offiziere mit Jubel und Umarmungen begrüßt. In ganz Kairo hallte der nachmals berühmt gewordene Schlachtruf der Demonstranten wider – »Armee und Volk sind eine Hand!« Schon zu dem Zeitpunkt, als die Spitze der Streitkräfte noch zögerte, welche Seite sie unterstützen würde, sahen die Bürger die einfachen Soldaten als Waffenbrüder an. Und in der schicksalhaften Stunde erkannten die Generäle schließlich, dass der Diktator, ihr Oberbefehlshaber, zu einer übergroßen Belastung geworden war. Sie ließen ihn fallen und übernahmen am 10. Februar 2011 in aller Stille die Kontrolle über die Regierung. Am nächsten Tag, gegen 18 Uhr, verkündete Omar Suleiman die Neuigkeit mit feierlicher Miene dem Volk. Suleiman, einst Chef des militärischen Geheimdienstes, der erst 13 Tage zuvor Mubaraks Vizepräsident geworden war, teilte den Massen mit, dass »Mubarak beschlossen hat, auf das Amt des Präsidenten der Republik zu verzichten«. Er habe »den Obersten Militärrat angewiesen, die Geschäfte des Landes zu führen«. Die Öffentlichkeit empfand die Ankündigung so, als habe sich das Militär auf die Seite des Volkes geschlagen.

Die Ereignisse vom 9. März waren der erste in einer wachsenden Serie von Zwischenfällen, die den Glanz der Streitkräfte überschatteten. Der hatte bislang allerdings so hell gestrahlt, dass es schon viel brauchte, bevor die Ägypter die Integrität und guten Absichten der Männer in Uniform infrage zu stellen begannen. »Die Menschen verehren das Militär. Sie stehen selbst dann noch zu ihm, wenn es sie misshandelt«, sagte mir ein Menschenrechtsaktivist. »Die Leute glauben die Foltergeschichten einfach nicht. Sie schauen sich auf Facebook dokumentiertes Filmmaterial von Opfern an, die Folterspuren auf ihren Rücken zeigen, kommentieren es aber immer noch mit: ›Stimmt nicht!‹«[4]

Zunächst war der Oberste Militärrat über jeden Vorwurf eines Staatsstreichs erhaben. Feldmarschall Mohammed Hussein Tantawi und die anderen 18 Generäle des Rates sollten den allgemeinen Erwartungen nach nur die kurze Zeit zwischen Mubaraks Sturz und den Neuwahlen überbrücken, die Ägypten in eine echte Demokratie führen würden. Danach sollte sich das Militär in die Kasernen zurückziehen. Doch bei dem Szenario gab es ein Problem: Das Militär beschränkte seine Aktivitäten schon seit Jahrzehnten nicht mehr auf Kasernen.

Streng genommen konnte Mubaraks Ägypten nicht als eine Militärdiktatur gelten, wie sie bis vor Kurzem die Junta in Myanmar verkörpert hatte. Ägypten hatte einen Staatspräsidenten, hielt Wahlen ab, duldete schwache Oppositionsparteien, verfügte über verschiedene Regierungszweige und hatte sich noch andere äußerliche Kennzeichen einer Demokratie zugelegt. Auch war die Macht in den Händen des Staatspräsidenten Mubarak konzentriert. Trotzdem kommt der Ausdruck »Militärdiktatur« der Wahrheit näher als jede andere Bezeichnung. Während das Militär in China, im Iran, in Russland und in Venezuela auch über einen gewaltigen Einfluss verfügt, nimmt es dort keine so einzigartige Stellung ein wie in Ägypten. Der Einfluss des Militärs auf die Regierung reichte deutlich weiter als nur bis zum ehemaligen General Mubarak. Fast alle Gouverneure des Landes waren ehemalige Generäle. Die meisten von Mubaraks wichtigsten Beratern entstammten dem Militär. Und als einflussreichste Institution innerhalb des Regimes hatten die Streitkräfte ihren Interessenbereich bis weit über die Verteidigung der Nation hinaus ausgedehnt. Tatsächlich ist das Imperium, um das sich das ägyptische Militär heute am intensivsten bemüht, die eigene Geschäftswelt.[5] Das Militär füllt Wasser ab, baut Straßen, verkauft Olivenöl, montiert Jeeps, betreibt Minen und führt eine erfolgreiche Kette an Hotels und Urlaubsresorts. In Ägypten stößt man im Alltag immer wieder auf Betriebe mit Verbindungen zum Militär. Dank der Kontrolle über so viele Unternehmen verfügt es über attraktive Vergünstigungen und Privilegien, mit denen höhere Offiziere belohnt werden. Daher stellt sich die Frage: Warum sollte eine Institution ein System ändern wollen, von dem es bislang so sehr profitiert hat?

Binnen Wochen nach Mubaraks Sturz beschlich viele Ägypter das Gefühl, dass die Streitkräfte ganz andere Vorstellungen von einer demokratischen Revolution hatten als sie. Die Militärs dachten gar nicht daran, Zivilisten in ihre Entscheidungen einzubeziehen. Wie die Aktivisten es sahen, waren ihre sogenannten Dialogrunden vielmehr inhaltsleere

Sitzungen, die einer ähnlichen Taktik des Teile-und-herrsche dienten wie unter Mubarak. Ebenso wenig erfüllte das Militär die zentrale Forderung der Demonstranten, den Ausnahmezustand aufzuheben, der ihm große Ermessensspielräume gab, um Bürger ohne Belastungsmaterial zu verhaften, sie ohne Anklage festhalten und Streiks und Demonstrationen zu verbieten. Diese Gesetze waren die gesamten 30 Jahre unter Mubarak in Kraft gewesen – als krassestes Symbol seiner Unterdrückung. Statt nach Mubaraks Sturz die Daumenschrauben zu lockern, setzte das Militär jetzt verstärkt auf eigene repressive Instrumente wie die Aburteilung von Zivilisten durch Militärgerichte. Und anstatt den Sicherheitsapparat, der die Menschen jahrzehntelang unterjocht hatte, aufzulösen, benannten ihn die Generäle einfach um.[6] Anhand dieser Beispiele erklärte mir Hayam Ahmed, ein Lehrer mittleren Alters und Demonstrant auf dem Tahrir-Platz: »Wir mussten feststellen, dass das Regime immer noch da ist. Und zwar als Teil der Armee.«[7]

In einer wichtigen Hinsicht jedoch würde sich 1952 nicht wiederholen können. Auch wenn das Militär Mubarak sozusagen den Gnadenstoß versetzt hatte, war dieser nicht, wie einst König Faruk, durch eine Verschwörung von ein paar Generälen gestürzt worden, sondern durch einen Volksaufstand. Entgegen dem Mythos eines apathischen Volkes hatten sich die Ägypter erhoben und der Herrschaft Mubaraks ein Ende bereitet. Jetzt, da sie sich der eigenen Macht bewusst waren, würden sie ohne zu zögern auf den Tahrir-Platz zurückkehren, den Platz, der den politischen Wandel symbolisierte. Noch Monate nach der Machtübernahme durch die Generäle rangen die Demonstranten dem Militärrat Zugeständnisse ab. Die meisten waren sich sicher, dass sich das ägyptische Militär wieder hinter die Kulissen zurückziehen und dass Tantawi das Gesicht des Regimes bleiben wollte. Sie scheuten zwar das grelle Licht der Öffentlichkeit. Dennoch ließen die Monate nach dem Umsturz wenig Zweifel daran, dass die Generäle, wenn auch mit einem anderen Anstrich, eine Version des alten Status quo anstrebten. Der Autoritarismus, so erfuhren die Ägypter, war deutlich robuster als ein einzelner Diktator.

Kein Business as usual

Der Witz ging so: Am Tag vor den Präsidentschaftswahlen kommt der Premierminister zu Hosni Mubarak und sagt ihm: »Das wird bestimmt nicht nötig sein. Aber vielleicht sollten Sie für den Fall der Fälle eine Abschiedsrede an das ägyptische Volk vorbereiten.«

Mubarak antwortet: »Wieso? Wo gehen die Leute denn hin?«

Dieser beliebte Witz – ich hörte ihn in einer Woche von verschiedenen Leuten dreimal – kursierte 2010, als Mubarak auf sein dreißigstes Amtsjubiläum als Staatspräsident Ägyptens zuging. Im Land wurde heftig darüber spekuliert, ob Mubarak endlich von der politischen Bühne verschwinden würde. Damals erholte er sich in einem Heidelberger Klinikbett von einer Notoperation, ohne einen Rücktritt anzudeuten. Die Ägypter meinten, nur der Tod könne sie von ihrem Diktator befreien.

Eine Regierungszeit von 30 Jahren bedeutete selbst für die Zivilisation, über die einst Pharaonen geherrscht hatten, eine beachtliche Leistung. Mubaraks Regentschaft war die drittlängste in Ägyptens sechstausendjähriger Geschichte. 2011 hatte er länger als Staatspräsident amtiert als seine drei Vorgänger zusammen. Über die Jahre hatte er zahlreiche Präsidenten der Vereinigten Staaten, seines wichtigsten ausländischen Verbündeten, kommen und gehen sehen. Barack Obama begrüßte ihn als fünfter im Weißen Haus.

Nach der Ermordung Anwar as-Sadats durch Islamisten war Mubarak an die Macht gelangt – als dessen eher unscheinbarer und farbloser Vizepräsident und ehemaliger Kommandeur der Luftwaffe.[8] Mubarak soll Sadat davor gewarnt haben, an der Militärparade teilzunehmen, die ihm dann zum Verhängnis wurde.[9] Und Sadat soll angeblich auf eine kugelsichere Weste verzichtet haben, weil sie den perfekten Sitz seiner preußisch anmutenden Paradeuniform gefährdet hätte. An jenem 6. Oktober 1981 wurde er auf der Zuschauertribüne von den Kugeln seiner Attentäter durchsiebt. Mubarak, der neben ihm stand, blieb praktisch unversehrt. Acht Tage später wurde er als Staatspräsident vereidigt, als vierter seit der Unabhängigkeit des Landes.

Hosni Mubarak war eine Figur ohne Charisma und rednerisches Talent. Selbst Freunde räumten ein, dass er in den Jahrzehnten seiner Herrschaft weder militärisch noch politisch große Siege errungen hatte. Als Kairo 1992 von einem heftigen Erdbeben erschüttert wurde, bei dem Hunderte umkamen und Tausende Verletzungen erlitten, eilte anstelle der Regierung zunächst die Muslimbruderschaft, die mächtige islamistische Oppositionsgruppe, der Bevölkerung mit Nahrungsmitteln, Wasser und Decken zur Hilfe. Trotz eines gewissen Wirtschaftswachstums in den letzten paar Jahren stellte sich in Ägypten unter Mubarak kaum Wohlstand ein. Ungefähr 44 Prozent der Ägypter müssen immer noch mit umgerechnet zwei US-Dollar am Tag auskommen.[10] Nur knapp die Hälfte der Häuser ist an die Kanalisation angeschlossen. Etwa 30 Prozent der erwachsenen Bevölkerung sind Analphabeten.[11] Im Weltentwicklungsbericht des UN-Entwicklungsprogramms (UNDP) belegte Ägypten 2010 unter 169 Ländern den 101. Platz, deutlich hinter Kasachstan, Turkmenistan und dem bürgerkriegsgebeutelten Sri Lanka.

Wie andere Autokraten in der Region verdankte Mubarak die Beständigkeit seiner Herrschaft teilweise der Angst. Das Innenministerium, das den inneren Sicherheitsapparat kontrollierte, beschäftigte über 1,5 Millionen Menschen und verfügte über einen Etat von umgerechnet über einer Milliarde US-Dollar.[12] Aber Mubaraks Erfolgsrezept beruhte nicht nur auf der Knute. Als wichtigstes politisches Werkzeug setzte er auf die Angst der Menschen vor dem, was geschähe, wenn es ihn nicht gäbe: Er und seine regierende Nationaldemokratische Partei (NDP) erinnerten die Menschen laufend daran, dass das Land ohne die Weisheit ihres Präsidenten längst in den Flammen der nahöstlichen Gewalt untergegangen oder zu einer Beute des islamischen Fundamentalismus geworden wäre. Mubarak legitimierte seine Herrschaft so als eine historische Alternative, mit Ereignissen, die nicht eingetreten waren, aber als Möglichkeit heraufbeschworen wurden. Sein wichtigstes politisches Argument waren die Schrecken des Unbekannten, Eventualitäten, die er Zuhörern geschickt als Gewissheiten ausmalte. Diese Botschaft stand im Mittelpunkt der jährlichen Parteitage der NDP.[13] 2009 bekamen die Delegierten, kurz bevor Mubarak zu seiner Rede aufs Podium stieg, ein kurzes Video zu sehen: Auf einem Großbildschirm bebilderten zusammengeschnittene Sequenzen die Gewalt des Nahen Ostens: explodierende Bomben, Maschinengewehrsalven, Chaos und Verwüstungen in Stadtvierteln und Straßen. Die vorgefertigte Botschaft lautete: Ohne Mubarak könnten das Bilder aus Ägypten sein.

Allerdings nutzen sich die Methoden und Botschaften, die ein Regime stützen sollen, bei aller Wirksamkeit über die Jahrzehnte immer mehr ab. Jede Herrschaft, auch die diktatorische, muss Mittel finden, um ihre Legitimität in den Augen der Bürger zu erneuern. Um die demokratische Fassade aufrechtzuerhalten wechselte Wladimir Putin, wenigstens vorübergehend, aus dem Präsidentenamt ins Büro des Ministerpräsidenten. Hugo Chávez wettert gegen das »Imperium« im Norden. China kann auf sein glanzvolles Wirtschaftswachstum verweisen. Und eine veränderte Welt stellte auch Ägyptens heutigen Pharao vor neue Herausforderungen. So jedenfalls erklärte es mir ein führendes Mitglied der Regierungspartei: »Mubarak hat erkannt, dass Business as usual nicht mehr funktioniert. Er kann nicht einfach so weitermachen oder weiterregieren wie bisher.«[14]

Sagt kein Geringerer als Ali Eddin Hilal, der Mediensekretär und Sprecher der Regierungspartei. Hilal, der schon viele Jahre in Mubaraks Regierung diente, hatte seinen wohl wichtigsten Posten 2001 erhalten. Damals berief ihn Mubarak – mit seinem Sohn Gamal – in das Exekutivkomitee des Generalsekretariats, das kleine Gremium, das die Tagesgeschäfte der Regierungspartei führte. Der Politologe Hilal, der in den 1970er-Jahren an der Universität McGill in Montreal promoviert hatte, war an der University of California, Los Angeles, und in Princeton Gastprofessor gewesen und hatte lange einen Lehrauftrag an der Universität Kairo innegehabt. Obwohl zur alten Garde des Regimes zählend, war er wegen seiner Brillanz, seines Scharfsinns und seines Redetalentes bei der jungen wirtschaftsfreundlichen Generation, die mit Gamal Mubarak verbündet war, durchaus beliebt. Tatsächlich wurde er in Gesprächen mit mir mehrfach als »Gamals Coach« gehandelt, also als einer aus dem Personenkreis, der Gamal Mubarak zum Nachfolger seines Vaters aufbauen sollte. Knapp zehn Monate vor dem Sturz des Regimes traf ich Hilal in der Anwaltskanzlei seines Sohnes, deren gepflegte und elegante Räumlichkeiten Manhattaner Architekturbüros in nichts nachstehen.

Hilals Hinweis, dass Mubarak die Notwendigkeit erkannt habe, seinen Regierungsstil zu ändern, überraschte mich. Nur selten gibt der Sprecher eines Autokraten zu, dass seine Regierung auf äußere unbeherrschbare Kräfte reagiert. Von einem Sprecher würde man erwarten, dass er seine Ankündigung mit Floskeln verbrämt wie der von »besonnenen Entscheidungen im besten Interesse des Volkes«. Wobei er für gewöhnlich vorhat, die wahren Gründe für getroffene oder revidierte Anordnungen zu verschleiern.

Die offensichtliche Frage lautete: Warum sah Mubarak nach einer so langen Präsidentschaft keine Möglichkeit mehr, weiterzumachen wie bisher? Was hatte sich verändert?

»Weil man merkt, dass die Demokratisierung voranschreitet«, erklärte Hilal. »Man merkt, dass man mehr Demokratie zulassen muss.

Ein weiterer Faktor«, fuhr er fort, »könnte das veränderte globale Umfeld sein. Schließlich gibt es heutzutage Satelliten, Al-Dschasira und das Internet. Da stellt sich der Gedanke ein, dass es so wie bisher nicht weitergehen kann. Man verliert allmählich sein Informationsmonopol. Man erkennt langsam die Bedeutung von Transparenz. Nicht unbedingt deshalb, weil man offen ist, sondern weil man sich seine Möglichkeiten bewahren will. Man muss sich dieser Bedeutung rein aus praktischen, pragmatischen Gründen stellen.«

Die zurückliegenden zehn Jahre waren für das Regime stürmisch verlaufen.[15] Die israelischen Bombardements auf das Westjordanland und der Krieg der USA gegen den Irak hatten auf Kairos Straßen Proteste entfacht, die rasch auch gegen die ägyptische Führung zielten. Über diese Protestmärsche und die zunehmende Anzahl von Arbeiterstreiks berichteten Nachrichtensender wie Al-Dschasira. Diese Kunde verbreiteten zudem Blogger, die häufig Filmmaterial zu gewalttätigen Polizeiübergriffen ins Netz stellten. Auch geriet die ägyptische Führung eine Zeit lang bei ausländischen Regierungen, insbesondere der USA und Europas, in die Kritik. Wurden den oppositionsnahen Zeitungen kleinste Spielräume für Meinungen eingeräumt, äußerten sie sofort heftige Kritik an Mubarak. Als Reaktion auf diesen und anderen Druck, so erklärte Hilal, müsse das Regime neue Wege finden, um das Heft in der Hand zu behalten. Anpassungen seien notwendig. »Die herrschende Elite hat mit der Zeit so viel Weisheit entwickelt, um das Menetekel zu erkennen«, sagte Hilal über den Druck zur Liberalisierung. »Wenn man erst die Zeichen an der Wand sieht, stößt man den Prozess von sich aus an. Man sieht auf der einen Seite die Slogans der Opponenten. Anstatt zu einer Zielscheibe des Wandels zu werden, tritt man als ein Partner, ja ein Führer des Wandels auf.«

Mit anderen Worten: Das Regime versuchte die Kontrolle über das eigene Schicksal teils dadurch zu behalten, dass es die Trends, die seine Vorherrschaft bedrohten, einfach vereinnahmte. Hilal beeilte sich hervorzuheben, dass alles noch immer arrangiert gewesen sei. »Diese Reform wird von der herrschenden Elite und insbesondere vom Präsidenten angestoßen, geleitet und reguliert«, sagte er. Mubarak dachte gar nicht daran, den Ereignissen ihren natürlichen Lauf zu lassen. Er wollte sich an die Spitze der Kräfte des Wandels stellen und diese so gestalten.

Zumindest in der Theorie.

Ägypten ist nicht mit großen Erdölreserven gesegnet. Anders als Russland oder Venezuela fehlen seinem Regime die riesigen Erlöse aus dem Öl- oder Gasgeschäft, um sich öffentliche Zustimmung zu kaufen. Auch hat die Regierung am Nilufer nichts zustande gebracht, was einem Wirtschaftswunder gleichkäme. Anders als an China orientiert sich niemand am »ägyptischen Modell«, wenn es darum geht, Menschen aus der Armut zu holen, die Infrastruktur zu modernisieren oder nachhaltiges Wirtschaftswachstum zu generieren. Aber wie Hilal erklärte, versuchte Mubaraks Regime unter wachsendem Druck eine andere Überlebensstrategie für moderne Diktatoren zu perfektionieren: die Kunst, politisches Terrain abzutreten, um es in Wahrheit behalten zu können.

Wenn man in den letzten Jahren der Ära Mubarak die Augen zumachte und nur auf die Äußerungen ägyptischer Offizieller hörte, schien am politischen System des Landes ein konstantes Reformwerk voranzuschreiten. Die Politik und ihre Verfahren wurden »reformiert«, »verändert«, »revidiert«, »modernisiert«, »gestärkt« und »weiterentwickelt«. Aber alle angeblichen Reparaturen und das Gerede vom Wandel wurde vom tatsächlich herrschenden Stillstand Lügen gestraft. Die wahre Expertise des Regimes bestand vielmehr darin, die roten Linien, die erlaubte von verbotenen Freiheiten trennten, auf ganz neue Weise zu ziehen. Mit einem Sicherheitsventil versuchte es, Druck aus dem System zu nehmen, um die Kontrolle zu behalten. Die Herausforderung bestand darin, den Anschein größerer Freiheit zu erzeugen, ohne irgendeine Freiheit zu gewähren, die seine Herrschaft hätte bedrohen können.

Ein Beispiel war das grundlegende Recht der Freiheit, öffentlich den Präsidenten zu kritisieren.[16] In den 1980er- und 1990er-Jahren hätte es in Ägypten niemand gewagt, offen gegen Mubarak zu demonstrieren: Er wäre selbstverständlich im Gefängnis gelandet. Dieses informelle Verbot war so bedeutend, dass die Ägypter für Mubarak ein Codewort verwendeten und von der »präsidialen Institution« oder der »Präsidentschaft« redeten, Ausdrücke, die in der Verfassung nicht vorkamen. Den Präsidenten kritisieren hieß eine rote Linie überschreiten.

Dieses Verbot wurde am Ende allerdings aufgegeben. Wenn in den letzten Jahren in Kairo Proteste aufflammten, war häufig auch der Ruf »Nieder mit Mubarak!« zu hören. Angefangen mit den Demonstrationen gegen die Belagerung Jenins und anderen Städten im Westjordanland 2002 richtete sich der Zorn der Studenten und Aktivisten auch gegen die eigene Regierung. Manchen Beobachtern zufolge sollen damals die ersten öffentlichen Rufe gegen den langjährigen ägyptischen Staatschefs laut geworden sein. Am 12. Dezember 2004 organisierte die lose Oppositionsbewegung Kifaja, der später auch Ahmed Maher beitrat, den ersten Protestmarsch, der sich ausschließlich gegen Mubarak richtete.

Ab 2005 wurde Kritik am Präsidenten und der Korruption seiner Frau und seiner Söhne häufiger hörbar. Irgendwann veranschlagte das Regime, dass die Risiken, die dieses Kritikverbot barg, dessen Nutzen überwogen. Was machte es schon, so die Überlegung, wenn einige hundert Menschen bis zur Heiserkeit schrien: »Mubarak muss verschwinden!«? Tatsächlich passte es ägyptischen Funktionären ganz gut, wenn sie darauf verweisen konnten, dass die Bürger auf einem öffentlichen Platz gegen ihren Präsidenten protestieren durften – als Beleg für eine freier werdende Gesellschaft. »Die roten Linien sind also nicht mehr die von früher«, sagte mir Anfang 2010 der Menschenrechtsaktivist Gasser Abdel-Razek. »Das schließt natürlich keineswegs aus, dass Mubarak eines Tages aufwacht und sagt: ›Dieser Bastard gehört ins Gefängnis.‹ Und dieser Bastard landet dann ganz schnell in Haft. Aber die Machthaber haben dazugelernt.«[17]

Besonders deutlich äußerte sich diese neue Taktik des Regimes in seinen öffentlichen Stellungnahmen. Bis vor Kurzem noch hatte Mubaraks Regierung auf jede Kritik mit Leugnen und Beleidigungen reagiert. Wenn Menschenrechtsgruppen einen Bericht über die in ägyptischen Polizeistationen weit verbreitete Folter veröffentlichten, wurden die Vorwürfe als haltlos und erlogen abgetan. »Als im Jahr 2000 eine Veranstaltung der UN stattfand und ägyptische Nichtregierungsorganisationen teilnahmen, um einen Bericht vorzulegen, verweigerten die [ägyptischen] Diplomaten entweder jeden Kontakt zu diesen NGOs oder warfen ihnen einfach Verrat und Begünstigung ausländischer Einmischung vor«, sagt Hossam Bahgat, der Gründer der Ägyptischen Initiative für Persönlichkeitsrechte (EIPR).[18]

Mehrere Jahre später machte der 30-jährige Bahgat ganz andere Erfahrungen. Seine Organisation, eine international geachtete NGO mit Sitz in Kairo, kämpft für Bürgerrechte und bürgerliche Freiheiten und kritisiert das Regime verglichen mit anderen Organisationen besonders lautstark. 2010 reiste Bahgat nach Genf zur jährlichen Berichterstattung des UN-Menschenrechtsrats über die Einhaltung der entsprechenden

Verpflichtungen in den Mitgliedsstaaten. Bahgat hob hervor, dass gegen die Menschenrechte in Ägypten nach wie vor systematisch verstoßen werde. Während des Aufenthaltes in Genf wurde er zum Abendessen in die Residenz des ägyptischen Botschafters eingeladen. Dort wurde ihm überraschenderweise versprochen, dass man mit ihm zusammen am Nachfolgebericht zu den Menschenrechten arbeiten würde. Das moderne ägyptische Regime hatte gelernt, dass es rhetorisch mehr gewann, wenn es einige Missstände einräumte, anstatt jeden Kritiker als Lügner und Verräter zu brandmarken. »Wenn man mit Mitarbeitern des Außenministeriums über Menschenrechtsverletzungen redet, sagen sie inzwischen: ›Ja, wir haben tatsächlich ernsthafte Probleme, aber wir stellen uns den Herausforderungen, um einen Wandel herbeizuführen. Wir sind auf dem Weg der Reform, auch wenn wir wohl zu langsam vorankommen und schneller Fortschritte machen sollten‹«, sagte Bahgat Anfang 2010. »Solche Aussagen beinhalten natürlich, dass es bei der alten Garde im Regime Widerstände gibt. Aber wenn wir erst einen jüngeren Präsidenten haben, einen im Westen ausgebildeten und reformorientiert, dann vielleicht …« Ein jüngerer Präsident wie Gamal Mubarak.

Der verhießene Pharao

Der unbeholfene Versuch, die Diktatur zu modernisieren, ist untrennbar mit dem politischen Aufstieg von Mubaraks Sohn Gamal verknüpft. Gamal gab seine Stellung als Investmentbanker in London auf, kehrte nach Kairo zurück und übernahm eine Führungsrolle in der Regierungspartei. In

Gesprächen mit der Presse redete der charmante 46-jährige Präsidentenspross davon, frisches Blut in die herrschende Partei zu bringen und ihrer Politik neues Leben einzuhauchen, um den Ägyptern so besser zu dienen. In seinen Äußerungen wimmelte es vor Ausdrücken wie »Reform«, »Prozess« und »Konsens«, den üblichen Schlagwörtern eines Mannes, der hoffte, von einem alternden Diktator das Präsidentenamt zu erben.

Alle politischen Aktivitäten, die Gamal seit dem Tag seiner Rückkehr nach Ägypten unternahm, dienten nach allgemeiner Wahrnehmung dazu, die Fundamente für seine Nachfolge zu legen und Vertrauen zu schaffen, um den Untertanen seinen Herrschaftsantritt schmackhaft zu machen. Gamal erhielt in der Partei sofort einen wichtigen Geschäftsbereich. Sein Vater berief ihn in das Exekutivkomitee des Generalsekretariats, womit er in den Tagesgeschäften der Partei eine Stimme erhielt. Auch wurde er Vorsitzender des jüngst kreierten politischen Komitees, das ein Vertreter der NDP einmal als das »Gehirn der Partei«[19] bezeichnete. Dieses Komitee wurde für Gamal zu einem der wichtigsten Vehikel, mit dem er eine jüngere Generation von Funktionären in die Regierung einführte. Während die ältere Garde Erfahrungen unter Sadat gesammelt hatte und sich in der Patronagepolitik gut auskannte, wirkten die Getreuen, die Gamal um sich scharte, eher wie Berater von McKinsey als wie Führungsfiguren von Parteimaschinen. Wie Gamal waren sie jung, hatten eine westliche Ausbildung und sprachen fließend Englisch. Meist in den Dreißigern oder Vierzigern, hatten einige einen Doktortitel oder einen Abschluss in Betriebswirtschaft an einer Universität an der US-Ostküste erworben. Manche hatten an der Wall Street gearbeitet und eine ungefähre Vorstellung davon, wie man Dollar-Kapital anlockt. Die Mitglieder des politischen Komitees hatten die Aufgabe, Ideen, Programme und Strategien zu entwickeln, die über die erstarrten, längst verstaubten und todgeweihten sozialistischen Positionen hinausgingen.

An der wirtschaftlichen Front wurden diesen Technokraten einige Fortschritte zugebilligt. Zwischen 2005 und 2008 wuchs Ägyptens Wirtschaft jährlich um über 7,2 Prozent,[20] auch wenn dieses Wachstum die meisten Ägypter nicht erreichte. Drei Jahre in Folge kürte die Weltbank das Land als bestes Wirtschaftsreformland in der Region. 2009 stiegen die Auslandsinvestitionen sprunghaft auf fast sieben Milliarden US-Dollar an, auf mehr als das Dreifache des Betrags von vor fünf Jahren. Und Ägypten überstand die globale Finanzkrise besser, als die meisten erwartet hatten. Gamals politisches Projekt, der Versuch einer Modernisierung der Regierungspartei, lief allerdings ins Leere. Die NDP wurde nie eine Partei der Ideen mit einer Vision, die über den eigenen Machterhalt hinausreichte. Tatsächlich war sie letztlich weniger Partei als vielmehr eine riesige Patronagemaschine.

Einer, der dieser Darstellung allerdings widersprechen würde, war Mohamed Kamal, ein besonders einflussreicher politischer Berater Gamals und ein Mitglied des politischen Komitees, das der Regierungspartei neues Leben einzuhauchen versuchte. Der über vierzigjährige Politikwissenschaftler erwarb seinen Doktortitel an der Johns Hopkins School of Advanced International Studies und fühlte sich in Washington ebenso zu Hause wie in Kairo. Er hatte die Politik und den Wahlkampf der USA studiert und sprang in einer Unterhaltung vom US-Wahlmännergremium mühelos zu den Feinheiten ägyptischer Politik. Er hatte sogar für einen Kongressabgeordneten aus Ohio im Washingtoner Kapitol gearbeitet. Als ich Kamal 2006 in Kairo kennenlernte, fragte ich ihn, welche Zeitungen er gerne lese – in der Erwartung, dass er lokale Presseorgane nennen würde. »Dieselben wie Sie, vermute ich«, antwortete er. »Ich beginne meinen Morgen mit der *Washington Post* und der *New York Times.* Dann möchte ich noch wissen, ob die Denkfabriken in der Massachusetts Avenue etwas Neues zu bieten haben.«[21] Cleverer Schachzug: Damals arbeitete ich für einen dieser Thinktanks in besagter Avenue in Washington.

Als wir zum letzten Mal, nur Monate vor dem Sturz seines Regimes, miteinander redeten, argumentierte er wenig überzeugend: Die Regierungspartei sei dynamischer und kompetenter, als es den Anschein habe. »Die NDP kann sich neu erfinden«, so Kamal. »Sie hat die Leute und die Ideen.«[22] Darauf deutete allerdings gar nichts hin. Recht hatte er immerhin insofern, als das Regime »die bedeutendste politische Entwicklung der letzten sieben Jahre« zuließ: Man entschied sich 2005 dazu, eine Präsidentschaftswahl abzuhalten. In diesem Jahr begab sich Präsident Mubarak erstmals auf Wahlkampftour und warb bei den Ägyptern um ihre Stimme. (24 Jahre lang hatten die Wähler wie bei einem Referendum – ohne Gegenkandidaten – nur mit ja oder nein stimmen können.) Einer der ältesten Autokraten in der Region reiste auf Stimmenfang durch das Land, schüttelte Hände und nahm Bäder in der Menge. Und Kamal, der Mubaraks Kommunikationsteam leitete, organisierte eine Wahlkampfzentrale, wie sie ein Kampagnenmanager aus den USA nicht besser eingerichtet hätte. Junge Helfer arbeiteten Block für Block die demografischen Daten zu den Wählern ab. Teams beobachteten an Tausenden von Wahllokalen die Beteiligung. Kostspielige, professionell produzierte Wahlkampfspots präsentierten Mubarak senior als Reformkandidaten. Kamal sagte mir, er habe sich von den amerikanischen Präsidentschaftswahlen inspirieren lassen, insbesondere von Bill Clintons Rennen fürs Weiße Haus 1992.

All das bedeutete natürlich auch, dass Mubarak es erstmals mit Gegenkandidaten zu tun bekam. Aiman Nur, ein Anwalt und ehemaliger Abgeordneter, war sein größter Gegner, der bei Wahlkampfauftritten eifrig die Korruption des Regimes und den Missbrauch des Ausnahmezustands anprangerte. Niemand erwartete, dass Nur Mubarak an der Urne schlagen würde. Denn die Stimmen, die der Amtsinhaber nicht durch einen geschickten Wahlkampf errang, konnte er sich durch Betrug und vorab gefüllte Wahlurnen verschaffen. Aber Nurs Präsidentschaftskandidatur als solche war bemerkenswerter als jeder Stimmenanteil, den er holen konnte. Indem es einen Wahlkampf – und sei es einen unsauberen – überhaupt zuließ, hatte das Regime in seinem Bestreben, seine Macht zu erhalten, ein weiteres wichtiges Zugeständnis machen müssen. Es konnte nie wieder einen Führer bestimmen, ohne glaubhaft machen zu können, dass er vom Volk gewählt worden war. Eine weitere rote Linie hatte sich verschoben.

Wie mir Ali Eddin Hilal sagte, hatte Mubarak erkannt, dass Business as usual nicht mehr möglich war. Also verfolgte er die Strategie, eine Fassade der politischen Liberalisierung zu errichten und so möglichst sicherzustellen, dass sein Regime niemals einer echten Veränderung zum Opfer fallen würde. Wenn der Staat alle Rechte und Reformen selbst bastelte, konnte er immerhin versuchen, die Öffnung unter seinen Bedingungen zu gestalten. Auch wenn Mubarak die Daumenschrauben lockerte und sie wieder anzog, um sie später erneut zu lockern, stand nie infrage, dass er sie für immer bediente.

Die Strategie hatte freilich ihren Preis. Haben Menschen erst einmal von der Freiheit gekostet, ist es sehr viel schwerer, ihnen Freiheiten wieder vorzuenthalten. Mit jeder Verschiebung einer roten Linie schränkte das Regime die Spielräume für seine Manöver ein. Manche führen eine akademische Debatte darüber, ob eine vorgetäuschte politische Öffnung wie in Ägypten ab einem gewissen Punkt weniger eine Überlebensstrategie darstellt, als dass sie zum Dauerphänomen wird, zu einem Schwebezustand zwischen Autokratie und echter Demokratie. Die Frage ist bislang unbeantwortet geblieben. Aber sie ist insofern von Bedeutung, als Mitglieder von Mubaraks Regime daran zweifelten, dass sie, wie mir ein Parteifunktionär sagte, »das Spiel für immer spielen könnten«.[23] Als ich die Frage Hilal vorlegte, nahm er kein Blatt vor den Mund: »Ob man endlos so weitermachen kann?«, wiederholte er. »Die Antwort lautet nein, natürlich nicht.«

Das erinnerte mich an Alexis de Tocquevilles Mahnung, dass »der gefährlichste Augenblick für eine korrupte Herrschaft dann kommt, wenn sie sich selbst zu reformieren versucht«. Die Gefahren für Mubaraks Regime zeigten sich rasch. Das Ende des Verbots, den Präsidenten zu kritisieren, zog mehr Proteste und gegen Mubarak gerichtete Aktivitäten nach sich, als das Land je gesehen hatte. Auch wenn die Regierung die Daumenschrauben gelegentlich wieder anzog, sahen die meisten politischen Aktivisten, die ich kennenlernte, diese Jahre 2005 bis 2010 als die prägendsten für ihre »Ausbildung« als Regimegegner an. Und nach den Präsidentschaftswahlen 2005 warf die Regierung weiterhin jedem, der ihren Machtanspruch anfocht, Knüppel zwischen die Beine. So statuierte sie rasch an Aiman Nur ein Exempel und ließ ihn in einem politisch motivierten Prozess zu vier Jahren Gefängnis verurteilen. Allerdings musste sie sich ab jetzt darauf gefasst machen, dass weitere unerwartete Kandidaten für das höchste Amt im Staat hervortraten. Ein Regime, das Überraschungen hasste, war jetzt mit einem Hauch Unberechenbarkeit konfrontiert. 2005 sah sicher noch keiner voraus, dass vier Jahre später öffentlich darüber nachgedacht würde, ob der ehemalige Chef der Internationalen Atomenergie-Organisation und Nobelpreisträger Mohammed el-Baradei bei den nächsten Präsidentschaftswahlen kandidieren wolle. 2010 äußerte sich Mohamed Kamal mir gegenüber negativ über das »Phänomen el-Baradei«. Auch wenn sogar viele Unterstützer im Stillen an Baradeis Charakterstärke als Politiker zweifelten, befeuerte allein die Tatsache, dass ein neuer Name ins Gespräch gekommen war, die Begeisterung vieler politisch denkender Ägypter. Eine weitere Front öffnete sich gegen das Regime.

Und wohl nichts schürte größere Ressentiments und rüttelte die Opposition stärker wach als die Bemühungen, Gamal als nächsten ägyptischen Präsidenten zu empfehlen. Auch wenn Mubarak das Land in eisernem Griff gehalten hatte, war nie sicher gewesen, dass sein Sohn seine Nachfolge antreten würde. Diese Möglichkeit, die sich von Jahr zu Jahr als wahrscheinlicher abzeichnete, verstieß gegen Ägyptens politische Traditionen. So autoritär sich das Regime gebärdete, es war keine Familiendynastie. So zu tun, als könne niemand außer Mubaraks Sprössling Ägypten regieren, verletzte den dürftigen Gesellschaftsvertrag, der zwischen Führung und Volk noch in Kraft war.

Und der Zorn ruhte nicht nur in den Herzen der Bevölkerung. Das ägyptische Militär hegte einen erbitterten Groll gegen die neue Elite, die ihre engen Beziehungen zu Gamal und seinem Bruder Alaa schnell in riesige Vermögen ummünzte. Die Militärs hatten Grund zur Sorge, dass ein Präsident Gamal, der sich Privatisierung auf die Fahnen geschrieben hatte, nicht ihr Wirtschaftsimperium, sondern weiterhin seine engsten Freunde begünstigen würde. Und mochte Gamal in seinen Anzügen aus der Londoner Savile Row noch so elegant wirken, einen Anzug hatte er nie getragen: die Militäruniform. Bislang hatten sich sämtliche ägyptischen Präsidenten erst bei den ägyptischen Streitkräften bewähren müssen. Ohne Militärerfahrung blieb die Frage offen, ob Ägyptens Generäle ihn als Mubaraks Nachfolger akzeptieren konnten oder ob sie darauf bestehen würden, dass einer aus ihren Reihen das Ruder übernähme.

Wir werden es nie erfahren: Die Menschen, die sich am 25. Januar 2011 erhoben, nahmen Mubarak die Chance, seinen Sohn als Ägyptens neuen Herrscher zu installieren. Eine Frage, die fast ein Jahrzehnt lang die ägyptische Politik beherrscht hatte, hatte sich damit von selbst erledigt. Eines überraschte allerdings wenig: Kaum war Hosni Mubarak von der politischen Bühne verschwunden, beschlagnahmte das Militär die Vermögenswerte von Gamals engsten Freunden.

»Ägypter fühlen sich frei«

Jede Diktatur hat Gesichter, die neben dem Diktator selbst die Korruption, die Privilegien und die höchste Macht im Staat verkörpern. Im Ägypten vor der Revolution gehörte dieses Gesicht dem milliardenschweren Industriemagnaten Ahmed Ezz. Als Präsident des Konzerns EzzSteel galt er rundweg als einflussreichstes Mitglied jener »jungen Garde« aus führenden NDP-Mitgliedern, die ihren Aufstieg vor allem persönlichen Beziehungen zum Gamal Mubarak verdankten. Wenn man 2010 einen Ägypter auf der Straße danach fragte, wer von seinen Verbindungen zum Präsidentensohn am meisten profitiere, lautete die Antwort fast immer: »Ezz.« Die meisten waren davon überzeugt, dass er ein mittelmäßiges Familienunternehmen dank seiner engen Freundschaft zu Gamal in einen der größten Stahlkonzerne des Nahen Ostens verwandelt hat. Die Ezz Holdings wurden auf ungefähr zwei Milliarden Dollar geschätzt, von denen Ezz den Großteil seit seinem Einzug ins Parlament 2000 verdient hatte.[24] Aber auch wenn er seinen Reichtum korrupten Amigogeschäften verdankte, war Ezz weitaus mehr als nur der Nutznießer eines kapitalistischen Systems, das von der Kumpanei beherrscht wurde. Er war auch ein gewiefter politischer Akteur mit der Aufgabe, der alten Diktatur ein neues Erscheinungsbild zu verpassen. »Wir brauchten einen Plan«, sagte mir ein Funktionär der Regierungspartei, »und Ezz hatte einen.«[25]

Einfach gesagt, bestand Ezz' Aufgabe darin, Wahlen zu gewinnen. Mehrere Jahre vor den Parlamentswahlen 2010 setzte die NDP Ezz dazu ein, die Strategie der Partei für den Erwerb von Mandaten auszurichten. Zwar hatte die Regierungspartei bislang immer die Mehrheit im Parlament erreicht – seit 1979 bei neun Wahlen in Folge sogar eine Zweidrittelmehrheit –, zeigte sich als Regierungspartei aber höchst unorganisiert auf dem Weg, auf dem sie diese Mehrheit erreichte. Hier offenbarte sich die Schwäche des Markenzeichens NDP:[26] Die meisten Bewerber um einen Sitz traten als unabhängige Kandidaten an und setzten auf persönliche oder familiäre Beziehungen, um sich den Wählern zu empfehlen. Nach der Wahl gelobten sie einfach Treue zur NDP, weil sie vom Patronagesystem der Regierung nur dann profitieren konnten, wenn sie der Partei angehörten. Tatsächlich hatten die meisten der 311 Parlamentarier der NDP ihren Sitz als Unabhängige errungen und waren danach in die Partei eingetreten.

Ezz' Aufgabe lautete nun, der Partei mehr Disziplin und Professionalität aufzuerlegen. Wie mir mehrere Funktionäre sagten, soll sich Ezz eingehend mit Tony Blairs Methoden für die New Labour Party in Großbritannien auseinandergesetzt haben.[27] Im April 2010 beschrieb Ezz gegenüber Janine Zacharia, einer ehemaligen Korrespondentin der *Washington Post*, mit der ich befreundet bin, seine Rolle folgendermaßen: »Ich kümmere mich mehr um Organisationsfragen«, erläuterte er. »Wie bringt man die Wähler an die Urnen, wie überprüft man Kandidaten, wie unterstützt man die Auswahl der Kandidaten durch die Parteiführung und wie bereitet man die Organisation des Wahlkampfs vor?«[28]

Wie mit vielen seiner Äußerungen machte Ezz auch mit dieser Eindruck. Aber entgegen allem Gerede vom Erreichen des Wählers, den modernen Botschaften im Wahlkampf und der professionellen Organisation waren die Parlamentswahlen vom November 2010 nicht mehr als ein abgekartetes Spiel. In der Rückschau wurde überdeutlich, warum sich das

Regime hartnäckig geweigert hatte, ausländische Beobachter in den Wahllokalen zuzulassen. Als Organisationssekretär der Partei saß Ezz einer der betrügerischsten Wahlen der jüngeren Geschichte vor. Die NDP erhielt über 90 Prozent der Sitze.[29] Die Muslimbruderschaft, die bei den letzten Wahlen 2005 immerhin 88 Sitze geholt hatte, konnte rätselhafterweise keinen einzigen halten. Die Regierungspartei hatte so dreist betrogen, dass es selbst für ägyptische Verhältnisse tollkühn erschien.

Vor den Wahlen hatte Ezz noch stolz darauf verwiesen, wie viel freier die Ägypter seien als fünf Jahre zuvor. Wenn die Dinge so schlecht liefen, warum wirkten sie dann so unbekümmert? Ihre Topthemen, so Ezz, seien Arbeitsplätze, günstige Nahrungsmittel und sauberes Wasser – keine weiteren politischen Anliegen, die ins Herz der Legitimation des Regimes zielten. »Warum rebellieren die Leute nicht? Warum gehen sie nicht zu Millionen auf die Straße, wenn die Opposition über politische Freiheiten diskutiert?«, fragte Ezz. »Warum? Weil sich die Ägypter frei fühlen. Sie haben die Freiheit, die sie sich wünschen. Die Redefreiheit, die Freiheit, Parteien beizutreten, die Freiheit, Ahmed Ezz, der als Mann mit etwas Einfluss wahrgenommen wird, auf den Zahn zu fühlen und ihn in die Wüste zu schicken, sollte es nötig sein … Die Ägypter fühlen sich frei.«

Man kann nur schwer nachvollziehen, warum sich die NDP auf einen so plumpen Betrug eingelassen hat. Vielleicht war die Partei, an deren Führung Ezz beteiligt war, einfach nicht stark genug, um ihre Mitglieder zu zügeln. Aber ihr dreistes Vorgehen war mit an Sicherheit grenzender Wahrscheinlichkeit das Ergebnis einer schlichten Wahrheit: Sie glaubte langsam selbst an die eigenen Lügen. Das erklärt wohl am besten, warum die Regierung, die das politische Leben geöffnet und in den Medien mehr Kritik und Opposition zugelassen hatte, den Wählern so sorglos ihre Stimme raubte. Sie schätzte die Bevölkerung so gering, dass sie meinte, Wahlen noch immer problemlos ohne Konsequenzen fälschen zu können. Sie hatte beträchtliche Anstrengungen unternommen, um ein modernes autoritäres Regime zu errichten. Sie verfügte über die nötigen Instrumente: Oppositionsparteien, um den öffentlichen Unmut zu kanalisieren, Wahlen, mit denen sie Getreue belohnen oder abstrafen konnte, und ein Parlament, das den Besorgnissen der Gesellschaft eine Stimme gab. Aber letztlich wollte sie diese Instrumente nicht nutzen. Diese äußeren Anzeichen einer Demokratie taugten nicht mehr als glaubwürdige Fassade: Sie konnten die Wahrheit nur dann verbergen, wenn es dem Regime gelang, den Anschein als Realität zu verkaufen. Nach den Wahlen planten Mitglieder der Opposition, ein »Schattenparlament« einzurichten, das den Wählerwillen besser repräsentieren sollte als das amtierende. Präsident Mubarak reagierte herablassend mit den Worten: »Sollen sie sich doch beschäftigen.«[30]

Nicht einmal die Mitglieder des Regimes dachten noch daran, so zu handeln, als sei der Anschein Realität. Ein gutes Beispiel lieferte der Nationale Menschenrechtsrat. Mubarak hatte ihn 2003 ins Leben gerufen, um vor allem »die Einhaltung der Menschenrechte« in Ägypten sicherzustellen. Angesichts des systematischen Gebrauchs von Folter durch das Regime waren die meisten Aktivisten natürlich skeptisch, dass ein staatlich geführtes Gremium diese Mission würde erfüllen können. Seine Einrichtung erschien als reine Augenwischerei, als die sie sich denn auch weitgehend herausstellte. Ein Diplomat in der ägyptischen Botschaft in Washington berichtete kichernd, wie an die Eitelkeit des ehemaligen UN-Generalsekretärs Boutros Boutros-Ghali appelliert worden sei, damit er seinen guten Namen für diesen Rat hergab.[31]

Unter seinen 25 Mitgliedern befanden sich allerdings auch einige seriöse Verfechter der Menschenrechte. Als ich einige Mitglieder des Rats interviewte, herrschte Übereinstimmung darin, dass sich acht bis zehn Mitstreiter für die Sache aufrichtig engagierten.[32] Die übrigen waren Opportunisten und Regimetreue. Ein respektiertes Mitglied des Rats war sein Vizepräsident Ahmed Kamal Aboul Magd, der ihn angeblich auch leitete. Als versierter Anwalt für Verfassungsrecht und Rechtsgelehrter gehörte Magd in Ägypten einer besonders raren Spezies an: Obwohl seine Integrität und sein Eintreten für die Menschenrechte unstrittig waren, genoss er die Wertschätzung des Regimes. Er hatte unter Anwar as-Sadat als Minister gedient und sich als beschlagener Jurist durch seine behutsame und konsultative Vorgehensweise ausgezeichnet. Trotzdem wurde ihm im Februar 2010 der Sitz im Nationalen Menschenrechtsrat überraschend entzogen.

Einen Monat nach seiner Entlassung besuchte ich Aboul Magd bei ihm zu Hause in Gizeh, in der Nähe der Pyramiden. Er erläuterte mir, dass er nach der Rückkehr von einer Geschäftsreise nach Kuwait ein Schreiben des Staatspräsidenten vorgefunden habe: Mubarak habe ihm für seine Dienste gedankt, aber darauf hingewiesen, dass er von seinen Aufgaben entbunden sei. Ich fragte Aboul Magd, warum er von seinem Posten abberufen worden sei. »Warum sie mich loswerden wollten?«, antwortete Aboul Magd. »Es heißt, es seien Schritte geplant gewesen, für deren Umsetzung ich der falsche Mann gewesen sei. Also die Situation lieber vermeiden und den Mann freistellen, bevor er dagegen anzugehen versucht.« Noch überraschender als Aboul Magds Entlassung waren einige Namen, die als Ersatz für ihn gehandelt wurden. Die erste Wahl war ein ehemaliger Polizeioffizier und Funktionär des Innenministeriums, also jener staatlichen Einrichtung, die das erschreckende Ausmaß an Menschenrechtsverletzungen maßgeblich zu verantworten hat. Der Vorschlag wurde nach einem Sturm der Entrüstung rasch zurückgezogen. Dennoch stimmte die Liste der Regierung Aboul Magd besorgt. »Das sind keine guten Entscheidungen«, sagte er. »Für mich haben die auf einer Liste von Verfechtern der Menschenrechte nichts verloren. Sie sind das falsche Signal.«

Aber Aboul Magd machte sich nicht nur wegen eines Menschenrechtsrats Sorgen, der ein zahnloser Tiger und mit zuverlässigen Freunden der Regierung besetzt war. Er fand, Mubarak und seine Vertrauten hatten kein Ohr mehr für ihr eigenes Land. Auch wenn er es nicht an Einzelheiten fest machen konnte, hatte er ein ungutes Gefühl, was die Zukunft des Landes anging. »Ich höre Stille«, sagte mir Aboul Magd. »Und sie stimmt mich besorgt, weil es eine unnatürliche Stille ist.«[33]

Das Regime trete allzu selbstsicher und zuversichtlich auf, meinte er. Es herrsche die Überzeugung, dass die Autokratie für ihren Autokraten für immer gesichert sei. Und dies sei im Leben jedes autoritären Regimes ein gefährlicher Moment. In Ägypten fuhr die Regierung einen besonders widersprüchlichen Kurs. Für die meisten Ägypter hatte sich das Leben nicht verbessert. Die grundlegende politische Unterdrückung gehörte noch immer zu ihrer Lebenswirklichkeit. Dennoch öffnete das Regime im Bemühen, Druck aus dem System zu nehmen, kleine politische Freiräume für öffentliche Kritik und begrenzte politische Aktivitäten. Aber während das Regime mehr Redefreiheit zuließ, erschlich es sich weiterhin mit Fälschungen Wahlsiege, knüppelte noch immer auf Demonstranten ein und legte – als wohl besonders unkluger Schritt – die Fundamente für eine dynastische Nachfolge. Das Regime kümmerte sich nicht mehr um die Zeichen oder Signale, die aus der Öffentlichkeit kamen, und sah die Besorgnisse der Bevölkerung als unerheblich für seinen Machterhalt an. Wael Nawara, ein wichtiger Berater des Oppositionsführers Aiman Nur, teilt mir einen Monat nach der Revolution mit, dass das Regime und sein Volk in den zurückliegenden fünf Jahren faktisch einen Kollisionskurs gefahren hätten. »Diese beiden Kurse mussten im Zusammenprall enden. Ich erinnere mich, dass ich nach den Wahlen vom November in meinem Blog schrieb, das Regime sei in einen Zug gestiegen, und vor der Endstation gebe es keine Haltestellen mehr. Selbst wenn ich wollte, ich könnte nicht aussteigen«, sagte Nawara in seinem Büro. »Ich glaube, der endgültige Befreiungsschlag kam, als die Anleitung vorlag: Wie startet man eine Revolution. Wie stürzt man einen Diktator. Das war Tunesien.«[34]

Vielleicht hatte Ahmed Ezz eine Vorahnung. Am Ende des Interviews, das ich im April 2010 mit ihm führte, prahlte er minutenlang damit, wie lebendig die Straßen Ägyptens in den letzten Monaten geworden seien – mit Demonstrationen an der Universität Kairo und anderswo. Er malte ein Bild von Ägypten, das vor politischem Leben und Meinungsvielfalt nur so sprühte, und wies die Vorstellung zurück, dass das Regime den Ausnahmezustand dazu missbrauche, Opponenten zu unterdrücken. Nach einer Pause räumte er allerdings ein: »Ich sage Ihnen trotzdem ganz offen, dass mir unwohl würde, wenn ich auf dem Tahrir-Platz eine Demonstration sähe.«

Neun Monate später besetzte das Volk den Platz. Am 29. Januar, am fünften Tag der Proteste, trat Ezz von seinem

Posten in der Regierungspartei zurück. Einige Tage später wurden seine Bankkonten eingefroren. Er selbst durfte nicht mehr ins Ausland reisen. Mubarak, der sicher wusste, wie unbeliebt Ezz in der Bevölkerung war, bot ihn rasch den Demonstranten als Bauernopfer an – das erste einer Reihe verzweifelter Zugeständnisse, die das Regime in seinen letzten Tagen machte. Am 17. Februar, eine Woche, nachdem Mubarak selbst hatte zurücktreten müssen, wurde Ezz auf Befehl des Obersten Militärrates verhaftet. Im September 2011 verurteilte ihn ein ägyptischer Strafgerichtshof unter dem Vorwurf der Korruption zu zehn Jahren Haft. Jetzt war er es, dem die Freiheit fehlte.

Die letzte rote Linie

Die Menschen waren gewarnt: Keine Proteste, auch keine friedlichen, würden geduldet. Sie erhielten den Befehl, den Platz zu verlassen. Die noch blieben, so teilte das Regime Beobachtern mit, seien »Agitatoren« und »ausländische Agenten«, die den Untergang Ägyptens betrieben. Angesichts der zunehmenden Spannungen überraschte es nicht, als die erste Salve Tränengasgeschosse in der Menge landete. Männer, einige in Uniform, andere in Zivil, griffen die Demonstranten an. Die vom Innenministerium entsandten Schläger trugen Messer und Ketten. Andere gingen mit Knüppeln auf jeden los, der von den Pulks der Demonstranten getrennt wurde. Wen sie erwischten, verprügelten sie bis zur Bewusstlosigkeit. Gummigeschosse jagten durch die Mengen. Auf den Gebäuden um den Tahrir-Platz hatten Scharfschützen Stellung bezogen. Schüsse peitschten. Ein Aktivist im Zentrum des

Chaos setzte auf Facebook einen Notruf ab: »Ich atme Tränengas!«, schrieb er. »Helft uns im Kampf gegen das Militär!«[35]

Das war nicht Januar, sondern Ende Juni 2011. Und die Sicherheitskräfte, die die Demonstranten auf und um den Tahrir-Platz angriffen, prügelten nicht mehr auf Geheiß Hosni Mubaraks. Der gestürzte Diktator wartete längst in einem Krankenhaus in Scharm el-Scheich im Arrest auf seinen Prozess. Sie handelten auf Befehl des Obersten Militärrates.

Auch blieb dieses Ereignis kein Einzelfall. Nach dem Angriff vom 9. März auf den Tahrir-Platz, bei dem Samira Ibrahim festgenommen wurde, häuften sich Zusammenstöße zwischen Militär und Demonstranten. Im Sommer fanden sie fast wöchentlich statt. In den Monaten nach Mubaraks Sturz straften die Maßnahmen des Militärrates seine Versprechungen, Ägypten in eine demokratische Zukunft zu führen, offenbar immer häufiger Lügen. Entgegen seiner Ankündigung blieb der Ausnahmezustand in Kraft. Anstatt den berüchtigten Ermittlungsdienst für Staatssicherheit aufzulösen, benannten ihn die Generäle in »Nationale Sicherheitsbehörde« um und unterstellten das Innenministerium einem ehemaligen Beauftragten Mubaraks. Sie zeigten keinerlei Interesse daran, mit einer zivil geführten Übergangsregierung zu kooperieren, und überwachten weiterhin bis in die kleinsten Details die Entwicklung. Statt zur Zusammenarbeit mit den Aktivisten zu ermuntern, veröffentlichte der Militärrat Kommuniqués mit unzutreffenden Vorwürfen, wonach die jungen Führer der Bewegung 6. April, die die Massen beim Aufstand mobilisiert hatten, eine militärische Ausbildung in Serbien genossen hätten. Zu den anstehenden Wahlen ließen Ägyptens Generäle keine ausländischen Beobachter zu. Und inländischen NGOs, die Interesse an einer Beobachtermission bekundeten, warfen sie Verrat vor. Alles in allem deutete das Vorgehen des Militärrats darauf hin, dass es eine demokratische Öffnung des Landes verhindern und sich schützend vor die Überbleibsel des alten Regimes, insbesondere die eigenen Pfründe, stellen wollte. Seine Zugeständnisse an die Demonstranten zielten weniger darauf ab, Mubaraks autoritären Machtapparat zu zerschlagen, als ihm vielmehr ein neues Image zu geben. »Ich halte den Militärrat nicht mehr für vertrauenswürdig«, sagte Kamel Arafa, ein 25-jähriger Aktivist. »Er ist ein gewaltiges Monster und hat seine Finger immer noch überall drin.«[36]

Niemand weiß, wie mächtig das ägyptische Militär ist.[37] Über diese Streitmacht ist überhaupt ganz wenig bekannt. Nach Schätzungen beträgt ihre Mannschaftsstärke zwischen 300000 und 400000 Mann. Ihre genaue Anzahl wird nicht veröffentlicht – so wenig wie die Namen ihrer Generäle. Die Geheimhaltung, die das ägyptische Militär umgibt, erstreckt sich auf fast sämtliche Bereiche seiner Aktivitäten. Während bekannt ist, dass es in den letzten 30 Jahren von den USA mit fast 40 Milliarden US-Dollar unterstützt wurde, weiß niemand, welchen Anteil sein Budget am Staatshaushalt ausmacht, nicht einmal das ägyptische Parlament. Das Militär weigert sich schlicht, seine Bücher offenzulegen.

Auch wenn andere Zentren der Regierung unter Mubarak mächtig wurden – insbesondere der Sicherheitsapparat des Innenministeriums und die neuen mit Gamal verbündeten Wirtschaftseliten –, blieb das Militär das Rückgrat der Staatsmacht. Da es seinen Platz als mächtigste Institution des Landes behauptete, stellte die Kritik an ihm und seinen Interessen von jeher die letzte unverrückbare rote Linie dar, die nicht überschritten werden durfte. Und wenn schon das Parlament sein Budget nicht erfahren durfte, dann noch weniger das Volk. »Über eines können wir nicht diskutieren: über die Armee«, sagte mir Anfang 2010 der NGO-Aktivist Hossam Bahgat. »Das ist die rote Linie. Wer die überschreitet, zahlt einen hohen Preis.« Dann fragte er: »Haben Sie von dem 21-jährigen Blogger gehört?«[38]

Bahgat meinte Ahmed Mustafa, einen Studenten der Ingenieurswissenschaften aus Oberägypten.[39] Mustafa war im Februar 2010 wegen eines Blogbeitrags verhaftet worden, den er über ein Jahr zuvor geschrieben hatte – eine Kritik an der Vetternwirtschaft, die an den Militärakademien des Landes grassierte. Namentlich hatte er berichtet, dass ein Student eine Akademie habe verlassen müssen, um seinen Platz für einen anderen mit besseren Verbindungen frei zu machen. Ich selbst habe niemanden kennengelernt, der Mustafas Blog kannte oder seinen Beitrag vor seiner Verhaftung gelesen hatte. Wahrscheinlich hat sich das Militär mit seiner Festnahme deshalb über ein Jahr Zeit gelassen, weil es auf seinen Blog noch nicht aufmerksam geworden war.

Ob Mustafa überhaupt eine Gefolgschaft hatte, war den Behörden dabei egal. Er wurde festgenommen und kam wegen »Diffamierung« der Streitkräfte vor ein Militärgericht. Auch wenn die Anklage nach einem internationalen Aufschrei der Empörung fallen gelassen wurde, hatte das Militär eine klare Botschaft ausgesandt: Kommt uns bloß nicht in die Quere.

Dieses Verbot reichte über den Kreis junger Blogger hinaus. Überdeutlich wurde dies 2006, als der Parlamentarier Talaat Sadat, ein Neffe Anwar as-Sadats, plötzlich verhaftet, vor Gericht gestellt und verurteilt wurde. Er hatte am 4. Oktober 2006 in einem Fernsehinterview behauptet, die Ermordung seines Onkels sei nie gründlich untersucht worden. Es sei klar, dass hinter dem Komplott Faktionen innerhalb des ägyptischen Militärs gesteckt hätten. Am nächsten Tag verlor der 52-Jährige seine Immunität als Parlamentarier. Sechs Tage darauf begann sein Prozess vor einem Militärgericht. Noch im selben Monat wurde er wegen Verunglimpfung der Streitkräfte schuldig gesprochen und zu einem Jahr Zuchthaus mit Zwangsarbeit verurteilt. Nach einem Jahr kam der gezüchtigte Sadat frei und konnte seinen Platz im Parlament wieder einnehmen. »Das ist passiert, weil er eine rote Linie überschritten hatte. Über das Militär dürfen die Leute nicht einmal spotten oder spaßeshalber spekulieren«, sagt Bahgat. »Sprich einfach nie über das Militär.«[40]

Selbst nach Mubaraks Abgang dachten die Generäle gar nicht daran, dieses Verbot aufzuheben. Ägyptische Journalisten, mit denen ich in Kairo sprach, berichteten davon, wie viel Druck man auf sie ausübte, damit sie nichts über die Folterungen an Demonstranten oder die Jungfräulichkeitsuntersuchungen veröffentlichten. Wenn sie doch Berichte schrieben, ließen die Herausgeber sie für gewöhnlich nicht drucken. Der Militärrat verschickte Schreiben an die Medien, die eindringlich dazu ermahnten, sämtliche Berichte über die Streitkräfte vor der Ausstrahlung nochmals zu überprüfen. Im Juli 2011 wurde eine bekannte TV-Moderatorin entlassen, nachdem sie in ihrer Morgensendung einen ehemaligen Luftwaffengeneral interviewt hatte. Ihr Fehler hatte darin bestanden, den General zu fragen, ob er denn Beweise für seine Behauptung habe, wonach zwei potenzielle Präsidentschaftskandidaten in Ägypten eine US-amerikanische Agenda verfolgten.[41] Im Ägypten des Militärs war die Bitte an einen General, eine Behauptung zu belegen, ein Kündigungsgrund.

Die absolute Intoleranz des Militärs gegenüber jeder Kritik zeigte sich auf dramatische Weise im Fall eines anderen jungen Bloggers. Maikel Nabil nahm in Sachen Streitkräfte kein Blatt vor den Mund. Er hatte eine Kampagne gegen den Wehrdienst geführt und das Militär wegen der Jungfräulichkeitstests angegriffen, die es an verhafteten Demonstrantinnen durchgeführt hatte. In seinem Blog schrieb er: »Die Revolution hat es bislang geschafft, einen Diktator loszuwerden, nicht aber die Diktatur.« Dafür wurde der 25-Jährige Ende März bei sich zu Hause verhaftet. Der Vorwurf lautete auf »Beleidigung des Militärs« und »Verbreitung von Falschinformationen«. Ein Militärgericht verurteilte ihn zu drei Jahren Gefängnis.[42]

Militärgerichte wurden rasch zum wichtigsten Instrument der ägyptischen Armee, um systematisch Tausenden von Menschen alle bürgerlichen und politischen Rechte zu verweigern. Innerhalb eines Monats nach der Machtübernahme urteilten ihre Tribunale an manchen Tagen Hunderte von Angeklagten ab. Laut Menschenrechtsorganisationen wurden Demonstranten, Aktivisten und sogar beobachtende Passanten bei einer groß angelegten Verhaftungsaktion zusammengetrieben. Personen, die in das Schleppnetz gerieten, wurden unterschiedslos zum Ankläger des Militärs geschleppt und vor ein Militärgericht gezerrt, das sie zu Gefängnisstrafen verurteilte. Zynischerweise wurden viele Beschuldigte als *Baltagiya*, als Schläger, angeklagt, obwohl längst klar war, dass das Militär, ähnlich wie vormals das Mubarak-Regime, bei seinen gewaltsamen Räumungsaktionen auf dem Tahrir-Platz Schläger in Zivil einsetzte. Bisweilen wurden nach ganzen fünf Stunden Verhandlung Urteile über fünf Jahre Haft verhängt. Den Angeklagten wurde weder ein Rechtsbeistand noch Akteneinsicht gewährt. Beweisaufnahmen fanden nicht statt. Bis zum Sommer, so schätzten Menschenrechtsaktivisten, hatten die Militärgerichte so um die 10000 Ägypter abgeurteilt, mehr als in 30 Jahren unter Mubarak.[43]

Besonders zu schaffen machte den Aktivisten, wie schwierig es war, gegen den Machtmissbrauch der Militärs anzukämpfen. War das Vorgehen des Innenministers unter dem alten Regime rätselhaft gewesen, so erschien das des Militärs jetzt noch undurchsichtiger. »Beim alten System, so brutal und schrecklich es auch war, wussten wir wenigstens, wie es funktionierte. Wir konnten Leute noch retten, wenn wir rechtzeitig Bescheid bekamen«, sagt Gasser Abdel-Razek, ein bekannter Menschenrechtsaktivist. »Jetzt können sich Anwälte nicht einmal mehr ans Büro der militärischen Anklagevertretung wenden. Da werden Leute um 22 Uhr in einem vom Militär geführten Prozess ohne Anwalt zu fünf Jahren Haft verurteilt. Das ist schlimmer als unser schlimmster Albtraum unter Mubarak. Wenn Mubarak auf Militärgerichte zurückgriff, hatten die Angeklagten wenigstens eine Vertretung!«[44]

Welches letzte Ziel verfolgte das Militär 2011? Die meisten Beobachter waren überzeugt, dass Tantawi nicht daran gelegen war, Mubaraks Platz als neuer Präsident einzunehmen. Tatsächlich beobachteten die Aktivisten jeden Schritt des Militärrats besonders aufmerksam, sodass es ein ägyptischer General besonders schwer hätte, die Uniform abzulegen und sich in Anzug und Krawatte zum Präsidentschaftskandidaten auszurufen. Ein so durchsichtiges Manöver wäre für die ägyptischen Liberalen wie für die religiös Konservativen gleichermaßen inakzeptabel. Echte Militärdiktaturen sind auf der Welt sehr rar geworden. Die meisten Aktivisten stimmten darin überein, dass Ägyptens Generäle an der

Errichtung eines solchen Systems kein Interesse haben. Ihr Ziel sei vielmehr bescheidener: das alte System, vor allem ihre Vormachtstellung darin, zu erhalten.

Dessen Fundamente waren 1952 gelegt worden, als Gamal Nasser und seine Freien Offiziere König Faruk gestürzt hatten. Mit der Monarchie beseitigten sie auch das beschränkte parlamentarische System und einen gewissen politischen Pluralismus. An ihrer Stelle errichteten sie dann ein streng republikanisches Präsidialsystem, das sie seither mit Männern aus ihren Reihen besetzten. So überraschte es denn auch nicht, dass die Generäle gleich nach Mubaraks Sturz Schritte einleiteten, um das Präsidialsystem zu erhalten. Von den Verfassungsänderungen, die sie Ende März vorschlugen – und mit überwältigender Mehrheit durchbrachten –, wurde die immense Machtfülle des Präsidenten kaum beschnitten. Damit hatten sie jede Diskussion darüber, ob die Legislative auf Kosten der Exekutive gestärkt werden solle, offenbar beendet. (Das Beispiel der ehemaligen Sowjetstaaten konnte Ägyptens Generäle hier den Weg weisen: Alle kommunistischen Länder, die sich für ein starkes Präsidialsystem entschieden hatten, entwickelten sich zu Autokratien.) So machten sich die Generäle denn sogar für die Annahme einer »Erklärung von Grundprinzipien« stark, die als Leitlinien für einen künftigen Verfassungsentwurf dienen sollte. Zweck dieser »Prinzipien«, wie viele meinen, dürfte es sein, das Militär vor kritischen Blicken zu schützen. Im Oktober legte das vom Militär eingesetzte Regierungskabinett einen Entwurf vor, wonach die Streitkräfte über jeder parlamentarischen Kontrolle stehen und über ein Vetorecht gegen alle Gesetze verfügen sollten, die seine Angelegenheiten betreffen.[45] Auch erhob der Entwurf das Militär zum Hüter der »verfassungsmäßigen Legitimität«, eine vage Umschreibung, die vielfach als ein Weg gedeutet wurde, um seine Position als oberster Schiedsrichter in der ägyptischen Politik zu erhalten. Nach 60 Jahren einer sakrosankten Stellung käme es den Generälen gar nicht in den Sinn, in einem künftigen politischen Arrangement eine kleinere Rolle zu spielen. »Sie haben das Spiel jetzt verstanden«, sagt Sherif Mickawi, ein ehemaliger Offizier der Luftwaffe, der zum politischen Aktivisten wurde. »Wenn ein großer Sturm heranzieht, muss man sich beugen. Wenn er abgezogen ist, kann man sich wieder aufrichten. Sie denken gar nicht daran, das herzugeben, was sie 1952 errungen haben.«[46]

Offiziere für die Revolution

Oberleutnant Sherif Osman hatte in Mubaraks Ägypten ein komfortables Leben. Als Sohn einer Familie der gehobenen Mittelschicht hatte er eine hervorragende Ausbildung genossen, einen Abschluss an der ägyptischen Militärakademie erworben und eine Laufbahn als künftiger Kommunikationsoffizier eingeschlagen. Dass er fließend Englisch sprach, machte ihn zu einem wertvollen Aktivposten der höheren Offiziere des Luftwaffenstützpunkts Cairo West, auf dem er diente. Seine Mutter, die beim Militär als Ärztin arbeitete, war mit dem Rang eines Einsternegenerals in den Ruhestand getreten. Und weitere Mitglieder seiner Familie hatten im Militär gedient. Obwohl keineswegs wohlhabend, verkehrte Osman in privilegierten Kreisen und an Orten, an denen man nützliche Bekanntschaften knüpfen konnte. Er hatte beste Beziehungen. »Ich verfügte über ein hervorragendes Netzwerk«, teilte er mir mit. »Sogar in meinem Lieblingsnachtlokal, dem

Cairo Jazz Club, kannte ich den Inhaber.« Osman lebte in Maadi, einem besseren Viertel Kairos, in dem viele Ausländer in der Stadt wohnen. »Man kam mit Mädchen aus der internationalen Szene in Kairo in Kontakt«, sagt er. »Das westliche Leben ging nicht an mir vorüber. In Maadi gab es eine Softball-Liga. Mein Leben war verwestlicht.«[47]

Zufrieden war Osman trotzdem nicht. Das Militär hatte sich letztlich nicht als die beste Wahl für ihn erwiesen. Wie er selbst sagt, neigt er zu unpassenden Bemerkungen und hat einen rebellischen Zug, der höheren Offizieren eher schlecht ansteht. Schon früh habe er erkannt, so Osman, dass er es kaum weiter als bis zum Rang des Obersten bringen würde. Von da an siebt das Militär das Korps für die Anwärter auf höhere Posten feiner aus. Aber was ihn wirklich verstörte, ging weit über ein paar verschwendete Jahre als Unteroffizier hinaus. Seine Zeit beim Militär hatte ihm die Augen geöffnet, was sein Land und genauer die Institution anging, der er diente. Nach dem Aufstieg vom Oberleutnant zum Hauptmann kam er häufiger mit höheren Offizieren in Kontakt und erlebte die Korruption in den Streitkräften immer unmittelbarer. Noch die kleinste Illusion, dass es zwischen dem Militär und der korrumpierenden Politik im Land einen Unterschied gebe, verflog. »Irgendwo zwischen Hauptmann und Major erkennt man dann, für wen man arbeitet: für eine Diktatur – für das Regime«, sagt Osman. »Ägypten ist seit sechzig Jahren ein militärisch geführtes Land. Es ist eine Militärdiktatur in Zivil.«

Eine erste Ahnung davon erhielt er 2002. Osman hatte damals an einem Nachmittag nichts zu tun und wollte einen befreundeten Major besuchen. Er wusste, dass der Freund lange arbeiten würde und wollte nur auf einen Gruß vorbeischauen. Als er in sein Büro trat, telefonierte der Major, der mit operativen Fragen befasst war, gerade mit einem hochrangigen Kommandeur. Sie erörterten eine bunte Landkarte, die auf dem Schreibtisch ausgebreitet lag. Aus den Äußerungen des Freundes hörte er heraus, dass ihn der Kommandeur aufforderte, die Karte abzuändern und verschiedene Örtlichkeiten und Markierungen hinzuzufügen. Neugierig riskierte Osman einen Blick. Die Karte trug den Titel »Verteidigungsplan für strategische Punkte« und deckte ganz Kairo ab. Wichtige Routen und Orte um die Stadt – Brücken, Schnellstraßen, Regierungsbauten, Paläste des Präsidenten, Hotelanlagen – waren in verschiedenen Farben markiert. Es war der Plan der Luftwaffe zur Verteidigung Kairos.

Sein Freund legte den Hörer auf. »Das ist das Blödeste, was ich je gesehen habe«, sagte Osman, nachdem er die Karte begutachtet hatte. »Ich glaube wirklich nicht, dass die Israelis mit Landstreitkräften in Kairo einrücken werden. Das wäre ja wohl ein Selbstmordkommando. Vielleicht bombardieren sie die Stadt, aber sie besetzen sie doch nicht.«

»Wer redet von Israel?«, sagte sein Freund.

»Was meinst du damit?«, antwortete Osman.

»Was meinst du?«, erwiderte der Freund.

Verdutzt schaute Osman einige Sekunden auf die Karte. Dann blickte er zu seinem Freund hoch. »Du meinst, hier geht's um die Verteidigung Kairos – gegen Ägypter? Ist das die Abwehr gegen eine Revolution?«

Sein Freund erwiderte durchdringend seinen Blick, voller Spott über seine Naivität, als wolle er sagen: »Natürlich ist es das.« In dem Augenblick, so Osman, habe er sich unendlich unbedarft gefühlt. »Von da an hielt ich die Augen weiter offen«, sagte er mir.

Und dabei stieß er überall um sich herum auf Schiebung, Korruption und Selbstbedienungsmentalität. Als Osman in der Schwadron 660, einer mobilen Kommunikationseinheit, als Gruppenkommandeur diente, berichteten ihm seine Soldaten, dass ein Einsternegeneral im Nebenerwerb Motoren und Ersatzteile aus Militärfahrzeugen auf dem freien Mark verkaufe. Der Platz, auf dem die Motoren entwendet und weiterverkauft wurden, lag auf dem Gelände, auf dem Osman mit seiner Einheit untergebracht war. Als er bei höheren Offizieren Meldung machte, erhielt er zur Antwort, sein Rang sei »zu niedrig«, um derlei Angelegenheiten mit ihm zu diskutieren. »Ich habe wegen diesem Einsternegeneral eine Meldung gemacht und bekam als Antwort nur Bullshit zu hören«, sagte Osman. Bald darauf wurde er an den Luftwaffenstützpunkt Cairo West versetzt.

Cairo West ist ein Drehkreuz des US-Militärs für den Nahen Osten. In den 1960er-Jahren hatte Mubarak als deren Kommandant gedient. Heute führen die USA und Ägypten dort alle zwei Jahre die Operation Bright Star durch, ihr bedeutendstes gemeinsames multinationales Großmanöver. Osman freute sich auf die Versetzung, weil er die Zeit in Cairo West als Chance sah, amerikanische Offiziere kennenzulernen und sein Englisch einzubringen. Aber sein Blick auf die vorgesetzten Offiziere wurde immer zynischer. Wie er entdeckte, betrieben die Generäle eine Menge krummer Geschäfte, um von den Unternehmungen des Militärs etwas für sich abzuzweigen. Auf Cairo West hatte das unter anderem mit dem Sandabbau angefangen. Externe Unternehmen hatten Verträge, die sie ermächtigten, auf dem Gelände des Stützpunktes Sand abzubauen. Wenn die Lastwagen kamen, verlangte allerdings ein Offizier auf Geheiß des Stützpunktkommandanten vom Vertreter der Minengesellschaft Schmiergeld. Osman sprach ein Stabsmitglied darauf an. »Er meinte: ›Ja, wenn der Kommandeur Geld braucht, müssen wir es ihm eben beschaffen‹.« Dieses Grundprinzip, so Osman, galt für eine ganze Reihe von »Geschäften des Stützpunkts Cairo West«. »Jeder höhere Offizier hat Anspruch auf ein Stück vom Kuchen. Ein Stück geht an den Stützpunktkommandanten, noch eines an den Luftwaffenkommandanten und ein größeres an Tantawi. So funktioniert das«, sagte Osman. »Das ist eine Mafia.«

Die häufigste Art von Korruption, die er mit eigenen Augen gesehen habe, so Osman, seien kleinere Schmiergeldgeschäfte gewesen, die eher Brieftaschen als ausländische Bankkonten füllten. Aber mit der Zeit erfuhr er durch Offiziere, die mehrere Dienstgrade über ihm standen – Majore und Oberstleutnante –, welche Generäle den größten Reibach machten. Einer der bekanntesten, so Osman, sei General Hassan al-Ruwaini, der Kommandant von Cairo West und ein Mitglied des Obersten Militärrates. Gerüchten zufolge soll Ruwaini als damaliger Chef des Nordkommandos ein hoch lukratives Immobiliengeschäft betrieben haben. Offiziere sagen, er sei mit der Erschließung von Grundbesitz entlang der Mittelmeerküste zwischen Alexandria und der libyschen Grenze befasst gewesen. In den letzten 15 Jahren wurden ganze Abschnitte der Küste als Baugrund für Villen, geschlossene Wohnanlagen und strandnahe attraktive Wohnviertel ausgewiesen. Danach wurde Ruwaini ins Zentralkommando nach Kairo versetzt, wo er weiterhin für die Armee Liegenschaften verkaufte. »Das Regime will nicht so viele neue Gesichter: Ich heuere doch nicht noch einen schmutzigen Skandalgeneral an und schicke ihn da runter«, sagt Osman. »Nein, diese Figur kenne ich schon, und ich kann mich hundert Prozent darauf verlassen, dass er korrupt ist und das Geschäft läuft. Ich versetze ihn von A nach B, damit er dasselbe Geschäft da wieder ankurbelt.«

Die Entscheidung fiel ihm nicht leicht, aber Osman beschloss, selbst etwas anzukurbeln. Er sah seine guten Englischkenntnisse als eine Fahrkarte, um vom Militär wegzukommen. Die Streitkräfte wählen regelmäßig eine Handvoll ägyptischer Offiziere aus, um sie zu weiterführenden Sprachkursen für sechs Monate in die USA zu schicken. Danach dienen sie in der ägyptischen Luftwaffe als Englischlehrer. Osman qualifizierte sich bei den Prüfungen für den Lehrgang – allerdings hatte er andere Pläne. Als er 2005 die Kurse auf dem Luftwaffenstützpunkt Lackland in San Antonio, Texas, besuchte, spielte er mit dem Gedanken, sich dauerhaft in den USA niederzulassen, und glaubte, dass er dort allein zurechtkommen würde. Als Osman am letzten Tag des Ausbildungsgangs die Rückreise nach Ägypten antreten sollte, tauchte er einfach nicht auf. Er hatte sich vom ägyptischen Militär abgesetzt.

Sechs Jahre später, im Januar 2011, hatte er sich in einem recht amerikanischen Leben eingerichtet. Er war verheiratet, ging als Übersetzer einer geregelten Arbeit nach und lebte in seiner Wahlheimat San Antonio. In den 18 Tagen im Januar und Februar verfolgte er am Fernsehschirm klebend, wie Mubaraks Regime ins Wanken geriet. Nach dessen Sturz konnte er gar nicht genug von den Neuigkeiten seiner Freunde in Kairo, insbesondere ehemaliger Kameraden, kriegen. Er telefonierte stundenlang mit befreundeten Offizieren. Sie berichteten begeistert davon, was sich veränderte. Noch nie habe das ägyptische Militär bessere Zeiten erlebt. Ihre Angehörigen erhielten höhere Bezüge, und die Menschen wandten sich an sie, damit sie dem Land den Weg wiesen. »Ich habe wahnsinnig viele Telefonate mit Offizieren in Ägypten geführt. Sie sagten, sie seien wichtig geworden. Die Menschen zollten ihnen Respekt, wohin sie auch gingen. Sie seien Helden.«

Einige Wochen lang fragte sich Osman, ob sich die Dinge wirklich geändert hätten. Sollten die Generäle die Absicht haben, Ägypten in eine neue Zukunft zu führen, konnte sich zwischen Militär und Regierung eine völlig neue Beziehung entwickeln. Auch wenn es seinem Instinkt widersprach, wollte er an eine solche Erneuerung glauben, schon deshalb, weil sie ihm eine Rückkehr nach Ägypten ermöglicht hätte. »Auch wenn ich daran mit Herz und Verstand zweifelte, hatte ich den Eindruck, dass Tantawi und sein Militärrat die einzigartige Chance bekämen, ihre Namen in goldenen Lettern in der ägyptischen Geschichte zu verankern. Sie hatten die Chance, zu Begründern des modernen Staates zu werden«, erinnert sich Osman. »Das war wie ein 4. Juli für Ägypten«, sagte er mit Anspielung auf den Unabhängigkeitstag der USA.

Seine Hoffnungen zerschellten am 25. Februar, als Tausende von Demonstranten den Tahrir-Platz besetzt hielten und Militärs und Schlägertrupps in Zivil die Menge angriffen. Später entschuldigten sich die Generäle für diese ersten gewaltsamen Übergriffe von Soldaten auf das Volk. Aber was Osman gesehen hatte, genügte. »Ich sah die Bilder der Militärpolizei, die Schläger, die mit Stöcken bewaffnet in den Lastern saßen«, berichtete Osman. »In dem Augenblick war ich hundertzehn Prozent sicher, dass Tantawi sich treu geblieben war. Er ist und bleibt auf immer Mubaraks Spielzeug.«

Folglich unternahm Osman am 1. März das, was aus heutiger Sicht als ein normaler Schritt für jeden erscheinen mag, der die Staatsgewalt in Ägypten herausfordern will. Er richtete eine Facebook-Gruppe ein. Nach Beratungen mit zahlreichen ägyptischen Offizieren schuf er die Webseite »Offiziere für die Revolution«. Wie erwartet, zögerten die meisten Offiziere, mit denen er sprach. Wer mit kritischen Äußerungen über das Militär erwischt wurde, zahlte einen besonders hohen Preis. »Die meisten sagten, es stimme ja schon, Tantawi sei korrupt, aber dafür sei jetzt nicht der richtige Zeitpunkt«, sagte Osman. Aber als er fünf Offiziere beieinander hatte, startete er seine Seite.

Er verfolgte von Anfang an ein klares Ziel: »Das ist der erste Weckruf an die Leute, dem Militärrat zu misstrauen«, sagte Osman. »Die Seite soll einerseits darüber aufklären, dass man den Militärrat eher fürchten als umarmen sollte, und sucht andererseits mutige Offiziere, die diese Anschauung teilen.« Osman bekämpfte die Vorstellung, dass das ägyptische Militär sakrosankt und über jeden Verdacht erhaben sei, wobei er sich auf der Webseite eines Tonfalls bediente, den er selbst als »boshaft, beleidigend und sarkastisch« beschrieb. Aber den politisch aktiven Ägyptern, die er zu erreichen und zu überzeugen hoffte, und die wenig über die undurchsichtigen Streitkräfte wussten, die das Land regierten, bot er authentische Informationen über die Methoden des Militärs, die er in seiner Dienstzeit gesammelt hatte und die aus undichten Stellen – von noch aktiven Offizieren – stammten.

Um besonders wirksam informieren zu können, brauchte er Leute, nicht nur Leser und Nutzer, die bereit waren, sich der Seite anzuschießen, sondern auch aktive Offiziere, die im Militär die Augen und Ohren offen hielten. Wie Osman sagte, machte er sich darüber nie große Sorgen. Er war sicher, dass ihn das Militär so oder so unterstützen würde. »Je tiefer

Tantawi das Land herunterwirtschaftet, desto mehr Leute bekomme ich auf die Seite«, so Osman.

Er behielt recht. Zunächst stieß die Seite »Offiziere für die Revolution« auf heftige Empörung. Die Aktivisten hinter der Seite wurden als »Verräter« verunglimpft. Aber nachdem die Militärpolizei am 9. März den Tahrir-Platz gestürmt und Demonstranten ins Ägyptische Museum geschleppt und gefoltert hatte, wurde die Seite allmählich anders wahrgenommen. »Nach dem 9. März änderte sich die Lage«, sagte mir Osman. »Die Zahlen stiegen.« Und nicht nur die Zahl der Menschen, die sich der Seite anschlossen. Immer mehr Offiziere, so Osman, hätten sich gemeldet, um über die Taktiken und das Denken des Militärs zu informieren. Wenige Monate, nachdem Osman die Facebook-Gruppe eingerichtet hatte, waren ihr fast 25 000 Personen beigetreten. Osman schätzte, dass die Anzahl der Offiziere, die sie aktiv unterstützten, von ursprünglich fünf auf mehrere hundert angestiegen sei.

Er wusste, dass er einen sensiblen Nerv getroffen hatte, als ihn aus heiterem Himmel ein alter Freund aus Maadi über Skype kontaktierte. Damals hatte seine Seite gerade einmal 4000 Nutzer erreicht.

»Hey, hier gibt's ein Angebot«, sagte der Freund.

»Ein Angebot für was?«, fragte er.

»Eines, die Seite zu schließen.«

Osman war begeistert. Das bedeutete, dass seine Botschaft tatsächlich bis zu den Generälen durchgedrungen war. Sein Freund war weniger erfreut.

»Mann, das ist kein Witz. Der Typ vom Geheimdienst hat mich angerufen und gesagt, ich solle Sherif anrufen und fragen, was er wolle. Sie seien bereit, Tantawi dazu zu bringen, deine Wünsche zu erfüllen.«

»Wow! Sie lassen wegen meiner drei Jahre mit sich reden«, sagte Osman mit dem Hinweis auf die drei Jahre Haft, zu denen er in Abwesenheit verurteilt worden war, weil er sich unerlaubt von der Armee entfernt hatte.

»So ungefähr«, antwortete sein Freund.

»Ich werde die Seite nicht schließen«, sagte Osman.

»Schließ du die Seite, sonst werden die sie in ein paar Tagen schließen«, antwortete sein Freund.

»Du willst damit sagen, dass die ägyptische Regierung so einflussreich ist, dass sie eine Facebook-Seite schließen kann, die in San Antonio, Texas, eingerichtet worden ist? Und nur, weil etwas drinsteht, das ihnen nicht behagt?«

»Ja, das haben sie gesagt.«

»Wenn sie die Seite schließen könnten, hätten sie mir einen feuchten Dreck angeboten«, antwortete Osman. »Die wollen mir nur den Mund verbieten, bevor ich richtig laut werde.«

So führten Osman und seine wachsende Armee aus Offizieren jeden Tag ihren Krieg gegen Ägyptens mächtigste Generäle. »Information, Information und nochmals Information«, sagte Osman. »Ich sage den Leuten: Wenn ihr die Revolution wirklich unterstützen wollt, dann sind es die Informationen, die uns einen Vorsprung vor dem SCAF [Obersten Militärrat] verschaffen.«

Als ich zuletzt mit Osman redete, hatte er soeben auf eine Ernennung für das Kabinett hingewiesen, die das Militär durchdrücken wollte, ohne die Vergangenheit des Betreffenden offenzulegen. »Heute haben sie angekündigt, dass sie neue Kabinettsmitglieder für die ägyptische Regierung auswählen würden. Darunter ein ehemaliger Oberbefehlshaber der Luftwaffe, die Nr. 2. Und sie führten ihn als Herrn Soundso ein«, sagte mir Osman lachend. »Ich dachte: ›Von wegen.‹ Das war ein Ex-General. Mubarak hatte ihn für den Posten des stellvertretenden Oberbefehlshabers der Luftwaffe auserkoren. Aber sie sagen nicht General Soundso, sonst würden die Leute ja sagen: ›Ach, noch ein General!‹ Wer General ist, stirbt als General. Der ist kein Minister.«

Bemühungen wie die von Osmans Facebook-Seite waren genau der Grund, warum sich das ägyptische Militär gerne ins Dunkel zurückziehen und die offizielle Verantwortung für die Staatsführung an andere weiterreichen würde. Einer Institution, die ihre Geheimhaltung schätzte, konnte kaum daran gelegen sein, dass Leute wie Osman jeden ihrer Schritte kritisch verfolgten. Andererseits hatten die Generäle beschlossen, formell, wenn auch nur vorübergehend, an Mubaraks Stelle zu treten. Es dürfte sie kaum überrascht haben, dass die gleichen Waffen, die einst auf die Diktatoren zielten, jetzt gegen sie gerichtet wurden.

Das Vermächtnis des Pharao

Die Ägypter hatten viele Jahre lang von »der Revolution« geredet. Dabei meinten sie nicht die Zukunft, einen hoffnungsvollen fernen Tag, an dem sie Jahrzehnte der Diktatur abschütteln würden. Sie redeten vielmehr über die Vergangenheit und beschworen die Erinnerung an die Bewegung der »Freien Offiziere« von 1952 herauf, an die Gruppe der Offiziere, die unter Gamal Abdel Nassers Führung König Faruk zum Abdanken gezwungen hatte. In der volkstümlichen Vorstellung beschwören Revolutionen etwas Großartiges herauf. Ob friedlich oder blutig, sie läuten im politischen Leben eines Landes eine neue Ära ein, die einen Bruch mit der Vergangenheit bedeutet. Im 18. und 19. Jahrhundert fielen Monarchen – ganz wörtlich – fortschrittlichen Ideen zum Opfer. Die friedlichen Revolutionen in jüngerer Zeit – so in Indonesien 1998 und in Serbien 2000 – ebneten den Weg für eine zivile Staatsführung und eine Mehrparteien-Demokratie, in der die alten korrupten Institutionen schrittweise abgebaut wurden. Dabei gilt eines immer: Wenn eine Revolution einen echten Wandel herbeiführen soll, muss das Volk daran beteiligt sein.

Gerade dies war 1952 in Ägypten nicht der Fall. Die Sache ging nicht so aus, dass der Mob die königliche Familie niedermetzelte oder dem König den Prozess machte. Vielmehr veranstaltete das Militär für Faruk eine Abschiedsparty, bei der die 21 Salutschüsse nicht fehlen durften. In der Abenddämmerung des 26. Juli, drei Tage nachdem die Offiziere die Herrschaft übernommen hatten, bestieg der Ex-Monarch eine Jacht, segelte nach Italien und verbrachte den Rest seiner Tage auf Capri. Dieses Ereignis, das Ägypter »Revolution« nennen, war in Wahrheit der weltweit manierlichste Staatsstreich. Und wichtiger noch: Das ägyptische Volk blieb dabei außen vor.

Unter diesem Aspekt könnte der Unterschied zu 2011 nicht größer sein. Die Menschen warteten nicht ab, ob Gamal Mubarak gerechter oder großzügiger als sein Vater herrschen würde. Sie warteten nicht auf eine Erhebung des Militärs wie 1952 gegen ein durch und durch korruptes Regime. Stattdessen machten sie sich zu Sprechern in eigener Sache und entdeckten sich selbst als eigenständige Kraft des Wandels: Sie versammelten sich auf dem Tahrir-Platz, behaupteten ihn als ihr Terrain und machten jede Illusion, wonach Mubarak noch irgendeine Legitimität besitze, damit zunichte. So dramatisch diese ersten 18 Tage verliefen, die Auswirkungen dieses

Volksaufstands waren weitaus bedeutender, als die ersten Anwandlungen von Mut, die die Menschen auf die Straßen getrieben hatten, ahnen ließen. Die Rebellion war vom Volk angestoßen, befeuert und geschützt worden. Deshalb empfanden die Menschen sie als ihre ureigene Leistung.

Im Jahr 2011 erwachte das politische Leben in Ägypten aus einem langen Schlaf. Ich selbst konnte das einen Monat nach Mubaraks Absetzung miterleben, am Vorabend der Abstimmung über die Verfassungsänderung, die der Militärrat anberaumt hatte. Obwohl hitzige Debatten über die Veränderungen geführt wurden, waren die Meinungsunterschiede in mancher Hinsicht weniger wichtig als der Volksentscheid selbst. Zum ersten Mal sollten Millionen Ägypter in den Schlangen vor den Wahllokalen in der Gewissheit votieren, dass ihre Stimme wirklich zählte. In der Nacht vor dem Referendum spazierte ich im Kairoer Zentrum an Straßencafés vorüber. Die Abstimmung am nächsten Tag war offenbar das einzige Gesprächsthema. Freunde debattierten diese und jene Klausel der Verfassungsänderung. Familienmitglieder versuchten sich gegenseitig davon zu überzeugen, mit ja oder mit nein zu stimmen. Kurz vor Mitternacht füllten sich die Straßen zum Tahrir-Platz mit Menschen, die mit hochgereckten Spruchbändern und Plakaten Wahlkampf in letzter Minute betrieben. In einer eher absurden Direktive hatte das Militär zwei Tage zuvor angeordnet, dass die Medien zum anstehenden Volksentscheid nichts mehr drucken oder diskutieren dürften, was die öffentliche Meinung beeinflussen könnte. Das ägyptische Volk brauchte allerdings keine Journalisten, um über die eigene politische Zukunft zu debattieren. Wie mir ein Aktivist sagte: »In diesen Tagen ist jeder Verfassungsexperte.«[48]

Heute ist Ägypten ein politisches Niemandsland zwischen Diktatur und Demokratie. So unwahrscheinlich die Vorstellung ist, dass das Land zu einer autoritären Herrschaft nach Art Mubaraks zurückkehrt, so ungewiss ist seine weitere Entwicklung. Weil das Militär weiterhin eine dominante Rolle spielen wird, ist zu den demokratischen Perspektiven des Landes sicherlich Skepsis angebracht. Vielleicht nimmt Ägypten die Umrisse einer Demokratie – saubere Wahlen, selbstbewusster auftretende Oppositionsparteien und gelegentliche Führungswechsel – an, behält aber viel von seiner intoleranten Substanz. Vor 40 Jahren, vor Beginn der Demokratiewelle ab 1972, war die Linie, die Demokratien von Diktaturen trennte, noch schärfer gezogen. Damals versteckte sich nur eine Handvoll autoritärer Staaten hinter einer demokratischen Fassade. Heute haben sich mehrere Dutzend Länder, von denen viele auf dem Weg zur Demokratie gesehen wurden, nur in kleinsten Schritten von ihrer autoritären Vergangenheit gelöst. In Asien, Afrika und Mittelamerika gibt es allenthalben Regierungen, die eher der Form als der Funktion nach Demokratien sind. Die Vortäuschung von Demokratie ist für sie nicht nur eine Möglichkeit, sondern die Realität.

Zum Glück muss das vielen Ägyptern nicht gesagt werden. Nach den Jahren der Lügen verfügen sie immer noch über ein gesundes Maß an Skepsis. Zurecht sei daran erinnert, dass nicht schon immer erkennbar gewesen war, dass Hosni Mubarak als einer der am längsten amtierenden Diktatoren Nordafrikas und des Nahen Ostens enden würde. Anfangs setzte er sich deutlich von seinem Vorgänger Anwar as-Sadat ab und schien einen großen Teil von dessen besonders rigiden Maßnahmen zurücknehmen zu wollen. Noch einen Monat vor seiner Ermordung hatte Sadat über 1500 politische Gegner einsperren lassen, darunter viele aus der Bildungselite nur deshalb, weil sie eine andere Meinung vertreten hatten. So landeten unter anderem Universitätsangehörige, Journalisten, Anwälte, Politiker und Verwaltungsbeamte im Tora-Gefängnis. Mubarak ließ nach seiner Amtsübernahme fast alle unverzüglich frei und verkündete, Demokratie sei »die beste Garantie für unsere Zukunft«. Er hege »nicht den Wunsch, Entscheidungen zu monopolisieren«. Oppositionelle politische Parteien durften wieder in Erscheinung treten und Zeitungen herausgeben. Die Anzahl der NGOs und zivilgesellschaftlichen Gruppen wuchs. Mubarak veränderte das von Sadat festgelegte Wahlrecht großzügig so, dass die Oppositionsparteien zunächst wieder besser wegkamen. Der Präsident lud ihre Vertreter zu seinen Auslandsreisen ein und schlug sogar sehr früh selbst vor, die Regierungszeit des Präsidenten auf zwei Amtszeiten zu begrenzen.

Aber entgegen seinen Reden von einer »Demokratisierung in Dosen« deutete bald einiges auf eine ganz andere Agenda hin. Mubarak ernannte keinen Vizepräsidenten. Alle seine Vorgänger waren von seiner Nummer 2 abgelöst worden. Trotz oder wegen dieser Tradition hatte Mubarak nie einen Nachfolger designiert. Erst in seinen letzten Tagen, als die Massen auf dem Tahrir-Platz wuchsen, machte er Omar Suleiman zu seinem Vize. Der Ausnahmezustand, der nach Sadats Ermordung ausgerufen worden war, blieb 30 Jahre lang ohne jede Unterbrechung oder Lockerung in Kraft. Der einzige Bereich des Regimes, dessen Macht und Einfluss stetig wuchs, war das Präsidialamt. »Die Entstehung unserer jetzigen Diktatur«, sagte mir der Menschenrechtsaktivist Gasser Abdel-Razek, »begann an dem Tag, an dem er das Amt übernahm und die Leute ihm freie Hand ließen.«[49]

In der Rückschau war das ein Fehler. Mubarak war schwach und politisch unerfahren. Sadat hatte ihn gerade deshalb zum Vizepräsidenten gemacht, weil er weder Ehrgeiz noch Begeisterung zeigte, ins höchste Staatsamt aufzusteigen. Nach dem Attentat und angesichts der Staatskrise musste Mubarak zunächst einmal Zeit gewinnen. Und die Personen des öffentlichen Lebens, auch die Vertreter der politischen Elite, die im Herbst 1981 wieder aus den Gefängnissen in Kairo freikamen, gaben sich mit Mubaraks kleinen Reformschritten zufrieden. Das gab ihm die notwendige Zeit, um Erfahrungen darin zu sammeln, wie man die Oppositionsparteien meisterhaft gegeneinander ausspielt und die Ängste der Menschen vor dem radikalen Islam instrumentalisiert. Ein Jahr vor Mubaraks Sturz sagte mir Abdel-Razek: »Heute zahlen wir den Preis dafür, dass die profilierten Leute einen weit verbreiteten Fehler wiederholten und ihm ohne Argwohn begegneten. Sie gaben ihm die Chance, eigene Taktiken und Techniken zu entwickeln, um das Land für die nächsten dreißig Jahre zu führen.«

Im Juli 2011 traf eine Delegation ägyptischer Generäle des Obersten Militärrates in Washington, D.C., ein. In einer vertraulichen Sitzung, an der führende Ägypten-Experten teilnahmen, trugen sie eine allzu bekannte Botschaft vor: »Bitte vertrauen Sie darauf, dass wir keine Fortsetzung des letzten Regimes sind. Wir sind ganz den Menschenrechten und dem Recht des ägyptischen Volkes auf ein Leben in Würde verpflichtet«, sagte Generalmajor Said el-Assar den Versammelten. »Das müssen Sie mir glauben.«[50]

Die Ägypter sind nicht unbedarft. Sie wissen, dass sie jetzt der bedeutendste Testfall für die Wiederholung von Geschichte sind. Dabei ist ihre Skepsis verzeihlich. Sie wissen besser als jeder andere: Wer an der Errichtung einer wahren Demokratie interessiert ist, sollte den Überbleibseln des alten autoritären Regimes keine Zeit lassen. In den kommenden Monaten und Jahren wird letztlich die Wachsamkeit darüber entscheiden, ob das Jahr 2011 tatsächlich ein Revolutionsjahr war.

7

DIE PROFIS

Der Workshop findet in einem heruntergekommenen Hotel am Meer statt, das nur fünf Minuten vom Flughafen entfernt ist. Draußen dösen Urlauber auf Plastikliegen in Reih und Glied am Strand. Mit Plastikstroh gedeckte Schirme schützen sie vor der Sommersonne, während sie aus braunen Bierflaschen trinken und auf das Mittelmeer hinausstarren. Der Strand liegt in der Einflugschneise. Alle zwanzig Minuten fangen Kinder an zu schreien und winken zum Himmel hinauf, wenn wieder ein Flieger zum Landen ansetzt. Außer ein paar Palmen ist die Landschaft öde. Eine Reihe von Fischrestaurants und trostlosen Hotels, großzügig mit zwei Sternen ausgestattet, säumen eine sonnenverbrannte Straße, die am Wasser entlang ins Stadtzentrum führt. Viele Wohnungen sind verlassen oder ungepflegt. Das lachsfarbene Haus nebenan bietet »Beachside Apartments« an, doch die einzigen Bewohner dort scheinen streunende Katzen und Hunderte Tauben zu sein, die auf den Balkonen vor geschlossenen Türen hocken. Die Insel rühmt sich ihrer schicken Resorts und schönen Strände, aber von denen ist hier nichts zu sehen. Dieser Landstrich ist ein Urlaubsgebiet für Einheimische und eine Handvoll europäischer Rucksacktouristen. In den gehobenen Reiseführern findet er keine Erwähnung.

Wir treffen uns im ersten Stock des Hotels. Zwanzig Leute – dreizehn Männer und sieben Frauen – versammeln sich im Konferenzzimmer und nehmen an Tischen Platz, die hufeisenförmig angeordnet sind. Sie sind Mitte zwanzig bis Anfang vierzig, aber alle wie Studenten angezogen. Ein Redner spricht zu der Gruppe und verweist hin und wieder auf die PowerPoint-Präsentation, die auf die Wand hinter ihm projiziert wird.

Das Hotel hat den ganzen ersten Stock für Konferenzen und Tagungen reserviert, und mithilfe von Trennwänden und Raumteilern können dort mehrere Veranstaltungen gleichzeitig stattfinden. An diesem Nachmittag trifft sich im Nebenraum eine Art Weight-Watchers-Gruppe. Auf dem Weg zu unserem Workshop müssen wir durch dieses Zimmer hindurch und nicken dabei einer Gruppe von dreißig oder vierzig stämmigen älteren Frauen zu.

Alle paar Minuten hören wir Rufe und Klatschen, wenn eine der Teilnehmerinnen berichtet, wie viele Pfunde sie seit dem letzten Treffen verloren hat. Einmal wird es so laut, dass unser Referent seine Worte noch einmal wiederholen muss, um den Lärm von draußen zu übertönen. »Wenn eure Bewegung zu schnell wächst, ist das sehr gefährlich. Euch fehlen dann die nötigen Strukturen. Und die Disziplin. Ihr riskiert ein zweites Libyen«, sagt er mit Bezug auf Oberst Muammar Gaddafis Blutbad an Demonstranten ein paar Monate zuvor. Die Folie hinter ihm listet die »Säulen« eines autoritären Regimes auf.

Leise hört man eine Frauenstimme: »Neun Kilo«, dann lauten Applaus.

In diesem schäbigen Hotel in einem unscheinbaren Winkel einer Mittelmeerinsel sind zwanzig Aktivisten zusammengekommen, um an einem heimlichen Treffen zum Thema Revolution teilzunehmen. Genauer gesagt geht es darum, wie man eine Revolution in Gang bringt. Ihre Lehrer in diesem Wochenkurs sind zwei frühere Mitglieder der serbischen Jugendgruppe Otpor, die im Jahr 2000 den Diktator Slobodan Milošević zu Fall brachte. Heute arbeiten sie als Trainer für eine Organisation namens Centre for Applied NonViolent Action and Strategies, auch unter dem Kürzel CANVAS bekannt. Diese Organisation mit Sitz in Belgrad beschäftigt Veteranen gewaltloser demokratischer Kämpfe in Serbien, Georgien, dem Libanon, den Philippinen und Südafrika. Sie zählt zu den führenden Institutionen, die demokratische politische Bewegungen überall in der Welt fortbilden. In den letzten neun Jahren hat diese Einrichtung Bewegungen in über fünfzig Ländern beraten. Die Liste liest sich wie ein globales Who's who der Diktaturen: Ägypten, Birma, Bolivien, Georgien, Guatemala, Iran, die Malediven, Simbabwe, Tibet, Venezuela, Vietnam, Weißrussland und Westsahara. Die Trainer, die dieses Seminar leiten, zählen zu den erfahrensten Referenten von CANVAS; sie haben in mehreren Dutzend Ländern schon über siebzig Workshops veranstaltet.

Die zwanzig Teilnehmer dieses Workshops gehören alle einer demokratischen Bewegung in einem nahöstlichen Land an. (Um an diesem Wochenseminar teilnehmen zu dürfen, musste ich einigen Grundregeln zustimmen, die die Sicherheit der Beteiligten gewährleisten sollten. Vor allem durfte ich nicht den Ort nennen, an dem das Treffen stattfand, nicht das Heimatland der Aktivisten und natürlich nicht die Identität der Teilnehmer.) Sie kamen mit vielen Fragen: Wie konnten sie Unterstützung für ihre Sache gewinnen? Wie konnten sie einem Regime entgegentreten, das immer drakonischer wurde? Welche Protestaktionen könnten die Menschen aus ihrer Apathie reißen? Sie wollten als Organisation effektiver werden, wollten den Sprung von einer Protestgruppe zur Widerstandsbewegung wagen. Doch nach achtzehn Monaten fühlten sie sich ausgebremst. Sie hatten Angst, nur noch zu reagieren, berechenbar zu werden. »Wir haben ständig das Gefühl, in einem Ausnahmezustand zu agieren. Das blockiert unser Denken«, sagt einer der Aktivisten. »Wir machen immer wieder das, was wir schon können.«[1]

Für die Führung der Gruppe ist der Workshop mehr als eine Lektion in Taktiken und Methoden. Sie stehen an einem Scheideweg. Die Bewegung, die jederzeit mehrere hundert Menschen auf die Straße bringen kann, wuchs schneller als erwartet. Einen Großteil dieses Wachstums hat sie Aktivisten zu verdanken, die sich an einzelnen Aktionen beteiligten und sich dann zusammenschlossen, um gemeinsame Sache zu machen. Die Führung jedoch, ein Kern von fünf oder sechs Leuten, will die Bewegung professioneller, zweckdienlicher und strategischer ausrichten. Das Problem dabei ist, dass die zweite Garde der Gruppe, vielleicht zwanzig bis dreißig Menschen, gespalten ist, was ihre Ziele angeht. Einige teilen voll und ganz die Absicht der Führung, professioneller zu werden. Anderen, so fürchten sie, gefällt das Protestieren vor allem um des Protestierens willen. Diese Mitglieder wären schnell bereit, in einer pragmatischeren Kampagne einen Ausverkauf der reinen revolutionären Ziele der Bewegung zu sehen. Die oberste Führung der Gruppe ist darauf vorbereitet, dass diese Spaltung oder Auseinandersetzung offen zutage tritt, ja sie suchen sie geradezu. Zeitweise mag sie zu einer Ausdünnung der Mitgliederlisten führen, aber sie gehen davon aus, dass sie eine größere Stoßkraft gewinnen, wenn sie sich durchsetzen und zu einer intellektuell anspruchsvolleren und leistungsfähigeren politischen Kraft werden. Also haben sie sich auch deshalb an CANVAS gewandt, um diese Diskussion heraufzubeschwören, einige ihrer Gefährten auf ihre Seite zu ziehen und vielleicht ein paar zu verlieren, die merken, dass sie am Rande stehen. »Wir durchdenken nicht, was unsere Aktionen uns bringen. Wir müssen uns auf klare Ziele einigen«, erklärte mir einer der Anführer. »Wenn das bedeutet, dass wir weniger sind, zumindest jetzt am Anfang, dann ist das eben so.«[2]

Die Trainer von CANVAS haben diese Dynamik innerhalb einer Bewegung schon oft gesehen. Sie sind zufrieden, wenn das Seminar der Gruppe Anstöße geben kann, wenn es ihnen »eine kritische Distanz zu ihrem eigenen Kampf« ermöglicht, wie einer der Trainer mir erklärt.[3] Es ist nicht ihre Aufgabe, den Teilnehmern einen Plan oder ein vorgefertigtes Schema vorzulegen, wie man einen Diktator loswird. Sie folgen zwei einfachen und strengen Regeln: Sie arbeiten nur mit Gruppen, die in der Vergangenheit nie gewalttätig waren, und sie weigern sich, ihnen zu sagen, was sie tun sollen. »Ich möchte mir diese Verantwortung nicht aufladen«, sagt einer der serbischen Trainer. »Ich bin dort nicht geboren und aufgewachsen, also kann ich nicht an ihrer Stelle entscheiden.«

Was sie ihnen aber beibringen, ist stategisches Denken. Sie geben ihnen Tipps. Sie verweisen auf häufige Fehler und Fallstricke, in denen sich andere verfangen haben. Sie berufen sich auf eigene Erfahrungen und besprechen anhand von lebensnahen Beispielen, wie man die Polizei auf seine Seite bringt, wie man die Autorität eines Diktators einschränkt und wie man es schließlich schafft, dass sich ein Regime gegen sich selbst wendet. »Wir sind nicht mit einer Tasche voller Zaubertricks hierher gekommen, wir sagen nicht ›Tu dies, dies und dies‹«, erklärt einer der Serben zu Beginn des Workshops. »Es ist ein Kampf mit gewaltfreien Methoden. Es ist eine Art Krieg, nur dass ihr keine Waffen benutzt.«

Revolutionsstudenten

Wenn sich die Menschen gegen einen Diktator erheben, schaut die Welt hin. Und eine Gruppe im Publikum hat ein besonders großes Interesse an solchen Aufständen und ihrem Ausgang: andere Diktatoren. Am ersten Weihnachtstag 1989 richtete das rumänische Volk ohne viel Federlesens Staatspräsident Nicolae Ceauşescu und seine Frau hin, nur wenige Stunden, nachdem das brutale kommunistische Regime in sich zusammengebrochen war. Zaires Machthaber Präsident Mobutu Sese Seko soll entsetzt gewesen sein, als er auf CNN den Leichnam seines rumänischen Freundes sah.[4] Gleichzeitig verstärkte im fernen Peking die chinesische Führung die Sicherheitskräfte rund um die Hauptstadt, nur für den Fall, dass jemand nach den Ereignissen in Bukarest auf dumme Gedanken kommen sollte.[5] Im Jahr 2005, nachdem eine Welle demokratischer Bewegungen die Regierungen in Georgien, der Ukraine und Kirgisistan hinweggespült hatte, sollen Wladimir Putin und Hu Jintao am Rande eines Gipfels zusammengekommen sein und über die Gefahr von »Farbrevolutionen« gesprochen haben.[6] Und fast zwanzig Jahre lang trafen sich arabische Innenminister – eben die Männer, die für die Unterdrückung der Unzufriedenheit in ihren jeweiligen Ländern zuständig waren – jährlich zum Erfahrungsaustausch.[7]

Die Ursachen und Folgen des Arabischen Frühlings sind fraglos zur neuesten Sorge autoritärer Regime geworden. Die Kommunistische Partei Chinas reagierte schnell und verbot die Erwähnung von Schlüsselbegriffen wie »Mubarak«, »Ben Ali« und »Jasmin« – eine Anspielung auf die Jasmin-Revolution in Tunesien – im Internet. Dieser Zensur folgte ein großflächiges Vorgehen gegen Dissidenten, Regimekritiker und Menschenrechtler, das viele als eine Vorsichtsmaßnahme sehen, um politische Unruhe im eigenen Land zu verhindern. Man kann durchaus davon ausgehen, dass der schnelle Sturz von Zine el-Abidine Ben Ali in Tunesien und Hosni Mubarak in Ägypten andere arabische Autokraten erschreckte und mit zur blutigen Bekämpfung von Regimegegnern in Libyen, Jemen und Syrien beitrug. Einige Diktatoren der Region warteten gar nicht, bis womöglich Unruhe im eigenen Land aufkam. Saudi-Arabien schickte Soldaten, die die Rebellion in Bahrain unterdrücken halfen, und überwies später dem ägyptischen Militärrat vier Milliarden Dollar, um dessen Arbeit zu unterstützen.[8]

Doch nicht nur Diktatoren ziehen Lehren und Anregungen aus den Kämpfen anderer. Im 21. Jahrhundert befassen sich demokratische Bewegungen immer intensiver mit der Frage, was einer Revolution zum Erfolg verhilft oder sie scheitern lässt. In Venezuela hat man aufs Genaueste untersucht, wie die Opposition in Chile Augusto Pinochet stürzte. In Ägypten begannen Aktivisten schon ein Jahr vor dem Sturz Mubaraks damit, Taktiken der iranischen Grünen Bewegung zu übernehmen. Und in fast allen Ländern, die ich besuchte, waren diejenigen, die ein autoritäres Regime herausfordern wollten, sehr vertraut mit Lech Wałęsas Gewerkschaftsbewegung Solidarność im Polen der 1980er-Jahre.

In unserer globalisierten Welt hilft es schon, dass Informationen so leicht verfügbar sind. Nehmen wir zum Beispiel Girifna, eine gewaltfreie demokratische Bewegung im Sudan, die die repressive Herrschaft von Umar al-Baschir beenden will.[9] Sie hat eine Seite auf Facebook. Ihr Name – der übersetzt »Wir haben genug« heißt – ähnelt denen anderer Gruppen in Georgien, der Ukraine und Ägypten, in denen ebenfalls ein »genug« vorkommt. Und wie die Organisationen, die sich in den »Farbrevolutionen« engagierten, wählte auch Girifna eine Farbe als Erkennungszeichen der Bewegung (in diesem Fall Orange).

Vor Kurzem produzierte die sudanesische Bewegung eine Parodie auf eine Seifenwerbung, in der ein junger Mann ein Stück Seife namens »Girifna« benutzt, um damit ein T-Shirt mit Baschirs Gesicht darauf zu säubern.[10] Während der junge Mann das T-Shirt mit der Hand wäscht, sagt eine Stimme aus dem Off: »Wenn es Sie anwidert, machen Sie sich keine Sorgen, es gibt ja Girifna-Seife. Es wird nicht einfach werden nach zwanzig Jahren ohne jede politische Veränderung. Sie werden schrubben und schrubben müssen … wringen und wringen … aber das Ergebnis wird Ihnen gefallen.« Bei diesen Worten zieht der junge Mann das T-Shirt aus der Waschschüssel, und Baschirs Gesicht ist verschwunden. Das T-Shirt strahlt blütenweiß.

Aber nicht nur der Inhalt der Werbung fällt auf; verblüffend ist vielmehr, dass es sich hier um die genaue Kopie einer Parodie handelt, die zehn Jahre zuvor in Serbien zu sehen war. Darin wirft eine serbische Hausfrau ein T-Shirt mit Miloševićs Gesicht darauf in die Waschmaschine – mit demselben Ergebnis. (»Zehn Jahre lang habe ich versucht, diesen Fleck herauszubekommen«, sagt sie mit Bezug auf Milošević.

»Glauben Sie mir, ich habe alles versucht.«) Ich fragte ein Mitglied von Otpor!, das hinter der Produktion der ursprünglichen Werbespots stand, ob die serbische Gruppe Girifna bei dieser Werbung geholfen habe. »Wir wussten nichts davon«, erklärte er mir.[11] Die sudanesischen Regimekritiker hatten es im Netz gefunden und ihre eigene Fassung gedreht.

Der Hunger nach Informationen dieses Typs ist zu groß, als dass Internet und YouTube allein ihn stillen könnten. Regierungskritische Gruppen wollen nicht einfach das Auftreten erfolgreicher demokratischer Bewegungen kopieren; sie wollen die Strategie und Taktik, die diesen Bemühungen zugrunde lagen, verstehen. Als Antwort darauf ist ein Netzwerk aus Organisationen und gut ausgebildeten Menschen entstanden, das all jenen hilft, die ihren eigenen Kampf gegen Diktatoren und autoritäre Regime begonnen haben. Und genau so begründet auch Srdja Popovic, einer der Anführer der serbischen Otpor!-Bewegung, die Entscheidung, CANVAS zu gründen.

Im Jahr 2003 kam er in Kapstadt mit Simbabwern zusammen, die ihn für ihre Kampagne gegen Robert Mugabe um Hilfe gebeten hatten. Als er sie kennenlernte, war Popovic erstaunt darüber, wie viel sie schon über Otpors Erfahrungen wussten. Sie nannten sich selbst Zwakana (»Genug ist genug«) und hatten Otpors Slogans in ihre Bewegung integriert. Zuvor schon hatte eine Gruppe in Weißrussland Kontakt zu Slobodan Djinovic aufgenommen, einem Anführer von Otpor und Mitbegründer von CANVAS. Dann folgten Anfragen von Aktivisten in Georgien und der Ukraine. Doch erst die Reise nach Südafrika war eine Offenbarung für Popovic. »Das hat mir wirklich die Augen geöffnet«, sagt er. »Mein Gott! Ich meine, wenn die Menschen auf dem Land in Simbabwe von dem inspiriert sind, was wir in Belgrad getan haben, steckt da etwas Größeres dahinter, etwas, das wir gar nicht erkennen. Die Nachfrage [nach solchen Ideen] war einfach da. Und das Interessante ist, dass die Nachfrage nicht nachgelassen hat.«[12]

Wenn man mehrere zehntausend Menschen sieht, die auf den Straßen einer ausländischen Hauptstadt größere Freiheiten oder das Ende eines repressiven Regimes fordern, will man nur allzu gern glauben, dass man Zeuge einer spontanen Aktion ist, dass es da einfach einen verborgenen, unerwartet aufflammenden Funken gab, der die Menschen dazu gebracht hat, auf die Plätze zu strömen und Rechte einzufordern, die ihnen allzu lange verweigert worden sind. Doch das ist eigentlich selten so. Revolutionen erfordern, wenn sie erfolgreich sein sollen, Planung, Vorbereitung und einen intelligenten Ansatz, mit dem man ein repressives Regime ausrechnet und austrickst, das kaum etwas anderes im Sinn hat, als die eigene Macht zu bewahren. Wenn sich das Blatt schließlich wendet, kann es wirklich schnell gehen. Aber gewöhnlich steht dahinter eine Bewegung oder Organisation, die Monate oder sogar Jahre gefährlicher (und oft mühsamer) Arbeit investiert hat, um diesen Tag möglich zu machen. Die Arbeit, die CANVAS und andere leisten, setzt sich über einen Kernmythos der Revolution hinweg. »So etwas wie eine spontane Revolution gibt es nicht. Spontaneität führt nur dazu, dass man getötet wird«, sagt Popovic. »Je mehr du planst, desto größer ist deine Chance auf Erfolg.«[13]

Wenn es eine einzige treibende Idee hinter dem Revolutionstyp gibt, den diese Gruppen lehren, dann ist das die strategische Gewaltlosigkeit. Dabei bestehen diese Bewegungen beileibe nicht nur aus Pazifisten. Friedliche demokratische Bewegungen sind vielmehr meist pragmatisch motiviert. Die

Aktivisten sehen die Logik und die Chancen dahinter. Einer jüngeren Untersuchung zufolge waren zwischen 1900 und 2006 über 50 Prozent der gewaltfreien Bewegungen erfolgreich, verglichen mit etwa 25 Prozent der gewaltsamen Aufstände.[14] Wenn Aktivisten also ganz ergebnisoffen die Alternativen betrachten, eine Diktatur mit Gewehrkugeln oder mit Wahlzetteln zu stürzen, sehen sie eine größere Erfolgschance in der Gewaltfreiheit. Sie wissen, dass das wichtigste Monopol einer Diktatur das Gewaltmonopol ist. Statt also das Regime dort anzugreifen, wo es im Vorteil ist, verlagern sie das Schlachtfeld dorthin, wo ihre Größe, Stärke und Wendigkeit ihnen am meisten nutzen. Es gibt keine Garantien für jene, die diesen Kampf aufnehmen. Aber wenn sie sich umsehen, werden sie Menschen finden, die bereit sind, sie – und ihre Revolution – zu unterstützen.

Der Colonel und der Professor

Colonel Robert Helvey hatte nichts zu tun. Man schrieb das Jahr 1987, und er gehörte seit fast dreißig Jahren der U.S. Army an. Als Belohnung für treue Dienste hatte die Armee ihn für ein Sabbatical zur Harvard University geschickt. Ein Jahr lang sollte er dort als Army Senior Fellow studieren und sich weiterbilden. Helvey war die Universitätswelt durchaus vertraut. Er hatte als Ausbilder am Naval War College gearbeitet und war Dekan der U.S. Army Defense Intelligence School gewesen. Doch der Lebensrhythmus auf dem Campus von Harvard war ganz anders – fast schon ein Urlaub verglichen mit dem, was er von früher kannte. Und so spazierte er an diesem Tag wie an so vielen anderen über den Harvard

Yard auf der Suche nach einer Beschäftigung – einer Veranstaltung, einer Vorlesung, einem Vortrag – irgendetwas.

Was er schließlich fand, war ein Anschlag an einer Tür. »Programm zu gewaltfreien Sanktionen – 14.00 Uhr« stand auf dem Zettel. Helvey war sich nicht sicher, was »gewaltfreie Sanktionen« waren, aber er hatte da so eine Vermutung: Pazifisten und Friedensbewegte. »Ich hatte nie etwas mit [dem Programm] zu tun gehabt, aber ich wusste schon im Voraus, dass ich die Teilnehmer nicht mochte, wegen meiner Vietnam-Erfahrung«, sagt Helvey. »Sie waren einfach unverschämte Typen, Kotzbrocken mit langem Haar und Ringen in der Nase, all dieser Mist.«[15]

Der etwas ruppige und sehr direkte Helvey hatte erstmals Anfang der 60er-Jahre als Militärberater in Vietnam gedient. 1967 kehrte er mit der First Cavalry Division dorthin zurück und überstand schwere Kämpfe. Seine Führungsqualitäten und sein Mut als Hauptmann in Company A des Second Battalion, Twelfth Cavalry, zeigen sich schon darin, dass er Hunderten seiner Kameraden das Leben rettete.[16] Ein Offizier, der mit ihm zusammen diente, beschrieb ihn als »Naturtalent«.[17] Für den im Kampf bewiesenen Mut wurde ihm das Distinguished Service Cross, die zweithöchste militärische Auszeichnung des Landes, zuerkannt. (In der Ehrung wird seine Tapferkeit gegenüber zahlenmäßig und in der Bewaffnung überlegenen nordvietnamesischen Soldaten hervorgehoben. Unter schwerem Feuer führte er seine Männer durch eine »feindliche Grabenlinie und schlug die Nordvietnamesen zurück, die schon bis auf einen Meter herangekommen waren«. Selbst nachdem sein Bein verwundet worden war, verweigerte er jede medizinische Versorgung, solange seine Soldaten nicht in Sicherheit waren.)[18] Er hatte nicht viel Geduld mit Leuten, die militärische Theorien kritisierten, die sie nicht verstanden, aber er war neugierig. Also beschloss er, den Vortrag zu besuchen. »Ich dachte, das wäre eine Gelegenheit, meine Vorurteile zu untermauern«, erklärte er mir.

Diese Entscheidung sollte das ganze Leben dieses Militärs umkrempeln. Er weiß noch, wie er sich einen Platz im Seminarraum suchte. »Und dann steht da dieser kleine Wicht auf und sagt fast flüsternd: ›Hallo, mein Name ist Gene Sharp, und ich möchte über gewaltfreie Sanktionen reden. Es geht immer um die Macht, die anderen verweigert oder ihnen abgenommen wird. Um nichts anderes.‹ Und das hat mich angesprochen. Weil ich damit meinen Lebensunterhalt verdiente«, erinnert sich Helvey. »Wenn die Regierung etwas erledigt haben will, wendet sie sich an das Militär, und wir holen es ihnen oder wir schützen es vor jemand anderem, der es haben will.«

Nach dem Vortrag ging Helvey nach vorn, um sich Sharp vorzustellen, und bald trafen sie sich zu einem Mittagessen im Harvard Faculty Club. »Das war der Anfang einer langen Freundschaft«, sagt Helvey. »Ich hörte ihm fasziniert zu, und ich glaube, ihn interessierten meine Erfahrungen.«

Und es war der Anfang von Helveys Ausbildung in der Strategie des gewaltfreien Konflikts. Gene Sharp, ein relativ unbekannter Wissenschaftler, hatte sich in seinem akademischen Leben bisher vor allem mit der Frage beschäftigt, wie man Diktaturen die Macht durch gewaltfreie Kampagnen »verweigern« oder sie ihnen »abnehmen« konnte. Er hatte Arbeiten zum strategischen Genie von Mahatma Gandhi geschrieben und untersucht, wie dieser den zivilen Ungehorsam gegen die britische Kolonialherrschaft einsetzte. Sein bahnbrechender Beitrag *The Politics of Nonviolent Action*, ein dreibändiges Werk mit insgesamt fast tausend Seiten, bot eine umfassende Untersuchung zur gewaltfreien Strategie. Weitere Bücher folgten. Helvey stürzte sich auf Sharps Werke – und las sie alle. »Ich hatte sonst nicht viel zu tun, also las ich praktisch alles, was Gene je geschrieben hatte«, sagt Helvey. Zwischendurch traf er sich immer wieder mit Sharp, oft im Faculty Club, und das gemeinsame Mittagessen wuchs sich zu einem Privattutorium in gewaltfreier Strategie aus.

Das große Interesse an Diktatoren verdankte Helvey auch seinem letzten Posten. Helvey hatte als Verteidigungsattaché des US-Militärs zwei Jahre in Birma verbracht. Und das hatte ihn stark beeindruckt. »Wenn ich mit den Menschen sprechen wollte, dann hielten sie sich manchmal etwas vor den Mund, damit man, falls sie beobachtet werden sollten, nicht von den Lippen ablesen konnte, was sie sagten. Manchmal drehten sie sich auch einfach weg. Sie wollten niemandem erklären müssen, warum sie mit diesem amerikanischen Clown sprachen«, erinnert sich Helvey. »Ich fand das entsetzlich. Jeder schien das Gefühl zu haben, dass man ihn beobachtete. Die Regierung hatte diese überwachende Allgegenwart.« Helvey entwickelte eine intellektuelle Neugier und wollte jetzt wissen, wie die birmanische Junta die Menschen durch Furcht lenken konnte. »Was bringt die Menschen dazu, einem Regime zu gehorchen, das sie so schlecht behandelt, das so korrupt ist? Und genau hier – bei der Frage: Warum gehorchen Menschen? – kommt Genes Arbeit ins Spiel.«

Colonel Helvey schied 1992 aus der U.S. Army aus. Nur wenige Monate später war er wieder in Birma. Er hatte in Washington, D.C., über gewaltfreie Strategie gesprochen, und Angehörige der Karen National Union, einer birmanischen Oppositionsgruppe, die sich für die Demokratie einsetzte, hatten seinen Vortrag gehört. Sie luden Helvey nach Birma ein, damit General Bo Mya, der legendäre Anführer des birmanischen Widerstands, ihn hören konnte. Nachdem er jahrelang Sharps Ideen studiert und verinnerlicht hatte, war Helvey ganz wild darauf, sie auch einmal umzusetzen. General Bo Mya überzeugte der Ansatz, er bat Helvey, ein Pilotprogramm einzurichten, um Funktionäre der Opposition in dreitägigen Schnellkursen zu schulen.

Sobald er das Programm angeschoben hatte, lud Helvey Sharp nach Birma ein, um die Schulungen zu beurteilen. Das war eine ganz neue Erfahrung für Sharp; er war gespannt auf die Umsetzung seiner Ideen. Also flog er nach Bangkok, wo Helvey ihn abholen ließ. Von dort ging es per Lastwagen in die Stadt Mae Sot an der Grenze zwischen Thailand und Birma. Am Grenzfluss Moei bestieg Sharp ein von der Opposition geschicktes Schnellboot, das ihn heimlich nach Manerplaw brachte – damals das strategische Hauptquartier der Karen National Union. »Ich war in Manerplaw, und das Funkgerät plärrte los«, erinnert sich Helvey. »Wir haben gerade eine Nachricht bekommen. Da fährt ein Boot in diese Richtung. Es bringt einen weißen Mann und einen großen Koffer.«

Helvey ging zum Fluss hinunter. Um die Flussbiegung fuhr ein Boot mit Sharp an Bord. Es legte an, und der Professor kam an Land. Helvey grinste. »Dr. Sharp, nehme ich an.«

Er erinnert sich gern an jene Tage im birmanischen Dschungel, und er glaubt, dass sie auch Sharp viel bedeuteten. Das Schulungsprogramm beeindruckte ihn. Vor allem aber staunte Sharp darüber, dass es hier Angehörige des birmanischen Widerstands gab, die seine Texte wortwörtlich zitieren konnten. Vor allem ein Mann, ein Universitätsprofessor und

Oppositioneller, war vor dem Treffen mit Sharp ganz nervös. »Ich glaube, Gene fand hier sein Nirwana«, sagt Helvey. »Hier auf diesem kleinen Vorposten im Dschungel trifft er einen Mann, der sein Buch gelesen hat und ihm detaillierte Fragen stellen kann. Das war einfach wunderbar. Diese beiden Professoren, wie sie stundenlang auf diesem schattigen Weg hin und her liefen und redeten. Gene war hier der große Renner. Und natürlich fing er damals mit *Von der Diktatur zur Demokratie* an.«

Sharp hatte Jahre damit verbracht, die totalitären Systeme des 20. Jahrhunderts zu untersuchen. Er hatte dicke Wälzer dazu geschrieben, wie gewaltfreie Strategien die Schwächen einer Diktatur ausnutzen können. Doch seine bekannteste Arbeit ist ein schmales Bändchen von neunundsiebzig Seiten, das er im südostasiatischen Dschungel zu schreiben begann.

Die Birmanen hatten deutlich gemacht, dass Sharps Erkenntnisse zwar wertvoll waren, dass sie aber ein knappes Bändchen mit Handlungsanweisungen brauchten, etwas, das sie leicht verteilen und weitergeben konnten. So entstand *Von der Diktatur zur Demokratie*. Es ist inzwischen in über vierzig Sprachen erschienen und mehrere hunderttausend Mal kostenlos im Internet heruntergeladen worden.[19] Hier schreibt Sharp ganz direkt und unsentimental. Sein Essay zielt nie auf ein bestimmtes Regime, sondern bietet vielmehr eine generische Analyse dazu, wie man einen Diktator vom Thron stürzt. Man könnte ihn als eine Art Machiavelli für das Volk bezeichnen.

Schon ganz am Anfang des Essays formuliert Sharp zwei simple, aber sehr wichtige Beobachtungen. Erstens: Gewalt begünstigt fast immer die Diktatoren. »Bei allen Verdiensten der Gewaltoption ist jedoch eines klar«, schreibt er. »Wenn man auf gewaltsame Mittel vertraut, entscheidet man sich genau für die Art von Kampf, bei der die Unterdrücker so gut wie immer überlegen sind.«[20] Zweitens: Das Volk an sich hat ungeheure Macht. »Diktatoren brauchen die Unterstützung der Menschen, über die sie regieren«, schreibt Sharp.[21] Ein Herrscher kann mit anderen Worten nicht herrschen, wenn das Volk nicht gehorcht. Alle Herrscher, selbst Diktatoren, regieren, weil das Volk ihnen gehorcht und mit ihnen zusammenarbeitet. Wenn genügend Menschen diese Zusammenarbeit verweigern, kann ein Diktator sich nicht halten. Dann identifiziert Sharp die Machtquellen von Diktaturen, die häufigen Schwächen dieser Regime und die Möglichkeiten der gewaltfreien Strategie, diese Schwächen auszunutzen, um einer Regierung ihre Legitimität zu entziehen und damit die Wahrscheinlichkeit ihres Sturzes zu erhöhen. Trotz seiner weitgreifenden Analyse ist der Essay an manchen Stellen verblüffend in seiner Kleinteiligkeit. Sharp macht zum Beispiel genau siebzehn häufig auftretende Schwächen von Diktaturen aus. (Darunter ein erstarrtes System, das sich nicht anpassen kann, die Angst unter Untergebenen, Informationen weiterzugeben, die womöglich der Führung des Regimes missfallen könnten, eine Erosion der Ideologie und eine zunehmend unfähige Bürokratie.) Viele Menschen verstehen unter gewaltfreien Kampagnen Streiks oder Protestmärsche. Sharp listet genau 198 spezifische Methoden gewaltfreien Protestes auf, darunter symbolische Begräbnisse, von Flugzeugen geschriebene Parolen am Himmel und den Abzug von Bankguthaben. Immer wieder betont er, wie wichtig Planung und Vorbereitung und der Weg von kleinen, risikoarmen vertrauensbildenden Aktionen hin zu kühneren Initiativen sind. Man kann sagen, dass *Von der Diktatur zur Demokratie* für viele Aktivisten eine Art Bibel geworden ist. Im Zuge meiner Reportagen lernte ich Venezolaner, Iraner, Tibeter und Ägypter kennen, die das Bändchen praktisch auswendig aufsagen konnten.

An einem trüben Wintermorgen im Februar 2010 besuchte ich Sharp in seinem Haus im Osten von Boston. Er wohnt in einem schlichten Stadthaus, das gleichzeitig die Büros der Albert Einstein Institution beherbergt, einer Organisation, die Sharp im Jahr 1983 gründete, um seine Arbeit voranzutreiben und seine Erkenntnisse zu verbreiten. Die Organisation besteht aus nicht mehr als zwei kleinen Zimmern im Erdgeschoss des Hauses. Der Mitarbeiterstab besteht aus Sharp und einer Assistentin. Sharp stieß 1968 auf das verlassene Gebäude und kaufte es für 150 Dollar. Seitdem lebt er hier. Gepflegter Verfall regiert, aber er sagt, dass das nichts sei im Vergleich zu dem Zustand, in dem er es vorgefunden habe. »Das Haus war eine Ruine«, erzählt er mir. »Wenn es regnete, sickerte das Wasser durch die Ziegel der Rückwand und bildete einen See im zweiten Stock. Es gab keine Heizung. Keine Toiletten.« Heute lebt er im ersten Stock, vermietet den zweiten Stock und nutzt den dritten als eine Art großes Gewächshaus, »um den Kopf freizubekommen«.

Das Büro im Erdgeschoss ist nur schwach erleuchtet. Zwei Schreibtischlampen werfen kleine Lichtflecke auf seinen Arbeitsplatz. Im Zimmer selbst kann man sich kaum bewegen, so vollgestopft ist es mit schwankenden Bücherstapeln, Kartons und etwas, das wie ein altes, nicht mehr benutztes Aquarium aussieht. Neben ein paar orientalischen Wandbehängen findet man ein einziges gerahmtes Foto von Gandhi. Hin und wieder taucht während unseres Gesprächs ein kleiner hellbrauner Hund auf – »Sie heißt Sally, aber ich nenne sie ›braves Mädchen‹« –, um sich streicheln zu lassen und dann wieder hinter einem Bücherstapel zu verschwinden. Sharp hat sie vor Kurzem aus einem Tierheim im Norden Bostons geholt, nachdem seine Dänische Dogge Cäsar gestorben war.

Es fällt schwer, in Sharp eine Gefahr zu sehen. Mit seinen zweiundachtzig Jahren geht er gebeugt, spricht mit Flüsterstimme und ist auf einen Stock angewiesen. Doch für viele Diktatoren der Welt kommt er dem Staatsfeind Nr. 1 schon ziemlich nahe, stellt zumindest eine Bedrohung dar, die Schmähreden und wütende Angriffe wert ist. Birmas Generäle bezeichnen ihn als »amerikanischen Spion«, der sich mit »schmutziger und niederträchtiger psychologischer Kriegführung« beschäftigt.[22] Hugo Chávez hat die Vermutung geäußert, dass der über Achtzigjährige mit der CIA im Bunde sei und versuche, seine Regierung zu stürzen.[23] Die iranische Regierung wiederum nahm Sharp so ernst, dass sie seine Bücher anforderte. (»Wir haben sie ihnen geschickt«, sagt er.) Die Iraner sollen eine Einheit ins Leben gerufen haben, die sich nur damit beschäftigt, die Techniken strategischer Gewaltlosigkeit zu erkennen und ihnen entgegenzuwirken. In Weißrussland, China, Russland und Vietnam, um nur ein paar Länder zu nennen, ist Sharp *persona non grata* oder seine Bücher stehen dort auf dem Index. Sharp sieht all die Angriffe, Vorwürfe und von den Regierungen in die Welt gesetzten Verschwörungstheorien positiv. »Das ist ein gutes Zeichen«, sagt er. »Es zeigt, dass das Wissen um die Macht dieser Art der Auseinandersetzung zu ihnen durchgedrungen ist. Es ist ein Kompliment.«

So seltsam es klingt: Sharp ist in den unfreisten Gegenden der Welt wahrscheinlich am bekanntesten. Am Tag meines

Besuches erzählt mir seine Assistentin Jamila Raqib, dass sie gerade eine neue Anfrage aus Venezuela hereinbekommen habe. Dort sei jemand daran interessiert, Sharps Werke nachzudrucken. Die meisten Menschen bekommen über die Webseite der Organisation Zugang zu seinen Schriften. Normalerweise, so sagt sie, wisse die Organisation nichts über diese Leute, die bei ihnen nach Büchern oder Nachdrucken fragen. »Wenn die Leute direkt mit uns in Kontakt treten, geschieht das oft anonym. Es ist eine Sache, ein Buch zu nehmen und es im stillen Kämmerlein zu lesen, aber etwas ganz anderes, mit einer Organisation in den Vereinigten Staaten in Verbindung zu treten, die so bekannt ist, die von der eigenen Regierung verunglimpft wurde, die Kontakte mit dem Weißen Haus pflegt und all diese anderen seltsamen Dinge«, sagt sie. »Die Leute sind sehr intelligent. Sie wissen, welche Risiken sie auf sich nehmen können und was sie lieber lassen sollten.«[24]

Raqib weiß zum Beispiel, dass Sharps Arbeiten in ihrem Heimatland Afghanistan sehr bekannt sind. (Sie hat das Land nach dem Einmarsch der Sowjets als Fünfjährige mit ihren Eltern verlassen.) »[Afghanen] fühlen sich von der Vorstellung stark angesprochen, dass wir unsere Zukunft selbst in die Hand nehmen können. Wir können eigenverantwortlich handeln«, sagt sie. »Wir müssen nicht auf Leute von außen warten, weil solche Leute uns nur Leid gebracht haben. Wir sind hier auf uns selbst angewiesen, und Gewalt hat nicht funktioniert.«

Die Nachfragen kommen aus aller Welt, und doch bekommen Raqib und Sharp immer wieder diesen einen Satz zu hören: »›Dieses Buch ist speziell für uns geschrieben worden.‹ Wir haben das oft gehört«, sagt Raqib. »Das beweist, wie gut die Analyse ist.«

Sharp selbst ist optimistisch. In seinen Augen wird es immer schwieriger, Diktator zu sein, und die Menschen, die autoritäre Regime herausfordern, werden immer raffinierter. »Wir lernen mehr über die Mittel der Auseinandersetzung und wie man sie richtig einsetzt und merken auch, was man besser lässt.« Dennoch ist er verblüfft, wie viele Leute eine so gefährliche Arbeit auf sich nehmen und immer noch nicht strategisch denken. »Die Kämpfer für die demokratische Freiheit benutzen ihren Verstand nicht so oft, wie sie müssten«, sagt Sharp. »Das ist eine unglaubliche Macht, und die Menschen können sie sich nehmen. Aber sie müssen ihre Hausaufgaben machen.« Manchmal brauchen sie auch Lehrer.

Kriegsgeschichten

Es schüttet wie aus Kübeln in South Charleston, West Virginia. Ich sitze auf Bob Helveys Veranda hinter dem Haus, das in einem dicht bebauten Viertel hoch über dem Kanawha River thront. Wir trinken unsere zweite Tasse Kaffee, und Bob erklärt mir, worauf es bei der Schulung von demokratischen Aktivisten in gewaltfreier Intervention ankommt. Seine Kaffeetasse verrät ein bisschen etwas über seine Vergangenheit. Sie trägt die Aufschrift »Burma Democracy Leader« und ein Bild von Aung San Suu Kyi, der Friedensnobelpreisträgerin und Anführerin der demokratischen Bewegung in Birma. Nach Birma schulte Helvey Aktivisten unter anderem in Weißrussland, Venezuela, Nigeria, Irak, Palästina und Simbabwe. Er sagt, seiner Ansicht nach sei er als Trainer auch deshalb so gefragt, weil die Menschen es faszinierend finden, wenn ein Militär über gewaltfreie Strategie spricht. »Meiner

Meinung nach hat mir das einige Türen geöffnet«, sagt Helvey über seine militärische Erfahrung. »Die Leute denken: ›Was tut dieser Infanterieoffizier da, dass er diesen Unfug lehrt? Wir sollten ihm mal zuhören. Vielleicht ist er verrückt, aber wir hören ihm lieber zu.‹«

Was sie dann hören, ist ein Taktikexperte, der seine drei Jahrzehnte Militärdienst nimmt und sie auf die Prinzipien anwendet, mit denen man einen Diktator gewaltlos zu Fall bringen kann. Er bringt ihnen die Grundzüge strategischen Denkens bei, bis hin zu der Art und Weise, wie sie ihre Straßen und Viertel sehen. »Leben ist nichts anderes als Strukturanalyse. Zur Planung gehört auch die regelmäßige Strukturanalyse, und jedes Lebewesen lebt nach einer gewissen Struktur«, sagt Helvey. »Wir müssen wissen, wie diese Struktur aussieht, sodass wir, wenn sie sich ändert, gleich die Frage stellen können: ›Warum?‹ Wenn der junge Polizist von den hübschen Mädchen hinüber zu der hässlichen alten Frau geht, will ich wissen, warum. Vielleicht ist sie eine Informantin? Vielleicht ist sie eine Drogendealerin? Ich will wissen, warum«, fährt Helvey fort. »Und das gehört zu den Dingen, die man den Menschen, die man schult, beibringen will. Dass man immer nach einer Gelegenheit Ausschau hält. Und dann entwickelt man allmählich eine ganze Palette von Möglichkeiten, auf die man zurückgreifen kann, weil man diese Strukturanalyse gemacht hat.«

Er bringt ihnen bei, wie man eine strategische Bewertung vornimmt und damit das Ziel oder die Mission der Bewegung bestimmt. Clausewitz und den britischen Militärstrategen Liddell Hart zitierend, zeigt er ihnen, wie man die Machtquellen des Regimes zum Versiegen bringt und dass es einen Unterschied zwischen den Möglichkeiten und den Absichten dieses Regimes gibt. Er hat kurze Lektionen über schon ausgefochtene Konflikte parat. (Es hat sich zum Beispiel als extrem wertvoll erwiesen, die Kinder von Generälen und Polizeibeamten für die eigene Bewegung zu gewinnen. »Generäle greifen nicht gern Menschenmengen an, wenn ihre eigenen Kinder in der ersten Reihe stehen.«)

Das Wichtigste aber, das man in einem Kurs bei Bob Helvey lernt, ist die Macht der Propaganda. In einem Kräftemessen, in dem man ohne Waffen dasteht, ist die Botschaft von entscheidender Bedeutung. »Wie sollen sie unsere Bewegung sehen?«, fragt Helvey. »Wir wollen diese Leute davon überzeugen, dass diese Bewegung für demokratischen Wandel niemanden bedroht, noch nicht einmal die Angehörigen des Militärs.« Die Propaganda einer Oppositionsgruppe ist oft ihr erster Angriff auf die Legitimität eines Regimes, und diese Legitimität muss man ein für alle Mal zerstören. »Meiner Meinung nach ist Propaganda die beste Waffe«, sagt Helvey. »Man benutzt das Wort nicht gern, weil es so billig klingt. Man spricht lieber von ›Medienarbeit‹ oder ›PR‹. Aber im Grunde geht es immer um Propaganda.«

Helvey erklärt das am Beispiel von Hugo Chávez' Venezuela. Auf den ersten Blick sieht der Fall Venezuela kompliziert aus. Chávez' Regierung kann wegen ihrer Erfolge an den Wahlurnen mehr Legitimität für sich beanspruchen als die meisten autoritären Regime, selbst wenn diese Erfolge stark manipuliert sind. Dennoch glaubt Helvey, dass ein Propagandist hier viele Ansatzpunkte findet. Da wäre zunächst einmal Chávez' Abhängigkeit von ausländischen Regierungen, vor allem von Fidel Castros Kuba. »Wer sind diese verdammten Ausländer? Wollt ihr mir erzählen, dass wir unsere eigenen Leute nicht zu Ärzten ausbilden können? Wir kaufen diese verdammten russischen Jets, russischen Raketen, russischen Flugzeuge, statt unsere eigenen Ärzte auszubilden. Wollt ihr mir etwa erzählen, dass wir es nicht schaffen, aus unseren Leuten Sicherheitsbeamte für unser eigenes Land zu machen? Warum sind wir vom einzigen kommunistischen Staat in der westlichen Hemisphäre abhängig, wenn es um die Mitarbeiter unserer Regierung geht? O Mann, ja, das ist ein gutes Thema«, sagt Helvey und reibt sich die Hände. »Sagt eurem Propagandisten: ›Mach immer weiter damit! Lass einfach nicht locker. Gib diesen Arschlöchern die Schuld, was immer auch passiert. Wenn es irgendwo eine Überschwemmung gibt, ist das nicht Gottes Wille; es ist ein Ausdruck der Inkompetenz der Regierung.‹«

Helvey trainiert seine Schüler darin, überaus diszipliniert zu reagieren, vor allem, wenn es um ihre Botschaft geht. »Kein Sprecher oder Repräsentant sollte je irgendetwas Hasserfülltes über jemand anderen sagen. Hasst den Polizisten nicht, hasst den Geheimdienstoffizier nicht, denn als eine demokratische Bewegung wollen wir genau diese Leute auf unsere Seite ziehen, und das schaffen wir nicht, wenn wir Hasstiraden loslassen«, sagt er. »Wir brauchen eine Mehrheit, um zu gewinnen. Strategische gewaltfreie Bewegungen sind keine Minderheitsbewegungen. Wenn der Hass heraus muss, bündelt ihn so stark wie möglich. Nur ein Mann: Mugabe. Wenn ihr jemanden hassen wollt, hasst nicht alle Helfer des Regimes. Hasst Mugabe.«

Und noch etwas legt Helvey seinen Schülern ans Herz: Geduld. »Für strategische gewaltfreie Konflikte verwende ich gern das Wort ›noch‹ – wir haben noch nicht gewonnen«, sagt Helvey. »Das Wort ›noch‹ bedeutet, dass der Kampf weitergeht. Wie in jedem langen Krieg gibt es gute und schlechte

Tage. Aufständische, und das sind Oppositionsbewegungen im Grunde, haben nicht verloren, solange sie das nicht selbst einräumen. Wir allein bestimmen, wann wir verlieren, nicht die Regierung. Es ist unsere Entscheidung, nicht ihre. Und das ist eine starke Botschaft, wenn man den Leuten nahebringen kann, was es bedeutet. Wir bestimmen selbst, wann es vorbei ist.«

Drei Stunden später hatte der Regen immer noch nicht aufgehört. Die Gullys auf einer Seite seines Grundstücks liefen über, das Wasser schoss den Hügel herab. Auf Helveys Veranda fragte ich ihn, ob ihm eine Gruppe, die er geschult hat, besonders in Erinnerung geblieben sei. Gab es eine, die ihn besonders beeindruckt hatte? »Die Serben«, antwortete er. »Sie wirkten intelligent, schon bevor sie den Mund aufmachten. Sie waren konzentriert. Sie ließen mich nicht aus den Augen und nahmen jedes Wort von mir auf, und ab und zu murmelten sie einander etwas zu.«

Im Frühling des Jahres 2000 reiste Helvey zu einem Treffen mit einigen Mitgliedern von Otpor!, der demokratischen serbischen Jugendorganisation, nach Budapest. Sie hatten in der Auseinandersetzung mit Slobodan Miloševićs Regime schon bemerkenswerte Erfolge zu verzeichnen, aber sie hatten Angst, dass die Bewegung sich totlief und ihren Schwung nicht aufrechterhalten konnte. Vor dem Seminar traf sich Helvey schon einmal mit einigen dieser Serben, um einen Eindruck von ihnen und ihrer Bewegung zu bekommen. »Ich bat sie, mir kurz den Aufbau ihrer Organisation vorzustellen«, erinnert sich Helvey.

»Wir haben keinen Aufbau«, antwortete einer.

»Wer ist euer Anführer?«

»Wir haben keinen Anführer«, antwortete ein anderer.

»Kleinen Moment mal«, sagte Helvey. »Ich bin doch kein Idiot. Ihr habt eine landesweite Bewegung, die Säulen, die Miloševićs Regime stützten, brechen zusammen, überall im Land kommt es zu Demonstrationen, und die sind synchronisiert, und ihr erzählt mir, ihr habt keine Organisation und auch keinen, der sie anführt?«

Die Serben grinsten nur. »Genau das erzählen wir allen.«

Helvey wusste also, dass sie keine Nachhilfe in Taktik mehr brauchten oder darin, wie man eine gewaltfreie Bewegung aufbaut; sie hatten schon innovative Methoden gefunden, und sie nahmen die Aufgabe mit der Disziplin und Strenge einer militärischen Operation in Angriff. Die Serben, so sagte er, hatten alles beisammen, was man braucht. Sie hatten nur noch nicht verstanden, wie man die einzelnen Teile zusammensetzt und wie man für die letzten Tage des Regimes plant. Aber er war sicher, dass sie nach Abschluss des Seminars Erfolg haben würden. »Sie sogen alles auf wie Schwämme. Niemand hätte von ihrem Erfolg überrascht sein dürfen. Sie scheuen das Risiko nicht«, sagt Helvey. »Ich fand, diese Jungs hatten das gewisse Etwas. Nicht müde zu kriegen. Ich hätte nicht gern auf der anderen Seite gestanden.«

Vor allem einer fiel ihm auf – der siebenundzwanzigjährige Srdja Popovic. »Als ich ihn das erste Mal sah, war mir klar, dass er zu den Anführern gehören musste«, sagt Helvey. »Er war so intensiv.« Als kreativer und cleverer Taktiker zählte Srdja tatsächlich zu den ursprünglich elf Anführern von Otpor!. Hoch gewachsen, schlaksig und mit einem verschmitzten Grinsen im Gesicht war Popovic der selbst ernannte politische Kommissar der Bewegung. Sein Charisma und seine Energie machten ihn zu einem Naturtalent für die Anwerbung und Schulung neuer Mitglieder, vor allem serbischer Jugendlicher. Srdja verströmte wie andere frühere Mitglieder von Otpor, die ich kennenlernte, das Selbstvertrauen und die Ausgebufftheit eines altgedienten Aktivisten.[25]

Helvey hatte recht mit seiner Annahme, dass Srdja und seine Mitstreiter die Oberhand gewinnen würden. Monate später, am 5. Oktober 2000, stand die kleine Gruppe von Jugendaktivisten mit an der Spitze einer nationalen Bewegung, die Serbiens brutalen Diktator des 20. Jahrhunderts stürzte. Als Milošević in den letzten Stunden seinen Stoßtruppen befahl, das Feuer zu eröffnen und die Menschenmenge zu zerstreuen, egal wie, legte die Polizei die Waffen nieder und ließ das serbische Volk das Parlament stürmen. Milošević hatte nicht gemerkt, dass Popovic und seine Landsleute seit über einem Jahr daran gearbeitet hatten, die Polizei und den Geheimdienst auf ihre Seite zu ziehen. Nur wenige hatten daran geglaubt, dass Milošević fallen werde, ganz zu schweigen davon, dass es durch einen unblutigen demokratischen Coup geschehen würde.

Wie aufs Stichwort trottet eine große grau getigerte Katze aus dem Haus auf die Veranda und springt auf den Tisch. Sie geht auf Helvey zu und senkt den Kopf, um sich im Nacken kraulen zu lassen. »Ich habe meinen Kater Srdja genannt«, sagt Helvey lächelnd. »Und dieser Srdja tötet alles, auch wenn es genauso groß ist wie er selbst.«

Kein Diktator ist wie der andere

Bob Helvey musste mir Srdja Popovic nicht beschreiben. Ich hatte ihn im Jahr zuvor, im Juni 2009, bei einem fünftägigen Seminar über gewaltfreie Strategien kennengelernt, das das

International Center on Nonviolent Conflict veranstaltete. Das Center, gegründet und finanziert vom früheren Investmentbanker Peter Ackerman, lud zu einem Jahrestreffen in Boston ein, zu dem sich demokratische Aktivisten aus der ganzen Welt versammelten. Über vierzig Teilnehmer aus fünfunddreißig Ländern, darunter Ägypten, Malawi, Nigeria, Syrien, Tibet und Tunesien, lauschten den Vorträgen von Experten, Wissenschaftlern und Veteranen gewaltfreier Kampagnen. Doch für viele dieser demokratischen Kämpfer war Popovics Rede der Höhepunkt. Wie ein Nigerianer erklärte, waren er und andere gekommen, weil sie hören wollten, »wie [Popovic] es geschafft hat und ob wir es in unseren Ländern auch schaffen können.«[26]

In der Nacht vor seinem Vortrag trafen Srdja und ich uns in einer Bar am Davis Square nahe dem Campus der Tufts University. Die Welt hatte ihre Aufmerksamkeit seit einigen Tagen den Straßen Teherans zugewandt, wo Tausende Menschen, vor allem junge Iraner, zusammengeströmt waren, um die ganz offensichtliche Manipulation der Präsidentenwahl anzuprangern. Popovic hatte sechs Jahre zuvor CANVAS mit gegründet und war jetzt etwa hundert Tage pro Jahr unterwegs, um Workshops zu leiten oder Vorträge zu halten. CANVAS hatte sieben Oppositionsgruppen im Iran geschult. Mit Blick auf seinen Vortrag am nächsten Tag fragte ich ihn schon einmal nach seiner Meinung zum iranischen Aufstand, der inzwischen die Grüne Bewegung genannt wurde.

Popovic schüttelte den Kopf. »Da wird Blut fließen«, antwortete er.[27] Schon jetzt, wo eigentlich noch gar nichts passiert war, machte er sich Sorgen, dass die iranische Opposition im Begriff war, schwere strategische Fehler zu begehen. Nachdem sie das Regime mit ihrem massiven Mobilisierungspotenzial verunsichert hatten, hätten sich die Demonstranten »von Teherans öffentlichen Plätzen zurückziehen und in den zwanzig größten Städten Irans verteilen« und sich auf »gut sichtbare, risikoarme Aktionen« wie Graffiti, Mahnwachen und Boykotte verlegen sollen. Sie hatten gezeigt, wie groß die Bewegung war, jetzt mussten sie beweisen, dass sie nicht nur in Teheran aktiv waren. Vor allem aber mussten sie das Regime im Unklaren lassen. Popovic glaubt, dass nichts für eine Bewegung so gefährlich ist, wie berechenbar zu werden. Sobald eine Bewegung das Regime überrascht hat, muss sie unbedingt die Initiative behalten und darf der Regierung nicht erlauben, in Ruhe eigene Schritte zu planen. Wenn eine Bewegung die Schlüsselfiguren des Regimes für sich gewinnen will, muss sie immer einen Schritt voraus sein und Selbstzweifel unter den Regierungstreuen säen, während sie das Selbstbewusstsein von Demonstranten und Öffentlichkeit gleichermaßen stärkt. Popovic fürchtete, dass einige der jungen Iraner, die CANVAS geschult hatte, zwar wussten, was zu tun war, es aber nicht umsetzen konnten, weil die Opposition des Landes noch immer zu stark von »Graubärten« geführt wurde. Der Serbe, der Biologie an der Universität Belgrad studiert hat, zieht gern Parallelen zum Tierreich. »Solche Organisationen sind wie Haie«, erklärt er. »Sie müssen sich ständig bewegen, um zu überleben. Wenn ein Hai stehen bleibt, stirbt er. Und Haie können nur in eine Richtung schwimmen – vorwärts. Unsere Organisation [in Serbien] war erfolgreich, weil wir in der Offensive, in Bewegung blieben und dem Regime immer einen Schritt voraus waren.«

Am nächsten Tag trat Popovic auf das Podium und sprach zu den versammelten Aktivisten. Das Charisma und der Humor, die ihn zu einem effektiven Anführer Tausender serbischer Jugendlicher gemacht hatten – 30 Prozent der Mitglieder von Otpor! waren Teenager, das Durchschnittsalter der Bewegung lag bei einundzwanzig Jahren –, waren sofort zu spüren. Die Zuhörer hingen ihm schon an den Lippen, als er mit dem Satz einstieg: »Meine Organisation betrachtet [diese Anstrengungen] als eine Form der Kriegführung.« Und deshalb, so betonte er, brauche man Einheit, Planung und gewaltfreie Disziplin. Er redete über die Rekrutierung von Anhängern und die Notwendigkeit, neuen Mitgliedern gegenüber ehrlich zu sein. »Ihr solltet Klartext mit ihnen reden. Es wird Opfer geben. Es ist nur fair, das den Leuten gleich am Anfang zu sagen«, erklärte er. »Manche werden Prügel einstecken müssen. Sie landen vielleicht im Gefängnis. Ihre Freunde und Familien werden darunter leiden. Vielleicht steckt man sie absichtlich mit HIV an. Auf den Malediven werden die Menschen absichtlich drogenabhängig gemacht.«

Nichts jedoch, was das Regime tut, ist eine Entschuldigung dafür, die Gewaltlosigkeit aufzugeben. Otpor! betonte diesen gewaltfreien Ansatz schon, wenn er jemanden rekrutierte. Bei der Aufnahmezeremonie, die die Organisation erfunden hatte, um Disziplin in die Bewegung zu bringen, hörte das Neumitglied ganz zum Schluss die Worte: »Gewalt ist die letzte Zuflucht der Schwachen.« Vor der Gefahr, dass Mitglieder auf Gewalt zurückgriffen und damit der Regierung eine Entschuldigung lieferten, brutal gegen die Bewegung vorzugehen, musste man immer auf der Hut sein. Und in dem Moment, in dem eine Bewegung Gewalt einsetzt, verprellt sie gerade die Menschen im Regime, die sie doch für ihre Sache zu gewinnen hofft. »Ihr müsst bemerken, welche Leute oder Gruppen innerhalb eurer Bewegung gewalttätig werden könnten«, warnte Popovic. »Ihr müsst sie identifizieren, isolieren, mit ihnen reden und ihnen dann entweder ein Bekenntnis zur Gewaltlosigkeit abfordern oder sie rausschmeißen.«

In den nächsten anderthalb Tagen, die Srdja noch am Seminar teilnahm, löcherten ihn die Aktivisten mit ihren Fragen. Sie fingen ihn im Gang ab, rauchten draußen eine Zigarette mit ihm oder diskutierten und tranken bis tief in die Nacht hinein und versuchten, so viele Erfahrungen und Erkenntnisse zu sammeln, wie sie nur konnten. Sie wollten wissen, wie dezentralisiert die Führung der Gruppe sein sollte. (»Die obersten elf Aktivisten kommen nie an einem Ort zusammen.«) Wie gut hatte die Aufklärungsarbeit des Regimes bei Otpor! funktioniert? (»Als wir nach der Revolution unsere Dossiers in die Hand bekamen, hatten wir jeder so etwa zweihundert Seiten Akten. Sie wussten immer, wo wir gerade waren. Aber sie haben das nicht ausgewertet. Was sollte das Ganze also?«) Was sollte man tun, wenn das Regime brutale Stoßtruppen aus einem anderen Teil des Landes einsetzte, um den Aufstand niederzuschlagen? (»Ihr müsst engere Beziehungen zur örtlichen Polizei knüpfen. Wir haben Verbindungen zu den Polizisten vor Ort aufgebaut, und die haben uns gesagt, welche Straßen wir besser meiden sollten. Jedes Regime hat nur eine begrenzte Zahl von Sondereinheiten.«)

Popovic und ich blieben die nächsten zwei Jahre in Kontakt. Alle paar Monate tauschten wir E-Mails aus oder diskutierten am Telefon, was sich gerade in dem einen oder anderen autoritär regierten Land tat. Nicht lange nach dem Sturz von Ben Ali und Mubarak trafen wir uns auf dem Höhepunkt des Arabischen Frühlings zu einem Frühstück in Washington, D.C. Die Ereignisse in Tunesien und Ägypten hatten CANVAS neue Aufmerksamkeit gebracht. Verschiedene Medien in den Vereinigten Staaten und Europa hatten über seine Organisation berichtet und wie sie bei der Förderung von demokratischen Revolutionen half, insbesondere in Ägypten. Diese Bekanntheit wiederum hatte zu mehr Anfragen nach Workshops geführt.

Der Arabische Frühling hat allerdings nicht nur CANVAS' Terminkalender mit Workshops gefüllt. Popovic glaubt, dass diese Entwicklung mit mehr Mythen über gewaltfreien Konflikt aufgeräumt hat als jede andere Revolution zuvor. Zunächst einmal hat sie ein für alle Mal bewiesen, dass auch Araber es schaffen können. Die Vorstellung, dass der Nahe Osten nur von Diktatoren regiert werden könne, dass die Menschen dort aus irgendeinem Grund dazu bestimmt seien, abgehängt zu werden, während die Demokratie anderswo vorankam, wurde widerlegt. Und dass Tunesien und Ägypten – zwei der loyalsten Verbündeten der Vereinigten Staaten im Nahen Osten – als erste fielen, bereitete der Vorstellung ein Ende, dass gewaltfreie Revolutionen sich mithilfe der CIA oder der amerikanischen Regierung ausbreiteten. CANVAS half vielleicht, wo es ging, aber die Revolutionen waren erfolgreich, weil sie aus dem eigenen Land heraus entsprangen, sagt Popovic. »Diese jungen Ägypter überschätzen, was wir ihnen beigebracht haben. Ich finde, es ist zu hundert Prozent ihre eigene Leistung«, sagt er. »Es kann ja wohl kaum sein, dass eine Million Ägypter tun, was ein Serbe ihnen gesagt hat, ganz egal, was für einen tollen Koffer oder Laptop er hat.«

Aber Popovic wäre kein überragender Stratege, wenn er eine gute Gelegenheit nicht sofort als solche erkennen würde. »Wir haben dieses historische Phänomen, das die Welt vor unseren Augen neu gestaltet. Jetzt ist es der Nahe Osten, vorher war es Osteuropa, morgen wird es vielleicht Afrika oder

Asien sein«, sagt Popovic. Er sieht diesen Moment als Dreh- und Angelpunkt, als eine Chance, größere Ziele zu erreichen. »Es geht hier nicht darum, einfach noch einen Diktator zu stürzen«, fährt er fort. »Es geht darum, Wissen in einem größeren Maßstab umzusetzen. Wir haben die Chance, diesem Know-how zum Durchbruch zu verhelfen.«

Popovic sieht CANVAS als Bestandteil dieser Bemühungen, die Zukunft neu zu gestalten. In einem naheliegenden ersten Schritt hat er schon ägyptische Aktivisten als neue Trainer rekrutiert. »Diese Jungs sind wirklich clever«, sagt er mit einem Lächeln. »Sie sind die idealen Trainer für die arabische Welt.«

Trainingslager

So ein Workshop kann anfangs ein bisschen schwierig sein. So begierig Aktivisten auch sein mögen, neue Ideen kennenzulernen, mit denen sie ihr Regime aushebeln können, so unwillig werden sie, wenn sie merken, dass sie die Sache ganz falsch angefasst haben. Dieses Gefühl prägt die Stimmung im ersten Stock des Hotels mit Blick über das Mittelmeer.

Die zwanzig Aktivistinnen und Aktivisten aus dem Nahen Osten sollen sich in kleinen Gruppen zusammentun und aufzeichnen, was die Trainer von CANVAS ihre »Vision für morgen« nennen – ihre Vision für den Wandel, den ihre Bewegung hervorbringen soll. Die Idee dahinter ist ganz einfach: Beschreibt die für eure Bewegung ganz offenbar wichtigste Mission. Doch das ist den serbischen Ausbildern noch nicht genug. Sie haben die Teilnehmer gebeten, diese Mission so darzulegen, dass fünf sehr unterschiedliche Teile der Gesellschaft sie attraktiv finden werden. Die Gruppen müssen ihre Ziele für die Zukunft ihres Landes so ausarbeiten, dass sie bei Geschäftsleuten, religiösen Führern, Lehrern, Studenten und Medienvertretern Anklang finden. »Als Otpor zu einer in den Augen der Öffentlichkeit glaubwürdigen Organisation wurde, wuchs die Zahl der Mitglieder«, sagt Aleksandar*, einer der Trainer, ein stämmiger Serbe mit Erfahrung in politischer Organisation. »Und um Mitgliederzahlen geht es uns immer.«

Die Aufgabe erweist sich für alle als schwierig. Als die Kleingruppen ihre Ergebnisse im Plenum vorstellen, haben die meisten keinen gemeinsamen Nenner für alle fünf verschiedenen Gruppen der Gesellschaft gefunden. Stattdessen wollen sie erklären, warum es praktisch unmöglich ist, bei so vielen verschiedenen Menschen in ihrem Land etwas zu finden, auf das man sich einigen kann. Einer der älteren Aktivisten sagt: »Also, das ist kompliziert. Wir sind ein Sonderfall.« Ein anderer schließt sich an: »Wir sind ein bisschen anders.« Ein ganzer Aktivistenchor fällt ein und erklärt, dass es da konkurrierende Interessen, unterschiedliche Meinungen, verschiedene Gruppen usw. gebe. Die Trainer schauen sich das an und hören zu, als hätten sie diese Entschuldigungen erwartet. Schließlich platzt eine Aktivistin, sichtlich genervt von der ganzen Übung, heraus: »Das ist unmöglich.«

Dragana, die zweite Trainerin, eine beeindruckende Blondine mit einem ironischen Lächeln, sagt einfach nur: »Ihr könnt nichts ändern, wenn ihr eine Minderheit bleibt. So einfach ist das.«

»Ich glaube, du verstehst das nicht«, sagt einer der Aktivisten, ein junger Mann mit Tattoos auf den Unterarmen.

---

* Die Namen der Trainer wurden geändert.

»Wie stark sollten wir unsere politischen Ziele verwässern, um unseren Kampf auszuweiten?«

»Warum siehst du das als Verwässerung?«, fragt Aleksandar. »Es ist ein Anfang. Sie können das Land nicht ohne das Volk regieren. Ihr braucht das Volk.«

Die meisten Aktivisten reagieren so auf diese Übung. Die Trainer wissen das. Popovic hatte mir vorher schon erzählt, dass fast jede Bewegung denkt, ihre Situation sei völlig einzigartig. Die Teilnehmer am Workshop verweisen immer sofort darauf, warum sich das serbische Beispiel nicht auf ihr eigenes politisches Umfeld übertragen lasse oder warum das Regime, gegen das sie kämpfen, besonders brutal, clever oder hinterhältig sei. Die Ukrainer sagten, sie müssten eine russische Einmischung fürchten, da Moskau das Regime stütze. In Ägypten verwiesen die Aktivisten darauf, dass Mubarak ja auf amerikanische Hilfe zählen könne. Meist erwähnen sie auch sofort, wie groß das Budget des Sicherheitsapparats ihres Regimes geworden ist oder wie viele Polizisten und Spitzel auf den Straßen patrouillieren. Popovic gibt gern zu, dass keine Situation wie die andere ist. Wenn sie genau gleich wären, hätten die Serben keine Hemmungen, den anderen zu erklären, was sie tun sollen. Aber er besteht wie Gene Sharp in *Von der Diktatur zur Demokratie* darauf, dass die Grundparameter die gleichen sind. Wenn man diese Bausteine versteht, kann man einen eigenen Angriffsplan schmieden.

Es dauert eine Weile, bis alle das verinnerlicht haben. Die Teilnehmer haben zu Beginn des Workshops erklärt, eines ihrer größten Probleme sei, dass die Mehrheit ihres Landes ihnen nicht positiv gegenüberstehe. Sie wissen, dass sie ein Vermittlungsproblem haben. Die Serben akzeptieren, dass es schwer sein kann, eine Vision zu entwickeln, die genügend Schlüsselgruppen anspricht. Bei Otpor! schickten sie Mitglieder in verschiedene Landesteile, um die Menschen zu fragen, was sie wollten. Sie verwendeten Zeit darauf, herauszufinden, wen die Menschen im Land besonders respektierten. In einigen ländlichen Gebieten waren es die Ärzte. In anderen Gegenden waren es die Lehrer. Dahinter stand der Gedanke, dass ihre Bewegung, wenn sie diese Leute, seien es nun Ärzte oder Lehrer, auf ihre Seite bringen konnten, noch stärker wachsen würde.

Schließlich spricht ein Aktivist aus der Nah-Ost-Gruppe, der Jüngste im Raum, das aus, was allen schmerzlich bewusst geworden ist: »Also, wahrscheinlich haben wir nicht intensiv genug darüber nachgedacht, wie wir Unterstützer finden können.«

»Endlich«, flüstert Dragana. Der Anfang ist gemacht.

Jetzt lenken die Serben das Gespräch auf die Dinge, gegen die die Aktivisten kämpfen. Sie bitten die Gruppe, die Stützen des Regimes aufzuzählen – zum Beispiel Militär, Polizei, Verwaltung, Bildungssystem, religiöse Organisationen –, eben die wichtigsten Institutionen, die seine Stärke ausmachen. Der nächste Schritt ist dann die Erstellung eines »Machtdiagramms«. Dieses analytische Werkzeug hat Slobodan Djinovic, einer der Gründer von CANVAS, entwickelt. »Es sorgt dafür, dass wir uns auf die Frage konzentrieren, wer für uns und wer gegen uns ist und wie wir sie beeinflussen können«, sagt Aleksandar.

In Kleingruppen notieren die Aktivisten jetzt die Reaktionen jeder Institution – mit einem Spektrum verschiedener Grade von Zustimmung, Neutralität und Ablehnung – auf wichtige politische Ereignisse, Proteste, Aktionen oder Momente in einer Chronologie, die etwa zehn Jahre zurückreicht. Popovic erzählte mir, dass die Erstellung des Machtdiagramms immer ein Schlüsselmoment des Workshops sei. Das galt auch für diese Gruppe. Als sie die verschiedenen Säulen des Staates für sich betrachteten, stellten sie fest, dass deren Loyalität oder Haltung dem Regime gegenüber sich im Laufe der Zeit verändert hatte. So sympathisierten zum Beispiel Teile des Bildungssektors mit einigen ihrer Aktionen, und sei es auch nur, weil Studenten daran teilgenommen hatten. In anderen Fällen hatten die Medien eine – wenn auch nur leicht – kritische Haltung zur Regierung eingenommen. Als sie das Regime aus dieser Warte betrachteten, wurden den Aktivisten sofort zwei Dinge klar: Das Regime ist kein Monolith, und die Treue zum Regime ist formbar. »Loyalität ist nicht in Stein gemeißelt. Sie kann sich ändern«, sagt Dragana. »Bindungen können sich verlagern.«

Die Serben betonen, dass, wenn man einen Teil des Regimes angreift, die natürliche Reaktion darin besteht, dass sich der Rest des Regimes um diesen angegriffenen Teil sammelt. Sie sehen ihre Interessen eher durch das angegriffene Regime vertreten als durch die Protestbewegung. »Das Ziel besteht darin, die Stützen des Regimes mit Überzeugungsarbeit zu untergraben, nicht, sie durch Angriffe zu stürzen«, sagt Aleksandar.

Einige Stützen sind da offenbar empfänglicher als andere. Das Militär und die Polizei sind gewöhnlich die letzten, die auf den neuen Kurs einschwenken. Aber solche Bewegungen brauchen die Unterstützung der Sicherheitsbehörden auch gar nicht; was sie brauchen, ist nur ihre Ambivalenz. Und auch der fieseste Polizist kann, wie die Serben erklären, neutralisiert werden.

Die Serben selbst bekamen es bei ihrem Kampf mit einem besonders brutalen Polizeichef zu tun. Er herrschte mit der Straflosigkeit eines Königs in seiner Kleinstadt. »Dem hat es richtig Spaß gemacht, Leute zu verprügeln, sie zu foltern«, sagt Dragana und verzieht dabei den Mund. Sie kamen also nicht richtig an ihn heran, wenigstens nicht direkt.

Stattdessen dokumentierten sie auf Fotos, wie er junge Mitglieder der Bewegung verprügelte. Aus diesen Fotos ließen sie Plakate machen, auf denen sie auch seinen Namen und seine Handynummer notierten. Die hängten sie überall dort auf, wo seine Frau einkaufen ging. Sie verteilten die Plakate auf dem Weg zum Kindergarten und auf dem Schulweg seiner Kinder. Die Plakate forderten die Menschen dazu auf, ihn anzurufen und ihn zu fragen, warum er unsere Kinder folterte. Seine Frau war entsetzt. Die Familie wurde geächtet. »Wir griffen ihn nicht in seiner Uniform an«, sagt Dragana. »Wir griffen ihn zu Hause durch seine Frau an. Wir ließen nicht zu, dass dieser Bastard sich hinter dem System oder seiner Dienstmarke versteckte.«

Das Beispiel sprach die Gruppe an. »Diese grässlichen Menschen verstecken sich hinter dem Machtapparat«, sagte ein Aktivist. »Das hier gibt dem Regime ein Gesicht.« Die anderen nickten zustimmend.

Am Ende jedes Workshop-Tages kamen die Aktivisten in ihren eigenen Gruppen zusammen, um die Lektionen und Analysen des Tages zu verarbeiten und deren Bedeutung für ihre Situation zu diskutieren. Ganz offenbar stellte die Diskussion einige Mitglieder der Gruppe vor ganz grundlegende Fragen, genau die Art von Fragen, über die die Führung der Bewegung sprechen wollte. »Für manche ist es ein Schock«, berichtete mir einer der Anführer. »Die denken: ›Mal langsam, ihr meint, dass wir nicht alles richtig gemacht haben?‹« Doch die Mehrheit der Aktivisten war engagiert und wild darauf, etwas zu lernen.

Eine der wichtigsten Machtquellen jedes Regimes ist Autorität. Allein schon die Wahrnehmung dieser Autorität – und die Angst, sich ihr zu widersetzen – führen dazu, dass die meisten Menschen gehorchen. Wenn also eine Bewegung die Menschen dazu ermutigen will, ihre Zusammenarbeit aufzukündigen, ihren Gehorsam gegenüber dem Regime aufzugeben, dann besteht das erste Ziel darin, die Autorität des Regimes zu untergraben.

Otpor! fand im Lachen die Lösung für dieses Problem. »Humor unterminiert die Autorität des Gegners. Und er ist das beste Heilmittel gegen Angst. Setzt ihn ein, so oft ihr könnt«, sagt Aleksandar. »Versucht den Feind zu überraschen. Macht so viele kombinierte Aktionen wie nur möglich. Das können wir unbedingt empfehlen.«

Humor war vielleicht Otpors beste Waffe. Den Mitgliedern der Gruppe fielen immer neue Möglichkeiten ein, die Autorität des Regimes durch Humor und Spott zu beschneiden. Einmal waren sogar Puten im Spiel: Miloševićs Ehefrau Mirjana trug gern eine weiße Blume im Haar. Da sollte sich doch was draus machen lassen. Die Otpor!-Aktivisten besorgten sich ein paar Puten und befestigten weiße Nelken auf ihren Köpfen. So ließen sie sie mitten in der Stadt frei. Die Puten spazierten durch die Straßen, und jeder, der eine Pute mit weißer Nelke sah, wusste sofort, dass damit auf Miloševićs Frau angespielt wurde. (Und Dragana wies noch lachend darauf hin: »In Serbien ist es so ziemlich das schlimmste Schimpfwort, wenn man eine Frau als Pute bezeichnet.«) Polizisten wurden losgeschickt, um die Puten einzufangen. Otpor-Mitglieder standen bereit, um zu fotografieren, wie die Polizeibeamten verzweifelt versuchten, die Vögel zusammenzutreiben. Endlich schafften sie es und brachten sie in eine

Polizeistation. Otpor hatte dies erwartet und gab sofort einen Aufruf zur Befreiung der Puten heraus. Sie seien unrechtmäßig verhaftet worden, und man fürchte mit gutem Grund um die Sicherheit der Vögel.[28]

Die Trainer von CANVAS nennen solche Gags Dilemma-Aktionen. Gut gemacht, bergen sie kaum ein Risiko und lenken die Aufmerksamkeit auf das, was der Gegner tut oder nicht tut. »Ziel dieser Aktionen ist es, ein Dilemma für den Gegner zu schaffen«, erklärt Aleksandar der Gruppe. »Die Polizisten sehen sich vor ziemlich blöde Alternativen gestellt. Sie können nicht zulassen, dass eine Pute, die die Frau des Präsidenten verspottet, frei herumläuft. Aber sie wissen, dass sie sich zum Narren machen, wenn sie hinter so einem Truthahn herrennen.« Wer aufgefordert wird, mitten in der Stadt Jagd auf Puten zu machen, verliert den Respekt vor dem Regime. Und das Regime selbst wirkt ganz und gar nicht einschüchternd, wenn die Polizei Puten zusammentreibt. »Damals konnten wir ihre Kommunikation nicht mithören«, sagt Aleksandar und grinst immer noch beim Gedanken daran, »aber ich hätte so gern ihre Meldungen ans Hauptquartier gehört.«

Die Aktivisten aus dem Nahen Osten verließen das Zimmer, um sich selbst einige Dilemma-Aktionen auszudenken. Inzwischen redete ich mit Dragana über ihre Zeit als Trainerin bei CANVAS. Von den Teilnehmern der vierzig Workshops, die sie mit geleitet hatte, fand sie eine Gruppe von Bolivianern besonders beeindruckend. Sie lernten schnell, vielleicht sogar zu schnell. »Am vierten Tag kamen wir ins Zimmer, und sie hatten Zeitungen auf alle Stühle gelegt. Die Zeitung berichtete auf der Titelseite über eine Aktion, die sie an jenem Abend, nach dem Workshop, durchgeführt hatten!

Ich kam herein, und sie sagten: ›Schaut, was wir gemacht haben!‹«, erinnerte sie sich. »Oft höre ich später [nach den Workshops], was Teilnehmer getan haben, und denke mir: ›Mein Gott, sie haben das schon die ganze Zeit geplant.‹«

Manche Pläne gehen aber auch nach hinten los. Dragana erzählte mir von einer Gruppe Iraner, die ihre Aktion nicht restlos durchdacht hatte. Damals war Benzin im Iran Mangelware, und die Gruppe dachte, sie könnte diesen Umstand ausnutzen. »Sie planten einen stummen Protest an Tankstellen. Sie wollten mit leeren Kanistern in der Hand Schlangen vor Tankstellen bilden«, erinnert sie sich. »Aber sie hatten nicht damit gerechnet, wie schnell [Umstehende] sich anschließen würden. Innerhalb einer Stunde standen zweihundert Leute vor einer Tankstelle. Es wurden immer mehr, und es kam zu Unruhen. Sechzig Tankstellen gingen in Flammen auf.« Das Problem war, dass zu schnell zu viele Menschen, die nicht der Bewegung angehörten, an der Aktion teilnahmen. Deshalb konnten die Mitglieder die Disziplin und Gewaltfreiheit nicht aufrechterhalten. Später hörte Dragana von Iranern in der Diaspora, dass sie ganz zufrieden mit dieser Aktion waren. Das schockierte sie. »Nein, nein«, sagte sie. »Das ist nicht das, was ich ihnen beigebracht habe. Tankstellen niederzubrennen wird ihre Sache nicht voranbringen.«

Natürlich gibt es auch Gruppen, mit denen CANVAS schlichtweg nicht zusammenarbeiten will. Einmal trat ein Angehöriger des britischen Konsulats in Johannesburg an sie heran. CANVAS sollte sich im Königreich Swasiland, das seit Jahrzehnten von derselben korrupten Familie beherrscht wird, engagieren. Das Problem dabei war, dass CANVAS ohne eine gewachsene Widerstandsbewegung hätte arbeiten müssen; es wäre ein gewaltfreier Kampf in Vertretung gewesen. »Er sagte, Geld sei kein Problem«, erinnert sich Dragana lachend. »Also, das ist wirklich sehr schön. Aber so arbeiten wir nicht. Wir sind keine Söldner.«

Im Laufe des Seminars verschob sich der Fokus hin zur Bewertung einiger Aktionen der Bewegung. Die Aktivisten hatten schon einige Erfolge zu verzeichnen. Durch reine Beharrlichkeit hatten sie es geschafft, in bestimmten Gebieten und Stadtvierteln zu operieren, in die sie sich achtzehn Monate zuvor noch nicht getraut hätten. Sie hatten einige bekannte und angesehene Denker für sich gewonnen, die die Sache mit ihrem Namen und ihrer Reputation unterstützten. Sie hatten eine starke Marke, und die Anhängerschaft der Bewegung war gewachsen. Doch nachdem sie die Trainer gehört hatten, fiel den Aktivisten auf, dass sie noch einen Fehler gemacht hatten. Sie hatten so lange mit einer Belagerungsmentalität gelebt, dass sie vergessen hatten, ihre Siege für sich zu reklamieren. Das ist nicht nur eine Frage des Kampfgeistes. Jeder Sieg gibt Gelegenheit dazu, mit der Öffentlichkeit zu kommunizieren und Glaubwürdigkeit zu erlangen. »Wenn wir etwas durchsetzten, haben wir das nie öffentlich als Sieg verbucht«, sagte ein Aktivist. »Wir haben das nie mit einem dicken V kommentiert. Das war ein Fehler.«

Die Serben nennen das die »Nachbearbeitung«. »Man sollte aus allem, was man tut, Kapital schlagen«, sagt Aleksandar. »Zunächst einmal müsst ihr den Sieg verkünden. Zweitens müsst ihr sicher sein, dass potenzielle Mitglieder und Unterstützer davon erfahren. Ihr braucht jede Woche einen Sieg, und wenn es nur ein kleiner ist. Wenn ihr in die Defensive geratet, verliert ihr. Ihr müsst immer einen Schritt voraus sein. Ihr müsst die Frage des Was-Wenn beantworten«, fährt er fort und betont, wie notwendig es ist, vorauszuplanen – etwas, das im Laufe der Woche zum Mantra geworden ist. »Macht eure Hausaufgaben, wählt ein Ziel und sammelt Siege.«

Nach dem Seminar blieben die Serben noch ein paar Tage, um Sonne und Sand zu genießen. Sie wollten die Zeit an den schöneren Stränden verbringen, in einer ganz anderen Welt auf der anderen Seite der Insel.

Die Aktivisten mussten nach Hause. Sie fuhren mit dem Taxi zum Flughafen und nahmen einen der letzten Flüge zurück in ihre Heimat. Ein paar Wochen später rollte in ihrem Land eine Welle von Märschen und Demonstrationen an. Es waren die größten Proteste seit einer ganzen Generation.

8

DIE TECHNOKRATEN

Die Leute hatten den Aufruf erhalten, um 14 Uhr zusammenzukommen. Keiner wusste, von wem er stammte. Eine Gruppe, die sich selbst als die »Organisatoren der chinesischen Jasmin-Demonstrationen« bezeichnete, hatte auf Boxun, eine Nachrichten-Webseite in chinesischer Sprache mit Sitz in den USA, eine Botschaft gepostet. Sie lautete: »Wir rufen alle Chinesen, die von einem besseren China träumen, dazu auf, jeden Sonntag um zwei Uhr mutig einen Nachmittagsbummel zu unternehmen und sich umzuschauen. Jeder, der mitmacht, zeigt der chinesischen Regierungspartei so, dass das chinesische Volk bald die Geduld verliert, wenn die Regierung die Korruption nicht bekämpft und die Beteiligung des Volkes nicht akzeptiert.«[1] Dieser Aufruf zu einer »Jasmin-Revolution« – der Name wurde von der tunesischen Revolution einen Monat zuvor übernommen – breitete sich rasch auf andere Webseiten und über das chinesische Gegenstück zu Twitter aus. Die Gruppe, die hinter dem Aufruf stand, benannte genaue Treffpunkte in Peking, Shanghai, Tianjin und in über einem Dutzend weiteren Großstädten im ganzen Land, wo die Menschen zu einem »Bummel« zusammenkommen sollten.

In Peking war das vor einer zweistöckigen McDonald's-Filiale in Wangfujing, einem Einkaufsviertel nahe der Verbotenen Stadt und dem Platz des Himmlischen Friedens. Am zweiten Sonntag der Proteste kamen ein Freund und ich mehr als eine Stunde vor Beginn bei dem McDonald's an. Wer noch nicht wusste, dass der Arabische Frühling in der Landesführung einen Nerv getroffen hatte, dem wurde es bei einem Besuch in Wangfujing an diesem Nachmittag überdeutlich vor Augen geführt: Es wimmelte von Polizisten und Sicherheitsbeamten.

Für einen einzigen Häuserblock waren Hunderte Ordnungshüter in blauen Uniformen abkommandiert. Manche patrouillierten in den Straßen, während andere auf dem Gehsteig oder in Hauseingängen standen und jeden Passanten beobachteten. Freiwillige mit roten Binden am Arm reihten sich mit ein. Zu dieser Demonstration der Stärke gesellten sich Beamte in Zivil, die sich unter die Menge mischten und in überwältigender Zahl aufmarschiert waren. Zeitweise schien jeder Dritte in der Menge einen Knopf im Ohr und ein Kabel unterm Hemd zu tragen.

Wir schlüpften in den McDonald's. Wie an jedem Tag herrschte in dem Fast-Food-Restaurant geschäftiges Gedränge. Wurden reisende Ausländer in China noch vor zehn oder zwanzig Jahren für gewöhnlich angestarrt, so ist das heute selten geworden, insbesondere in Weltstädten wie Peking. Aber an diesem Tag richteten die meisten Kunden hinter ihren Essenstabletts den Blick auf uns. Und viele trugen einen Bürstenschnitt und einen Knopf im Ohr.

Um die Zeit zu überbrücken, gingen wir mit unseren Hamburgern und Pommes in den zweiten Stock hoch. Als wir ein paar Minuten gesessen hatten, nahmen am Nebentisch zwei ernst blickende bullige Männer Platz. Auch wenn sie weder eine Uniform noch einen Knopf im Ohr trugen, waren sie gut als Angehörige des Öffentlichen Sicherheitsbüros, wie es in China heißt, erkennbar. Sie trugen Militärstiefel und verdrückten schweigend ihre Burger.

Wir blieben, so lange wir konnten. Aber als wir fertig gegessen hatten, wurde es neben den Sicherheitsbeamten ungemütlich. Und es war auch fast schon 14 Uhr. Also machten wir uns auf den Weg nach draußen. Als wir uns der Treppe näherten, fielen mir an einem Tisch über dem Treppenabsatz fünf Männer auf, die wie Schläger aussahen und mit ausdrucksloser Miene Blicke durch das Restaurant schweifen ließen. Auf halber Strecke nach unten blickte ich mich noch mal kurz um. Einer hatte eine kleine Videokamera herausgezogen und filmte uns, wie wir das Restaurant verließen. Als er sah, dass ich ihn entdeckt hatte, lächelte er.

Draußen wurde die Menge der Passanten größer. Es war schwer zu sagen, ob die Menschen, die die Straße entlangbummelten, wegen des Protestaufrufs oder nur zum sonntäglichen Einkaufen gekommen waren. Das machte die von den Organisatoren gewählte Taktik auch so brillant. In einem restriktiven politischen System wie dem chinesischen können sich Demonstranten, die dem herrschenden Regime mit Transparenten und Hupen Paroli bieten wollen, nicht lange auf der Straße halten. Ein Frontalangriff auf die Kommunistische Partei Chinas wird nicht geduldet. Demonstranten werden verschleppt, ins Gefängnis geworfen oder »umerzogen«. Manche verschwinden auf Nimmerwiedersehen. Dagegen schaffte es der Aufruf, »einen nachmittäglichen Bummel zu machen«, das Regime unter Druck zu setzen, ohne dass die Leute unnötige Risiken eingehen mussten. Und diese Taktik hatte Geschichte. 1980 erfuhren die Mitglieder der polnischen Bewegung Solidarność, dass die kommunistische Regierung beabsichtigte, auf sie zu schießen, falls sie einen geplanten Streik auf der Danziger Werft durchführen sollten. Anstatt sich auf eine offene Konfrontation mit der Staatsgewalt einzulassen, bei der die Bewegung vielleicht schon im Keim erstickt würde, setzten die Gewerkschafter auf den weniger konfliktreichen Ansatz, in Massen auf öffentlichen Plätzen herumzubummeln.[2] Wie in Polen gerieten in China die Behörden so in die unangenehme Lage, eine Demonstration verhindern zu müssen, die es eigentlich nicht gab.

Der Nachmittag nahm einen surrealen Charakter an: Immer mehr Menschen erschienen und drehten um den McDonald's herum langsam ein oder zwei Runden. Die Menge insgesamt war nur schwer zu beschreiben. Sie war weder besonders jung noch alt. Keiner stach heraus. Manche waren modisch, andere wie durchschnittliche Pekinger gekleidet. Die Polizeibeamten und das Sicherheitspersonal des Regimes stellten die bei Weitem größte Gruppe. Das zweitgrößte Kontingent war wohl die Schar ausländischer Journalisten, die aus Neugierde gekommen waren. Das Gedränge auf den Gehsteigen wurde immer größer. Dabei wussten viele möglicherweise gar nichts von der Protestaktion, die vom Arabischen Frühling inspiriert war. Vielleicht waren sie nur neugierig, warum in dem Einkaufsviertel so viele Polizeibeamte zusammengezogen worden waren. Um wo ein Gaffer war, blieben gleich mehrere stehen.

Um 14.30 Uhr demonstrierten die chinesischen Behörden ihr Können in den Techniken, mit denen man Menschenmengen beherrscht. Zuvor hatten Polizisten den Platz vor dem McDonald's mit Holzbarrikaden und dem Hinweisschild »Straßenreparaturen« teilweise abgesperrt. Eine Baustelle war natürlich nicht zu sehen. Keiner durfte längere Zeit stehen bleiben und schauen. Die Polizei scheuchte die Leute immer weiter in die eine oder die andere Richtung. Ein großer Tanklaster spritzte die Straße aus Hochdruckdüsen mit Wasser ab. Er rollte vor und zurück und reinigte immer und immer wieder denselben Straßenabschnitt, um jeden Auflauf zu verhindern. Polizeibeamte mit Schäferhunden und Rottweilern sorgten dafür, dass die Passanten auf den Bürgersteigen blieben. Die Straßen, die zur Kreuzung führten, wurden abgesperrt, damit nicht noch mehr Menschen zu uns stoßen konnten. Eine Seitenstraße nahe der McDonald's-Filiale wurde ebenfalls gesperrt. Ich drehte an dem Block entlang weitere Runden – auf der einen Seite hin, über die Straße und auf der anderen wieder zurück. Während uns Sicherheitsbeamte in einer ausgefeilten Choreografie weiterlotsten, begegnete ich den immer gleichen Leuten. Berichten zufolge spielten sich die gleichen Szenen – mit ähnlicher Polizeipräsenz – auch in Shanghai und anderen Städten ab. In Urumqi, der Hauptstadt der Unruheprovinz Xinjiang, wurde kaum ein Bürger in die Nähe des benannten Schauplatzes für die Protestaktion gelassen.

Der Großeinsatz verriet, wie besorgt die Machthaber darüber waren, dass die Proteste, die autoritäre Regime quer durch Nordafrika und den Nahen Osten erschüttert hatten, ihren Weg nach China finden könnten. Zwar deutete im Februar 2011 nichts auf eine revolutionäre Stimmung hin, aber Chinas Mächtige wollten kein Risiko eingehen. Noch vor dem ersten Sonntagsbummel waren Dutzende Dissidenten und Menschenrechtsanwälte festgenommen und vorsorglich eingesperrt worden. Manche bekamen Hausarrest, andere verschwanden für Wochen.[3] Chinas Staatspräsident Hu Jintao bestellte die Provinz-, Ministerial- und obersten Militärführer in die Zentrale Parteischule in Peking zu einer Studientagung dazu ein, welche Pfeile die Regierung für das »Social Management« im Köcher haben sollte.[4] Sämtliche Mitglieder des Ständigen Ausschusses des Politbüros der KPCh – die neun mächtigsten Männer des Landes – hörten sich auf der Tagung Hus Rede an. Er betonte, wie wichtig es sei, die Kontrolle des Regimes über die Kommunikationskanäle zu straffen. Die chinesischen Schriftzeichen für das Wort »Jasmin« war im Internet bereits blockiert. Außerdem hatte man mit einer Sperrung verhindert, dass SMS-Nachrichten an mehrere Empfänger gleichzeitig versendet werden konnten. Die chinesischsprachige Webseite Boxum geriet ins Visier von Hackern und wurde zeitweise geschlossen. In einer eher versöhnlichen Geste versprach Premierminister Wen Jiabao am Sonntagmorgen in einem Internet-Chat, korrupte Beamte aus dem Verkehr zu ziehen, die steigende Inflation zu zügeln und sicherzustellen, dass die Früchte von Chinas Wirtschaftswachstum gerechter verteilt würden.

Wird ein autoritäres Regime angefochten und verunsichert, neigt es dazu, übliche Verbote auszuweiten, so auch das chinesische Anfang 2011. Die Organisatoren hinter den anonymen Protesten hatten gewieft auf das Etikett »Jasmin-Revolution« gesetzt und damit eine Verbindung zu Tunesien hergestellt, wo der erste Aufstand gegen einen arabischen Autokraten ausgebrochen war. Aber ebenso hatte die weiße Jasminblüte in der chinesischen Kultur große Strahlkraft und Symbolwert. Schon vor Jahrhunderten tauchte Jasmin häufig in chinesischen Malereien auf. »Mo Li Hua«, eine volkstümliche Ode an die Jasminblüte aus dem 18. Jahrhundert, verschwand ganz schnell von den Webseiten.[5] Aus dem Internet entfernt wurden unter anderem Videos, die Hu Jintao und seinen Vorgänger Jiang Zemin zeigten, wie sie dieses hochpopuläre Volkslied schmetterten, das sogar während der Medaillenzeremonie der Olympiade in Peking 2008 und bei der Eröffnungszeremonie der Expo 2010 in Shanghai gespielt worden war. Danach verboten die Behörden den Pekinger Blumenmärkten den Verkauf von Jasminblüten. Die Verkäufer wurden dazu aufgefordert, Kunden zu melden, die die neuerdings umstrittenen Blumen nachfragten. In dem spannungsgeladenen politischen Umfeld musste schon die Nennung des Wortes »Jasmin« vermieden werden. In vielen Sitzungen redeten die Parteifunktionäre nur noch von »dieser Blüte«.

Im Ausland gilt die Volksrepublik China zu Recht als eine aufstrebende Wirtschaftsmacht: Die ökonomischen Erfolge der chinesischen Regierung seit Beginn der Reformen 1978 sind schlichtweg spektakulär:[6] 30 Jahre lang hatte das Land ein jährliches Wachstum von über neun Prozent vorzuweisen. Mit dieser rasanten Entwicklung hat sich die chinesische Wirtschaftsleistung alle acht Jahre verdoppelt. 2010 überholte China Japan als zweitgrößte Wirtschaftsmacht der Welt[7] und lief ihm damit einen Rang ab, den Japan fast vier Jahrzehnte lang behauptet hatte. Die meisten Ökonomen gehen davon aus, dass China in den nächsten 15 bis 20 Jahren die USA als weltgrößte Wirtschaftsmacht ablösen wird. Dabei machte Chinas Wirtschaftsleistung zu der Zeit, als Deng Xiaoping die Reformära einleitete, gerade einmal acht Prozent der der USA aus.

Dieses außergewöhnliche Wachstum wirkte sich vor allem auf die Menschen in China aus. Über 300 Millionen chinesische Bürger – ungefähr die Anzahl der Einwohner der USA – entkamen in dieser Zeit der absoluten Armut. China hat eine lebendige Mittelschicht, die in aufstrebenden Megastädten zu Hause ist. Daneben gibt es im Land eine wachsende Schicht an Reichen und Superreichen. Im Jahr 2010 machte der Wert der Börsengänge am chinesischen Aktienmarkt das Dreifache von dem an der New Yorker Börse aus.[8] China hat über 800 000 Dollar-Millionäre und 65 Milliardäre, eine Zahl, die nur noch von den USA getoppt wird. Als die Ratingagentur Standard & Poor's im Sommer 2011 die Kreditwürdigkeit der USA herabstufte, äußerten die Führer des kommunistischen Landes – nach einigen hämischen Äußerungen – ihren Glauben an den amerikanischen Kapitalismus. Schließlich wollte China als größter ausländischer Gläubiger der Vereinigten Staaten seine Investitionen schützen. (Damals schuldeten die USA jedem chinesischen Bürger um die 900 US-Dollar mit steigender Tendenz.)[9] Natürlich hat auch China mit Risiken und Schwächen zu kämpfen, so mit einer steigenden Inflation, einer heranwachsenden Immobilienblase und der Korruption in den Institutionen. Dennoch hat die Kommunistische Partei Chinas für die 1,3 Milliarden Bürger des Landes die erstaunlichste wirtschaftliche Leistung nicht nur der jetzigen, sondern aller Generationen vorzuweisen.

Trotz aller Superlativen und Errungenschaften tritt China allerdings kaum wie eine selbstbewusste Macht auf. Hinter dem modernen wirtschaftlichen Riesen verbirgt sich ein unsicheres Regime, das jegliche Kräfte niedertrampelt, die im Verdacht stehen, seinen Untergang herbeiführen zu können. So kann man mit Fug und Recht behaupten, dass sich kein Regime mehr mit dem eigenen Sturz auseinandersetzt als die KPCh. Nach ihren Handlungen, Maßnahmen und Äußerungen zu urteilen, sind Chinas Führer von den Schwächen besessen, die ihr politisches System durchziehen. Diese Unsicherheit äußert sich mal auf triviale, mal auf erschreckende Weise. Während Chinas Vertreter auf der internationalen Bühne – sei es der G20, die Weltbank oder in Davos – inzwischen einer der wichtigsten Akteure ist, mobilisiert seine Regierung im Inland nur deshalb Tausende Polizeikräfte, weil auf einer ausländischen Webseite zu einem »Bummel« aufgerufen wird.

So gelten heute zwei Feststellungen: Die Kommunistische Partei Chinas ist die größte, reichste und mächtigste politische Organisation der Welt. Und sie hat Angst vor einer Blume.

»Wenn es heute besser läuft als gestern …«

Michail Gorbatschows Flugzeug landete am 15. Mai 1989 in Peking.[10] Anlass seines Besuchs war ein seit Langem geplanter Gipfel zwischen dem Sowjetführer und Deng Xiaoping, der die Wunden heilen sollte, die das Verhältnis der beiden kommunistischen Nachbarn seit Jahrzehnten belasteten. Beide Führer strebten einen bestens einstudierten diplomatischen Triumph an. Aber der Zeitpunkt hätte nicht schlechter fallen können. Als Gorbatschow in Peking eintraf, hatten Deng und die chinesische Führung mit dem größten Volksaufstand seit Gründung der Volksrepublik 1949 zu kämpfen. Friedliche Demonstranten hatten den Platz des Himmlischen Friedens besetzt, das Herz der Volksrepublik. Eine Bewegung, die mit dem Ruf nach Reformen, einer gedämpften Inflation und einem Ende der Korruption losgezogen war, hatte rasch an Intensität gewonnen. Studenten, Arbeiter, Pensionäre, Mönche, Taxifahrer, Geschäftsleute und sogar Schulkinder riefen Slogans und schwenkten Transparente mit Forderungen nach Dengs Rücktritt. In Anspielung auf Dengs Namen Xiaoping, der auf Chinesisch ähnlich klingt wie »kleine Flasche«, zerschlugen die Menschen Glasflaschen auf dem Pflaster. In einer improvisierten Zeltstadt auf dem Platz traten 3000 Studenten mit der Forderung nach demokratischen Reformen in den Hungerstreik.

Der Aufstand warf den dreitägigen Gipfel über den Haufen. Die Willkommenszeremonie wurde hastig vom Tian'anmen-Platz an den Flughafen verlegt. In dem Durcheinander vergaßen die zuständigen Vertreter der chinesischen Behörden sogar, Gorbatschow den roten Teppich auszurollen. Sein Rundgang durch die Verbotene Stadt und den Kaiserpalast fiel aus. Durch einen Nebeneingang wurde er in die Halle des Volkes geschleust, wo er mit Staatspräsident Yang Shangkun zusammentraf. Gorbatschows Anwesenheit schien die Proteste weiter anzuheizen, schon deshalb, weil der Sowjetführer in der UdSSR neue politische und geistige Freiheiten zugelassen und sich so als Reformer ausgewiesen hatte. Demonstranten hielten Schilder mit der Aufschrift hoch: »In der Sowjetunion haben sie Gorbatschow. Was haben wir?« Am letzten Tag des Gipfels hielten über eine Million chinesische Bürger den Platz besetzt.

Das Folgende ist gut bekannt: Um 21 Uhr des 3. Juni rollten Panzer und gepanzerte Mannschaftswagen los. Auf Dengs Befehl griffen schwer bewaffnete Truppen der 27. Armee und hartgesottene Soldaten, die loyal zu Chinas oberstem Führer standen, das eigene Volk an. Während sie sich ihren Weg durch Peking bahnten und die von den Demonstranten aufgerichteten Barrikaden aus Bussen, Trümmern und umgestürzten Taxis niederwalzten, schlugen die Soldaten wahllos zu. Infanteristen mit Kalaschnikows feuerten aus nächster Nähe auf Zivilisten und erstachen einige sogar mit Bajonetten. Die Soldaten schossen ganze Reihen nieder und feuerten bei ihrem Durchmarsch sogar aufs Geratewohl auf Anwohner in ihren Wohnungen. Rasch füllten sich die Pekinger Hospitäler bis über die Kapazitätsgrenze hinaus mit Verwundeten. Am frühen Morgen des 4. Juni stapelten sich in den Leichenhallen die Toten, vornehmlich junge Männer. Ab 2.30 Uhr morgens riegelten die Truppen den Tian'anmen-Platz von drei Seiten her ab. Die verbliebenen Studenten flohen, während Bereitschaftspolizisten einrückten, um die letzten Reste der Proteste niederzuwalzen. Soldaten rissen die Zeltstadt nieder, in der die Studenten wochenlang campiert hatten, und zerstörten die über elf Meter hohe Skulptur aus Hartschaum und Gips, die als »Göttin der Demokratie« von sich Reden gemacht hatte. Vor Morgengrauen hatte die Volksbefreiungsarmee den Platz zurückerobert. Die Straße des ewigen Friedens, eine der Routen der Panzer zum Tian'anmen-Platz, war mit Blut besudelt.

Das entsetzliche und barbarische Vorgehen zielte gegen einen Aufstand, der die Partei und ihre Führung bis ins Mark erschüttert hatte. Im Anschluss führte das Regime eine Säuberungsaktion gegen Sympathisanten der Demonstranten durch, zu denen auch Dengs Protegé zählte. Dabei waren die Proteste auf dem Platz des Himmlischen Friedens nicht der einzige Schock, den die Partei 1989 zu verkraften hatte. Im selben Sommer begann der Zerfall des Sowjetimperiums. Am selben Tag, als Deng seine Militärmaschinerie auf Chinas Bürger hetzte, gingen die Polen an die Wahlurnen und wählten die herrschenden Kommunisten ab. Fünf Monate später fiel in Berlin die Mauer. Am 25. Dezember 1991 trat Gorbatschow als Präsident der Sowjetunion zurück – als letzter Generalsekretär der KPdSU.

Die beiden Schreckmomente – die Proteste auf dem Platz des Himmlischen Friedens und der Zusammenbruch der Sowjetunion – rüttelten das chinesische Regime wach. Ihr Nahtoderlebnis bewog Chinas Machthaber, den Gesellschaftsvertrag mit ihrem Volk umzuschreiben. Dabei vermied es China in den folgenden Jahren, sich auf sich selbst zurückzuziehen, einen Polizeistaat zu errichten oder sich gegen den Rest der Welt abzuschotten. Stattdessen gab die Partei eine akribische Studie zu den Mängeln des Kommunismus in Auftrag und entwickelte eine neue Formel für den Machterhalt.[11] Wissenschaftler wurden nach Russland, Osteuropa und Zentralasien geschickt, um die ehemaligen Regime zu studieren und die Fehler zu analysieren, die zu ihrem Untergang geführt hatten. Nach dem Tian'anmen-Aufstand hatte die Partei begriffen, dass Gorbatschows Scheitern auch ihr eigenes hätte sein können.

Der Fehlerkatalog der Sowjetunion war dick: eine engstirnige Wirtschaftspolitik und Lebensstandards, die hinter die im Westen hoffnungslos weit zurückgefallen waren – längst ein offenes Geheimnis. Angesichts der eigenen Verwundbarkeit hatte Moskau immer mehr auf eine dogmatische und autoritäre Ideologie gesetzt. Die Unfähigkeit, Nuancen und Neuerungen zu begreifen, befiel die Sowjetbürokratie und auch die Parteiorgane, die verknöcherten, die Basis verloren und sich vom Leben der Bürger immer mehr abhoben. Letztlich war das Geschwür, das die Sowjetunion zerfraß, aus der Ineffizienz und Starrheit des Totalitarismus erwachsen. In dem solchermaßen geschwächten Staat setzten Gorbatschows erste Experimente mit politischen Reformen eine Entwicklung in Gang, die er nicht beherrschen konnte und die den Zusammenbruch des Regimes beschleunigte. Die Sowjetunion hatte China eine Fallstudie darüber geliefert, wie man eine kommunistische Diktatur nicht führen sollte.

Als die Sowjetunion zusammenbrach, hatte China schon über ein Jahrzehnt wirtschaftlicher Reformen hinter sich. Das Ereignis bestärkte Deng in der Entscheidung, als Erstes die wirtschaftliche Liberalisierung – nicht die politischen Reformen – voranzutreiben. Aber die von der Partei angestrengten Neugestaltungen und Anpassungen zielten über die Wirtschaft hinaus. Chinas Regierungspartei wollte mit ihrem Volk ins Geschäft kommen.

Heute leben die Chinesen freier als jemals zuvor. Die Bürger entscheiden immer häufiger selbst, an welchem Ort und mit wem sie wohnen. Einschränkungen im persönlichen Lebensstil sind beinahe verschwunden. In den letzten beiden Jahrzehnten sind über 200 Millionen Menschen aus eigenem Antrieb vom Land in eine von Chinas neuen Metropolen übergesiedelt. Sie können Privateigentum und sogar ein Auto erwerben und wählen ihre Berufslaufbahn und ihr Arbeitsgebiet selbst. Vor einer Generation sah man in Europa oder auf Hawaii kaum eine chinesische Reisegruppe. 2010 reisten über 55 Millionen chinesische Touristen ins Ausland, mehr als doppelt so viele wie noch vor fünf Jahren. Sogar Chinesen, die nicht der wachsenden Mittelschicht angehören, haben mehr Zugang zu immer besseren Informationen als jemals zuvor. Die Kommerzialisierung der chinesischen Medien hat eine lebendige Nachrichten- und Unterhaltungslandschaft mit Zeitungen, Zeitschriften und Fernsehsendern geschaffen, die im Wettbewerb um Leser und Zuschauer immer neue Angebote machen.

Solange Journalisten vorsichtig auftreten, halten die staatlichen Zensoren still. Und auch persönliche Kommunikationsmittel – von Smartphones bis zur chinesischen Ausgabe von Twitter – zogen ins Alltagsleben ein. Im Internet surfen Chinesen durch ihre Lieblingsseiten, kaufen ein oder spielen Videospiele. Und das Beste von allem: Die KPCh zeigt fast keinerlei Interesse daran, das Privatleben der Bürger zu kontrollieren. Anders als noch vor Jahrzehnten gängelt die Partei die Menschen nicht mehr aus Sorge um ihre »sozialistische Reinheit«.

»Freier« bedeutet freilich noch nicht »frei«. Der Versammlungsfreiheit sind enge Grenzen gesetzt, deren Überschreiten erschreckend harte Reaktionen auslösen kann. Zensoren werfen einen strengen Blick auf Medienberichte, die das Regime in Verlegenheit bringen könnten. Die Partei übt auf die politische Entscheidungsfindung eine undurchsichtige und fast totale Kontrolle aus. Eine organisierte politische Opposition und unabhängige Gewerkschaften sind verboten. Minderheiten, insbesondere die Tibeter und die muslimischen Uiguren in der Provinz Xinjiang, werden gewohnheitsmäßig unterdrückt. Seltsamerweise – wenn man die Ursprünge des kommunistischen Regimes bedenkt – genießen die meisten Chinesen heute insgesamt mehr individuelle Freiheiten, während den politischen Freiheiten immer noch enge Grenzen gesetzt sind. Generell gilt quer durch alle Bereiche des modernen chinesischen Lebens dieselbe Regel: Solange das Machtmonopol der Partei unangetastet bleibt, kann man sein Leben leben und es vielleicht sogar zu Wohlstand bringen.

Für ein autokratisches Regime zeigt sich die Partei bemerkenswert offen auf der Suche nach Instrumenten, mit denen sie sich am Leben erhalten kann.[12] Tatsächlich hat sie nicht nur aus den Fehlern des Kommunismus gelernt, sie studiert und übernimmt auch Ideen, die den Erfolg einer Demokratie ausmachen. Sie hat ein breites Spektrum an Reformen umgesetzt – darunter Beschränkungen von Amtszeiten, Wahlen auf lokaler Ebene, öffentliche Anhörungen und Mitwirkung an Haushaltsplanungen –, um die Partei in ein besseres Licht zu rücken. Dabei übernimmt sie natürlich nur selten eine Idee als Ganzes und schneidet sich lieber die Scheibe heraus, die am ehesten ihre Bedürfnisse befriedigt, ohne ihre Legitimität zu gefährden. »Wir verschwenden unsere Zeit nicht mit der Frage, was Kapitalismus und Sozialismus ist«, sagte mir ein Berater der Parteiführung. »Wenn es heute besser läuft als gestern, gefällt mir die Politik.«[13]

Die Kommunistische Partei hat ihre ideologische Zwangsjacke abgestreift und erkannt, dass ihre Legitimität von ihren Leistungen abhängt, vor allem davon, dass die Wirtschaft des Landes brummt. Statt Privatunternehmer als Bedrohung zu sehen, hieß die Partei auch Freiberufler und führende Geschäftsleute in ihren Reihen willkommen. Eine Partei, die als Plattform für Arbeiter und Bauern gegründet wurde, bildet jetzt weitgehend eine Koalition aus staatlichen, wirtschaftlichen und gesellschaftlichen Eliten. Im Ergebnis machte man so viele Gruppen, die mit dem Regime am ehesten aneinanderzugeraten drohten – Intellektuelle, Studenten und die Facharbeiter der Mittelschicht – zu Verbündeten. Wie ein chinesischer Gelehrter in Peking mir kürzlich sagte: »Die Leute sind konservativer als 1989. Heute gäbe es keine ›Göttin der Demokratie‹ mehr.«[14]

Die Partei verfolgte die Strategie der Liberalisierung niemals um der Liberalisierung selbst willen: Denn wenn Chinas Machthaber aus Gorbatschows Scheitern und dem Zusammenbruch der Sowjetunion noch eine Lehre gezogen haben, so die, dass der Flirt mit demokratischen Reformen Risiken birgt. Nach den Protesten auf dem Platz des Himmlischen Friedens wurde Jiang Zemin, der Shanghaier Parteisekretär, zu Dengs Nachfolger bestimmt. Seine Beförderung verdankte er zum Teil der besonders erfolgreichen Niederschlagung der groß angelegten Proteste in Shanghai. Im folgenden Jahr machte Jiang Zemin Henry Kissinger bei einem Treffen deutlich: »Bemühungen, einen chinesischen Gorbatschow zu finden, sind vergeblich.«[15] Und so hatte die Partei alle, die das Vorbild beeinflusst hatte, denn auch kaltgestellt. Als Deng im April 1992 das Land auf eine noch größere wirtschaftliche Öffnung einstimmte, machte er deutlich, dass dieser Weg nicht als politische Öffnung missverstanden werden dürfe. Die Tageszeitung *Renmin Ribao* zitierte ihn mit den Worten: »Liberalität und Aufruhr zerstören die Stabilität« und »Sobald Elemente des Aufruhrs auftauchen, werden wir nicht zögern, sie mit allen Mitteln so schnell wie möglich zu eliminieren.«[16] An dieser Linie hält die Partei seither fest.

Einige Monate nach den Aufrufen zu einer Jasmin-Revolution kamen einige Anwälte und Aktivisten, die im Februar verhaftet oder gekidnappt worden waren, wieder auf freien Fuß. Als Gruppe lassen sich diese Anwälte nicht so leicht einschüchtern. Sie überstanden Jahre der illegalen Haft, Schläge und zuweilen sogar Folter und hatten sich in der Vergangenheit nicht davon abhalten lassen, öffentlich Kritik zu üben und auch die Erniedrigungen anzuprangern, die ihnen ihre Peiniger angetan hatten. Nicht so diesmal. Die meisten dieser sonst so lautstark auftretenden Regimekritiker umgab eine merkwürdige Stille.[17] Dass sich viele mit öffentlichen Anklagen zurückhielten, warf die Frage auf, wie sie in der Haft unter Druck gesetzt worden waren. Nach seiner Verhaftung und

Freilassung zwei Tage später twitterte der bekannte Anwalt Li Xiongbing: »Ich habe jetzt wirklich Angst. Bitte versucht jetzt nicht, mich zu erreichen, okay?« Chinas Repression ist seit dem Tian'anmen-Massaker keineswegs weniger real oder brutal. Sie ist nur kalkulierter und diskreter.

Talking 'bout a Revolution

Am Abend, lange nachdem die Massen aus Wangfujing wieder abgezogen waren, nahm ich ein Taxi zum *Jasmin Restaurant & Lounge.* Das moderne Restaurant mit Fusion-Küche liegt auf der Ostseite des Arbeiterstadions im Pekinger Bezirk Chaoyang. Ein Freund, den ich vorher getroffen hatte, hatte mir den Tipp gegeben. Er hatte gesehen, dass Leute vor dem Restaurant Blüten abgelegt und mit Kreide Sympathiebekundungen für die Proteste hinterlassen hatten. Allerdings hatte irgendjemand das auch den Behörden gemeldet. Als ich ankam, waren die Blumen verschwunden und die Botschaften weggeschrubbt. Trotzdem ging ich hinein und redete mit dem erschöpften Manager. Wahrscheinlich konnte er es immer noch nicht fassen, dass gerade er das Pech hatte, dass der Name seines Restaurants jetzt mit einer demokratischen Revolution in Verbindung gebracht wurde. Er verneinte, dass vor seinem Lokal Blüten oder Botschaften hinterlassen worden seien. Aber er habe von der Polizei gehört, die ihn angewiesen habe, sich zu melden, sollte jemand einen entsprechenden Versuch unternehmen. Meine Fragen beunruhigten ihn sichtlich und er wirkte erleichtert, als ich wieder ging.

Im Februar 2011 zeigte sich sofort, dass einige Parteimitglieder die Bedeutung der Revolutionen in Nordafrika und dem Nahen Osten noch nicht so ganz begriffen hatten. Zehn Tage nach Hosni Mubaraks Sturz traf ich mich mit einem bekannten chinesischen Universitätsangehörigen. Angesichts der sensiblen Lage bat er mich um eine inoffizielle Unterredung. Tatsächlich wollte er mich nicht einmal in seinem Büro an der Universität treffen und bestellte mich in ein Café in einem Pekinger Einkaufszentrum.

Er zählte zunächst eine Reihe von Umständen auf, wegen denen die Ereignisse in Ägypten mit den Verhältnissen in China nicht vergleichbar seien. So sei Mubaraks Regierung auf einen Volksaufstand in keiner Weise vorbereitet gewesen. Die Proteste in Ägypten seien durch die wirtschaftliche Lage ausgelöst worden, während Chinas Wirtschaft besser dastehe als alle anderen. »Drittens ist es eine kulturelle Frage. Sie müssen verstehen, dass Chinas Kultur eine sehr alte ist, und …«[18]

Ich unterbrach ihn: »Entschuldigung, was ist mit Ägypten? Würden Sie denn nicht sagen, dass auch die ägyptische Kultur sehr alt ist?«

Mein Gegenüber war rot angelaufen. Noch bevor er zu Ende gesprochen hatte, war ihm selbst klar geworden, in welche Sackgasse er sich hineingeredet hatte. Das alte Thema, wonach eine alte Kultur wie China gegen die Kräfte der Demokratie irgendwie gefeit sei, erschien jetzt, da das Land der Pharaonen nach einer Volksvertretung schrie, ganz offenbar deplatziert. Seine Antwort war ein reiner Reflex gewesen. Er schloss einen Moment die Augen, als mache er sich im Stillen eine Notiz, dieses Argument in einer Diskussion über Ägypten nicht mehr aufzutischen.

Ich wies auf das Offensichtliche hin: Das chinesische Regime wirkte nervös, sogar getrieben. Das ließ die Welle der Verhaftungen von Anwälten und Menschenrechtsaktivisten erkennen. Wenn die Medien über die Ereignisse in Nordafrika und im Nahen Osten berichteten, hoben sie vor allem die Bilder von Chaos und Unruhen hervor, ohne auf die demokratischen Forderungen einzugehen, die hinter den vielen Volksaufständen standen. Wenn die Regierung die Entwicklung nicht alarmierend fand, warum übte sie dann Zensur? Mein Gesprächspartner wollte nicht über die Stimmung im Regime spekulieren und bestätigte nur kurz, dass es tatsächlich nervös wirke.

Er sorgte sich weniger wegen drohender Unruhen als vielmehr darum, ob die Regierung auf sie angemessen reagieren könne. »Diese Generation von Führungsfiguren war noch nie mit einer Krise konfrontiert«, antwortete er. »Sie sind stärker reformorientiert als Breschnew oder Mubarak es waren, aber es sind Technokraten. Deswegen denken sie nur an das System und nehmen kleine Reparaturen vor.«

Er äußerte eine Ansicht, die ich schon oft von einfachen Chinesen gehört hatte, die sich trotz aller Mängel nach Chinas großen Führern von früher sehnten. Wie er es sah, seien Chinas gegenwärtige Führungsfiguren zwar geeignet, die Inflation zu bekämpfen oder Druck aus der Immobilienblase zu nehmen, aber keiner könne sagen, wie sie auf eine Legitimitätskrise der staatlichen Ordnung reagieren würden. Auf diesem Gebiet hatten sie sich noch nicht bewährt. »Sie verfügen über deutlich mehr wirtschaftliche Ressourcen und Finanzmittel als Deng, um mit einer Krise fertigzuwerden«, fuhr er fort. »Aber sie sind weniger entschlossen, dafür egoistischer und haben keine strategische Vision. Entscheidend ist, was man im Augenblick tut.«

Was man von den früheren und gegenwärtigen Machthabern Chinas auch halten mag: Die der Jetztzeit stellen fraglos eine weichgespülte und farblose Version ihrer Vorgänger dar. Nur zwei Männer in Chinas Zeitgeschichte – Mao Zedong und Deng Xiaoping – verfügten über das revolutionäre Charisma und den Charakter, um in einem Spagat ganz China zu beherrschen. Trotz aller Leiden und Entbehrungen, die der Steuermann Mao seinen Landsleuten zumutete, bleibt er die Gründerfigur der Volksrepublik China. Als eine der charismatischsten Persönlichkeiten des 20. Jahrhunderts regierte er wie ein moderner Kaiser von China. Nur der Tod konnte seiner Herrschaft ein Ende setzen. Wie Mao hatte Deng gegen die Japaner gekämpft, den Langen Marsch überlebt und kommunistische Truppen in dem Bürgerkrieg befehligt, an dessen Ende Chiang Kai-sheks Nationalisten nach Taiwan vertrieben wurden. Der streitlustige und eigenwillige Deng, der aus Sichuan stammte, war bekannt dafür, dass er auch im Beisein führender Politiker der Welt in einen Napf spuckte. Seine größte Leistung dürfte darin bestanden haben, nicht nur den Bürgerkrieg, sondern Mao selbst zu überleben. Die Massenkampagnen des Großen Steuermanns und dessen Forderungen nach der »permanenten Revolution« waren ganz dazu angetan, hochrangige Parteiführer im großen Stil abzuschlachten. Zweimal entmachtete Mao Deng bei einer Säuberung. Und zweimal wurde Deng rehabilitiert. Ein Jahr nach Maos Tod im September 1976 besetzte Deng wieder alle seine früheren Posten. Zwei Jahre später leitete er die wirtschaftlichen Reformen ein, dank derer China auf die Weltbühne zurückkehrte.

Heute kann kein chinesischer Führer auf eine ähnliche Vorgeschichte verweisen.[19] Alle sind Apparatschiks und Bürokraten, keine Revolutionäre oder Guerillakämpfer. Sogar eine so hochrangige Figur wie Präsident Hu Jintao muss in seiner Führung sorgfältig nach Konsens suchen. Folglich ist kein Mitglied wichtiger als die Partei, der es dient. Anstatt von einem starken Mann wird China von einem Kollektiv geführt. Die meisten Chinesen erleben diesen Wandel als Fortschritt. Chinesen, die sich daran erinnern, welchen Preis das Land für die Kulturrevolution zahlte, finden ein stärker institutionalisiertes System attraktiv, weil es ein geringeres Risiko birgt, zum Spielball der Launen eines Einzelnen zu werden. Nach Dengs Tod 1997 führte die Partei neue Regeln für die Nachfolge in der Führung ein. Chinas oberste Führer – der Präsident und der Premier – dienen jetzt nur noch für zwei fünfjährige Amtszeiten. Danach geben sie ihre Posten an die nächste Generation von Führern ab, die hinter verschlossenen Türen heftig um die besten Plätze gerangelt hat. Den Erwartungen nach sollen Hu Jintao und Wen Jiabao den Stab an Xi Jinping und Li Kequiang weiterreichen, zwei Männer, über die die meisten Chinesen bislang kaum etwas wissen.

Der chinesische Universitätsangehörige, mit dem ich mich getroffen hatte – ein Experte für Außenpolitik –, sieht eine Gefahr darin, dass dieses System die höchsten Führungsfiguren, die das Regime am dringendsten benötigte, gerade nicht hervorbringe. In diesem Politapparat stiegen am ehesten vorsichtige, risikoscheue und bürokratisch denkende Überlebenskünstler auf, die weniger durch Brillanz als durch ihre Fähigkeit auffielen, keine einflussreiche Faktion, die ihren Aufstieg behindern könnte, zu kränken oder zu bedrohen. Zugeknöpfte Technokraten mit roten Krawatten und gefärbtem schwarzen Haar mochten gute Finanzminister sein, aber wie reagierten sie auf die nächste existenzielle Krise der Partei? »Wir hatten viele große Dynastien. Die ersten fünfzig bis achtzig Jahre werden sie von bedeutenden Männern geführt. Aber dann, Schritt für Schritt …« Der Professor biss sich auf die Zunge und geriet ins Murmeln.

Zuversichtlicher zeigte sich ein anderes Parteimitglied, mit dem ich an einem Tisch saß. Der Mann war als ein führender Nahost-Experte der Partei in den letzten 25 Jahren immer wieder in die Region gereist. Er verfolgte die Ereignisse in Ägypten sehr aufmerksam und konnte sogar den Tag, die Uhrzeit und die Reihenfolge nennen, in der die ägyptischen Generäle auf den Tahrir-Platz gezogen waren, um die Demonstranten zu beschwichtigen. Als ich zu unserer Verabredung ins Hotel InterContinental trat, hatte er im Hotelrestaurant bereits einen Tisch bestellt. Als Kettenraucher, der sich aus einem Päckchen der Marke »Doppeltes Glück« bediente, beklagte er sich laut darüber, dass er seit Wochen einen Termin nach dem anderen absolvieren müsse. Alle höheren Chargen in der Partei wollten sich informieren, was hinter den Revolutionen in der arabischen Welt steckte. »Wir sind von den Ausmaßen und der Größenordnung überrascht worden, und zwar völlig«, sagte er mir sofort. »Wir haben schon ein Problem damit, das Phänomen überhaupt zu benennen. Manche bezeichnen es als Demokratiebewegung, andere als eine Jugendbewegung. Und für wieder andere ist es die Forderung nach besseren Lebensverhältnissen. Wir sind ziemlich besorgt und verfolgen die Sache sehr genau.«[20]

Ich fragte ihn nach seiner Meinung als Experte: warum gerade jetzt? Warum brachen diese Revolutionen zu diesem Zeitpunkt aus? »Jede Bevölkerung, in der Menschen unter dreißig Jahren einen Anteil von sechzig Prozent haben, ist wie Treibgut«, sagte er. »Und man weiß nicht, wohin die Reise geht. Ich persönlich glaube, dass es ganz viele Gründe gibt: dreißig Jahre autoritäre Herrschaft, die Demografie, die Arbeitslosigkeit und die Wirtschaft. Aber ein sehr wichtiger Faktor waren auch der Computer, Facebook und Twitter«, fuhr er fort. »Das ist das 21. Jahrhundert! Den Menschen sind Demokratie und Freiheit wichtig. Wegen der Kombination dieser ganzen Faktoren geriet alles außer Kontrolle. Alles Unmögliche erschien ganz plötzlich möglich.«

Seiner Ansicht nach hatte die chinesische Führung die richtige Mischung aus Kontrollen eingeführt, um Instabilität zu deckeln. Im Gegensatz zu Ägypten und anderen arabischen Autokratien hatte die Partei erkannt, wie wichtig es war, die Gesichter an der Staats- und Parteispitze zu wechseln. (An einem Punkt lachte er über Mubarak: »Dreißig Jahre mit einem Mann an der Spitze? Wer macht denn so was noch?«) Chinas strenge Überwachung des Internets erwies sich als eine kluge Maßnahme angesichts der Rolle, die das Netz bei der Organisation der Demonstranten während des Arabischen Frühlings gespielt hatte. Die Partei arbeite daran, so sagte er, die Lebensverhältnisse der Menschen zu verbessern und auf gesellschaftliche Forderungen möglichst schnell zu reagieren. Die Aufrufe zu einer Jasmin-Revolution bereiteten ihm wenig Kopfzerbrechen. »Wir haben einige Auswirkungen erlebt. Manche meinten, sie könnten dieselben Mittel [in China] anwenden«, sagte er. »Aber wir haben kein Facebook. Das ist unser Vorteil.«

War die Regierung seiner Meinung nach den Herausforderungen gewachsen, um die Stabilität aufrechtzuerhalten? »Das erfordert das höchste Können«, sagte er. »Ich sage [der Führung] immer, dass Entwicklung an sich noch keine Stabilität bedeutet. Gegenwärtig ist der chinesische Weg der beste. Er ist nicht vollkommen, aber der beste. Das heißt nicht, dass das System nicht besser werden müsste.«

Demokratie ist eine gute Sache

Kurz bevor ich ihn in seinem Büro in Peking besuchte, hatte Yu Keping einen Artikel veröffentlicht: Darin erhob er die Forderung, dass die Führung der Kommunistischen Partei deutlich machen müsse, dass die Verfassung und ihre Gesetze, nicht die Partei an oberster Stelle stünden. Sein größtes Verdienst erwarb sich Yu 2006 mit einem Essay mit dem Titel »Demokratie ist eine gute Sache«. Darin heißt es: »Selbst wenn Menschen über beste Ernährung, Kleidung, Unterkunft und Transportmöglichkeiten verfügen, genießen sie noch nicht die volle menschliche Würde, solange ihnen demokratische Rechte fehlen.«

Yu ist nicht irgendein intellektueller Dissident, sondern im Gegenteil Mitglied der Kommunistischen Partei und stellvertretender Direktor des »Zentralen Kompilations- und Übersetzungsbüros«.[21] Er soll einen direkten Draht zu Präsident Hu Jintao haben. Früher bestand die wichtigste Aufgabe des Büros in der Übersetzung von Werken chinesischer Führer oder Marxistischer Klassiker wie Marx' *Das Kapital* oder *Das Kommunistische Manifest.* Trotz seiner glanzlosen Unterbringung und des wenig inspirierenden Namens entwickelte sich das Büro zu einer Art innovativer Ideenfabrik für die Regierungspartei. Yu, der in seinem Büro vor einer Bücherwand sitzt, macht sogleich deutlich, dass seine Definition der Demokratie nicht mit der westlichen verwechselt werden dürfe. Die meisten aus dem Westen, die er kennenlerne, so Yu, hielten von Chinas politischen Reformen nur wenig: Sie setzten Demokratie mit dem Mehrparteiensystem und der Direktwahl des Präsidenten gleich. Aber sie irrten: »Unsere und die westlichen Anschauungen trennt eine gewaltige Kluft«, teilt

Yu mir mit. »Chinas Wandel ist nicht nur in wirtschaftlicher, sondern auch in politischer Hinsicht gewaltig.«

Yu hält den Wandel hin zu einer kollektiven Führung sowie die Beschränkung von Amtszeiten für wichtige Zeichen des Fortschritts. Aber er meint nicht diese politischen Neuerungen. Er spricht von dem Wandel an der Basis, in den Dörfern und Städten überall im Land. »Die Veränderungen sind in meinen Augen folgende«, sagte er. »Die Wahlen haben sich stark verändert. Erstmals seit Jahrtausenden halten wir in den Dörfern in China Abstimmungen ab. Das sind keine direkten Wahlen, aber die Bürger können Menschen empfehlen und sich selbst zur Wahl stellen. Es gibt Anhörungen. Und erstmals ist der Rechtsstaat in Chinas Verfassung festgeschrieben worden. In vielen Ortschaften können die Bewohner gegen den Staat klagen. Auch das hat es in der chinesischen Geschichte noch nie gegeben. In den letzten Jahren hat China ein Verwaltungsrecht eingeführt. Das sind alles Meilensteine.«

Alle demokratischen Mechanismen, die Yu angeführt hat – Wahlen, öffentliche Anhörungen, das Recht, den Staat zu verklagen usw. –, wurden in der Tat eingeführt, allerdings sehr maßvoll und beschränkt auf die untersten lokalen Ebenen, um zu verhindern, dass sie zu einer Gefahr für die politische Monopolstellung der Partei werden können. Yu hält dies aber auch für richtig. »Im Informationszeitalter besteht die Hauptaufgabe der Regierung darin, ihr politisches System zu verbessern«, sagte er. »Wenn man von einem Einparteiensystem auf ein Mehrparteiensystem wechselt und Chaos entsteht, ist das nicht gut.« Er sieht die Partei an der Schwelle zu einer neuen Phase ihrer Herrschaft, am Übergang von einer Zeit, da »ihr Dienst am Volk« nur »ein Slogan« gewesen sei, zu etwas Substanziellerem. »Die ersten dreißig Jahre [der Volksrepublik] waren ein politischer Kampf. Die zweiten dreißig Jahre waren wirtschaftliche Entwicklung. Die nächsten dreißig Jahre, so sage ich voraus, werden ein schrittweiser Wandel von wirtschaftlichen zu politischen und gesellschaftlichen Reformen sein. Ich denke, unser Ziel ist gute Regierungsführung.«

Diesen Wandel versucht Yu gegenwärtig von der Basis her zu fördern. Er leitet innerhalb seines Büros ein Institut, das innovative Formen lokaler Demokratie überall im Land belohnt. Seit dem Start des Programms im Jahr 2000 wetteiferten über 1500 Initiativen von Lokalregierungen um Anerkennung. Alle zwei Jahre werden zehn Sieger gekürt. 2010 zeichnete Yus Institut ein Programm in Qingdao aus, das ein neues System von Meinungsumfragen zu den Leistungen der Regierung entwickelte. Ein weiterer Sieger war das Programm zur offenen Entscheidungsfindung in Hangzhou, das Regierungssitzungen und öffentliche Anhörungen im Internet postet, um öffentliche Beteiligung zu fördern. Nach dem ersten Jahr verminderten sich in Hangzhou die Beschwerden von Bürgern gegen die Regierung um zwölf Prozent. Andere Programme beinhalteten eine Verbesserung der Gesundheitsvorsorge im Fujian und die Einrichtung neuer Tagesstätten für Kinder von Wanderarbeitern in der Provinz Shaanxi. Yu verschafft solchen lokalen Bemühungen landesweite Anerkennung, um andere Lokalregierungen dazu zu ermuntern, eigene kreative Programme und Reformen zu entwickeln, um ihre Dienstleistungen zu verbessern.

Yu zieht seinen Antrieb zum Teil aus einer Anschauung, die nicht viele teilen. »Die Menschen haben das Recht, der Partei Macht zu entziehen, wenn sie sich nicht um das Volk kümmert«, sagt er mir. »Unsere Regierungsgewalt währt nicht ewig.« Die Revolutionen, durch die arabische Autokraten stürzten, zeigten seiner Ansicht nach, wie notwendig seine Arbeit ist. »Aus dem Chaos in den Ländern des Nahen Ostens können wir die Lehre ziehen, dass es einen Bedarf an einem verbesserten öffentlichen Dienst und an Einbeziehung des Volkes gibt: Transparenz, Rechenschaft und soziale Gerechtigkeit.«

Lai Hairong, der stellvertretende Direktor eines anderen Instituts innerhalb des Zentralen Kompilations- und Übersetzungsbüros, sieht ebenfalls die Notwendigkeit, auf lokaler Ebene mehr demokratische Mitsprache bei der Regierung einzuführen. Mit einem Doktortitel, den er an der Central European University in Budapest erworben hat, ist er bestens vertraut mit den Fehlern, die im alten Sowjetreich begangen worden sind. Als Experte in Sachen Wahlen in China auf lokaler Ebene sieht er die Dinge klar und scheut nicht davor zurück, bei der Bewertung mancher Ereignisse aus jüngerer Zeit der offiziellen Linie zu widersprechen. So sagte er mir zur Diskussion um die »Farbrevolutionen«: »Also, für mich war das ganz offensichtlich eine hausgemachte [Revolution], kein Ergebnis äußerer Einmischung.«[22] Die Partei, so findet er, habe bei der Umsetzung wirtschaftlicher Reformen ausgezeichnete Arbeit geleistet, sich aber intern bei Weitem nicht vollständig reformiert. Sie sei immer noch »zu sehr von oben nach unten und zu hierarchisch aufgebaut«. Die Menschen wollten in die Regierungsabläufe stärker einbezogen werden. Sie verfügten über mehr Informationen und wollten Mitsprache. Innovationen von Lokalregierungen wie die, welche Yu Keping und seine Kollegen veröffentlichten, seien deswegen entscheidend. Diese Programme »sind die Mechanismen, mit denen sich mehr Leute in den politischen Prozess einbeziehen lassen, damit die Arbeit eher auf Konsens als auf Macht beruht«, sagte Lai. »Die Frage ist nicht, ob, sondern wann und auf welche Art diese Mechanismen eingeführt werden. Wird dieser Prozess in kleinen Stufen, friedlich und schrittweise umgesetzt? Oder wird er von chaotischen Ereignissen begleitet? Aber man muss ihn vorantreiben.«

Auffälligerweise zielen alle diese »Reformen«, »Innovationen« oder »Mechanismen« auf eine Demokratisierung. In fast sämtlichen Fällen ist die Methode oder Vorgehensweise, die von außen eingeführt, angepasst und umgesetzt wird, ein Wesensmerkmal von Demokratien rund um die Welt. Wie Yu und Lai beide erläuterten, besteht das Ziel keineswegs darin, in China eine voll ausgebildete Demokratie zu errichten. Vielmehr geht es darum, die Regierung empfänglicher zu machen, die Versorgung mit öffentlichen Diensten zu verbessern und das Vertrauen der Öffentlichkeit zu gewinnen, um die Beständigkeit der KP-Herrschaft zu stärken. Die Vorstellung, dass diese Reformen in einem echten Wettbewerb um die Macht münden könnten, findet dabei keine Beachtung. Eine solche Entwicklung wird vielmehr als ein Risiko gesehen, das das Regime eingehen muss, wenn es von einem größeren Konsens profitieren will. Die demokratische Erneuerung steht so im Dienst des chinesischen Autoritarismus.

Der Gedanke, Chinas politisches System durch Einführung von Elementen zu retten, die diesem grundlegend widersprechen, ist nicht neu. Schon Ende des 19. Jahrhunderts entwickelten reformorientierte Beamte, die für eine »Selbststärkung« Chinas eintraten, ein einzigartiges Regelwerk, um der niedergehenden Qing-Dynastie neues Leben einzuhauchen. Das Konzept, das unter dem Kürzel *Ti-Yong* bekannt wurde, verwies auf einen Gegensatz zwischen »Wesen« *(Ti)* und

»praktischem Gebrauch« *(Yong)*.[23] Diese Beamten warben beim Qing-Kaiser dafür, ausländisches Knowhow und praktische Fachkenntnisse zu übernehmen, um den Geist des konfuzianischen Staates zu erhalten. Ausländisches Können in technischen Bereichen – bei der Stahlerzeugung, im Schiffsbau und der Rüstung – konnten zur Stützung der Dynastie importiert, der westliche Einfluss dabei aber scharf begrenzt und die typisch chinesischen Bestandteile des Systems rein gehalten werden. Mit dieser Strategie sollte Neues zum Erhalt des Alten übernommen werden, was denn auch eine Zeit lang tatsächlich funktionierte. Hatte Karl Marx der Qing-Dynastie schon Ende der 1850er-Jahre den baldigen Untergang vorhergesagt, so konnte sich diese noch bis 1911 halten.

Ich konfrontierte Yu Keping gegen Ende unseres Treffens mit diesem Vergleich. Die Qing-Dynastie war zwar – anders als das moderne China – deutlich schwächer als die Westmächte und stand vor dem finanziellen Ruin. Aber sah sich China nicht wieder im Ausland nach geeigneten Neuerungen um, die es für die eigene Politik und Regierungsführung einführen konnte, um sein politisches System zu stärken? Yu schüttelte den Kopf. China unternahm etwas viel Ehrgeizigeres als einst die Beamten der Qing-Dynastie.

»Ich bin nicht Ihrer Meinung«, wiederholte Yu. »Das *Ti* war Teil des Problems. China geht seinen eigenen Weg. Es verhält sich anders als die Sowjetunion, die Vereinigten Staaten, Singapur oder andere asiatische Länder. Wir verändern das *Ti*.«

Wieder die Schulbank drücken

Wenn Yu recht hat und tatsächlich das »Wesen« der chinesischen Regierungsführung geändert werden soll, muss die Regierung auch das Denken von so manchem Funktionär ändern. In einer Zeit, in der sie immer komplexere Situationen herausfordern, unternimmt die Partei ehrgeizige Anstrengungen, um den Regierungsbeamten die Ausbildung, das Können und Fachwissen zu vermitteln, um diese Situationen zu bewältigen und zu meistern. So schickt sie junge Karrierefunktionäre an die führenden Universitäten der Welt in spezielle Ausbildungsprogramme. Schon vor über einem Jahrzehnt wurde diese Elite nach Harvard geschickt, heute hat die chinesische Regierung das Programm auf Stanford, Oxford, Cambridge, die Universität Tokio und viele andere ausgeweitet. »Das war eine bedeutende Entscheidung«, sagt Lu Mai, der Chef der China Development and Research Foundation, die das Programm leitet. »Wir haben bereits über viertausend [Funktionäre] verschickt. Ich kenne kein anderes Land, das dies in einer solchen Größenordnung betreibt.«[24]

Der 64 Jahre alte Lu ist wohl von Natur aus geeignet, ein Programm für das Auslandsstudium für chinesische Beamte zu leiten. Beim Ausbruch der Kulturrevolution besuchte er im letzten Jahr die Oberstufe seiner Schule. Im Zug von Maos revolutionärer Kampagne musste er Peking verlassen und sechs Jahre auf dem Land körperliche Arbeit verrichten. Danach arbeitete er in Peking vier Jahre in einer Fabrik unweit des Stiftungsgebäudes, in dem wir uns trafen. 1977 gehörte er zum ersten Jahrgang junger Studenten, die nach einer Aufnahmeprüfung Wirtschaftswissenschaften an der Universität studierten. In den 1980er-Jahren arbeitete er mit einer Gruppe von Reformern mit Verbindungen zu Zhao Ziyang, der Deng Xiaopings Nachfolger hätte werden sollen, an Fragen zur ländlichen Entwicklung. Ende Mai 1989, als die Massen auf dem Platz des Himmlischen Friedens wuchsen, reiste Lu in die USA. Er studierte ein Jahr an der University of Colorado und weitere Jahre in Harvard mit einem Abschluss an der Kennedy School of Government.

Wegen seiner Sympathien für die Demonstranten auf dem Tian'anmen-Platz war Zhao sofort entmachtet worden. Ich fragte Lu, ob die politischen Unruhen mit seiner Entscheidung zu tun gehabt hatten, China zu verlassen. Zögernd wandte er ein, er habe seine Pläne, in die USA auszureisen, schon mehrere Monate vor den Protesten gefasst. Seine Ausreise fiel nur zufällig mit dem Aufruhr zusammen, aber reformorientierte Gelehrte und Funktionäre hatten tatsächlich allen Grund, sich nach der Niederschlagung des Tian'anmen-Aufstands Sorgen zu machen. Nach sechs Jahren im Ausland kehrte Lu nach China zurück und übernahm seine heutigen Aufgaben.

Der Lehrplan in Harvard, der speziell für dieses Programm erstellt wurde, ähnelt einer Ausbildung für das mittlere Management. Die chinesischen Funktionäre werden in einem breiten Spektrum an Führungsaufgaben, Strategien und öffentlicher Verwaltung unterwiesen.[25] Hauptsächlich anhand von Fallstudien und Beispielen aus der realen Welt konzentriert sich der Unterricht auf Themenfelder wie die Politik und Institutionen der USA, die Ausrichtung und Funktionsweise der US-Medien, Verhandlungsstrategien und sogar social media. Ergänzt wird der Unterricht durch Besuche bei der Boston Redevelopment Authority, dem Massachusetts State House, der State Street Bank und größeren Institutionen wie der Weltbank, dem Internationalen Währungsfonds und den Vereinten Nationen. Neben diesem Programm für Führungskräfte betreibt die Harvard University auch Kurse, die spezieller auf chinesische Funktionäre zugeschnitten sind. Einer behandelt vornehmlich das Krisenmanagement, ein anderer ausschließlich die Stadtregierung von Shanghai. »Ziel ist es, die chinesische Regierung darin zu unterstützen, in diesem Umfeld der Globalisierung zu funktionieren«, sagt Lu. »Aufzuholen.«

Die Partei unterwirft die Funktionäre, die sie ins Ausland entsendet, einem strengen Auswahlverfahren. Die Zentrale Organisationsabteilung der Partei – die ganz im Geheimen operierende Einrichtung, die für innerparteiliche Ernennungen im ganzen Land verantwortlich ist – testet die Anwärter auf Herz und Nieren. Die Bandbreite der handverlesenen Funktionäre kann variieren und reicht von städtischen Beamten über Bürgermeister und Provinzgouverneure bis hinauf zu stellvertretenden Ministern der Zentralregierung. Es sei daran erinnert, dass in einem so bevölkerungsreichen Land wie China selbst nachrangige Funktionäre in ihren Geschäftsbereichen das Leben von Millionen Bürgern mitbestimmen. Dabei ist allen gemein, dass sie im Staatsapparat als aufsteigende Sterne gelten. Wie Lu mir erklärte, erhielt über die Hälfte der Funktionäre, die nach Harvard entsandt wurden, schon kurz nach ihrer Rückkehr eine Beförderung. »Wir wissen nicht, ob das an der Ausbildung liegt oder daran, dass sie schon vorher so gut waren«, sagt er. »Aber wir schreiben es möglichst der Ausbildung zu.«

Tatsächlich brachte das Programm an der Harvard University in seiner langen Laufzeit bereits eine eindrucksvolle Liste an Absolventen hervor. Li Jiange ist inzwischen Vorsitzender der China International Capital Corporation, die so etwas wie Chinas erste Investmentbank darstellt. Zhao Zhengyong ist Gouverneur der Provinz Shaanxi. Chen Deming ist Handelsminister. Kein Abgänger stieg höher auf als Li Yuanchao. Er ist das erste in Harvard ausgebildete Mitglied des Politbüros und vor allem der Chef der Organisationsabteilung, womit er den Posten besetzt, den vormals Deng Xiaoping, Dengs Protegé Hu Yaobang und Zeng Qinghong bekleideten, ein meisterhafter politischer Strippenzieher im Dienst Jiang Zemins. Den Erwartungen nach soll Li im Gerangel um die Besetzung der Führungspositionen 2012 in den Ständigen Ausschuss des Politbüros aufsteigen und damit zu einem der neun mächtigsten Männer Chinas werden.

Herausragenden Funktionären etwas zusätzlichen Glanz zu verleihen, genügt freilich kaum, um die gewaltigen administrativen Herausforderungen in China zu bewältigen. Will das Land die Probleme vermeiden, an denen die Sowjetunion und ihre Satellitenstaaten krankten, muss es die eigenen Reihen immer wieder vom Rost befreien. In den obersten Zirkeln der Macht – im Zentralkomitee, Politbüro und dessen ständigem Ausschuss – ist der Partei das offenbar weitgehend gelungen. Man mag sich Sorgen über ihre strategische Vision machen, aber objektiv betrachtet hat China eine beeindruckende oberste Führungsriege vorzuweisen. Sie ist die am besten ausgebildete seit Gründung der Volksrepublik. Anders als ihre Vorgänger, die Ingenieurswesen, Landwirtschaft oder Marxismus studiert hatten, sammelte die neue Generation an Führungskräften Erfahrungen eher im Finanzwesen, der Wirtschaft und dem Recht. Fast 20 Prozent der Minister und stellvertretenden Minister der Regierung haben mindestens ein Jahr an einer Universität im Ausland studiert.[26] Und anders als in den meisten autoritären Regimen können sie sich in ihrer Position ganz oben auf der Pyramide der Macht keineswegs auf Dauer einrichten. Auf den letzten beiden Parteikongressen 2002 und 2007 gab es in der oberen Parteiführung ein unglaubliches Maß an Erneuerung. Über die Hälfte der Mitglieder des Zentralkomitees, des Politbüros und des Ständigen Ausschusses schieden aus dem Amt aus.[27] Wie der Chinaforscher David Shambaugh anmerkte, gab es außer während der Stalin-Ära keine Führung einer Kommunistischen Partei, in der so viele leitende Funktionäre ausgetauscht wurden und in den Ruhestand gingen. Tatsächlich gibt es in den politischen Eliten der meisten demokratischen Staaten ein geringeres Maß an personeller Erneuerung als in den höchsten Rängen der Kommunistischen Partei Chinas.

Natürlich haben die meisten Chinesen zur obersten Parteiführung keinen Kontakt. In ihrem Alltag wichtig ist die Professionalität und Kompetenz der Beamten vor Ort, jener staatlichen Stellen, mit denen die meisten Menschen zu tun haben und von denen sie Notiz nehmen. Auch wenn sich die Lage in einem Land von der Größe Chinas unmöglich verallgemeinern lässt, so weiß man doch in der Partei, dass die Zeichen hier eher schlecht stehen. Die große Mehrzahl der Proteste, Demonstrationen und Aufstände, die in China aufflammen, entzünden sich an der Korruption und dem Machtmissbrauch lokaler Kader. Wie eine über zehn Jahre laufende Studie zeigte, nimmt die Zufriedenheit der Bürger mit den staatlichen Funktionären auf den unteren Ebenen immer weiter ab.[28] Mit anderen Worten: Je stärker die jeweilige Verwaltungsebene den Alltag der Chinesen mitbestimmt, desto schwächer ist deren Leistung. Dieses Ergebnis ist das genaue Gegenteil der Verhältnisse in den USA, wo die meisten Beschwerden die nationale, nicht die lokale politische Führung betreffen. Alle Bemühungen des Regimes um eine Modernisierung könnten vergebens sein, wenn ihre Beamten nicht als professioneller, disziplinierter und integrer wahrgenommen werden.

Bei 80 Millionen Parteimitgliedern – das entspricht der Bevölkerungsstärke Ägyptens – steht der Staat vor einer gewaltigen Herausforderung, wenn er die Standards für Funktionäre erhöhen und Unqualifizierte aussondern will. Eine entscheidende Rolle spielt hier die Organisationsabteilung der Partei.[29] Einige ihrer Methoden zur Überprüfung von Funktionsträgern und zur Aussonderung von Talenten sind so alt wie das chinesische Kaiserreich. Die Kader werden regelmäßig durch eine Vielfalt von Aufgabenbereichen in unterschiedlichsten Gegenden des Landes geschleust, um ihr Können und ihre Fähigkeiten zu testen. Anstatt, wie in sehr vielen autoritären Regimen, auf familiären Beziehungen beruht ihr Fortkommen weitgehend auf dem Wettbewerb. Die Partei hat in den letzten Jahren ein breites Spektrum an Anforderungen eingeführt, um die personelle Qualität in den Ämtern zu verbessern. Zu allen ihren Funktionären erstellt sie jetzt einen jährlichen Leistungsbericht. Die Organisationsabteilung evaluiert sie anhand zahlreicher Methoden wie persönlichen Gesprächen, Umfragen, stichprobenartigen Inspektionen und anderen Tests. Mit einer 18-monatigen Kampagne, die 2005 startete, überprüfte die Partei sämtliche Mitglieder – damals über 70 Millionen – auf ihre Einsatzbereitschaft und Leistungsfähigkeit hin. Fast 45 000 schloss sie aus ihren Reihen aus. Wurden die Leistungen als fragwürdig oder grenzwertig bewertet, erhielten die Betreffenden bald Gelegenheit, sich in Fortbildungsprogrammen der Partei zu bewähren.

Nach einer recht neuen Richtlinie müssen alle Parteifunktionäre alle fünf Jahre mindestens drei Monate Fortbildung absolvieren. Viele erhalten auch mehr.

Die Unterweisungen finden in einer der 2800 parteieigenen Schulen statt. Vor allem dieses landesweite Netzwerk von Ausbildungsstätten ermöglicht es der Partei, die Kader im Auge zu behalten, ihnen ihre Prioritäten zu vermitteln und das notwendige Know-how zu entwickeln. Neben der ideologischen Schulung vermitteln die Einrichtungen auch praktischere Fähigkeiten, zum Beispiel wie man Pressekonferenzen abhält, die sozialen Netzwerke im Internet überwacht oder wie man sich in den ersten Stunden nach einer Naturkatastrophe verhält. Finanziell besser ausgestattete Schulen haben dabei spezielle Aufgaben übernommen. So gilt die Zentrale Parteischule in Peking als Denkfabrik für zukunftsorientierte Reformen, Maßnahmen und Initiativen. Die erstaunlichste Parteischule – zumindest der äußeren Erscheinung nach – ist die neu eröffnete Chinesische Kaderhochschule Pudong, die für Englisch sprechende Besucher auch China Executive Leadership Academy Pudong heißt, weil das nach Meinung der Funktionäre für ausländische Ohren besser klingt. Eingebettet in ein Yuppie-Viertel aus Restaurants, Cafés und teuren Lofts passt die Pudong Academy bestens in Shanghais moderne futuristische Stadtlandschaft. Gut 16 Hektar umfasst ihr Gelände. Das Hauptgebäude zeichnet sich durch ein riesiges vorgebautes rotes Dach aus, das an einen Gelehrtenschreibtisch aus der Ming-Dynastie erinnern soll. Der Lehrplan scheint eher auf die Ausbildung von Wirtschaftswissenschaftlern als auf die von Mitgliedern der Kommunistischen Partei zugeschnitten. Auch wenn Marx immer noch auf der Leseliste steht, bestreiten ausländische Lehrkräfte einen Großteil der Unterrichtsveranstaltungen. Manager von Unternehmen wie Goldman Sachs, Citibank oder Procter & Gamble geben sich zum Gastvortrag die Klinke in die Hand. Das Ausbildungszentrum liegt ganz buchstäblich an der »Straße der Zukunftserwartungen«.

Kleine Erdbeben

Nicht alle stimmen darin überein, dass Chinas Zukunft in der Übernahme westlicher Ideen liegt. Pan Wei, ein konservativer Forscher an der Peking-Universität, ist über die Vorteile, die demokratische Neuerungen und der politische Pluralismus angeblich bringen sollen, wenig erbaut. Und damit hält er auch nicht hinter dem Berg. Schon nach fünf Minuten äußert Pan, dass diejenigen, die in China die Verbreitung von Demokratie auf lokaler Ebene favorisieren, vor allem den Reichtum rechtfertigen wollten, den sie bereits an sich gerissen hätten. Das Mehrheitsprinzip sei illegitim. Auch hätten Wahlen mit dem Erfolg der demokratischen westlichen Staaten wenig zu tun. In Russland, so hebt er hervor, habe die eingeführte Demokratie kaum mehr bewirkt, als »den Machthabern beim Betrügen und der Irreführung der einfachen Menschen« zu helfen.[30] Und selbst die grundlegendsten Argumente für die Demokratie – sodass die Bevölkerung ihre Bedürfnisse anmelden könne und Funktionäre eher Rechenschaft ablegen müssten – gälten nicht für China, so Pan. Die Wahlzyklen von nur zwei oder vier Jahren seien ein zu langsames System. »China entwickelt sich schneller«, findet er.

Pan gehört zu den Stimmen in China, die die Defizite der Demokratie eher offen benennen. Chinesische Kritiker der westlichen Demokratie argumentieren kulturell mit dem Hinweis, dass zu viel Pluralismus schlecht in die chinesische Gesellschaft passe. Kritiker wie Pan verweisen hingegen auf den Zustand der Demokratien in aller Welt: Die Wahlbeteiligung sei niedrig, und intensive Parteipolitik streue Sand in das Räderwerk der demokratisch gewählten Regierungen in den USA, in Europa, Indien und Japan. Dass allein eine populistische Bewegung wie die Tea Party den politischen Prozess der USA lähmen kann, sei ebenso absurd wie alarmierend. Die politische Blockade, wegen der die Ratingagentur Standard & Poor's die Kreditwürdigkeit der USA herabstufte, nahm man in Peking als blanken Irrsinn auf. Eine Stärke eines leninistischen Systems besteht darin, dass es gigantische Ressourcen auf ein bestimmtes Ziel konzentrieren kann, ob es sich dabei um das Wirtschaftswachstum, die Bewältigung einer Katastrophe, die Unterdrückung einer Bewegung politischer Abweichler oder um Umweltpolitik handelt. Im Guten wie im Schlechten kann das System um ein Ziel herum mobilmachen, seine Kräfte organisieren und rasch Schritte einleiten. Selbst der Finanzier und Philanthrop George Soros, der einen Großteil seines Vermögens in die Demokratieförderung in autoritären Gesellschaften investierte, räumt ein, dass China »eine besser funktionierende Regierung hat als die Vereinigten Staaten«.[31] Dem stimmt Pan zu. Nach seiner Auffassung seien in einem freieren und offeneren System kaum Vorteile zu erkennen, wenn es ständig so erbärmliche Ergebnisse liefere.

An dem Tag, als ich Pan in seinem Büro an der Peking-Universität besuchte, verfolgten die meisten Menschen gebannt die revolutionären Ereignisse in Libyen. Dagegen beschäftigte Pan ein anderer Aufstand, der sich augenblicklich in Wisconsin abspielte. In dem US-Bundesstaat waren demokratische Abgeordnete über Staatsgrenzen geflüchtet, um den Republikanern das notwendige Quorum zu entziehen, das sie für die Verabschiedung ihres Haushalts brauchten, so geschehen in der ersten Woche einer Pattsituation, die sich über fast einen Monat hinziehen sollte. »Jedes System hat seine Defizite«, warnte Pan mit einem spöttischen Lächeln. »Und seine Stresssituationen. Das sehe ich jetzt gerade in Wisconsin. Es sieht doch so aus, als sei das schlicht eine Fehlfunktion des Systems.«

Aus dem Kritiker wird ein unerschrockener Verfechter, wenn das moderne chinesische Regierungssystem zur Sprache kommt. »Der Hauptunterschied zwischen der westlichen und der chinesischen politischen Kultur besteht darin, dass westliche Regierungen die Rechenschaftspflicht und die chinesische die Verantwortung betonen«, sagt Pan in seinem fließenden Englisch, das er wahrscheinlich während seiner Promotionszeit an der Berkeley University Anfang der 1990er-Jahre gelernt hat. »Was ist Verantwortung? Sie bedeutet, drei Gruppen von Interessen miteinander zu vereinbaren. Nummer eins sind die Partikularinteressen gegenüber denen des Ganzen. Nummer zwei ist der Ausgleich zwischen den Interessen der Gegenwart und denen der Zukunft, zum Beispiel denen der Umwelt gegenüber dem Bedürfnis der Menschen nach sofortigem Wohlstand. Und drittens besteht Verantwortung im Ausgleich zwischen dem Interesse des Wandels gegenüber dem der Ordnung. Eine Regierung muss diese drei Gruppen von Interessen gegeneinander austarieren. Das bedeutet Verantwortung. Und ich denke, die Politik der Verantwortung ist durchdachter als die der Rechenschaftspflicht.«

Pans Formel entspricht der sehr chinesischen Vorstellung einer Meritokratie, in welcher der Staat von intelligenten, fähigen und rechtschaffenen Beamten geführt wird. Als heutige Beispiele ließen sich Singapur und Hongkong nennen, sehr erfolgreiche, reibungslos funktionierende und effizient geführte Staatswesen, in denen die Verbundenheit mit der Rechtsstaatlichkeit so verstanden wird, dass sie eine lautstarke Wahlpolitik überflüssig macht. Auch wenn China wegen seiner schieren Größe und Vielschichtigkeit vor einer wesentlich größeren Herausforderung steht als ein Stadtstaat wie Singapur, so ist Pan überzeugt, hätten die angehobenen Qualifikationsstandards für chinesische Funktionäre – die Prüfungen, Beurteilungen, Rotationen, Schulungen usw. – das Land auf den rechten Weg gebracht. »Die chinesische Regierungsmannschaft ist die jüngste der Welt«, sagte Pan mit Hinweis auf die strenge Begrenzung von Amtszeiten und dem altersbedingten Ausscheiden aus Machtpositionen, die für ein hohes Maß an Erneuerung sorgen. »Wie gelangt man an die Spitze, bevor man alt wird? Das ist Wettbewerb.«

Doch wenn es in China einen weiteren Archetypen gibt, der so alt ist wie der tugendhafte konfuzianische Gelehrte, der weise verwaltet, dann wohl den tyrannischen Lokalbeamten, der die Bürger terrorisiert, weil er sich in der Sicherheit wiegt, dass Kaiser und Hof zu weit weg sind, um ihm das Handwerk zu legen. So lieferten Geschichten von korrupten und käuflichen Lokalbeamten denn auch den Stoff für einige Werke der Lyrik, Musik und Prosa, die zu Chinas bedeutendsten zählen. (Drei von Chinas vier Romanklassikern – *Die Reise nach Westen, Die Räuber vom Lian-Schan-Moor* und *Der Traum der Roten Kammer* – enthalten ausgiebige Schilderungen der öffentlichen Korruption quer durch die Epochen.) Die Partei weiß durchaus, dass die Korruption als *die* Krankheit unter sämtlichen – vergangenen wie gegenwärtigen –

autoritären Regimen grassierte und noch grassiert. Tunesien, Ägypten und Libyen sind nur neue Einträge auf der langen Liste der Regime, denen sie mit zum Verhängnis wurde.

Pan Wei spielte das Problem allerdings herunter. »Wer behauptet, dass chinesische Staatsbeamte ihre Macht rücksichtslos missbrauchten, der lügt«, sagte er. »Keine Regierung in Süd- oder Mittelamerika – außer vielleicht die Puerto Ricos und Chiles – ist sauberer als die chinesische. Auf dem gesamten afrikanischen Kontinent ist keine einzige Regierung, was Korruption angeht, besser als China. In Zentralasien gibt es nichts Vergleichbares. Und gegenüber Europa, meine ich, steht China besser als manche und schlechter als andere Länder da. So ungefähr auf einer Ebene mit Frankreich, aber sicherlich besser als Italien!«

Pan Wei übergeht freilich, dass in diesen Ländern, insbesondere den demokratisch geführten, die Bürger nach der Aufdeckung von Korruptionsfällen Beamte zur Rechenschaft ziehen können. In China übernimmt hier die Partei die Kontrolle. Ihre bisherigen Bemühungen entsprangen der Erkenntnis, dass Korruption der beste Weg ist, um rasch die eigene Legitimität zu untergraben. Zwischen 1997 und 2002 verhängte die Zentrale Disziplinkontrollkommission, die höchste Ebene der Korruptionsbekämpfung, Strafen über fast 850 000 Mitglieder und schloss über 137 000 aus der Partei aus.[32] In den letzten Jahren richtete die Kommission »Anklagezentren« und eine Hotline ein, damit Bürger anonyme Beschwerden einreichen und Amtsmissbräuche melden können. 2005 erhielten Berichten zufolge quer durch das Land über 115 000 Parteimitglieder Strafen. 2010 waren es ungefähr 145 000.

Weniger eindrucksvoll sind diese Zahlen, wenn man weiß, dass die große Mehrheit der Gemaßregelten mit einfachen

Verwarnungen davonkommt. Auch wird nur in einem kleinen Prozentsatz der Fälle, die der Kommission gemeldet werden, tatsächlich ermittelt. Wie der führende chinesische Wissenschaftler Minxin Pei errechnete, liegt das Risiko für einen korrupten Funktionär, dass er im Gefängnis landet, bei höchstens drei Prozent.[33] All dies deutet darauf hin, dass ernsthafte Konsequenzen nur denjenigen drohen, die einen politischen Grabenkampf verloren haben oder deren Verfehlungen so ungeheuerlich sind, dass sie selbst die Partei nicht mehr ignorieren kann. Korruption bleibt deswegen ein weit verbreitetes Phänomen. 2007 richtete das Nationale Büro für Korruptionsvorbeugung eine Webseite ein, über die Bürger Amtsmissbräuche melden konnten. Die Seite hielt dem Ansturm nicht stand und brach binnen Stunden zusammen.

Bei so viel Zuversicht, was Chinas politisches System angeht, hatte Pan keine Sorge, dass die Welle der Revolutionen im Nahen Osten bis an Chinas Ufer schwappen könnte. Die Regierung »fürchtet diese Blüten-Bewegung, also hat sie Geld zu ihrer Beobachtung ausgegeben«, sagte er mir. Aber schließlich seien die Fehler, die diese arabischen Regime gemacht hätten, »hier allen einsichtig«. Diese Volksaufstände, so Pan, würden in den kommenden Jahren wahrscheinlich mehr die US-Außenpolitik komplizieren, als dass sie sich negativ auf China auswirken würden. Selbst wenn das stimmen mochte, so mussten die USA aber keine Zeit, Energie und Geld aufwenden, um die Nachrichten aus Nordafrika und dem Nahen Osten zu zensieren. Der Verlust arabischer Verbündeter mochte die USA zu einer Anpassung ihrer Außenpolitik zwingen, aber der Sturz von Diktatoren in Tausenden Kilometern Entfernung stellte die Legitimität der amerikanischen Regierungsform nicht infrage. Pan räumte ein, dass es in China zu

»Unruhen« kommen könnte, aber es gebe auch Vorteile. »Viele kleine Erdbeben sind besser als ein großes«, antwortete er.

Als ich gerade gehen wollte, äußerte Pan noch einen letzten Gedanken: »Ich denke, die chinesische Partei ist einfach eine neue Dynastie«, sagte er.

Angesichts des Aufstiegs und Falls von Dynastien fragte ich: »Glauben Sie, dass diese Dynastie am Anfang ihrer Existenz steht? Oder ist sie schon in der Mitte?«

»Ich denke, sie steht am Anfang«, antwortete er. »In China betrug die Lebensspanne der wichtigsten Dynastien im Durchschnitt um die 270 Jahre.«

Nach dieser Einschätzung hätte das Regime also noch etwas mehr als 200 Jahre vor sich. Aber so lange wollen manche vielleicht doch nicht warten.

Stabilitätserhalt

Der kürzeste Weg zu dem Regierungsgebäude führte durch ein dichtes Labyrinth aus *Hutongs*, schmalen Gassen, in denen traditionelle Wohnhöfe angesiedelt sind. Nachts hatte es geschneit. Im Schatten der flachen, weit verstreuten Häuser hatten sich Flecken aus Eis und Schnee bis in den frühen Morgen gehalten. Auf meinem Weg stieß ich auf eine Ansammlung von 40 bis 50 Bauern, die in der Kälte dicht gedrängt beieinanderstanden. Verhärtete, wettergegerbte Gesichter und dunkle, zerlumpte Kleider wiesen sie sofort als Bauern aus. Ich begriff zunächst nicht, warum sie sich hier versammelten. Dann fiel mir auf, dass sie vor dem Petitionsbüro des Ministeriums für Land und Ressourcen standen.

Diese Schar Bauern, die alle aus demselben Dorf in der Provinz Shandong stammten, übten sich in einer uralten Praxis: Sie trugen der Zentralregierung Beschwerden vor. Sie sagten mir, lokale Kader hätten ihnen ihr Land geraubt. Alle zusammen hätten sie Forderungen von umgerechnet über einer Million Dollar. Eine Frau mittleren Alters in einer gefütterten Wolljacke bahnte sich den Weg nach vorn. Sie erklärte, dass sie bei der Regierung seit drei Jahren Bittgesuche einreichen, aber von einer Dienststelle an die nächste verwiesen würden. Der Funktionär im Ministerium für Land und Ressourcen habe ihnen gesagt, sie sollten zurück nach Shandong gehen und sich an die örtlichen Behörden wenden. Das sei vor einer Woche gewesen. Aber sie würden jeden Morgen wiederkommen und Druck machen. Ein älterer Mann mit weicher Mütze und Ledermantel spottete: »Unsere Behörden daheim sind nicht besser als eine legalisierte Mafia.«[34] Eine Woche später kam ich wieder an der Stelle vorbei. Die Bauern von Shandong standen immer noch da.

Mit ihren Anliegen sind sie leider nicht allein. Das staatliche chinesische Petitionssystem wird mit Briefen und Anrufen bombardiert und von Bürgern bestürmt, die nach Peking reisen und dort Gerechtigkeit verlangen. Nach Schätzungen liegen der Behörde zu jeder Zeit zehn Millionen Eingaben vor.[35] Das System ist ein Überbleibsel aus dem chinesischen Kaiserreich, in dem Untertanen bei adligen Beamten oder direkt beim Kaiser ihr Recht suchten. Dabei ist der Antrieb dieser uralten Praxis derselbe geblieben. Wegen ihres geringen Vertrauens in Gerichte und der Furcht, die lokalen Kader könnten sich bei Beschwerden rächen, versuchen Millionen Chinesen vergebens, das System vor Ort zu umgehen und ihr Recht direkt an der Quelle einzufordern.

Das Unterfangen ist ziemlich aussichtslos.[36] Nach Schätzungen einer jüngeren chinesischen Studie haben nur zwei von eintausend persönlich eingereichten Gesuchen jemals Erfolg. Und schlimmer noch: Nach der Rückkehr drohen den Bittstellern üble Konsequenzen zu Hause. Dorfbewohner, die ihre Beschwerden auf nationaler Ebene vorgetragen haben, werden nicht selten verprügelt oder landen im Gefängnis. Kein Bürgermeister oder Gouverneur will ins Visier der Zentralregierung geraten, weil seine Bürger in Peking Schlange stehen, um ihrem Ärger Luft zu machen. Also hat sich inzwischen ein ganzer Markt um das Bemühen gebildet, Bittsteller an der erfolgreichen Reise nach Peking zu hindern. Lokale Behörden entsenden Funktionäre in die Hauptstadt, um Beschwerdeführer gleich nach der Ankunft am Bahnhof abzufangen und in den nächsten Zug in die Heimat zu setzen, bevor sie mit irgendjemandem Kontakt aufnehmen können. Andere delegieren derlei Aufgaben an Sicherheitsunternehmen. Der Sicherheitstechnikdienst Anyuanding soll Berichten zufolge mit 19 verschiedenen Provinzregierungen »Bittstellerabfangverträge« unterhalten.[37] Demnach kassiere das Unternehmen für jeden festgehaltenen und rückgeführten Beschwerdeführer eine bestimmte Summe.

Die Zentralregierung unternahm wiederholt Versuche, das System zu reformieren – und Bittsteller vor Missbräuchen zu schützen –, leider mit wenig Erfolg. Im Januar 2011 besuchte Premierminister Wen Jiabao in einer symbolischen Geste als erste kommunistische Führungsfigur das nationale Petitionsbüro und hielt seine Mitarbeiter an, Fälle zügig und sorgfältig zu bearbeiten. Forderungen von Experten, das System abzuschaffen, wurden wahrscheinlich deshalb ignoriert, weil man in den entsprechenden Stellen weiß, dass das staatliche Rechtssystem die zusätzliche Belastung nicht bewältigen könnte. Schlimmer noch: Die Abschaffung der Petitionen könnte eben die Welle an wütenden Protesten auslösen, die sie verhindern sollen.

Falls das Regime in den langen Schlangen vor dem Petitionsbüro noch einen Lichtblick erkennen konnte, so wohl den, dass das System noch einen letzten Rest an Vertrauen genießt. Wenn Menschen an fast allem verzweifeln – an ihren Bezirksregierungen, Gerichten, Petitionen und Führern –, dann wächst das Risiko, dass sie auf die Straße gehen. Genau das erlebte die Partei in den letzten Jahren. 1993 berichtete das Ministerium für Öffentliche Sicherheit von ungefähr 8700 »Massenereignissen« landesweit, worunter Streiks, Demonstrationen, Protestmärsche und Sitzblockaden fallen.[38] 2005 verzehnfachte sich diese Zahl auf 87 000. Fünf Jahre später, 2010, erhöhte sie sich nochmals um mehr als das Doppelte auf 180 000 Ereignisse, das sind fast 500 pro Tag.[39] Die Liste der Ursachen ist lang: Korruption, Beschlagnahme von Land, Zwangsumsiedlungen, brutale Übergriffe durch die Polizei, Entlassungen, ethnische Diskriminierung, fehlende Infrastruktur, Gesundheitsrisiken und Umweltverschmutzung. Angesichts dieser Vielfalt sind einfache Lösungen, die den heraufbeschworenen Zorn und Groll beschwichtigen könnten, nur schwer vorstellbar.

In dieser Atmosphäre gilt die einzige Sorge der chinesischen Bürokratie dem sogenannten Stabilitätserhalt. In jüngerer Zeit arbeitete die Partei doppelt so hart daran, soziale Unruhen zu unterbinden, und investierte dazu auf allen Ebenen in Instrumente, die die Bevölkerung in Schach halten. Im Anschluss an die »Farbrevolutionen« und im Vorfeld der Olympischen Spiele von 2008 schwollen die Etats für die

Barone der Sicherheitsindustrie gewaltig an. Ethnische Unruhen in Tibet und Xinjiang 2009 sowie der landesweite Höhepunkt der »Massenereignisse« haben diese Entwicklung wohl befördert. 2010 gab China für die innere Sicherheit mehr als für die Landesverteidigung aus.[40] So auch 2011: In dem Jahr stieg das veröffentlichte Budget für Polizei und Überwachung um fast 14 Prozent auf 95 Milliarden Dollar, während für das chinesische Militär nur 91,5 Milliarden veranschlagt wurden.[41] Und viele argwöhnen, dass die Zahlen in Wahrheit noch höher liegen. Beträchtlich höhere Ausgaben verzeichneten auch die unteren staatlichen Ebenen. 2010, nach den schlimmsten ethnischen Zusammenstößen seit Jahrzehnten, erhöhte die Provinzregierung in Xinjiang ihre Ausgaben für öffentliche Sicherheit um 88 Prozent.[42] In Liaoning zehrt der »Stabilitätserhalt« inzwischen 15 Prozent des Gesamtbudgets der Provinz auf.[43]

Das Geld finanziert einen substanziell vergrößerten Sicherheitsapparat. Große Summen flossen in die Kommunikationskontrolle, sei es zur strengeren Überwachung der im Internet kursierenden Informationen oder zur Verbreitung eigener Botschaften über die Medien. Die Propagandabehörden überwachen die Berichterstattung der Nachrichtenmedien sorgfältig und verschicken – häufig als Kurznachrichten – detaillierte Anweisungen, wie sensible Themen zu behandeln sind. (So gab die Zentralregierung den chinesischen Medien nach dem Unglück eines Hochgeschwindigkeitszugs im Juli 2011 die Stichpunkte vor: »Nicht häufig berichten« – »stattdessen eher anrührende Geschichten verbreiten, d. h. von Blutspenden oder kostenlosen Taxidiensten« – »Nicht reflektieren oder kommentieren«.) Von einer substanziellen Erhöhung des Sicherheitsetats profitierte offenbar die lokale Ebene, auf der Proteste oder Demonstrationen ihren Anfang nehmen. Im ganzen Land entstanden Tausende Büros zum Stabilitätserhalt mit über 300 000 staatlichen Mitarbeitern.[44] Diese knüpften wiederum in den Vierteln Netzwerke aus bezahlten Informanten, die entstehende Unruhen noch vor ihrem Ausbruch melden sollen. Die Behörden loben Prämien für lokale Kader aus, die aufgebrachte Bürger besonders wirkungsvoll beschwichtigen. Für ein ganzes Jahr ohne ein Massenereignis winken hohe Vergütungen.

Chinesen verweisen oft auf ein zyklisches Muster politischer Phasen mit Perioden der Öffnung *(fang)*, auf die eine der Abschottung *(shou)* folgt. Man könnte behaupten, dass China schon vor den Aufständen in der arabischen Welt 2011 eine ausgedehnte Shou-Phase durchlaufen hatte. Manche datieren deren Beginn bereits auf das Vorfeld der Olympischen Spiele 2008. Damals wollte die Regierung sicherstellen, dass das Großereignis störungsfrei über die Bühne ging. Andere meinen, die Phase habe ihren Ursprung schon in den »Farbrevolutionen« einige Jahre zuvor.

Wie dem auch sei, das Regime begegnet der chinesischen Zivilgesellschaft mit verschärften Maßnahmen. Zahlreiche NGOs, insbesondere ausländisch finanzierte, wurden von den Steuerbehörden oder anderen Stellen der Bürokratie unter Druck gesetzt, auch Gruppen, deren Arbeit bislang noch nie ins Visier geraten war. So verlor das Zentrum für Rechtsstudien und Rechtshilfe für Frauen, eine NGO, die gegen häusliche Gewalt und Diskriminierung am Arbeitsplatz kämpft, ihre Sponsoren und wirtschaftliche Unterstützung. »In der Partei konnte man in den letzten beiden Jahrzehnten als Liberaler nie punkten«, sagte mir jemand aus dem Westen mit Fachkenntnis und langer Erfahrung in der Arbeit mit chinesischen NGOs. »Aber so argwöhnisch und so repressiv habe ich die Partei noch nie erlebt. Schikane wäre da ein zu freundliches Wort.«[45]

Im Februar 2011, nach Mubaraks Sturz und den ersten Aufrufen zu einer Jasmin-Revolution im Internet, erhöhte die Regierung auf nationaler Ebene den Druck so stark, wie sie es seit dem Tian'anmen-Massaker nicht mehr getan hatte. Die Repressalien fielen wesentlich gewählter und gezielter aus, waren aber nicht weniger real. So reaktionsschnell hatten die Machthaber zum letzten Mal 1999 zugeschlagen – mit ihrem Vernichtungsfeldzug gegen die verbotene Falun-Gong-Sekte.[46] Im April jenes Jahres hatten Tausende Anhänger der religiösen Gruppe überraschend eine schweigende Protestkundgebung am Zhongnanhai abgehalten, dem Gebäudekomplex, der der KP und der Regierung als Hauptquartier dient. Ein paar Monate später hatte das Regime der Bewegung das Rückgrat gebrochen. Nach Razzien gegen die Mitglieder landeten Tausende im Gefängnis und wurden gefoltert. Dagegen ging das Regime 2011 präventiv gegen einen recht heterogenen Kreis von Leuten vor, die keiner besonderen Organisation oder Verbindung angehörten – Leute, die sich für die Entrechteten einsetzten, Anwälte, Fürsprecher und bekannte Figuren, die Gegner der Partei unterstützten. Sie mundtot zu machen, so wohl das Kalkül, war der effizienteste Weg, um eine Bewegung zu zermalmen, noch ehe sie sich formieren konnte. Die rote Linie des noch Erlaubten wurde so neu gezogen. Welche Strategie auch dahintersteckte, die Partei setzte vermehrt auf heimliche Festnahmen, Inhaftierungen und Entführungen, um Kritiker buchstäblich in der Versenkung verschwinden zu lassen. Und von dieser Taktik rückt die Partei offenbar so schnell nicht wieder ab. Die Regierung schlug jüngst eine Novellierung des nationalen Strafrechts vor, um derlei Verschleppungen zu legalisieren.[47]

Zweifellos fühlt sich die Partei durch ihre Erfolge ermutigt. So konnte der Sicherheitsapparat tatsächlich verhindern, dass sich Proteste und Bewegungen landesweit ausbreiteten. Die Falun-Gong-Sekte war deshalb so bedrohlich, weil sie vor den Augen der Machthaber eine Bewegung ins Leben gerufen hatte, deren Loyalität stärker als die der Parteimitglieder war, und Menschen aus verschiedenen sozialen Schichten über große Entfernungen zusammenschweißte. Auch wenn Proteste und Kundgebungen heutzutage häufiger auftreten, bleiben sie lokale Ereignisse. Die Partei wünschte sich eine zersplitterte Gesellschaft, über die sie derzeit denn auch herrscht. Aber das System steht ohne Frage unter Druck. Trotz aller Bemühungen und Investitionen gelang es den Machthabern der Partei nicht, die Trends umzukehren. Mit dem anhaltenden Wachstum der chinesischen Wirtschaft wächst im neuen China auch die Anzahl der Unzufriedenen. »Die Ideologie und Legitimität der Kommunistischen Partei Chinas sind bereits untergegangen«, sagt der führende Bürgerrechtsanwalt Pu Zhiqiang. »Es geht um nackte Interessen. Die Slogans funktionieren nicht mehr. Die Leute müssen gekauft werden.«[48]

Das ist im Augenblick noch möglich. Aber die Kosten für den »Stabilitätserhalt« steigen. Und auf die Partei kommt eine weitere Frage zu: Was geschieht, wenn technokratische Korrekturen nicht mehr genügen? Was geschieht, wenn für die Regierung das Legitimieren wichtiger wird als das Funktionieren?

Ein zweites Tian'anmen

Während ich von einem autoritären Staat zum nächsten reiste, redeten alle immer nur von China. Dessen Sprung aus der wirtschaftlichen Rückständigkeit an die Spitze der Nationen löst Bewunderung, Neid und Staunen aus. Venezuelas Chavistas redeten von der Kommunistischen Partei Chinas mit gesenkter Stimme in einem Ton, der an Ehrfurcht grenzte. Mitglieder von Putins Regierungspartei, die wenige Häuserblocks vom Kreml entfernt auf China zu sprechen kamen, gerieten in die Defensive und fanden es unfair, Russland an diesem Maßstab zu messen. In Kairo erklärten Funktionäre mit engen Verbindungen zu Gamal Mubarak, der nach ihren Vorstellungen bald seinem Vater auf den Thron hätte folgen sollen, dass Ägypten nach dem chinesischen Beispiel erst wirtschaftliche und dann politische Reformen durchführen müsse. Und überall schätzten sich Menschenrechtsaktivisten glücklich, dass sie sich nicht gegen ein so raffiniert vorgehendes brutales Regime wie dem Pekings erwehren müssten. Ganz gleich welche Sicht oder Haltung, China war in aller Munde. Irgendwann kamen alle auf dieses Thema.

China ist für autoritäre Regime ein faszinierendes Vorbild. 1989 hätte niemand gedacht, dass die Kommunistische Partei Chinas in den nächsten zwanzig Jahren deutlich an Stärke gewinnen würde. Nach einem Aufstand, der sie an den Rand des Abgrunds gebracht hatte, nach inneren Zerwürfnissen und dem Verlust ihrer Brüder im Geiste durch den Zusammenbruch des Sowjetimperiums hatte sie sich wieder aufgerichtet und das bislang erfolgreichste Kapitel in ihrer Geschichte aufgeschlagen. Sie trotzte den Experten, die prognostiziert hatten, dass die wirtschaftliche Liberalisierung unweigerlich in die politische Freiheit münden würde, auch deshalb, weil keiner vorausgesehen hatte, dass sie den Staatskapitalismus, die politische Unterdrückung und liberale Marktwirtschaft auf einzigartige Weise miteinander verbinden würde. Anstatt den verbreitetsten Mängeln einer Diktatur zum Opfer zu fallen, ist die Kommunistische Partei Chinas heute entgegen allen Erwartungen erfolgreich. Für Einparteienstaaten, die um den Machterhalt kämpfen, ist China ein berauschendes Vorbild. Die Volksrepublik ist ein Leuchtfeuer für nicht westlich ausgerichtete undemokratische Kräfte. An ihrem Beispiel können sich die Verfechter des Autoritarismus überall orientieren. Für sie erscheint China als die Zukunft.

Aber trotz aller Erfolge sehen sich dessen Führer mit immer schwierigeren Herausforderungen konfrontiert: Vielleicht kommt eine Zeit, in der technokratische Korrekturen nicht mehr alle Probleme beseitigen können. Ein Beispiel ist der Zwischenfall vom 13. November 2005. An dem Tag explodierte in der nordöstlichen Provinz Jilin eine Chemiefabrik. 100 Tonnen Benzol ergossen sich in den Fluss Songhua, aus dem Millionen Chinesen, auch die Einwohner von Harbin, einer 10-Millionen-Metropole in der Nachbarprovinz Heilongjiang, hauptsächlich ihr Trinkwasser beziehen. Die Behörden in Jilin mauerten zunächst. Die Gefahr einer Luftverschmutzung bestehe nicht, so verkündeten sie und dementierten, dass überhaupt Gift in den Fluss gelangt sei. Mehrere Tage lang hüteten die Funktionäre in Jilin ihr Geheimnis, während ein 80 Kilometer langer Giftteppich den Songhua hinabwanderte. Erst eine knappe Woche nach der Explosion informierten sie die Behörden in Heilonjiang über die heranziehende Gefahr. Wann die Führung der Zentralregierung von der Umweltkatastrophe erfuhr, ist unklar. Aber auch in Harbin dachten die Behörden gar nicht daran, die Einwohner zu warnen. Stattdessen verkündeten sie, dass die Wasserversorgung der Stadt wegen Wartungsarbeiten vorübergehend eingestellt würde. Eine so merkwürdige und noch nie da gewesene Ankündigung löste eine Panikwelle aus: Viele Bürger hatten den Verdacht, dass die Behörden ein unmittelbar bevorstehendes Erdbeben oder eine andere Katastrophe verschwiegen. Erst am 21. November wurde ihnen mitgeteilt, dass ihr Wasser »möglicherweise« kontaminiert worden sei. Trupps von Katastrophenhelfern kämpften darum, den eine Woche alten Giftteppich unter Kontrolle zu bekommen. Dann entschuldigte sich China bei der russischen Regierung: Sibirien müsse sich auf das Eintreffen des verseuchten Wassers vorbereiten.

Das Desaster und seine Vertuschung offenbarten die Grenzen der Reaktionsfähigkeit der Partei. Trotz aller Bemühungen, ihren leninistischen Apparat umzubauen, ihn empfänglicher zu machen und an die Bedürfnisse der Menschen anzupassen, blieb er im Grunde derselbe. In dem streng hierarchisch aufgebauten System haben Funktionäre immer noch wenig Anreiz, schlechte Nachrichten weiter nach oben zu melden. Bezirkskader, die ihre Ämter nach dem Willen der zentralen Behörden bekleiden und keine unabhängige Legitimität besitzen, haben allen Grund, Fehler zu verschleiern, zu vertuschen und unter den Teppich zu kehren. Natürlich wissen Chinas Machthaber, dass sie das teuer zu stehen kommen kann. Aber die naheliegenden Lösungen – mehr Offenheit, größere Rechenschaftspflicht, weitergehende demokratische Reformen – brächten den Machtanspruch der Partei in Gefahr. Bei aller Erfahrenheit, Fachkenntnis und Schulung ihrer Funktionäre ist diese Schwäche fest ins System eingebaut. Die Partei hat kluge Reformen angestoßen, muss diese aber wegen der Widersprüche, über die sie herrscht, auch wieder selbst unterminieren, damit sie nicht außer Kontrolle geraten. Dieses Spannungsfeld fasste Lai Hairon, der Funktionär am Zentralen Kompilations- und Übersetzungsbüro, mir gegenüber ungefähr so zusammen: »In China geht es nicht um ja oder nein, sondern darum, wo die Balance liegen sollte«, sagte er. »Es geht um das Maß. Man kann nicht behaupten, China sei ein demokratisches System oder eine Diktatur. Es geht vielmehr um das Maß an Autoritarismus und um das an Demokratie.«[49]

Die Aufgabe, das richtige »Maß« zu finden, wird schwieriger, wenn der Partei der Boden entzogen wird. Die Bürger der Mittelschicht, die als regimetreu, konservativ und zufrieden gelten, verlangen bei den Entscheidungen, die ihr Alltagsleben betreffen, immer mehr Mitsprache. Sie entwickeln ein immer größeres Bewusstsein für ihre Rechte und eine wachsende Bereitschaft, für sie einzutreten. Ende 2011 starteten so viele chinesische Bürger wie noch nie Kampagnen für eine Kandidatur um einen Sitz in lokalen Volkskongressen und suchten über die chinesische Ausgabe von Twitter Unterstützung.[50] Im August 2011 strömten ungefähr 12000 Einwohner der wohlhabenden Küstenstadt Dalian auf den Hauptplatz, um gegen eine Chemiefabrik zu demonstrieren, die ihrer Meinung nach durch Taifune oder andere Naturkatastrophen zur Gefahr werden könnte. Früher hätten die Behörden eine solche Demonstration leichter verhindern können, aber der Protestaufruf ging zu schnell durch Chinas soziale Medien. Die Werkzeuge, mit denen Peking seine Gesellschaft atomisiert hält, nutzen sich allmählich ab. 2009 brachen in der Provinz Xinjiang besonders heftige ethnische Unruhen aus. Bei Zusammenstößen zwischen Uiguren und

Han-Chinesen soll es fast 200 Tote gegeben haben. Die Aufstände begannen in der Hauptstadt Urumqi nach Gerüchten, wonach muslimische Wanderarbeiter aus Xinjiang in der Tausende Kilometer entfernten Provinz Guangdong ermordet worden seien. Verbreitet hatten sich diese Gerüchte über das Internet. Heute kann der Fehltritt eines lokalen Funktionärs in einem Landesteil in einem anderen Unruhen auslösen oder die Stabilität gefährden.[51] Die vielen Lehren, die die Partei aus den Ereignissen auf dem Platz des Himmlischen Friedens gezogen hat, verlieren mit zunehmendem Abstand zum Jahr 1989 immer mehr ihre Gültigkeit.

Wie Mao sagte: »Ein einziger Funke kann einen Steppenbrand auslösen.« Die Funken, die die Partei heute austreten muss, fliegen aus allen Richtungen heran. Eine Umweltkatastrophe, ein Zugunglück, eine Hysterie um Gefahren für die öffentliche Gesundheit oder eine Lüge, die zu lange erzählt wird: Jeder Vorfall kann eine Kettenreaktion auslösen, die nur schwer zu begrenzen ist. Wenn die Legitimität eines Regimes von seinen Leistungen abhängt, kann jede Krise – und die Reaktion der Partei – die existenzielle Frage nach dessen Recht auf die Herrschaft aufwerfen. In solchen Augenblicken spielt der Sachverstand der Partei, auch gut eingesetzt, möglicherweise keine Rolle mehr. Dann geht es nicht mehr um Korrekturen oder darum, den Knopf in die eine oder die andere Richtung zu drehen. Die Bürger warten nicht mehr auf die richtige Antwort, sondern stellen die Frage, ob das Regime noch das Recht auf einen weiteren Versuch hat.

Und wie der Arabische Frühling allen in Erinnerung rief, müssen sich Chinas Machthaber nicht nur um den Aufruhr innerhalb der Landesgrenzen sorgen. Autoritären Regimen droht überall der Aufruhr von Bürgern, die sich vom Kampf der anderen ermutigen lassen. Sicher hat auch ein Mitglied der Kommunistischen Partei Chinas die Schilder auf dem Tahrir-Platz mit der – auf Chinesisch geschriebenen – Parole »Nieder mit Mubarak!« gesehen. Kurz nach dem Rücktritt des Pharao postete ein Chinese: »Auch wenn wir Ägypter sehen und ägyptische Stimmen hören, dröhnen uns die Echos der Geschichte in den Ohren. Das ist der Klang des deutschen Volkes, das die Berliner Mauer niederreißt, der indonesischen Studenten, die auf die Straßen gehen, von Gandhi, der die Menschen die Straße der Gerechtigkeit entlangführt.«[52]

Ich fragte ein Mitglied der KPCh, ob die Ereignisse in Tunis, Kairo oder Bengasi in der Partei irgendetwas in Bewegung gebracht oder für Alarmstimmung gesorgt hätten. Ja, antwortete der Mann. Die Partei habe den Aufstand auf dem Tian'anmen-Platz überstanden, aber nur wenige glaubten, dass sie einen weiteren dieser Art überleben könne. Welcher chinesische Führer hätte heute noch die Autorität, um auf das Volk schießen zu lassen? »Wenn sie zulassen, dass nochmal so viele Menschen auf einem öffentlichen Platz demonstrieren«, sagte er, »haben sie schon verloren.«[53]

EPILOG

Im Juli 2011 redeten Srdja Popovic und ich in einem Restaurant in Washington, D.C., über die Revolutionen und Aufstände, die kreuz und quer um den Globus liefen. Dieses Jahr war einzigartig: Menschen aus mehreren repressiven Staaten erhoben sich und forderten ihre Tyrannen und Regime heraus. »Das war ein schlechtes Jahr für die Bösen«, sagte Srdja lächelnd. Sechs Monate zuvor hätte niemand vorhergesagt, dass »Ben Ali und Mubarak rausfliegen und Gaddafi und Salih in die Knie gehen würden. Und dass Assad ernsthaft herausgefordert würde. Hätte man das in seiner Kristallkugel gesehen und im Fernsehen verkündet, wäre man von Männern in weißen Kitteln abgeholt worden.«[1]

Aber das war kein Spuk. Wenige Wochen später wurde Muammar al-Gaddafi, der aus Tripolis hatte fliehen müssen, in seiner Heimatstadt Sirte gejagt. Rebellen spürten den Ex-Diktator in einem Abflussrohr auf. Gaddafi war innerhalb von neun Monaten als dritter arabischer Autokrat gestürzt. Zwar lag die arabische Welt im Zentrum des revolutionären Orkans, doch beschränkte sich der Aufruhr nicht auf den Nahen Osten und Nordafrika. Gegen Ende des Jahres sah sich eine lange Liste von autoritären Führern – in Weißrussland, im fernen China, in Malaysia, in Russland und sogar im Königreich Swasiland – mit selbstbewussteren öffentlichen Forderungen nach Mitsprache konfrontiert. Das Phänomen war so bedeutend, dass das Magazin *Time* den »Demonstranten« zum Mensch des Jahres 2011 kürte.

Und was hatten diese Millionen Menschen mit ihren Forderungen über die Diktatoren offenbart? Dass Diktatoren, wenn sie sich in die Enge getrieben fühlen, wenig Interesse an verfeinerten Strategien haben. Anfang Dezember 2011 musste beispielsweise Putins Regierungspartei Vereinigtes Russland nach Umfragen befürchten, dass sie bei den anstehenden Parlamentswahlen eher schlecht abschneiden würde, errang dann aber in Tschetschenien, der wohl repressivsten Teilrepublik des Landes, angeblich 99 Prozent der Stimmen,[2] ein Ergebnis wie weiland in der Sowjetunion. Als die dreiste Wahlfälschung Proteste auslöste, machte Putin zuallererst die Vereinigten Staaten dafür verantwortlich, die angeblich das Land destabilisieren wollten. Diese Verschwörungstheorie hatten in ihrer Verzweiflung schon Ben Ali, Mubarak und Gaddafi vorgetragen.

Bisher hatten moderne autoritäre Machthaber mit einer verfeinerten Methodik versucht, die Menschen an Protesten auf den Plätzen zu hindern. Ein moderner Diktator sucht nach Wegen, um die Diktatur zu erneuern, damit sie widerstandsfähig, flexibel und in gewisser Weise auch leistungsfähig bleibt. Unpolitische, apathische und gleichgültige Bürger sind dafür besonders wichtig. Doch wenn das System scheitert, wenn sich Menschen doch zusammenschließen, greifen Diktatoren gewöhnlich zu drastischeren Mitteln und zeigen, wer sie wirklich sind. Im März 2011, einen Monat nach Mubaraks Sturz, bedauerte ein Funktionär der ägyptischen Regierungspartei, der mit einem meiner Freunde ein Privatgespräch führte, das Verhalten der Regierung. Zu den gewaltsamen

Reaktionen anderer arabischer Regime auf ihre Aufstände meinte er: »Wir waren dumm. Der Jemen war klüger als wir. Dort bekommen sie das in den Griff. Bahrain war klüger als wir. Dort bekommen sie es in den Griff. Libyen war klüger als wir. Lassen wir die Moral beiseite: *Sie bekommen die Sache in den Griff.*«[3]

»In den Griff bekommen« war natürlich ein beschönigender Ausdruck für Gewalt. Tatsächlich beschwor Gaddafi schon früh das Tian'anmen-Massaker von 1989 herauf, um ganz deutlich zu machen, mit welchen Mitteln er seine Macht verteidigen würde.[4] Im Jemen eröffneten die Militärs, die loyal zu Ali Abdullah Saleh standen, mehrmals das Feuer auf Demonstranten. Bahrains Monarchie heuerte pakistanische Söldner an, die gegen sein Volk vorgingen. Aber Gewalt konnte Gaddafi nicht retten, und alle Regime, die unter ihren Bürgern Blutbäder anrichteten, riskierten es, noch die letzten Reste ihrer Legitimität zu verlieren. Auch wenn sie sich, wie Irans Hardliner nach der Grünen Revolution 2009, für den Augenblick noch halten können, wird ihre Herrschaft über eine wütende Bevölkerung, in der Entfremdung, Zorn und Verbitterung größer denn je sind, nur noch schwieriger.

Auf Blutbäder setzte und setzt auch Syriens Baschar al-Assad. Der Blutzoll seiner Herrschaft wurde über Monate hinweg immer größer. Schon Ende 2011 schätzen die Vereinten Nationen, dass bei Protesten über 5000 Syrer ums Leben gekommen sind.[5] Männer, Frauen und Kinder waren auf der Straße erschossen worden. Als sich der Aufstand ausweitete, liefen Teile der Armee über und schlossen sich ihm an. Städte wurden gespalten und in Kämpfe verwickelt, während das Land in den Bürgerkrieg zu stürzen drohte. Die Barbarei des Assad-Regimes löste in der Arabischen Liga, die lange Zeit für die autoritären Herrscher der Region ein sicherer diplomatischer Hafen gewesen war, empörte Reaktionen aus. Im November setzte sie Syriens Mitgliedschaft aus und erließ harte Sanktionen als ersten Hinweis darauf, dass sie sich auf eine Zukunft nach Assad vorbereitete. Zunehmend isoliert und ohne einen Rest an Legitimität, schien die Basis der syrischen Regierung täglich weiter zu bröckeln. Angesichts einer Revolution des 21. Jahrhunderts setzte Assad auf eine lang anhaltende Phase brutaler Gewalt, wie sie die Diktatoren im 20. Jahrhundert praktiziert hatten.

Aber selbst in der stürmischen Atmosphäre 2011 waren die autoritären Regime nicht einfach mit der Alternative konfrontiert, den Forderungen nach Demokratie entweder nachzugeben oder auf schiere Repression zu setzen. Nach kurzem Schwanken fassten einige schnell wieder Tritt und versuchten einen vertrauten Mittelweg zu beschreiten. In Saudi-Arabien bedeutete dieser die Verteilung massiver Wohltaten: Im März 2011 kündigte König Abdullah 60 000 neue Arbeitsplätze im öffentlichen Sektor, Gehaltserhöhungen für staatliche Angestellte und höhere Zuwendungen für Arbeitslose an – Maßnahmen mit einem Gesamtvolumen von über 93 Milliarden Dollar an öffentlichen Ausgaben.[6] Das saudische Königreich ist freilich ein einzigartiger Fall. Kein anderes Regime verfügt über so gewaltige Öleinnahmen. Andere müssen sich mehr auf ihren Einfallsreichtum als auf die Staatssäckel verlassen, um die Stabilität wieder herzustellen.

Ein Musterbeispiel war Jordanien. Auch dieses Königreich erhöhte als notgedrungene Sofortmaßnahme die Gehälter im öffentlichen Dienst und Pensionen wie auch die Subventionen für Lebensmittel und Energie. Allerdings erkannte Jordaniens König Abdullah II., dass diese Maßnahmen nicht genügten. Nach der Entlassung von unpopulären Regierungsmitgliedern und der Ernennung eines neuen Premierministers stellte er eine Verfassungsreform in Aussicht. Sechs Monate später drückte er seinen Stempel unter 42 vorgeschlagene Änderungen, darunter die Gründung eines Verfassungsgerichts, die Begrenzung der Macht der Staatssicherheitsgerichte und die Überwachung künftiger Wahlen durch unabhängige Beobachter.[7] Natürlich beschnitt der König mit keiner Reform seine eigenen weitreichenden Machtbefugnisse. Wie er sagte, sollten die Änderungen vielmehr beweisen, dass Jordanien sich selbst »neues Leben einhauchen« könne.

Kurz vor meinem Besuch in Malaysia im Februar 2011 hatte Premierminister Najib Razak empfindlich auf die ersten Aufstände des Arabischen Frühlings reagiert. Denjenigen, die nach Veränderungen im Land strebten, machte er deutlich, dass Malaysia nicht Ägypten sei. »Glaubt nicht, dass das, was dort passiert, auch in Malaysia passieren muss«, schäumte Najib. »Wir werden das nicht zulassen.«[8] Im Juli gingen Zigtausende Malaysier, auch inspiriert von den Protesten im Nahen Osten, auf die Straße und forderten saubere Wahlen. Najib bewahrte allerdings die Fassung. Seine Regierungspartei kündigte größere Reformen an, unternahm nach mehreren Monaten aber das Gegenteil und verbot im November per Gesetz künftige Demonstrationen auf der Straße. Als Najib später auf die Protestwelle im Sommer befragt wurde, bezeichnete er sie als »ein Zeichen einer reifen Demokratie« – eine maßgeschneiderte Antwort für einen modernen autoritären Politiker.

Am wohl überraschendsten war der Fall Myanmar. Gegen Ende 2011 sah es so aus, als wolle der Pariastaat wieder in die Völkergemeinschaft zurückkehren. Nach fast fünf Jahrzehnten eiserner Herrschaft – das Militär hatte 1962 die Macht an sich gerissen – leitete die dortige Regierung überraschend eine Reihe weitreichender Reformen ein. Die Behörden hoben Sperrungen des Internets auf und ließen ausländische Nachrichten-Webseiten zu. Die Pressezensur wurde stark gelockert. Das Bild der führenden Oppositionspolitikerin und Friedensnobelpreisträgerin Aung San Suu Kyi tauchte auf den Titelseiten der birmanischen Blätter auf. Hunderte von politischen Gefangenen kamen frei. Und das Regime versprach weitere Schritte. Was hatte sich verändert? War der Wunsch des Regimes nach einer Aufhebung der internationalen Sanktionen so groß, dass es mit einer schrittweisen politischen und wirtschaftlichen Liberalisierung experimentierte? Hatte die Welle der Revolutionen, die um den ganzen Globus lief, die Generäle aufgeschreckt? Hatten sie kalkuliert, dass es am besten sei, wenn sie sich den demokratischen Kräften von sich aus stellten?

Es ist unwahrscheinlich, dass Myanmars Machthaber die Demokratie plötzlich als etwas Wünschenswertes erachteten. Viel eher erkannten sie, dass präventive Reformen ihrer Herrschaft das Überleben am ehesten sichern konnten – und lernten dazu.

Das riskante Spiel wird Myanmars Machthaber auf eine nie dagewesene Probe stellen. Selbst wenn sie das Land öffnen können, ohne ihre Vormachtstellung zu verlieren, werden sie, wie andere vor ihnen, bald feststellen, dass sie in einem Dilemma stecken. Treiben sie die Reformen zu schnell voran, endet ihr Staat womöglich wie die Sowjetunion, und gehen sie zu langsam ans Werk, sind sie vielleicht die nächsten Mubaraks. Die Zeit und die Erfahrungen werden ihnen die Aufgabe nicht leichter machen. Die Geschichte – auch und gerade die Langlebigkeit einer Diktatur – kann allein schon zur Schwäche eines Regimes werden, das auf nichts anderes als das eigene Überleben aus ist.

Als eine moderne Diktatur mit einer langen Geschichte ist China für diese Gefahr wohl das beste Beispiel. Je länger sich die Kommunistische Partei Chinas an der Macht hält, desto mehr politisch sensible Jahrestage häuft das Regime an. Der Kalender strotzt vor symbolkräftigen Daten, die die Menschen an seine Verbrechen erinnern und Erhebungen auslösen können. Ein kurzer Überblick über den chinesischen politischen Kalender beinhaltet den 10. März (den Jahrestag des Tibet-Aufstands von 1959), den 4. Mai (den Jahrestag der Bewegung des 4. Mai 1919), den 4. Juni (das Tian'anmen-Massaker von 1989), den 5. Juli (die Niederschlagung des Aufstands der Uiguren in Xinjiang von 2009), den 22. Juli (das Verbot der Falun-Gong-Bewegung von 1999) und den 1. Oktober (die Gründung der Volksrepublik 1949). An jedem dieser Tage muss sich das Regime vor Gegnern in Acht nehmen, die versuchen könnten, Bürger zu Demonstrationen gegen die Kommunistische Partei aufzustacheln. Tatsächlich war diese Angst 2009 – damals hatten viele der Ereignisse runde Jahrestage – so groß, dass die Partei Berichten zufolge ein Spezialkomitee namens Gruppe 6521 einrichtete.[9] (Die Zahl bezieht sich auf den 60. Jahrestag der Gründung der Volksrepublik, den 50. Jahrestag des Aufstands der Tibeter, den 20. Jahrestag des Tian'anmen-Massakers und den 10. Jahrestag des Verbots der Falun-Gong-Sekte.)

Mit meiner Berichterstattung in diesem Buch traf ich beim chinesischen Regime auf einen sensiblen Nerv. Deshalb wollte ich nach China zu einer Zeit reisen, in der ein relativ entspanntes politisches Klima herrschte, und hatte ursprünglich einen Besuch für Dezember 2010 geplant. Als dann aber bekannt wurde, dass der chinesische Wissenschaftler und Dissident Liu Xiaobo Anfang Dezember den Nobelpreis erhalten würde, verschob ich meine Reise auf Februar 2011, einen Monat, in dem sich außer den Feiern zum chinesischen Neujahr nichts ereignet. Aber das war vor den Aufständen in der arabischen Welt und den Aufrufen zu einer chinesischen Jasmin-Revolution gewesen. Chinas politischer Kalender war um ein Datum, um einen sensiblen Augenblick reicher, zu dessen Jahrestagen das verunsicherte Regime ängstlich Straßen und Webseiten im Auge behalten muss.

Der Glaube, dass der Triumph der Demokratie über die Diktatur nur eine Frage der Zeit ist, wäre freilich verkehrt. Die Historie kennt keinen unaufhaltsamen Marsch hin zum Fortschritt. Der Totalitarismus des 20. Jahrhunderts – eine Tyrannei, die über 100 Millionen Leben forderte – war schlimmer als alles Bisherige in der Geschichte der Menschheit. Nicht jedes Zeitalter ist zwangsläufig liberaler und toleranter als das vorangegangene.

Und auch die politische Freiheit ist keine unvermeidliche Notwendigkeit. Zwar führte die Welle des demokratischen Wandels, die Samuel Huntington ausgemacht hat, von Portugal 1974 aus zu einer eindrucksvollen Verbreitung der politischen und wirtschaftlichen Freiheiten in Regionen der Erde, in denen diese bislang eher unbekannt gewesen waren. Aber zugleich wurden in den letzten 40 Jahren auf geschickte Weise neue Formen autoritärer Herrschaft errichtet, die unsere Definitionen von Demokratie und Diktatur verwässern. So sehr wir den Sturz von Tyrannen 2011 auch begrüßen mögen, so sehr müssen wir unsere Begeisterung zügeln angesichts der Herausforderungen, vor der die Gesellschaft des jeweiligen Landes steht. So endete das erste Experiment des russischen Volkes mit der Demokratie schon nach Kurzem in der autoritären Herrschaft Putins. Venezuela war vor Hugo Chávez' Aufstieg jahrzehntelang eine funktionierende Demokratie. Und das ägyptische Volk wird noch lange nach Mubarak seinen revolutionären Kampf ausfechten müssen. 2011 war ein Jahr des politischen Umbruchs. Ob es ein Wendepunkt hin zum Triumph der Demokratie über die Diktatur war, wird sich erst in den folgenden Monaten und Jahren zeigen.

Ich persönlich bin während meiner Reisen immer zuversichtlicher geworden, was die Aussichten auf einen demokratischen Wandel angeht. Dieser Optimismus rührt nicht von der Richtigkeit der Sache her, oder den grundlegenden Schwächen der autoritären Länder, die ich besuchte. Auch brüchigen Systemen ist es lange Zeit gelungen, die berechtigtsten und inspirativsten Ideen des politischen Pluralismus zu unterdrücken. Meine Zuversicht wuchs vielmehr, als ich mich mit den Leuten zusammensetzte, die sich dem Kampf für mehr Freiheit verschrieben hatten. Das waren keine blinden Idealisten: Vielmehr stieß ich in einem Land nach dem anderen auf entschlossene und kampferprobte Aktivisten, die ihre Arbeit mit Intelligenz, Sorgfalt und Sachverstand angingen – versierte Strategen, Propagandisten und politische Analysten. Kaum einer hatte eine politische Laufbahn vorzuweisen, trotzdem hatten sie sehr schnell dazugelernt, durch Versuch und Irrtum – manchmal auch durch Nachahmung ihrer Vorgänger.

Ich hätte nie erwartet, dass sie in so kurzer Zeit so viel erreichen würden. Ende 2011 waren viele der unbekannten Figuren, die ich kennengelernt hatte, zu nationaler Bekanntheit aufgestiegen. In Russland hielt Jewgenija Tschirikowa, die Umweltschützerin und Mutter zweier Kinder, eine Ansprache vor Zigtausend Menschen, die auf Moskaus Straßen gegen den Betrug bei den Parlamentswahlen protestierten. Jetzt wurde sie regelmäßig als ein »Gesicht« der neuen Generation russischer Oppositionsführer bezeichnet. In Ägypten erhob Samira Ibrahim, die junge Frau, die den erniedrigenden »Jungfrauentest« über sich hatte ergehen lassen müssen, gegen die Verbrechen des Militärs weiterhin ihre Stimme. Sie verklagte den Obersten Militärrat. Im Dezember gab ihr ein ägyptisches Gericht überraschend recht und verfügte eine Einstellung dieser erniedrigenden Praxis an Demonstrantinnen. In Malaysia endete der fadenscheinige Prozess des Regimes gegen Anwar Ibrahim im Januar 2012 mit einem Freispruch. Minuten nach der Urteilsverkündung schrieb Anwar auf Twitter: »Diese korrupte Regierung wird von ihren Sockeln der Macht gestoßen werden.« In China kämpfte die Kommunistische Partei mit immer mehr Unruhen in Form von Bürgerprotesten. So ging Ende Dezember in Südchina eine ganze Bürgerschaft zur offenen Revolte über und jagte sämtliche Polizisten und Funktionäre aus ihrer Stadt. In Venezuela zeigte sich die politische Opposition so organisiert und diszipliniert wie noch nie seit Chávez' Machtantritt. Henrique Capriles, Leopoldo López und María Corina Machado führten die Liste der Kandidaten bei den Vorwahlen der Opposition an. Alle nahmen an der ersten Debatte um die Präsidentschaftskandidatur seit Jahrzehnten teil, die auf Anstoß der venezolanischen Studentenbewegung organisiert worden war. Im Februar 2012 gewann Capriles die Vorwahlen und wird im Herbst Chávez herausfordern.

In allen Kämpfen, die ein Diktator und sein Volk in jüngerer Zeit ausfochten, reagierte der Tyrann zunächst immer auf dieselbe Weise: mit der Leugnung, dass die Proteste authentisch waren. In Tunesien behauptete Ben Ali, die jungen Menschen auf der Straße seien »maskierte Banden«, die »terroristische Akte« begingen. In Bahrain machte die Monarchie iranische Agenten für die Unruhen verantwortlich. Wie Mubarak unterstellten Ägyptens Militärherrscher angesichts der anhaltenden Proteste auf dem Tahrir-Platz »ausländische Einflüsse«. Gaddafi bezeichnete die libyschen Rebellen bekanntermaßen als »Drogensüchtige«. Wie viele vor ihm beschuldigte Assad den Westen, er schüre die Revolution. So klingen die besonders verzweifelten Lügen der Diktatoren. In Wahrheit waren die Proteste 2011 gerade deshalb so wirkungsvoll, weil sie aus dem Volk kamen. Und am Ende erhob das Volk seine Stimme. Nichts erschreckt einen Diktator mehr.

DANKSAGUNG

Insgesamt 150 000 Kilometer, schätze ich, habe ich in den zwei Jahren meiner Recherchen für dieses Buch auf Reisen zurückgelegt. Das nächste Ziel schien nur deshalb nie so weit entfernt, weil ich auch nie allein war. Während der gesamten Laufzeit dieses Projektes unterstützte mich eine endlose Reihe von Menschen mit Ratschlägen, klugen Hinweisen und manchmal auch mit einem Platz zum Schlafen. Mein tiefster Respekt und meine Bewunderung gehören den Aktivisten in den einzelnen Ländern, die für eine Idee, die viele von uns für selbstverständlich halten, so viel aufs Spiel setzen. Obwohl sie vielleicht Besseres zu tun gehabt hätten, als – oft unter zusätzlichen Risiken – einen Journalisten mit einem Notizbuch voller Fragen zu treffen, öffneten sie mir ihre Türen, erzählten mir ihre Geschichte und stellten mich ihren Familien, Freunden und Nachbarn vor. Wegen der Risiken, die sie immer noch eingehen, müssen einige hier ungenannt bleiben. Für mich sind sie nichts Geringeres als Helden und die größte Hoffnung für eine Zukunft in Freiheit.

Diese Reise hätte nie begonnen ohne die Mitstreiter in New York in den Büros des Verlags Doubleday. An erster Stelle steht hier meine Lektorin Kristine Puopolo, die das Potenzial dieses Projektes vom ersten Tag an erkannte und es aus vollem Herzen unterstützte. Sie verlangte von mir nie,

Schwierigkeiten aus dem Weg zu gehen, und wartete geduldig auf jede Teillieferung. Ebenso danke ich ihrem Kollegen William Thomas für seine Unterstützung und Stephanie Bowen, die sich bemüht hat, dass alles im Zeitplan blieb und der Autor Kurs hielt.

Auch wenn ich es damals nicht wusste, war einer der wichtigsten Augenblicke für dieses Buch der Zeitpunkt, als ich meinen Agenten Will Lippincott kennenlernte. Als Fürsprecher, Berater und Freund spielte Will bei jedem Schritt zur Verwirklichung des Buchs eine entscheidende Rolle. Seine Begeisterung und Zuversicht hielten meine Stimmung oben, die sich ohne sie dort wohl nicht hätte halten können. Dass dieses Buch ohne ihn entstanden wäre, kann ich mir schlicht nicht vorstellen.

Ich hatte in den letzten Jahren das Glück, dass mich mehrere hervorragende Einrichtungen unterstützen. Die Stiftung Carnegie Endowment for International Peace bot mir in den ersten zwölf Monaten dieses Buchprojektes eine geistige Heimat. Ich danke insbesondere Jessica Mathews und Paul Balaran für ihre entscheidende Starthilfe. Ein Medienstipendium für die Hoover Institution der Stanford University bot mir eine zeitlich passende Gelegenheit, zusätzliche Recherchen voranzutreiben. Ich danke in diesem Zusammenhang David Brady und Mandy MacCalla, die auf dem Campus eine produktive Woche mit Besprechungen und Workshops arrangieren halfen. Auf dem Höhepunkt des Arabischen Frühlings bot mir Fred Hiatt, der Redaktionsleiter der *Washington Post*, die fantastische Chance, für den Blog der Zeitung, *PostPartisan*, zu den Ereignissen tägliche Analysen zu liefern. Entsprechend beauftragte mich Carlos Lozada, der Redakteur der Rubrik »Outlook« des Blattes, zu allen wichtigen Etappen des Schicksals von Diktatoren 2011 Artikel zu liefern. Diese Aufträge zwangen mich, Klarheit in meine Gedanken zu bringen – in einer Zeit, in der wenig Klarheit herrschte. Dafür danke ich Fred und Carlos ganz besonders.

Lange bevor ich meine Untersuchung zu den Stärken und Schwächen des Autoritarismus begann, hatte ich das Privileg, mit einigen der besten Redakteure und Journalisten unseres Geschäfts zusammenzuarbeiten. Die meisten ahnen gar nicht, wie sehr sie meine Vorgehensweise beeinflussten. Was ich von ihnen über Jahre hinweg lernte, hat meine Arbeit sehr bereichert. Am Anfang stand Fareed Zakaria. Die Arbeit für Fareed – zunächst bei *Foreign Affairs* und später bei *Newsweek International* – bot mir die Chance, mit Lichtgeschwindigkeit zu lernen. Für seine Freundschaft und klugen Ratschläge schulde ich ihm ewige Dankbarkeit. Bei *Newsweek International* arbeitete ich in einem Kreis scharfsinniger und talentierter Redakteure, die fast jede Woche ein kleines Wunder vollbrachten, darunter Nisid Hajari, Jeffrey Bartholet, Michael Meyer, Fred Guterl und Marcus Mabry. Bei *Foreign Policy* hatte ich das Privileg, in einem Team zur arbeiten, das mich mit seiner Kreativität, Intelligenz und Leidenschaft täglich inspirierte: Travis Daub, Kate Palmer, Carolyn O'Hara, Jeffrey Marn, Blake Hounshell, Jai Singh, James Forsyth, David Bosco, Mike Boyer, Christine Chen, Josh Keating, Prerna Mankad, Preeti Aroon, Sarah Schumacher und Beth Glassanos.

Bei der Arbeit an diesem Buch verbrachte ich viel Zeit in fremden Ländern. Auf all diesen Reisen unterstützte mich eine bemerkenswerte Gruppe von Dolmetschern und Vermittlern. Sie leisteten weit mehr als nur übersetzen und für die Logistik sorgen. In Russland reiste ich mit Ludmila Mekertitschewa, eine Vollkraft, die kein *Njet* als Antwort gelten ließ. Bei Gläsern Wodka hörte ich mir mit großem Vergnügen Anekdoten zur den Füchsen an, die sie auf ihrer Datsche aufzog. In Ägypten gab es fast niemanden, mit dem Nagwa Hassan nicht schon Bekanntschaft geschlossen hatte. Lächelnd und mit Zigarette navigierte sie unseren Wagen sicherer als jeder Taxifahrer durch das Kairoer Verkehrsgewühl. Ahmed Salah machte mich mit den Leuten auf dem Tahrir-Platz bekannt. In China war mir David Yang, ein junger chinesischer Nachwuchsjournalist, mit seinem rastlosen Tempo immer einen Schritt voraus. In Venezuela hatte ich das große Glück, Francisco Márquez an meiner Seite zu haben. Dieser Veteran der venezolanischen Studentenbewegung bereitet derzeit seinen Abschluss an der Kennedy School der Harvard University vor und plant anschließend eine Rückkehr nach Caracas. Menschen wie er machen mir große Hoffnung, was Venezuelas Zukunft angeht. Auch Freunde dienten mir unterwegs als unbezahlbare Führer. Vinod Sekhar überzeugte mich vor langer Zeit, dass Kuala Lumpur meine zweite Heimat werden könne. Dank seiner Freundschaft und Gastfreundschaft sowie die seiner großartigen Frau Winy kam es dann auch so. Edward Cunningham hat viele Talente. In China stechen zwei besonders heraus: Er weiß, welches Gericht auf der Speisekarte das beste ist und wie man Türen öffnet. Ich habe das unglaubliche Glück, dass er mich unterstützt. Und keiner führt einen besser durch die ägyptische Politik als mein langjähriger Freund Tarek Masoud. Er holte mich 2006 am internationalen Flughafen von Kairo zu meinem ersten Interview ab und beförderte seither meine Bildung in Sachen Ägypten. Mehr als jedem anderen verdanke ich ihm mein Verständnis und meine Wertschätzung für dieses fantastische Land. Das werde ich ihm nie vergessen.

In Venezuela stieß ich auf die Freundlichkeit nicht nur Einzelner, sondern ganzer Familien. Enormen Dank schulde ich zunächst Maruja Tarre, Isabel Lara und ihrer Familie. Dank ihrer Großherzigkeit fiel meine ersten Reise nach Caracas so herzlich wie eine Heimkehr aus. Besonderen Dank schulde ich auch Karla Velazquez und Alvaro Partidas, die mir in allen Einzelheiten Ratschläge gaben. Alejandro Tarre, ein venezolanischer Journalist und scharfsinniger Analyst der Politik des Landes, gab mir ausgezeichnete Hinweise und wurde ein echter Freund.

Auf jeder Reise nach Venezuela fühlte ich mich dank Ricardo Márquez und María Lara Márquez als ein Mitglied ihrer Familie. Hoffentlich bekomme ich eines Tages Gelegenheit, mich für diese Gunst zu revanchieren.

Dieses Buch wäre nie entstanden, wenn nicht so viele bereit gewesen wären, längere – oft mehrere – Interviews zu geben. Dieser Personenkreis umfasst Professoren, Anwälte, Politiker, Geschäftsleute, Autoren, Studenten, Intellektuelle, Blogger, Militärs und Aktivisten. Auch wenn die Liste zu lang ist, um allen namentlich zu danken, muss ich einige doch nennen: Anwar Ibrahim, Nurul Izzah, Peter Ackerman, Gene Sharp, Jamila Raqib, Robert Helvey, Srdja Popovic, das gesamte Team von CANVAS, Patrick Meier, Karim Sadjadpour, Omid Memarian, Hazem Hallak, Mohsen Sazegara, Saba Vasefi, Emily Jacobi, Mark Belinsky und Tendor Dorjee. In Venezuela waren es Alfredo Croes, Douglas Barrios, Carlos Vecchio, Henrique Capriles, Leopoldo López, María Corina Machado, Magalli Ismael García, Andrés Cañizález, Luis Vicente León, Eugenio Teodoro Petkoff, Virginia Rivero, Richterin María Afiuni, Raúl Baduel, Antonio Ledezma, Milos Alcalay, Carlos Ocariz, Roberto Patiño, Nizar El Fakih, Yon

Goicoechea, Geraldine Alvarez, Phil Gunson, Robert Serra und Calixto Ortega. In Ägypten halfen mir Hossam Bahgat, Gasser Abdel-Razek, Mostafa el-Naggar, Saad Eddin Ibrahim, Dina Guirguis, Gamal Eid, Ahmed Maher, Mohamed Adel, Essam el-Erian, Ahmed Kamal Aboul Magd, Ahmed Salah, Ahmed Amer, Ibrahim Mohamed, Ahmed Mamdoh, Kamel Arafa, Samira Ibrahim, Sherif el-Robi, Sherif Mickawi, Hafez Abu Saeda, Sherif Osman, Omar Afifi, Esraa Rashid, Aida Seif al-Dawla, Ghada Shahbender, Hossam el-Hamalawy, Hisham Kassem, Mohamed Waked, Shady Talaat, Aiman Nur, Wael Nawara, Dalia Ziada, Ali Eddin Hilal, Mohamed Kamal, Gehad Auda, Alia el-Mahdi, der in den Ruhestand getretene Generalmajor Mohamed Kadry Said, Michele Dunne und Moheb Zaki.

In Russland danke ich Arseni Roginski, Alexander Werchowski, Boris Nemtsow, Ilja Jaschin, Wladimir Milow, Sergei Mitrochin, Olga Radajewa, Dmitri Makarow, Iwan Ninenko, Karinna Moskalenko, Ludmilla Alexejewa, Tanja Lokschina, Jewgenija Tschirikowa, Michail Chotjakow, Jaroslaw Nikitenko, Iwan Smirnow, Jewgeni Gontmacher, Grigori Schwedow, Gleb Pawlowski, Igor Mintusow, Maria Lipman, Nikolai Petrow, Sergei Markow, Sergei Popow, Alexander Brod und Elena Zelinskaja. Ebenso halfen mir Eve Conant, Jeffrey Tayler und Sarah Mendelson in Moskau wertvolle Kontakte zu knüpfen.

In China leben viele, bei denen ich mich eines Tages hoffentlich persönlich bedanken kann. Für den Augenblick geht meine Anerkennung an Pu Zhiqiang, Zhang Jingjing, Fang Ning, Feng Yue, Zhou Shuguang, Yu Keping, Lai Hairong, Lu Mai, Du Zhixin, Pan Wei, Yang Jisheng, Wang Weizhi, Mao Xianglin, Wang Xuedong und Yang Jianli. Demetri

Sevastopulo, ein echter Kamerad, führte mich bei wichtigen Personen in Peking ein. Großen Dank schulde ich auch Minxin Pei und David Shambaugh wegen ihrer Forschungsarbeit und ihrer Bereitschaft, sie mit mir zu erörtern.

Ich habe das gewaltige Glück, auf einen großen Stamm an Freunden und Kollegen zählen zu können, die mich seit Jahren unterstützen. Allison Stanger, meine Professorin und Freundin, unterrichtete mich seit meinem Eintritt in die Public School 311 im Herbst 1992. Mark Jordan, Robert Trager, Rodney Rothman, John Oberdiek und Alexander Okuliar bilden für mich als lebenslange Freunde einen Fixpunkt. Besonderen Dank schulde ich einem kleinen Kreis von Personen, die für mich ihre Zeit geopfert und frühe Entwürfe einer Auswahl von Kapiteln gelesen, kritisiert und verbessert haben. Dazu gehören Kate Palmer, Carolyn O'Hara, Stacey Abrams, Tarek Masoud, Edward Cunningham, Maria Lipman, Alejandro Tarre, Francisco Márquez und die unvergleichliche Janine Zacharia.

Seit fast zwei Jahrzehnten ist Stacey Abrams meine Beraterin und die aufrichtigste Freundin, die man haben kann. Ihr Beitrag zu diesem Projekt bemisst sich nicht in den Stunden, in denen sie erste Entwürfe las und mit mir erörterte, was am wichtigsten war.

In Telefongesprächen und an landesweit verstreuten Küchentischen erhielt ich von meiner Familie außergewöhnlichen Rückhalt. Mein Onkel William Joyce und meine Tante Gay Bush halfen mir von Anfang an mit nachsichtigen Fragen, die sie bis tief in die Nacht stellten. Auf die Unterstützung von Frances Cole, Tracy Cole sowie Richard, Allison und Megan Barker kann ich immer zählen. Sie halfen mir entscheidend an der Heimatfront, wenn ich auf Reisen war. Die Westküsten-

Coles – alles selbst Weltreisende – verfolgten die Fortschritte meiner Arbeit und ermunterten mich mit Worten.

Weder mein Vater W. Joel Dobson noch mein Schwiegervater Barry G. Cole erlebten das Erscheinen dieses Buches mit. Ich stellte mir gerne vor, dass sich beide darüber gefreut hätten.

Die beste Lehrerin, die ich je hatte, war meine erste: Meine Mutter Barbara Joyce Dobson zog mich auf und machte mich zu der Person, die ich heute bin. Ich hatte das Glück, dass sie zudem eine anspornende Englischlehrerin war. Schon sehr früh setzte sie sich mit mir an meinen Schreibtisch und zeigte mir, wie man schnell Aufsätze schreibt (und überarbeitet). Sie hatte eine endlose Geduld, war voller Liebe und lobte auch gerne. Sie wollte nicht weniger, als mir die besten Chancen zu bieten. Dank ihrer Kraft und Beharrlichkeit nahm mein Leben bemerkenswerte Wenden. Ich danke ihr jeden Tag dafür.

Wenn man eine Reise wie diese in Angriff nimmt, reist zuweilen auch die Familie mit, ob sie will oder nicht. Meine größte Wertschätzung geht an meine Frau Kelly Cole. Sie hat die Entstehung von jeder Seite dieses Buchs miterlebt und zuweilen darunter gelitten, dass ich physisch abwesend oder in Gedanken versunken war. Wie immer war es in entscheidenden Augenblicken Kelly, die Klarheit in meine Überlegungen brachte und mir den Weg wies. Für mich verkörpert sie zu gleichen Teilen Liebe und Humor, Stärke und Entschlossenheit. Und das alles bewältigte sie in den Jahren, in denen unserer Familie wuchs, zunächst mit der Geburt unserer Tochter Kate und zwei Jahre später mit der unseres Sohnes Liam. Besser als unser jetziges gemeinsames Leben sind nur noch die Tage, die wir vor uns haben. Denn obwohl es in unserem Haus laut zugeht, kann ich mir keinen schöneren Ort vorstellen.

ANMERKUNGEN

PROLOG

1 Peter Ackerman im Gespräch mit dem Autor, Washington, D.C., August 2011.
2 Kurt Eichenwald, »S.E.C. Report Attacks Big Drexel Bonuses«, in: New York Times vom 4. Oktober 1991.
3 Franklin Foer, »Regime Change Inc.«, in: New Republic vom 25. April 2005. Foer liefert ein gut durchdachtes Profil Ackermans und seiner Arbeit.
4 Ackerman im Gespräch mit dem Autor.
5 Orville Schell, Mandate of heaven. The Legacy of Tiananmen Square and the Next Generation of China's Leaders, New York 1994, S. 126 (dt.: Das Mandat des Himmels. China. Die Zukunft einer Weltmacht, Berlin 1995).
6 Joseph Kahn, »Video Disputes China's Claim Shooting Was in Self-Defense«, in: New York Times vom 16. Oktober 2006.
7 Robert Harvey, Portugal. Birth of a Democracy, London 1978, S. 14.
8 Genauer bezeichnete Huntington dies als die dritte Demokratisierungswelle. Er hatte schon zwei frühere Demokratisierungswellen erkannt (sowie auch entsprechende Rückschläge). Die erste begann mit der Ausweitung des Wahlrechts in den Vereinigten Staaten 1828 und endete mit dem Aufstieg des italienischen Faschismus Anfang der 1920er-Jahre. Die zweite Welle ging vom Sieg der Alliierten im Zweiten Weltkrieg aus und endete 1962 mit einer ganzen Flut von Militärputschen in Südamerika, Asien und Afrika. Seine Texte zum Thema sind eine absolute Pflichtlektüre, vor allem The Third Wave. Democratization in the Late Twentieth Century, Norman 1991.
9 Larry Diamond, einer unserer führenden Denker zu Demokratie und Autoritarismus, bietet in The Spirit of Democracy. The Struggle to Build Free Societies Throughout the World, New York 2008, eine noch umfassendere Übersicht über diese Jahre demokratischen Fortschritts.

10 Alle Daten zur Zahl der Demokratien und Diktaturen stammen aus der jährlichen Übersicht von Freedom House, Freedom in the World. Ein Überblick über diesen Niedergang der politischen Freiheit findet sich bei Arch Puddington, Freedom in the World 2011. The Authoritarian Challenge to Democracy, Washington, D.C., 2011.
11 Gespräch des Autors mit einem venezolanischen Aktivisten, Caracas, November 2009. Der Ausdruck stammt vom brasilianischen Präsidenten Getúlio Vargas, der das Land zunächst zwischen 1930 und 1945 als Diktator und dann von 1951 bis zu seinem Freitod 1954 als demokratisch gewähltes Staatsoberhaupt regierte.
12 Richard McGregor, The Party. The Secret World of China's Communist Rulers, New York 2010, S. 4.
13 Alvaro Partidas im Gespräch mit dem Autor, Washington, D.C., September 2009.
14 Daniel Treisman, The Return. Russland's Journey from Gorbachev to Medvedev, New York 2011.
15 Ludmilla Alexejewa im Gespräch mit dem Autor, Moskau, April 2010.
16 Darauf verwies Ludmilla Alexejewa bei unserem ersten Treffen. Später führte Ivan Krastev, Chefredakteur der bulgarischen Ausgabe der Zeitschrift Foreign Policy und ein brillanter Beobachter autoritärer Regimes, diese Idee am 19. Oktober 2010 in der siebten Seymour Martin Lipset Lecture on Democracy in the World aus. Seine Anmerkungen dazu finden sich in seinem Essay »Paradoxes of the New Authoritarianism«, in: Journal of Democracy 22, Nr. 2 (April 2011).
17 Ackerman im Gespräch mit dem Autor.

1 DER ZAR

1 David Hoffman, »Putin's Career Rooted in Russland's KGB«, in: *The Washington Post* vom 30. Januar 2000.
2 Michael Meyer, The Year That Changed the World. The Untold Story Behind the Fall of the Berlin Wall, New York 2009, S. 25.
3 Hoffman, »Putin's Career«.
4 Meyer, The Year That Changed the World, S. 25.
5 Die Zitate, in denen Putin über sein Leben in Dresden und den Zusammenbruch des Sowjetreichs nachdenkt, stammen aus: Wladimir Putin, Aus erster Hand. Gespräche mit Wladimir Putin, S. 90ff. Dieses Buch ist einzigartig; es ist meines Wissens das einzige Werk, in dem Putin offen über sich selbst und seine Vergangenheit spricht. Drei erfahrene russische Journalisten – Natalija Gevorkijan, Natalija Timakowa und Andrei Kolesnikow – haben es aus den Abschriften ihrer Interviews mit

Putin kurz vor seinem ersten Amtsantritt zusammengestellt. Putin traf sich für diese Interviews sechsmal jeweils vier Stunden lang mit ihnen. Er war damals noch ein politischer Neuling und hatte noch nicht gelernt, mit Journalisten zu sprechen.

6 Charles S. Maier, Dissolution. The Crisis of Communism and the End of East Germany, Princeton, N.J., 1997, S. 106. (dt.: Das Verschwinden der DDR und der Untergang des Kommunismus, Frankfurt am Main 1999).

7 Meyer, The Year That Changed the World, S. 165.

8 Ebenda, S. 124. Genaueres zu den Protesten in Dresden findet sich bei Maier, Dissolution, S. 145.

9 Putin, Aus erster Hand, S. 98.

10 Pierre Hassner, »Russland's Transition to Autocracy«, in: Journal of Democracy 19, Nr. 2 (April 2008), S. 11.

11 Clifford G. Gaddy und Andrew C. Kuchins, »Putin's Plan«, in: Washington Quarterly 31, Nr. 2 (Frühjahr 2008), S.121.

12 Eine zuverlässige Übersicht über Russlands führende Oligarchen findet man bei David Hoffman, The Oligarchs. Wealth und Power in the New Russia, New York 2002.

13 Eine exzellente Darstellung zu den Medien als Werkzeug des Kreml bietet Maria Lipman, »Media Manipulation und Political Control in Russia«, Vortrag in der Denkfabrik Chatham House, Januar 2009. Text unter: http://www.chathamhouse.org/sites/default/files/public/Research/Russia%20and%20Eurasia/300109lipman.pdf (abgerufen am 8.5.2012).

14 Fraser Cameron, »Dead-End Russia«, in: New York Times vom 11. Februar 2010. Es ist allerdings nicht immer einfach, die Medienkontrolle des Kreml in sauberen Prozentzahlen zu beziffern. So gehört zum Beispiel Echo Moskwy, ein Moskauer Radiosender, der eine kritische Sicht auf politische und soziale Themen bietet, Gazprom Media, einem Tochterunternehmen des staatlichen Gaskonzerns.

15 Mikhail Fishman und Konstantin Gaaze in Russian Newsweek vom 4. August 2008.

16 Genaueres zur Bildung von Oppositionsparteien durch den Kreml findet man bei Luke March, »Managing Opposition in a Hybrid Regime. Just Russia and Parastatal Opposition«, in: Slavic Review 68, Nr. 3 (Herbst 2009).

17 Gaddy und Kuchins, »Putin's Plan«, S. 121.

18 Nikolay Petrov, Maria Lipman und Henry E. Hale, »Overmanaged Democracy in Russia. Governance Implications of Hybrid Regimes«, Carnegie Paper Nr. 106 (Februar 2010), S. 26. Text unter: http://carnegieendowment.org/files/overmanaged_democracy_2.pdf (abgerufen am 8.5.2012).

19 Boris Nemzow im Gespräch mit dem Autor, Moskau, April 2010.

20 Ilja Jaschin im Gespräch mit dem Autor, Moskau, April 2010.
21 Alexander Werchowski im Gespräch mit dem Autor, Moskau, April 2010.
22 Sergei Popow im Gespräch mit dem Autor, Moskau, April 2010.
23 C. J. Chivers, »Kreml Puts Foreign NGO's on Notice«, in: New York Times vom 20. Oktober 2006. Eine detaillierte Analyse findet sich bei Graeme B. Robertson, »Managing Society: Protest, Civil Society, and Regime in Putin's Russia«, in: Slavic Review 68, Nr. 3 (Herbst 2009), S. 540.
24 Human Rights Watch, An Uncivil Approach to Civil Society: Continuing State Curbs on Independent NGOs and Activists in Russia, New York 2009, S. 32.
25 Chivers, »Kreml Puts Foreign NGO's on Notice«. Damals war ich beim Carnegie Endowment for International Peace beschäftigt, einer Stiftung, die schon lange ein Büro in Moskau unterhielt. Carnegie Endowment wurde von den Behörden zwar genauestens unter die Lupe genommen, durfte aber weiterarbeiten.
26 Human Rights Watch, Uncivil Approach, S. 16.
27 Ebenda, S. 27.
28 Popow im Gespräch mit dem Autor.
29 Robertson, »Managing Society«, S. 541.
30 Tanja Lokschina im Gespräch mit dem Autor, Moskau, April 2010.
31 Paul Goble, »United Russia Revives Another CPSU Tradition – Watching Officials in the Regions for Moscow«, in: Window on Eurasia (Blog), 31. Juli 2010. Text unter: http://windowoneurasia.blogspot.de/2010/07/window-on-eurasia-united-russia-revives.html (abgerufen am 8.5.2012).
32 Moskauer Aktivist im Gespräch mit dem Autor, Moskau, April 2010.
33 Moskauer Aktivist im Gespräch mit dem Autor, Moskau, April 2010. Siehe auch
Human Rights Watch, Uncivil Approach, S. 56.
34 Ebenda.
35 Ein Beamter des Außenministeriums im Gespräch mit dem Autor, Washington, D.C., Januar 2010.
36 Lokschina im Gespräch mit dem Autor.
37 Alexander Brod im Gespräch mit dem Autor, Moskau, April 2010.
38 Committee to Protect Journalists, Getting Away with Murder: 2011 Impunity Index, New York 2011.
39 Tanja Lokschina, »Another Voice Silenced in Russia«, in: Washington Post vom 17. Juli 2009.
40 Robert Coalson, »Behind the Estonia Cyberattacks«, Radio Free Europe/Radio Liberty, 6. März 2009.
41 Sergei Markow im Gespräch mit dem Autor, Moskau, April 2010.

42 Joseph T. Siegle, Michael M. Weinstein und Morton H. Halperin, »Why Democracies Excel«, in: Foreign Affairs, September/Oktober 2004, S. 59.
43 Yun-Hwan Kim, »The Role of Government in Export Expansion in the Republic of Korea: A Revisit«, Asian Development Bank, EDRC Series, Februar 1994, www.adb.org/Documents/EDRC/Reports/rs61.pdf (abgerufen am 15.5.2012).
44 Russische Föderation, Föderaler Dienst für staatliche Statistik, Warenstruktur der Exporte der Russischen Föderation, www.gks.ru/bgd/regl/b09_12/IssWWW.exe/stg/d02/26-08.htm (abgerufen am 15.5.2012).
45 Tianlun Jian, »Priority of Privatization in Economic Reforms: China and Taiwan Compared with Russia« (Vortrag am Harvard Institute for International Development), www.cid.harvard.edu/hiid/566.pdf (abgerufen am 15.5.2012).
46 Carsten Sprenger, »State-Owned Enterprises in Russia« (Präsentation am Runden Tisch der OECD über Corporate Governance von Staatsbetrieben, 27. Oktober 2008), http://www.oecd.org/dataoecd/23/31/42576825.pdf (abgerufen am 15.5.2012).
47 Education at a Glance 2007, OECD-Bericht, 18. September 2007, S. 173, www.oecd.org/document/30/0,3343,en_2649_39263238_39251550_1_1_1_1,00.html#data (abgerufen am 15.5.2012).
48 Ira Iosebashvili und William Mauldin, »Russia's Economic Czar Tackles Deficit, Bureaucracy«, in: Wall Street Journal vom 23. Juni 2010.
49 »Forbes List Sees Russian Billionaire Numbers Double«, BBC am 16. April 2010.
50 Paul Abelsky, »Russian GDP May Grow 4.5 % in Bumpy Recovery, World Bank Says«, in: Bloomberg Businessweek vom 16. Juni 2010.
51 Gleb Pawlowski im Gespräch mit dem Autor, Moskau, April 2010.
52 Einzelheiten zu Pawlowski findet man bei Andrew Wilson, Virtual Politics. Faking Democracy in the Post-Soviet World, New Haven, Conn., 2005.
53 Markow im Gespräch mit dem Autor.
54 Wilson, Virtual Politics, S. 50.
55 Igor Mintusow im Gespräch mit dem Autor, Washington, D.C., April 2010.
56 Sergei Mitrochin im Gespräch mit dem Autor, Moskau, April 2010.
57 Clifford J. Levy, »President Pick Would Name Putin Premier«, in: New York Times vom 12. Dezember 2007.
58 Nemzow im Gespräch mit dem Autor.
59 Ein Berater Medwedews im Gespräch mit dem Autor, Moskau, April 2010.
60 Clifford J. Levy, »Putin Protégé Secures Election Victory«, in: New York Times vom 3. März 2008.

61 Arseni Roginski im Gespräch mit dem Autor, Moskau, April 2010.
62 Vidya Ram, »Medvedev's Mea Culpa«, in: Forbes vom 11. September 2009.
63 Daniel Treisman, The Return. Russia's Journey from Gorbachev to Medvedev, New York 2011, S. 141.
64 »Most Russians Expect No Results from Medvedev's Reforms«, in: Ria Novosti vom 2. Mai 2010.
65 Michael Bohm, »Dmitry Gets No Respect«, in: Moscow Times vom 26. März 2010.
66 Treisman, Return, S. 144.
67 Grigori Schwedow im Gespräch mit dem Autor.
68 Anna Nemzowa, »Beset by a Million Bureaucrats«, in: Newsweek, 21. Februar 2010.
69 Ellen Barry, »Research Group's Report Urges Radical Changes in Russia«, in: New York Times vom 4. Februar 2010.
70 Jewgeni Gontmacher im Gespräch mit dem Autor, Moskau, April 2010.
71 »Vladimir Putin's Valdai Vision«, in: Economist vom 7. September 2010.
72 Amy Knight, »The Concealed Battle to Run Russia«, in: New York Review of Books vom 13. Januar 2011.
73 Neil Buckley, Charles Clover und John Thornhill, »Medvedev Rules Out Poll Tussle with Putin«, in: Financial Times vom 19. Juni 2011.
74 Nemzow im Gespräch mit dem Autor.
75 »Russia's Putin Set to Return as President in 2012«, BBC am 24. September 2011.
76 Ein Videoclip von Putins Bemerkungen ist verfügbar unter www.youtube.com/watch?v=3ynB2CjtXhQ (abgerufen am 15.5.2012).
77 »Time to Shove Off«, in: Economist vom 10. September 2011.
78 Putin konnte sich einfach nicht zurückhalten und beleidigte die Demonstranten, indem er die weißen Bänder, die sie sich an die Kleidung geheftet hatten, mit gebrauchten Kondomen verglich.

2 STAATSFEINDE

1 Alle Zitate von Pu Zhiqiang stammen aus dessen Gespräch mit dem Autor in Peking, Februar 2011.
2 Perry Link, »The Secret Politburo Meeting Behind China's New Democracy Crackdown«, *NYR* (Blog), in: *New York Review of Books* vom 20. Februar 2011, www.nybooks.com/blogs/nyrblog/2011/feb/20/secret-politburo-meeting-behind-chinas-crackdown/ (abgerufen am 15.5.2012)

3 Zhang Jingjing im Gespräch mit dem Autor, Peking, Februar 2011.
4 Jewgenija Tschirikowa im Gespräch mit dem Autor, Moskau, April 2010.
5 Philip P. Pan, »In China, Turning the Law into the People's Protector«, in: *Washington Post* vom 28. Dezember 2004, S. 1. Für genauere Informationen zu diesem Fall und zu Pu Zhiqiang empfehle ich besonders Philip P. Pans *Out of Mao's Shadow. The Struggle for the Soul of a New China*, New York 2008.
6 Pan, »In China, Turning the Law«.
7 Alle Zitate von Jewgenija Tschirikowa stammen, sofern nicht anders vermerkt, aus Gesprächen mit dem Autor in Moskau und Chimki im April 2010.
8 Anne Garrels, »Anti-graft Crusade a Dangerous Business in Russia«, National Public Radio am 13. Oktober 2009, www.npr.org/templates/story/story.php?storyId=113763047 (aufgerufen am 15.5.2012).
9 Weltwirtschaftsforum, *The Global Enabling Trade Report 2010*, Genf 2010, S. 233.
10 Aeroflot entließ Lewitin als Vorsitzenden des Verwaltungsrats im Juni 2011, kurz nachdem Präsident Dmitri Medwedew erklärt hatte, dass Vizeministerpräsidenten und Minister nicht gleichzeitig an den Schalthebeln großer Staatsunternehmen sitzen sollten. Siehe Henry Meyer, »Medvedev Bid to Oust Officials Is ›Small Revolution‹«, in: *Bloomberg Businessweek* vom 3. April 2011.
11 Clifford J. Levy, »Russian Journalists, Fighting Graft, Pay in Blood«, in: *New York Times* vom 17. Mai 2010, S. 1.
12 Committee to Protect Journalists, Anatomy of Injustice. The Unsolved Killings of Journalists in Russia, New York 2009.
13 Committee to Protect Journalists, *Getting Away with Murder: 2011 Impunity Index*, New York 2011.
14 Genaueres zu Gromows Erfahrungen in Afghanistan findet man in Michael Dobbs' hervorragenden Buch *Down with Big Brother. The Fall of the Soviet Empire*, New York 1997.
15 Claire Bigg, »Fate of Russia's Khimki Forest Uncertain After Ecologists Attacked, Detained«, Radio Free Europe/Radio Liberty am 23. Juli 2011.
16 Jewgenija Tschirikowa im Gespräch mit dem Autor, Moskau, Januar 2011.
17 Ebenda.
18 Ebenda. Siehe auch Ashley Cleek und Aleksandra Saenko, »Russian Government OKs Controversial Highway Through Khimki Forest«, Radio Free Europe/Radio Liberty am 14. Dezember 2010.
19 Michael Schwirtz, »Kremlin Relents, for Now, to Foes of Russia Highway«, in: *New York Times* vom 26. August 2010, S. 4.

20 Jewgenijas Anruf bei der Immobiliengesellschaft, in dem sie sich als eine potenzielle Käuferin ausgab, ist abrufbar unter www.youtube.com/watch?v=0ygFt-xgg34&feature=player_embedded (aufgerufen am 15.5.2012).
21 Boris Nemzow im Gespräch mit dem Autor, Moskau, April 2010.
22 Alle Zitate von Omar Afifi stammen, soweit nicht anders vermerkt, aus einem Gespräch mit dem Autor in Washington, D. C., im Juli 2009.
23 Omar Afifi im Gespräch mit dem Autor, Falls Church, Va., Juli 2011.

3 EL COMANDANTE

1 Bericht des Autors, Los Teques, Juli 2010.
2 Raúl Baduel im Gespräch mit dem Autor, Los Teques, Juli 2010.
3 Ein fesselnder Bericht zum Staatsstreich vom 11. April 2002 und der dramatischen Aktion, bei der Baduel Chávez von der Isla Orchila befreite, siehe B. A. Nelson, *The Silence and the Scorpion: The Coup against Chávez and the Making of Modern Venezuela*, New York 2009.
4 Raúl Baduel, »Why I Parted with Chávez«, in: *New York Times*, 1. Dezember 2007.
5 Juan Forero, »Chávez Ally-Turned-Critic Is Detained by Venezuelan Military«, in: *Washington Post*, 4. Oktober 2008, sowie Simon Romero, »Chávez Seeks Tighter Grip on Military«, in: *New York Times*, 30. Mai 2009.
6 Richard Hausmann und Francisco Rodrígues (Hg.), *Venezuela: Anatomy of a Collapse*, University Park: Penn State University Press, im Erscheinen.
7 Nelson, The Silence and the Scorpion, S. 3.
8 Ebenda.
9 Benn Eifert, Alan Gelb und Nils Borje Tallroth, »Managing Oil Wealth«, in: *Finance and Development* 40 (1) (März 2003).
10 Gustavo Márquez Mosconi und Carola Alvarez, »Poverty and the Labor Market in Venezuela, 1982– 1995«, in: Inter-American Development Bank paper, Dezember 1996, S. 1, idbdocs.iadb.org/wsdocs/getdocument.aspx?docnum=815518.
11 Stephen Haber, »Latin America's Quiet Revolution«, in: *Wall Street Journal*, 31. Januar 2009.
12 Nelson, The Silence and the Scorpion, a. a. O., S. 4.
13 Javier Corrales und Michael Penfold, *Dragon in the Tropics*, Washington, D. C., 2011, S. 17. Corrales und Penfold sind zwei herausragende Beobachter Venezuelas. Als Einführung zu Chávez' Übernahme des venezolanischen Staates empfehle ich zudem besonders Javier Corrales, »Hugo Boss«, in: *Foreign Policy* 152 (Januar/Februar 2006), S. 32.

14 Kenneth Roberts, »Social Polarization and the Populist Resurgence in Venezuela«, in: Daniel Hellinger und Steve Ellner (Hg.), *Venezuelan Politics in the Chávez Era: Class, Polarization, and Conflict*, Boulder 2004, S. 65.

15 Ich danke an dieser Stelle Luis Vicente León, einem der führenden Meinungsforscher Venezuelas und dem Präsidenten von Datanálisis, für seinen umfassenden Überblick über die sozioökonomische Teilung des Landes und das Wahlverhalten der jeweiligen Gruppen, Caracas, November 2009.

16 Alfredo Croes im Gespräch mit dem Autor, Caracas, November 2009.

17 Nach meinem Kenntnisstand wurde darauf erstmals hingewiesen in Ivan Krastev, »Democracy's Doubles«, in: *Journal of Democracy* 17 (2) (April 2006), S. 52.

18 Teodoro Petkoff im Gespräch mit dem Autor, Caracas, 21. November 2009.

19 Virginia Rivero im Gespräch mit dem Autor, Caracas, November 2009.

20 Maruja Tarre im Gespräch mit dem Autor, Washington, D.C., Juni 2011.

21 Corrales und Penfold, *Dragon in the Tropics*, a.a.O., S. 19.

22 Luis Vicente León im Gespräch mit dem Autor, Caracas, November 2009.

23 Eugenio Martínez im Gespräch mit dem Autor, Caracas, November 2009.

24 Ehemaliges Mitglieder der Nationalen Wahlkommission im Gespräch mit dem Autor, Caracas, November 2009.

25 Martínez im Gespräch mit dem Autor.

26 Die Zahlen verdanke ich Eugenio Martínez.

27 Ich danke María Corina Machado für diese Angaben zur Wahl.

28 Eine detailliertere Erklärung zur hochkomplexen Wahlordnung in Venezuela siehe Alejandro Tarre, »Venezuela's Legislative Elections: Arm Wrestling with Hugo Chávez«, in: *Fletcher Forum of World Affairs* 35 (1) (Winter 2011), S. 139.

29 Martínez im Gespräch mit dem Autor.

30 Eine exzellente Analyse der Wahlen zur Nationalversammlung im September 2010 siehe Tarre, »Venezuela's Legislative Elections«, a.a.O., S. 137–144.

31 Carlos Vecchio im Gespräch mit dem Autor, Caracas, November 2009.

32 Einen umfassenden Bericht zur Exhumierung von Bolívars Leichnam durch Chávez siehe Thor Halvorssen, »Behind Exhumation of Simón Bolívar Is Hugo Chávez's Warped Obsession«, in: *The Washington Post*, 25. Juli 2010.

33 Robert Serra im Gespräch mit dem Autor, Caracas, Juli 2010.

34 Javier Corrales, »For Chávez, Still More Discontent«, in: *Current History*, (Februar 2009), S. 81.

35 Eine komplette Darstellung zur Tascón-Liste und zu Maisanta siehe Human Rights Watch, *A Decade Under Chávez: Political Intolerance and Lost Opportunities for Advancing Human Rights in Venezuela*, New York 2008, S. 15–25.

36 Chang-Tai Hsieh, Edward Miguel, Daniel Ortega und Francisco Rodríguez, »The Price of Political Opposition: Evidence from Venezuela's *Maisanta*«, in: *American Economic Journal: Applied Economics* 3 (2) (April 2011), S. 196–214.

37 Human Rights Watch, *Decade Under Chávez*, a.a.O., S. 218.

38 María Corina Machado im Gespräch mit dem Autor, Caracas, Juli 2010.

39 Machado sollte später einen Sitz in der Nationalversammlung erringen und noch stärker auf Oppositionskurs gehen: mit einer Kandidatur in den Vorwahlen für die Präsidentschaft.

40 Magalli Meda im Gespräch mit dem Autor, Caracas, Juli 2010.

41 Tarre im Gespräch mit dem Autor.

42 Besuch des Autors in Los Teques im Juli 2010.

43 Simon Romero, »Criticism of Chávez Stifled by Arrests«, in: *New York Times*, 3. April 2010.

44 María Afiuni im Gespräch mit dem Autor, Los Teques, Juli 2010.

45 Juan Forero, »Venezuelan Judge Is Jailed After Ruling Angers President Hugo Chávez«, in: *The Washington Post*, 25. April 2010, S. A16.

46 Chávez' Tirade mit der Verurteilung von Richterin María Afiuni im Staatsfernsehen am 11. Dezember 2009 siehe unter www.youtube.com/watch?v=WXtibicptRA.

47 Human Rights Watch, *Decade Under Chávez*, a.a.O., S. 48.

48 Auf diese Schätzungen stieß ich erstmals bei einer Präsentation Marcos Tarre Briceños, des Direktors der Nichtregierungsorganisation Secure Venezuela in Caracas im November 2009. Als die offiziellen Zahlen im August 2010 in die Öffentlichkeit durchsickerten, zog der Blogger Francisco Toro einen ähnlichen Vergleich in den *Caracas Chronicles*, einem der originellsten und intelligentesten Blogs zur venezolanischen Politik. Sein Beitrag »And All That Without Suicide Bombings« erschien am 21. August 2010 und ist verfügbar unter www.caracaschronicles.com/2010/08/21/and-all-thatwithout-the-suicide-bombings/. Siehe ebenso Simon Romero, »Venezuela, More Deadly Than Iraq, Wonders Why«, in: *New York Times*, 22. August 2010.

49 »Shooting Gallery«, in: *Economist*, 19. August 2010.

50 Der Sicherheitsexperte Marcos Tarre Briceño rechnete den Anteil auf 93 Prozent hoch, wie er in einem Interview mit dem Autor in Caracas im November 2009 mitteilte. Ein anderer Sicherheitsexperte berechnete ihn auf 91 Prozent. Siehe hierzu Pedro Pablo Peñaloza, »Experts Complain That 91 Percent of Murders Go Unpunished in Venezuela«, in *El Universal*, 2. September 2010. Die staatlichen Stellen geben dazu keine

Informationen heraus. Die Unterschiede zwischen diesen unabhängigen Schätzungen sind geringfügig. Ich nenne hier die konservativere, die aber noch immer erschreckend hoch ist.

51 Bericht des Autors, November 2009.

52 Nach dem Wirtschaftsausblick des Internationalen Währungsfonds (IWF) für Mittelamerika, die Karibik und Südamerika schrumpfte in Venezuela und einer Handvoll karibischer Länder 2010 die Wirtschaft. Die Bewertung vom 16. November 2011 dazu siehe www.imf.org/external/pubs/ft/weo/2011/02/weodata/index.aspx.

53 Kejal Vyas, »Venezuela Inflation Highest Among Top Emerging Economies«, in: *Wall Street Journal*, 29. Dezember 2010, sowie Daniel Cancel und Charlie Devereux, »Venezuela's Inflation Rate Rises at Fastest Pace in 7 Months«, in: *Bloomberg Businessweek*, 4. November 2011.

54 Victor Salmerón, »Foreign Direct Investment Plunges $1.4 Billion in Venezuela«, in: *El Universal*, 5. Mai 2011.

55 Ein lokaler Metzger im Gespräch mit dem Autor, Caracas, Juli 2010.

56 Committee to Protect Journalists, »Attacks on the Press 2010«, Februar 2011, www.cpj.org/attacks/.

57 Andrés Cañizález im Gespräch mit dem Autor, Caracas, November 2009.

58 Juan Forero, »›Aló Presidente‹, Are You Still Talking?«, in: *The Washington Post*, 30. Mai 2009.

59 Diese Hintergrundinformationen verdanke ich Andrés Cañizález, Professor an der Katholischen Universität Andrés Bello und einem der profiliertesten Experten in Fragen zu Chávez' Medienpolitik.

60 Francisco Toro, »Welcome to Censorship in the 21st Century«, in: *New Republic*, 5. August 2010.

61 Cañizález im Gespräch mit dem Autor.

62 Richard Allen Greene, »Critics of Venezuela's New Media Laws Fear ›Dangerous‹ Crackdown«, in: CNN, 22. Dezember 2010.

63 Teodoro Petkoff im Gespräch mit dem Autor, Caracas, November 2009.

64 Alfredo Croes im Gespräch mit dem Autor, Caracas, November 2009.

65 Luis Vicente León im Gespräch mit dem Autor, Caracas, November 2009.

66 Rachel Jones, »Hugo Chávez Gives Himself a Big Christmas Gift«, in: *Time*, 29. Dezember 2010.

67 William J. Dobson, »Chávez' Easter Gift – to Himself«, in: *PostPartisan* (Blog), *The Washington Post*, 26. April 2011, www.washingtonpost.com/blogs/post-partisan/post/chavezs-eastergift-to-himself/2011/04/26/AFVs4gqE_blog.html.

68 Samuel P. Huntington, The Third Wave: Democratization in the Late Twentieth Century, Norman 1991, S. 259.

4 DIE OPPOSITION

1 Henrique Capriles im Gespräch mit dem Autor, Pedro Gual, November 2009.
2 Wladimir Milow im Gespräch mit dem Autor, Moskau, April 2010.
3 Jackson Diehl, »In Venezuela, Locking Up the Vote«, in: *The Washington Post*, 10. April 2006.
4 Yovanny im Gespräch mit dem Autor, Caracas, Juli 2010.
5 Carlos Ocariz im Gespräch mit dem Autor, Caracas, November 2009.
6 Ocariz im Gespräch mit dem Autor, November 2009. Eine exzellente Analyse von Ocariz' Programm liefert auch der Blogger Juan Cristóbal Nagel in den *Caracas Chronicles.* Sein Online-Beitrag »Red with Envy« erschien am 13. Januar 2011: Siehe http://caracaschronicles.com/2011/01/13/red-with-envy/.
7 Leopoldo López im Gespräch mit dem Autor, Caracas, November 2009.
8 Ezequiel Minaya, »If Chavez Loses Venezuelan Election, Transition May Be Rocky«, in: *Wall Street Journal*, 12. September 2011.
9 Christopher Toothaker, »Chávez Opponents Say Charges Trumped Up to Bar Them from Running«, Associated Press, 24. Mai 2008. Russiáns Liste mit 400 Namen von Personen, die nicht kandidieren durften, wurde später auf 270 verringert.
10 Girish Gupta, »Venezuela's Exclusion of Anti-Chávez Candidates Faces a Challenge«, in: *Time*, 13. März 2011.
11 Der Videoclip mit Chávez' Rede erscheint in der Dokumentation *Banned! Political Discrimination in Venezuela*, Ciudadania Activa, 2009, abrufbar unter www.youtube.com/view_play_list?p=46572AE8BBE93290.
12 López' Rede an den Gerichtshof siehe ebenda.
13 Gupta, »Venezuela's Exclusion«, a. a. O.
14 Juan Forero, »Venezuela's Chávez Sets Up Obstacles for Opponents Who Won in Fall Elections«, in: *The Washington Post*, 12. Februar 2009.
15 Simon Romero and María Eugenia Díaz, »A Bolívar Ready to Fight Against the Bolivarian State«, in: *New York Times*, 21. Oktober 2011.
16 Rifaat El-Said im Gespräch mit dem Autor, Kairo, Januar 2006.
17 Interview mit dem Autor, März 2010.
18 Aiman Nur im Gespräch mit dem Autor, Kairo, März 2010.
19 Ebenda.
20 Saad Eddin Ibrahim im Gespräch mit dem Autor, Washington, D.C., März 2010.
21 Matt Bradley, »Egypt Court Bars Opposition Hopeful«, in: *Wall Street Journal*, 17. Oktober 2011.
22 Stephanie Rice, »Ayman Nour Speaks About Disqualification from Egyptian Presidential Election«, in: *Global Post*, 17. Oktober 2011.
23 Anwar Ibrahim im Gespräch mit dem Autor, Penang, Februar 2011.

24 Zu einem Überblick über Mahathir Mohamads 22-jährige Herrschaft empfehle ich Barry Wain, *Malaysian Maverick: Mahathir Mohamad in Turbulent Times*, New York 2010.
25 Anwar Ibrahim im Gespräch mit dem Autor, Kuala Lumpur, April 2008.
26 Ein malaiischer Geschäftsmann im Gespräch mit dem Autor, Kuala Lumpur, Februar 2011.
27 Thomas Fuller, »Malaysians Go to Taiwan Amid Strife«, in: *New York Times*, 8. September 2008, S. 10.
28 Anwar Ibrahim im Gespräch mit dem Autor, Kuala Lumpur, Februar 2011.
29 Ebenda.
30 Anwar Ibrahim im Gespräch mit dem Autor, April 2008.
31 Ebenda.

5 DIE JUGEND

1 Der Bericht zu den Ereignissen vom 16. Februar 2010 stammt von Ahmed Maher im Gespräch mit dem Autor in Kairo im selben Jahr.
2 Der Studentenführer Roberto Patiño im Gespräch mit dem Autor, Caracas, November 2009.
3 Maher im Gespräch mit dem Autor.
4 Douglas Barrios im Gespräch mit dem Autor, Caracas, Dezember 2010.
5 Juan Forero, »Protests in Venezuela Reinvigorate Opposition«, in: *The Washington Post*, 2. Juni 2007.
6 Barrios im Gespräch mit dem Autor.
7 Geraldine Alvarez im Gespräch mit dem Autor, Caracas, Dezember 2010.
8 Die Darstellung zu den Ereignissen vom 28. Mai 2008 geht auf meine Interviews mit Studentenführern zurück, darunter mit Geraldine Alvarez, Douglas Barrios, Yon Goicoechea, Francisco Márquez and David Smolansky.
9 Yon Goicoechea im Gespräch mit dem Autor, Caracas, Dezember 2010.
10 Simon Romero, »Students Emerge as a Leading Force Against Chávez«, in: *New York Times*, 10. November 2007; siehe ebenso ders., »Venezuela Vote Sets Roadblocks on Chávez Path«, in: *New York Times*, 4. Dezember 2007, sowie Tim Padgett, »Chávez Tastes Defeat over Reforms«, in: *Time*, 3. Dezember 2007.
11 Alvarez im Gespräch mit dem Autor.
12 Goicoechea im Gespräch mit dem Autor.
13 Douglas Barrios, Yon Coicoechea und Fransisco Márquez in Gesprächen mit dem Autor.

14 Goicoechea im Gespräch mit dem Autor.

15 Adrian Karatnycky, »Ukraine's Orange Revolution«, in: *Foreign Affairs*, März/April 2005.

16 Alexander Bratersky, »Nashi Celebrates Fifth Year with Kremlin Support«, in: *Moscow Times*, 16. April 2010.

17 Ebenda.

18 Ein offizieller Vertreter des Kreml im Gespräch mit dem Autor, Moskau, April 2010.

19 Human Rights Watch, An Uncivil Approach to Civil Society: Continuing State Curbs on Independent NGOs and Activists in Russia, New York 2009, S. 21.

20 »Youth Groups Created by Kremlin Serve Putin's Cause«, in: *New York Times*, 8. Juli 2007.

21 Neil Buckley, »Cadre's Campfire Song to Russia«, in: *Financial Times*, 18. Juli 2007.

22 Anna Arutunyan, »Nashi Seen Behind Pamfilova's Ouster«, in: *Moscow News*, 2. August 2010.

23 Ilja Jaschin im Gespräch mit dem Autor, Moskau, April 2010.

24 Owen Mathews und Anna Nemtsova, »Young Russia Rises«, in: *Newsweek*, 27. Mai 2007.

25 Ellen Barry, »Russian Journalist Beaten in Moscow«, in: *New York Times*, 6. November 2010.

26 Den Überfall zweier Männer auf Kaschin hat eine Überwachungskamera vor der Wohnung der Opfers aufgezeichnet. Video siehe www.youtube.com/watch?v=0w-YhStbTkc.

27 Oleg Kaschin spekuliert darüber, wer hinter dem Überfall steckte: Siehe hierzu Oleg Kashin, »A Beating on My Beat«, in: *New York Times*, 12. Dezember 2010.

28 Sarah E. Mendelson und Theodore P. Gerber, »The Putin Generation: The Political Views of Russian Youth« (Präsentation, CSIS, 25. Juli 2007), http://csis.org/images/stories/mendelson_carnegie_moscow_corrected.pdf.

29 Taras Kuzio, »Ukraine Is Not Russia: Comparing Youth Political Activism«, in: *SAIS Review* 26 (2) (2006), S. 74.

30 Sarah E. Mendelson and Theodore P. Gerber, »Soviet Nostalgia: An Impediment to Russian Democratization«, in: *Washington Quarterly* 29 (1) (Winter 2005/2006), S. 85.

31 Dmitri Makarow im Gespräch mit dem Autor, Washington D.C., Februar 2010.

32 Iwan Ninenko im Gespräch mit dem Autor, Moskau, April 2010.

33 Ebenda. Siehe ebenso Cathy Young, »Kenny Will Live«, in: *Reason*, 10. Oktober 2008.

34 Mostafa el-Naggar im Gespräch mit dem Autor, Kairo, März 2010.

35 Pew Forum on Religion & Public Life, *The Future of the Global Muslim Population*, Washington, D.C., 2011.
36 Jack A. Goldstone, »Understanding the Revolutions of 2011«, in: *Foreign Affairs*, Mai/Juni 2011, S. 12.
37 Ebenda.
38 Khalid im Gespräch mit dem Autor, Kairo, März 2010.
39 Siehe hierzu Marc Fisher, »In Tunisia, Act of One Fruit Vendor Unleashes Wave of Revolution Through Arab World«, in: *The Washington Post*, 26. März 2011, S. 1.
40 Ahmed Maher im Gespräch mit dem Autor, Kairo, März 2010.
41 »Soaring Food Prices Anger Egyptians«, in: *Al Jazeera*, 18. März 2008.
42 Diese Zahlen verdanke ich Khaled Ali vom Ägyptischen Zentrum für Wirtschaftliche und Soziale Rechte. Im März 2010 ging er mit mir stundenlang geduldig die Zahlen zu diesen Aktivitäten durch.
43 Esraa Rashid im Gespräch mit dem Autor, Washington, D.C., März 2010. Siehe ebenso Samantha M. Shapiro, »Revolution, Facebook-Style«, in: *New York Times Magazine*, 22. Januar 2009, S. 37.
44 Ahmed Salah im Gespräch mit dem Autor, Kairo März 2010.
45 »Egypt Police Clash with Protesters After Foiled Strike«, Agence France-Presse, 6. April 2008, sowie Nasser Nouri, »Clashes in Nile Delta After Strike Aborted«, Reuters, 7. April 2008.
46 »Egypt to Raise Wages After Unrest«, in: *New York Times*, 1. Mai 2008.
47 Mohamed Adel im Gespräch mit dem Autor, Kairo März 2011.
48 Salah im Gespräch mit dem Autor.
49 Kamel Arafa im Gespräch mit dem Autor, Kairo, März 2011.
50 Salah im Gespräch mit dem Autor in Kairo sowie Omar Afifi im Gespräch mit dem Autor in Falls Church, Va., Juli 2011.
51 Adel und Afifi in Gesprächen, ebenda.

6 DER PHARAO

1 Samira Ibrahim im Gespräch mit dem Autor, Kairo, März 2011.
2 Ahmed Amer im Gespräch mit dem Autor, Kairo, März 2011.
3 Robert Springborg, Professor an der Naval Postgraduate School, an der US-Offiziere geschult und weiter ausgebildet worden, ist ein herausragender Experte des ägyptischen Militärs. Eine exzellente Analyse der Beziehung zwischen den ägyptischen Streitkräften und dem Regime siehe Robert Springborg und Clement M. Henry, »Army Guys«, in: *American Interest* 6, (5) (Mai/Juni 2011). Siehe ebenso Ellis Goldberg, »Mubarakism Without Mubarak: Why Egypt's Military Will Not Embrace Democracy«, in: *Foreign Affairs*, 2. Februar 2011.

4 Ein Menschenrechtsaktivist im Gespräch mit dem Autor, Kairo, März 2011.
5 David Kilpatrick, »Egypt's Military Discourages Economic Change«, in: *New York Times,* 17. Februar 2011; Thanassis Cambanis, »Succession Gives Army a Stiff Test in Egypt«, in: *New York Times,* 11. September 2010.
6 William J. Dobson, »Worse Than Our Worst Nightmare During Mubarak«, in: *PostPartisan* (Blog), *The Washington Post,* 17. März 2011. Siehe ebenso Human Rights Watch, »Egypt: Retry or Free 12000 After Unfair Military Trials«, 10. September 2011.
7 Hayam Ahmedim im Gespräch mit dem Autor, Kairo, März 2011.
8 Als Vizepräsident hatte Mubarak stets in Sadats Schatten gestanden. So nahm bei einem Treffen mit Sadat Henry Kissinger irrtümlich an, Vizepräsident Mubarak sei ein einfacher Referent Sadats. Siehe hierzu Mary Anne Weaver, *A Portrait of Egypt,* New York 1999, S. 36.
9 Zur Ermordung Präsident Anwar as-Sadats siehe ebenda, S. 61.
10 Max Rodenbeck, »No Paradise«, in: *Economist,* 15. Juli 2010.
11 Ebenda.
12 Jason Brownlee, »Egypt's Incomplete Revolution: The Challenge of Post-Mubarak Authoritarianism«, in: *Jadaliyya,* 5. Juli 2011, www.jadaliyya.com/pages/index/2059/egypts-incomplete-revolution_the-challenge-of-post. Brownlee ist ein führender wissenschaftlicher Experte zu Ägypten wie zum Autoritarismus. Siehe hierzu sein sehr zu empfehlendes Werk *Authoritarianism in an Age of Democratization,* Cambridge, U.K., 2007.
13 Ein offizieller Vertreter der NDP im Gespräch mit dem Autor, Kairo, März 2010. Siehe ebenso Heba Saleh und Roula Khalaf, »Regime Faces an Uncertain Future«, in: *Financial Times,* 16. Dezember 2009.
14 Ali Eddin Hilal im Gespräch mit dem Autor, Kairo, März 2010.
15 Einen umfassenden Bericht dieser Jahre und zu der Rolle, die Blogger darin spielten, verdanke ich dem Blogger Hossam el-Hamalawy, Kairo, März 2010.
16 Beobachtung siehe Abdel-Razek im Gespräch mit dem Autor, Kairo, März 2010.
17 Ebenda.
18 Hossam Bahgat im Gespräch mit dem Autor, Kairo, März 2010.
19 Ein Funktionär der NDP im Gespräch mit dem Autor, Kairo, März 2010.
20 Youssef Boutros-Ghali, »Egypt: Trendsetter in the Mideast«, in: *The Washington Post,* 5. November 2010.
21 Mohamed Kamal im Gespräch mit dem Autor, Kairo, Januar 2006.
22 Mohamed Kamal im Gespräch mit dem Autor, Kairo März 2010.
23 Ein Funktionär der NDP im Gespräch mit dem Autor, Kairo, März 2010.
24 Richard Leiby, »The Rise and Fall of Egypt's Most Despised Billionaire, Ahmed Ezz«, in: *The Washington Post,* 9 April 2011.

25 Ein Funktionär der NDP im Gespräch mit dem Autor, Kairo, März 2010.

26 Diese Hinweise verdanke ich Tarek Masoud. Näheres zur Wahlkampfstrategie und dem Abschneiden der Regierungspartei siehe Tarek Masoud, »Why Islam Wins: Electoral Ecologies and Economies of Political Islam in Contemporary Egypt«, Diss. Yale Univ., New Haven 2009.

27 Mohamed Kamal, Gehad Auda und Ali Eddin Hilal im Gesprächs mit dem Autor, Kairo, März 2010.

28 Siehe die Abschrift des unveröffentlichten Interviews, das Janine Zacharia, die ehemalige Chefin des Jerusalemer Büros der *Washington Post*, im April 2010 mit Ahmed Ezz geführt hat.

29 Amr Hamzawy, »Egypt Faces a Legitimacy Crisis Following Flawed Elections«, in: *Daily Star*, 14. Dezember 2010, sowie Robert F. Worth und Mona El-Naggar, »Egyptian Election Shuts Out Islamists«, in: *New York Times*, 30. November 2010.

30 Mohamed Abdel-Baky, »Shadow Play«, in: *Al-Ahram Weekly*, 23.–29. Dezember 2010.

31 Ein Diplomat im Gespräch mit dem Autor, Washington, D.C., Dezember 2005.

32 Zu den gegenwärtigen und ehemaligen Mitgliedern des Rats, mit denen ich im März 2010 in Kairo Gespräche führte, zählten Hafez Abu Saeda, Ahmed Kamal Aboul Magd und Bahey el-din Hassan.

33 Ahmed Kamal Aboul Magd im Gespräch mit dem Autor, Gizeh, März 2010.

34 Wael Nawara im Gespräch mit dem Autor, Kairo, März 2011.

35 Einen Bericht der Zusammenstöße vom 28. Juni siehe Sharif Abdel Kouddous, »Five Months of Waiting«, in: *Foreign Policy*, 15. Juli 2011.

36 Kamel Arafa im Gespräch mit dem Autor, Kairo, März 2011.

37 Thanassis Cambanis, »Succession Gives Army a Stiff Test in Egypt«, in: *New York Times*, 11. September 2010. Empfehlenswert für einen tieferen Einblick ins ägyptische Militär siehe Steven Cook, *Ruling but Not Governing: The Military and Political Developments in Egypt, Algeria, and Turkey*, Baltimore 2007.

38 Bahgat im Gespräch mit dem Autor, Kairo, März 2010.

39 Ich danke Gamal Eid, dem Geschäftsführer des Arabischen Netzwerks für Menschenrechte, für die ausführliche Diskussion, die er mit mir in Kairo im März 2010 über den Fall führte.

40 Bahgat im Gespräch mit dem Autor, Kairo, März 2010.

41 Zeinab El Gundy, »Famous Egyptian TV Host Sacked After Challenging Ex-army Officer on Air«, in: *Ahram Online*, 25. Juli 2011.

42 Frederick Kunkle, »Egyptian Tribunal Sentences Blogger to Three Years for Criticizing Military«, in: *The Washington Post*, 11. April 2011.

43 Hossam Bahgat and Gasser Abdel-Razek im Gespräch mit dem Autor, Kairo, März 2011. Siehe ebenso Human Rights Watch, »Egypt: Retry or Free 12000 After Unfair Military Trials.«
44 Abdel-Razek im Gespräch mit dem Autor, März 2011.
45 David D. Kilpatrick, »Egypt Military Aims to Cement a Muscular Role in Government«, in: *New York Times*, 16. Juli 2011; David D. Kilpatrick, »Egypt's Military Expands Power, Raising Alarms«, in: *New York Times*, 4. Oktober 2011; sowie Matt Bradley, »Egyptians Bristle at Military's Plan«, in: *Wall Street Journal*, 3. November 2011. In den folgenden Monaten veröffentlichte der Oberste Militärrat widersprüchliche Äußerungen über die Rolle, welche das künftige Parlament bei der Ausarbeitung einer neuen Verfassung spielen sollte. Dies nährte weiterhin den Verdacht, dass das Militär nicht die Absicht hat, Kontrollen zuzulassen und auf Klauseln zum eigenen Schutz zu verzichten.
46 Sherif Mickawi im Gespräch mit dem Autor, Kairo, März 2011.
47 Alle Zitate Sherif Osmans stammen aus drei verschiedenen Gesprächen, die ich im Juli 2011 mit ihm führte.
48 Ein Aktivist im Gespräch mit dem Autor, Kairo, März 2011.
49 Abdel-Razek im Gespräch mit dem Autor, März 2010.
50 Ich danke Tarek Masoud für die Niederschrift zu den Gesprächen während eines Treffens mit einer Delegation ägyptischer Generäle auf Besuch in Washington, D.C., am 25 Juli 2011.

7 DIE PROFIS

1 Vom Autor wiedergegeben, Sommer 2011.
2 Im Gespräch mit dem Autor, Sommer 2011.
3 Alle Zitate mit serbischen Schulungsleitern stammen aus dem CANVAS-Workshop im Sommer 2011.
4 Samuel P. Huntington, *The Third Wave. Democratization in the Late Twentieth Century*, Norman 1991, S. 288.
5 David Shambaugh, *China's Communist Party. Atrophy and Adaptation*, Berkeley 2009, S. 47.
6 Ebenda, S. 91.
7 Gamal Eid (Geschäftsführer des Arabic Network for Human Rights Information) im Gespräch mit dem Autor, Kairo, März 2010.
8 Neil MacFarquhar, »Saudi Arabia Scrambles to Limit Region's Upheaval«, in: *New York Times* vom 27. Mai 2011.
9 William J. Dobson, »Learning How to Topple a Tyrant«, *PostPartisan* (Blog), in: *The Washington Post* vom 31. März 2011, http://www.washing-

tonpost.com/blogs/post-partisan/post/learning-how-to-topple-a-tyrant/2011/03/31/AFw76pBC_blog.html (abgerufen am 24.5.2012).

10 Beide Seifenwerbungen sind online abrufbar. Der sudanesische Werbespot findet sich unter www.youtube.com/watch?v=lE4FbdhLpU0 (abgerufen am 24.5.2012), die serbische Vorlage unter www.youtube.com/watch?v=hEZYdGDkkV4&feature=related (abgerufen am 24.5.2012).

11 Srdja Popovic im Gespräch mit dem Autor, Washington, D.C., März 2011.

12 Alle Zitate von Srdja Popovic stammen, sofern nicht anders belegt, aus dem Gespräch vom Juli 2011.

13 Srdja Popovic im Gespräch mit dem Autor, Boston, Juni 2009.

14 Erica Chenoweth, »Give Peaceful Resistance a Chance«, in: *New York Times* vom 10. März 2011. Ich empfehle die außergewöhnlich gute Analyse der historischen Wirksamkeit gewaltfreien Widerstands bei Erica Chenoweth und Maria J. Stephan, *Why Civil Resistance Works*, New York 2011.

15 Alle Zitate von Robert Helvey stammen aus einem Gespräch des Autors mit ihm in South Charleston, W.V., im Juli 2010.

16 Charles A. Krohn, *The Lost Battalion of TET. The Breakout of 2/12th Cavalry at Hue*, Annapolis 2008, S. 18.

17 Ebenda, S. 12.

18 Helveys Ehrung bei der Auszeichnung mit dem Distinguished Service Cross findet man unter http://www.1stcavmedic.com/DSCs-CAV/Helvey.htm (abgerufen am 24.5.2012).

19 Gene Sharps *From Dictatorship to Democracy* kann in zweiundvierzig Sprachen, darunter Amhari, Azeri, Tgringna und vier birmanische Sprachen, heruntergeladen werden unter www.aeinstein.org (abgerufen am 24.5.2012).

20 Gene Sharp, *Von der Diktatur zur Demokratie*, München 2008, S. 16f.

21 Ebenda, S. 32.

22 Gene Sharp, »Burmese Dictatorship Attacks Nonviolent Struggle and Its Advocates, February– July 1995«, unveröffentlichter Bericht der Albert Einstein Institution, S. 2.

23 Simon Romero, »Students Emerge as a Leading Force Against Chávez«, in: *New York Times* vom 10. November 2007. Siehe auch Sharps offenen Brief in Antwort auf die Vorwürfe von Chávez am 3. Juni 2007, unter www.aeinstein.org/Chavez.pdf (abgerufen am 24.5.2012).

24 Jamila Raqib im Gespräch mit dem Autor, Boston, Februar 2010.

25 Eine hervorragende Darstellung der Kampagne von Otpor! in Serbien und Profile einiger Anführer finden sich bei Tina Rosenberg, *Join the Club. How Peer Pressure Can Transform the World*, New York 2011.

26 Ein nigerianischer Aktivist im Gespräch mit dem Autor, Boston, Juni 2009.

27 Popovic im Gespräch mit dem Autor, Juni 2009.

28 Otpor führte diese Dilemma-Aktion in Kragujevac, der viertgrößten Stadt Serbiens, durch. Wie man hört, soll keine der Puten dabei zu Schaden gekommen sein.

8 DIE TECHNOKRATEN

1 Dieser offene Brief ist nachlesbar unter www.hrichina.org/content/4895.

2 Einen spannenden und aufschlussreichen Einblick in die Ursprünge der polnischen Solidarność Bewegung empfehle ich Timothy Garton Ash, *Polish Revolution: Solidarity*, New Haven 2002.

3 Andrew Jacobs, »Chinese Government Responds to Call for Protests«, in: *New York Times*, 20. Februar 2011, sowie Ian Johnson, »Calls for a ›Jasmine Revolution‹ in China Persist«, in: *New York Times*, 23. Februar 2011.

4 Minnie Chan, »Hu Lecture on Harmony as Protests Roil Mideast«, in: *South China Morning Post*, 20. Februar 2011.

5 Andrew Jacobs und Jonathan Ansfield, »A Revolution's Namesake Is Contraband in China«, in: *New York Times*, 20. Mai 2011.

6 Für einen umfassenden Überblick über die chinesische Wirtschaft empfehle ich Barry Naughton, *Chinese Economy: Transitions and Growth*, Cambridge, Mass., 2006.

7 David Barboza, »China Passes Japan as Second-Largest Economy«, in: *New York Times*, 15. August 2010.

8 Niall Ferguson, »Gloating China, Hidden Problems«, in: *Daily Beast*, 14. August 2011.

9 Fareed Zakaria, »China's Not Doing Us a Favor«, in: *Global Public Square* (Blog), CNN, 14. August 2011.

10 Die Schilderung der Ereignisse im Vorfeld des Tian'anmen-Massakers folgt der hervorragenden Darstellung in Orville Schell, *Mandate of Heaven: The Legacy of Tiananmen Square and the Next Generation of China's Leaders*, New York 1994. (Dt.: *Das Mandat des Himmels: China, die Zukunft einer Weltmacht*, Berlin 1995.)

11 Zur Reaktion der Kommunistischen Partei Chinas auf den Zusammenbruch der Sowjetunion verweise ich auf die ausgiebige Forschungsarbeit von David Shambaugh. Näheres zu dieser entscheidenden Wende in der Entwicklung der Partei siehe David Shambaugh, *China's Communist Party:Atrophy and Adaptation*, Berkeley 2008. Anfang 2011 erör-

terte Professor Shambaugh bei einem Mittagessen mit mir freundlicherweise auch seine Sichtweisen zu den neueren Trends in der Partei.

12 Zu Chinas Übernahme einiger konsultativer Elemente bei der Regierungsführung siehe John L. Thornton, »Long Time Coming«, in: *Foreign Affairs* 87, (1) (Januar/Februar 2008).

13 Ein Berater der Partei im Gespräch mit dem Autor, Peking, Februar 2011.

14 Ein chinesischer Universitätsangehöriger im Gespräch mit dem Autor, Peking, Februar 2011.

15 Henry Kissinger, *On China*, New York 2011, S. 457. (Dt.: China: zwischen Tradition und Herausforderung, München 2011.)

16 Schell, *Mandate of Heaven*, a. a. O., S. 415.

17 Paul Mooney, »Silence of the Dissidents«, in: *South China Morning Post*, 4. Juli 2011.

18 Chinesischer Universitätsmitarbeiter im Gespräch mit dem Autor, Peking, Februar 2011.

19 Eine fachkundige Darstellung zu Mao Zedong, Deng Xiaoping und anderen chinesischen Elitepolitikern siehe die höchst empfehlenswerte Arbeit von Professor Roderick MacFarquhar. Auch wenn seine Forschungen um die chinesische Kulturrevolution unübertroffen sind, empfiehlt sich für einen ersten allgemeinen Überblick der gedruckte Band *The Politics of China: The Eras of Mao and Deng*, Cambridge, U.K., 1997.

20 Chinesischer Nahost-Experte im Gespräch mit dem Autor, Peking, Februar 2011.

21 Ein ausgezeichneter Querschnitt durch Yu Kepings Anschauungen siehe das empfehlenswerte jüngere Geschichtswerk zu zeitgenössischen chinesischen Denkern, Mark Leonard, *What Does China Think?*, New York 2008. (Dt.: *Was denkt China*, 2. Aufl., München 2010.)

22 Lai Hairong im Gespräch mit dem Autor, Peking, Februar 2011.

23 Eine ausführlichere Erläuterung zu dieser Formulierung und ihren Anhängern siehe das empfehlenswerte Werk Jonathan Spence, *The Search for Modern China*, New York 1990. (Dt.: *Chinas Weg in die Moderne*, Erw. Neuausg. München 2008.)

24 Lu Mai im Gespräch mit dem Autor, Peking, Februar 2011.

25 Anthony Saich in einem Telefongespräch mit dem Autor, Oktober 2011.

26 Edward S. Steinfeld, »China's Other Revolution«, in: *Boston Review*, Juli/August 2011.

27 Shambaugh, *China's Communist Party*, a. a. O., S. 36.

28 Ich danke an dieser Stelle Edward Cunningham, dass er mich auf die Studie aufmerksam gemacht hat: Anthony Saich und Edward Cunningham, »Satisfaction with Government Performance: Public Opinion in Rural and Urban China«, unveröffentlichtes Manuskript. Siehe ebenso Anthony Saich, »Citizens' Perception on Governance in Rural and

Urban China«, in: *Journal of Chinese Political Science* 12 (1), Frühjahr 2007.

29 Die Zahlen siehe Shambaugh, *China's Communist Party*, a. a. O. Die beste Darstellung zur Organisationsabteilung der KPCh siehe das empfehlenswerte Werk Richard McGregor, *Party: The Secret World of China's Communist Rulers*, New York 2010.

30 Pan Wei im Gespräch mit dem Autor, Peking, Februar 2011.

31 Tamsin McMahon, »Billionaire Soros Wins CIC Globalist of the Year Award«, in: *National Post*, 16. November 2010.

32 Shambaugh, *China's Communist Party*, a. a. O., S. 133.

33 Ich danke Minxin Pei, der zu einer Zeit, da wir Kollegen an der Carnegie Endowment for International Peace waren, mit Nachdruck auf die Grenzen vieler Reformen der Partei hingewiesen hat. Die genannte Hochrechnung siehe Minxin Pei, »Corruption Threatens China's Future«, Carnegie Endowment Policy Brief, Nr. 55, Oktober 2007.

34 Chinesischer Bauer im Gespräch mit dem Autor, Peking, Februar 2011.

35 Minxin Pei, China's Trapped Transition: The Limits of Developmental Autocracy, Cambridge, Mass., 2006, S. 202.

36 Ebenda.

37 Xu Kai und Li Weiao, »The Machinery of Stability Preservation«, in: *Caijing*, 6. Juni 2011. Eine englische Übersetzung dieses Artikels siehe das *Dui Hua Human Rights Journal*, www.duihuahrjournal.org/2011/06/translation-machinery-of-stability.html.

38 Leonard, *What Does China Think?*, a. a. O., S. 72.

39 Michael Forsyth, »180 000 Protests in 2010«, *Bloomberg News*, 6. März 2011.

40 Ebenda.

41 Chris Buckley, »China Internal Security Spending Jumps Past Army Budget«, Reuters, 5. März 2011.

42 Edward Wong, »China Nearly Doubles Security Budget for Western Region«, in: *New York Times*, 13. Januar 2010.

43 Andrew Jacobs und Jonathan Ansfield, »Well-Oiled Security Apparatus in China Stifles Calls for Change«, in: *New York Times*, 28. Februar 2011.

44 Ebenda.

45 Experte/in in Sachen westliche NGOs im Gespräch mit dem Autor, Peking, Februar 2011.

46 1999, bei Beginn des brutalen Feldzugs gegen die Falun-Gong-Sekte, lebte ich in China. 2011 wussten viele Chinesen über die Verhaftungen von Anwälten und Aktivisten Bescheid. Dagegen hatte ich 1999 keine Ahnung, dass die Verfolgungen begonnen hatten, und erfuhr von ihnen erst beim Lesen im Ausland.

47 Michael Wines, »More Chinese Dissidents Appear to Disappear«, in: *New York Times*, 2. September 2011.

48 Pu Zhiqiang im Gespräch mit dem Autor, Peking, Februar 2011.
49 Lai Hairong im Gespräch mit dem Autor, Peking, Februar 2011.
50 Keith B. Richburg, »China Sees Surge Candidates«, in: *The Washington Post*, 9. September 2011.
51 Darauf wies meines Wissens erstmals Hugo Restall hin. Siehe hierzu Hugo Restall, »The Urumqi Effect«, in: *Asian Wall Street Journal*, 10. Juli 2009.
52 Dieser Beitrag ist einsehbar im Blog China Elections and Governance unter chinaelectionsblog.net/?p=12468.
53 Ein Parteimitglied im Gespräch mit dem Autor, Peking, Februar 2011.

EPILOG

1 Srdja Popovic im Gespräch mit dem Autor, Washington, D.C., Juli 2011. Popovic gebrauchte den Satz »a bad year for bad guys« später als Titel eines TEDx-Talks, den er im November 2011 im polnischen Krakau gab, verfügbar unter http://tedxtalks.ted.com/video/TEDxKrakow-Srdja-Popovic-A-bad.
2 Thomas Grove, »Analysis: Chechnya: How Did Putin's Party Win 99 Percent?«, Reuters, 21. Dezember 2011.
3 Nach einem Gespräch des Autors in Kairo im März 2011.
4 Am 22. Februar 2011 sagte Gaddafi: »Als die Sache auf dem Platz des Himmlischen Friedens passierte, wurden Panzer hingeschickt, um aufzuräumen. Das ist kein Witz. Ich werde alles Notwendige tun, um sicherzustellen, dass kein Teil des Landes abgetrennt wird.« Das Zitat siehe Fang Lizhi, »The Real Deng«, in *New York Review of Books*, 10. November 2011.
5 Wright Bryan, »Death Toll Rises in Syria, Adding to U.N. Estimate of 5000 Killed So Far«, National Public Radio, 3. Dezember 2011.
6 Angus McDowall und Summer Said, »Saudis Raise Pay and Plan Polls, but Woes Linger«, in: *Wall Street Journal*, 24. März 2011.
7 Tobias Buck, »Jordan: Rifts in the Valley«, in: *Financial Times*, 15. August 2011.
8 John Lee, »Egypt's Fate Could Yet Be Malaysia's Future«, in: *Australian*, 25. Februar 2011.
9 Michael Wines, »China Sees Calendar Full of Trouble«, in: *New York Times*, 10. März 2009.